Report on Development of China's
Overseas Marxism Research (2020)

国外马克思主义研究
发展报告(*2020*)

复旦大学当代国外马克思主义研究中心
复旦大学马克思主义学院 编
复旦大学哲学学院

天津出版传媒集团

天津人民出版社

图书在版编目（CIP）数据

　　国外马克思主义研究发展报告. 2020 / 复旦大学当
代国外马克思主义研究中心，复旦大学马克思主义学院，
复旦大学哲学学院编. -- 天津：天津人民出版社，
2021.12
　　ISBN 978-7-201-18000-7

　　Ⅰ. ①国… Ⅱ. ①复… ②复… ③复… Ⅲ. ①马克思
主义－研究报告－国外－2020 Ⅳ. ①A81

　　中国版本图书馆 CIP 数据核字(2021)第 261027 号

国外马克思主义研究发展报告（2020）
GUOWAI MAKESIZHUYI YANJIU FAZHAN BAOGAO

出　　版	天津人民出版社
出 版 人	刘　庆
地　　址	天津市和平区西康路 35 号康岳大厦
邮政编码	300051
邮购电话	(022)23332469
电子信箱	reader@tjrmcbs.com

策划编辑	王　康
责任编辑	王佳欢
特约编辑	郑　玥　郭雨莹
封面设计	春天·书装工作室

印　　刷	天津新华印务有限公司
经　　销	新华书店
开　　本	710 毫米×1000 毫米　1/16
印　　张	20.5
插　　页	2
字　　数	260 千字
版次印次	2021 年 12 月第 1 版　2021 年 12 月第 1 次印刷
定　　价	78.00 元

陈学明
李　冉　主编
张双利

前　言

2020 年是一个确定趋势和意外情形复杂交织的年份。就我们中国来说,一方面是如预期那样取得了脱贫攻坚战的全面胜利,完成了消除绝对贫困的艰巨任务,站到了全面建设社会主义现代化国家的历史新起点上。另一方面,我们又遭遇了新冠肺炎疫情这一新中国成立以来重大的突发公共卫生事件,最终在中国共产党的坚强领导下,我们发挥出了社会主义制度的整体优势,取得了抗疫的决定性胜利,从而在全面建成小康社会之外我们又为"百年恰是风华正茂"增添了一个有力的注脚。同样,如果我们以世界眼光来看,则世界百年未有之大变局的趋势也因为新冠肺炎疫情的全球传播而极大加速,疫情及其衍生的一系列社会问题深刻地打扰和改写了本年度以及今后若干年份当中人类的生存境遇、交往方式、政治格局、文化思维。

此前,习近平总书记在《坚持和完善中国特色社会主义制度 推进国家治理体系和治理能力现代化》的重要讲话中曾深刻地指出:"制度优势是一个国家的最大优势,制度竞争是国家间最根本的竞争。"①这一论断的真理性在2020 年度的疫情挑战下可以说得到了充分的确证,在社会主义、资本主义两种不同制度下的政府和人民所交出的抗疫答卷形成了极为鲜明的反差。乃至于,一些西方国家别有用心的利益集团和政客借机挑动和利用民粹思潮,散播歧视、偏见、欺骗、仇恨等"政治病毒",其实也不过是从反面说明,在新冠肺炎疫情这面镜子的映照下,社会主义制度已经极大地彰显出了优越性,

---

① 习近平:《坚持和完善中国特色社会主义制度推进国家治理体系和治理能力现代化》,《求是》,2020 年第 1 期。

以美国为首的西方发达资本主义世界的"自信"和优越感已经被极大动摇了。因而新冠肺炎疫情这一"黑天鹅"事件充当了世界历史的必然性在前进当中借以为自己开辟道路的偶然性中介,或许我们可以反向套用一下美国曾任总统特朗普那句不经意的感叹:"也许那就是人生吧!"("Perhaps that has been the story of life.")

在当下新冠肺炎疫情全球暴发的重大挑战面前,在疫情引发的资本主义社会系统性危机面前,国外马克思主义理论家们和广大左翼人士无疑也受到了历练,在现实矛盾的倒逼之下推动提升了理论话语的境界。不仅为了有效遏制新冠肺炎及其次生灾难对人民的戕害,而且也是为了诊疗和根除某些国度中蔓延的"政治病毒",全世界马克思主义者们不得不趋向于一种共识,即我们需要消灭新冠病毒和各种"社会病毒""政治病毒"繁衍蔓延的温床,这个温床就是资本主义制度。我们必须具有理论自觉地将矛头直指资本主义自由民主制度的局限性,说明资本主义经济社会形态的暂时性,从而引导人类走向另一种更美好生活、更美好制度。特别是大量西方左翼学者在新情境下看待疫情、资本主义世界的应对表现,以及欧美所主导的西方资本主义制度局限和意识形态偏见时,都结合着现实问题的系统性而提出了具有系统性的批判,指出疫情正在迫使人类做出选择,人类必须做出整体制度性的批判和更新。

相应地,我国国外马克思主义研究学界也积极加以应对,密切追踪了国外马克思主义各种思潮、流派、人物关于新冠肺炎疫情及其衍生社会问题的讨论,从自身学术视角和理论话语出发,提供破解人类新挑战、指引世界大变局的鲜活思考。这其中我们尤其可以注意到,疫情激发了国外马克思主义者和左翼人士对未来政治和经济方案的更确切的想象,特别是国外左翼鉴于中国抗击疫情经验的成功,看到了"西方社会下的新冠疫情危机重振了一个社会主义的想象"。对愈来愈多的全世界有识之士来说,中国之"治"、中国之"制"在这次抗击新冠肺炎疫情的斗争中所展现的优势不仅仅是作为某种外在的佐证和外部的吸引力,而且也是启示他们积极考察和吸纳中国现实和中国经验，内在地开展一种以全人类福祉为指向的切实有效的积极理论建构乃至实践建构，最终助力形成一种真正超越于资本主义的人类生存样态。

坚持对资本主义的批判和战斗，坚持对社会主义合理形态的设想，这是贯穿起马克思主义的普遍原理与中国和国外马克思主义具体研究之间联系的逻辑理路，因此在今后的研究过程中，我们中国学人尤其要自觉担负习近平总书记倡导的"构建中国特色哲学社会科学"的总的学术使命，具体在国外马克思主义研究的学科方向上要更好地"在马言马"，更好地顺应时代大变局和国外马克思主义思潮新动向，从"制度竞争"的高度来明确问题意识，明确国外马克思主义研究与中国马克思主义发展、马克思主义整体发展的内在关联，为构建21世纪中国马克思主义学科体系，推动21世界科学社会主义的事业，贡献自己的理论力量。

2020年度报告的主体内容和过去几年的通常做法一样，是综合考量年度热点导向和学界研究积累，分章梳理介绍我国对国外马克思主义思潮若干理论路向和议题的研究动态，同时也延续了2019年的成功先例，对当今国外马克思主义学界四位骨干学人的研究工作动态进行述评，从另一个视角和线索反映学界面貌，促进学术交流和砥砺，希望读者也继续对我们系列报告的发展完善提出宝贵的意见建议。本年度报告由陈学明策划和组稿，参与各部分编写的是：

总报告：《直面21世纪新型挑战，展现国外马克思主义研究对制度竞争和变革的启示意义》，姜国敏、荀娇、孙颖撰写；

分报告一：《对国外学界纪念恩格斯、列宁诞辰相关动态的研究》，单传友撰写；

分报告二：《对国外左翼学者反思新冠肺炎疫情相关论述的研究》，韩振江、李菡婷撰写；

分报告三：《对"文化马克思主义"的研究》，马援撰写；

分报告四：《对"政治马克思主义"的研究》，冯旺舟撰写；

分报告五:《对"生命政治"的研究》,刘晓晓、蓝江撰写;

分报告六:《对西方左翼政治经济学的研究》,张新宁撰写;

分报告七:《汪行福教授的国外马克思主义研究工作述评》,李东禹撰写;

分报告八:《张秀琴教授的国外马克思主义研究工作述评》,刘娟撰写;

分报告九:《张亮教授的国外马克思主义研究工作述评》,李灿、赵立撰写;

分报告十:《夏莹教授的国外马克思主义研究工作述评》,潘沈阳撰写;

分报告十一:《第十五届全国国外马克思主义论坛综述》,苟娇、孙颖撰写;

分报告十二:《第一届全国美国马克思主义研究学术研讨会综述》,黄其洪、杜丹撰写;

分报告十三:《第一届中外马克思主义比较研究论坛综述》,韩欲立撰写。

全书由陈学明、姜国敏统稿。

最后,感谢复旦大学当代国外马克思主义研究中心、复旦大学马克思主义学院、复旦大学哲学学院的领导对编写本年度报告的大力支持,感谢参与编写本年度报告的各位专家学者的倾心付出,感谢天津人民出版社的领导为本年度报告的编辑出版工作所做出的辛勤工作。

陈学明

2021 年 9 月 30 日

目　录

总报告
直面21世纪新型挑战,展现国外马克思主义研究对制度竞争和变革的启示意义

一、新冠肺炎疫情给人类生存提出了重大挑战,也为国外马克思主义研究提出了现实任务

对于2020年度的国外马克思主义研究工作而言,乃至于对本年度中外马克思主义研究的整体事业、对人类的整体历史进程而言,都无法忽视新冠肺炎疫情这一重大突发事件的影响。可以说,本年度以及今后若干年份当中,人类的生存境遇、交往方式、政治格局、文化思维,都必然被此次疫情及其衍生的一系列社会问题所深刻地打扰和改写,无论是左翼还是右翼,无论是国外还是国内,也无论是庙堂之高还是江湖之远,都愈来愈认识到和承认了这一点,新冠肺炎疫情已经可以被看作人类历史上的一道分水岭。例如,美国前国务卿、著名右翼政治家和思想家亨利·基辛格(Henry Alfred Kissinger)就在其个人网站上径直以"新冠肺炎将永远改变世界秩序"(The Coronavirus Pandemic Will Forever Alter the World Order)为题撰文,坦率承认了这次疫情重大而深远的影响①——同样的,如果我们用马克思主义的话语来说,这次疫情已经开启了"世界历史"的一个"新阶段"。②

进而,若从中国特色社会主义的视角来看问题,那么新冠肺炎疫情的爆

① See Henry Alfred Kissinger, The Coronavirus Pandemic Will Forever Alter the World Order, https://www.henryakissinger.com/articles/the‐coronavirus‐pandemic‐will‐forever‐alter‐the‐world‐order/.

② 参见李凯旋:《新冠肺炎全球大流行开启世界历史新阶段——访意大利〈二十一世纪的马克思〉主编安德烈·卡托内》,《马克思主义研究》,2020年第9期。

发蔓延以及种种次生灾难的产生,实际上就是属于"世界百年未有之大变局"这一根本趋势当中的一个突发变量因素,这个因素极大加速了世界变局的既定进程,也向世界各国人们提出了一次把世界格局推向更合理形态的重要警示——归根结底,这次疫情就是世界大变局的必然性借以为自己开辟道路的偶然性中介。正如有学者所归纳和评估的那样,新冠肺炎疫情将使国际政治格局和全球治理体系加快向更加均衡的方向演进,特别是促进国际秩序由少数西方资本主义强国一家独大式主导的格局,向更广大新兴发展中国家积极参与、更加平等和多元的国际协商治理平台加速搭建的形态演变,最终将促进更宏观层面的国际格局的非西方化进程。①

因此,在这一客观情势和趋势之下,我国国外马克思主义研究学界也积极加以应对,密切追踪了国外马克思主义各种思潮、流派、人物关于新冠肺炎疫情及其衍生社会问题的讨论,从自身学术视角和理论话语出发提供破解人类新挑战、指引世界大变局的鲜活思考,许多学术刊物都及时推出了相关主题的专栏和专稿。例如,《马克思主义与现实》策划推出了关于欧美疫情反思的系列访谈,包括同大卫·科茨、诺姆·乔姆斯基、罗伯特·波林等知名国外左翼理论家的直接对话,用第一手材料即时展现受访者对美国政府和新自由主义在疫情中表现的宏观思考和对未来发展趋势的展望。②

再如,《世界社会主义研究》(2020 年第 6 期)所策划的"国外左翼观察"栏目,针对国外左翼理论家对资本主义社会在此次疫情当中所暴露出来的具体经济政治问题的思考和批判,译介刊载了阿基纳尔多·多斯桑托斯的《健康问题引发的政治变化:新冠肺炎疫情对人类经济社会的挑战》、胡北思的《世界应对新冠肺炎疫情的不同体制方案:生死之问》、马克·特卡丘克的《被新型冠状病毒改变的世界》、汉斯·莫德罗的《大规模流行病揭示了体制问题》、斯塔夫罗斯·马夫罗迪亚斯的《新冠肺炎疫情的经济和政治后果》、赛勒斯·比纳的《新冠肺炎疫情导致的生物经济危机及其对世界的影响》六篇译文,集中呈现了国外左翼学者围绕疫情对世界的影响作出的思考。

---

① 参见刘建飞:《新冠肺炎疫情对国际格局的影响》,《当代世界与社会主义》,2020 年第 3 期。
② 参见罗惠敏:《新冠疫情中的美国——大卫·科茨、诺姆·乔姆斯基、罗伯特·波林访谈》,《马克思主义与现实》,2020 年第 4 期。

又如,《国外理论动态》(2021 年第 1 期)译介了包括阿拉斯代尔·罗伯茨的《新冠肺炎疫情暴露了美国不健全的治理模式》、梅雷迪斯·图申的《新冠肺炎疫情暴露了西方国家医疗体系的不公平》、乌苏拉·胡斯的《新冠肺炎疫情危机下的数字化、资本重组和社会动员》、玛丽安娜·马祖卡托的《新冠肺炎疫情后的资本主义:正确的恢复之道》四篇译文,向我们展示了更多新冠肺炎疫情影响资本主义世界中社会生活的细节,揭示了许多具体体制机制层面的问题和矛盾,为国外马克思主义的批判呈现了更加丰富、更加立体的维度。

除了上述关于国外左翼理论家谈论疫情的理论成果译介,2020 年以来我国的国外马克思主义学界还迅速开展了针对相关理论成果的专题讨论,包括结合疫情下暴露的新问题、新矛盾对国外马克思主义既有理论范式和结论开展深刻的反思。例如,《马克思主义与现实》(2020 年第 3 期)刊载了吴静的《例外状态与自由的边界——后疫情时代对阿甘本生命政治理论的反思》和陈培永的《如何栖思于新冠病毒带来的例外状态——回应阿甘本》。再如,《国外理论动态》(2020 年第 4 期)集中刊载了讨论疫情与生命政治的三篇论文,即夏莹和黄竞欧的《资本逻辑中无例外的"例外"与非劳动的劳动——对当代西方左翼思潮的一种批判性反思》、蓝江的《作为肯定性生命政治的免疫共同体范式——罗伯托·埃斯波西托与生命政治的未来》、虞昊和吴冠军的《生命政治的"至暗时刻"?——一个思想史重梳》。又如,《山东社会科学》(2020 年第 10 期)以陈培永为学术专题主持人,集中讨论关于疫情与生命政治、例外状态的四篇论文,包括吴冠军的《后新冠政治哲学的好消息与坏消息》、蓝江的《生命政治的治理技术——从霍布斯到巴斯德和福柯》、王庆丰的《生命政治学与治理技术》、陈培永的《生命政治学视角下的新冠肺炎疫情》等。

除了上述传统理论载体和讨论平台的呈现以外,我国还有越来越多耕耘国外马克思主义研究领域的专业理论工作者、媒体工作者和民间志愿人士开始积极分工配合、取长补短,适应当今时代的信息传播和社交媒体平台的发展,运用技术更加便捷、传播更加广泛、表现形式更加立体的方式,大力地推进了同国外马克思主义最新思想的交流互通。从国内主流新闻媒体来看,其中有一些所举办的新媒体平台长期关注人文社科思想,如"澎湃新闻"设有"思想市场"栏目,这次针对疫情下的思想创作动态,就翻译刊载了巴迪欧、莫兰等国外左翼思想者的交流和争论,又如"界面新闻"在"思想界"专栏专门做了一期关于哈维、巴特勒、齐泽克、阿甘本等西方左翼思想家们对病毒的讨论。①

而许多自媒体平台在这方面的工作更加丰富多样,有许多微信公众号都推出了新冠疫情专栏,对国外左翼学者的疫情反思进行译介,如"欧罗万象 EuroScope"微信公众号为帮助中文受众全面、深入地理解欧洲疫情而推出了译介项目"新冠专题",翻译和推送了斯洛特戴克、南希、拉图尔等人的文章。"四十日谈"志愿者小组则通过"WUXU"微信公众号,翻译了大量阿甘本、埃斯波西托、卡其亚里、奈格里等人的评论文章,向国内及时传递了疫情下的意大利现场。此外,还有像"暴风骤雨""拜德雅 Paideia""法意读书""城读""保马"等微信公众号,都向读者大量推送了意大利、法国、美国等地区的左翼学者和政治人物的文章、评论或采访。除了二维文字形态的传送,国内知名视频网站哔哩哔哩(bilibili)上也有一些发布视频的"up 主"例如"LeftistZone""八马鹿"等人,他们积极对外国学者关于疫情主题的访谈、讲座等视频进行了翻译和搬运。这些新兴形态的平台、团队以及个人通过多种网络渠道紧跟国外思想界动向,他们的译介、传播工作成果极大地开阔了广大读者观众的视野,也为思想学术研究提供了一个重要的信息渠道和资料汇集库。

新冠肺炎疫情这一突发事件之所以具有世界历史性的意义,之所以激发了全世界马克思主义者和左翼人士的思想警醒和发声热情,除了因为疫情及其次生灾难在各个层面上严重威胁了全人类生存状态之外,特别重要的一点就在于当全人类共同面对着疫情考验时,分别处在社会主义、资本主义两种不同制度下的政府和人民交出了两种截然不同的答卷。习近平总书记此前在《坚持和完善中国特色社会主义制度 推进国家治理体系和治理能力现代化》中就深刻地指出:"制度优势是一个国家的最大优势,制度竞争是

---

① 参见赵蕴娴:《虚假的平等与邻人的消失:西方左翼思想界关于病毒的探讨》,"界面文化"微信公众号,2020 年 3 月 23 日。

国家间最根本的竞争。"①这一论断的真理性在 2020 年度的疫情挑战下得到了充分的确证,中国发挥出了社会主义的制度优势,顶住了新冠肺炎疫情的冲击,有效维护了人民群众的生命健康和发展利益,并如期取得了全面建成小康社会的决定性胜利,在党的十九届五中全会上进一步向全国人民和全世界宣示了中国未来发展新阶段的宏伟蓝图,开启了全面建设社会主义现代化的新征程;但与中国取得疫情防控阶段性胜利形成鲜明对照的,是世界范围内许多国家特别以美国为代表的发达资本主义国家在抗疫过程中出现的种种乱象,这些国家的应对失当、内耗严重、漠视生命的表现,给广大人民的生命健康、生活安定、社会秩序等造成了极大的损害。

本来,自 20 世纪 80 年代末 90 年代初的东欧剧变之后,由于以美国为首的资本主义世界一时高歌猛进,故而弗朗西斯·福山的"历史终结论"之类的观念一时甚嚣尘上,西方也更加具有"自信"地以经济、政治、文化等各方面的侵略霸凌手段,在世界范围内大力推行着自身那一套特定的"自由民主"制度和价值观,借"自由民主"之辞行剥削压迫之实。但 21 世纪以来,资本主义自我衰败的表征已经日益凸显,恐怖主义的大量滋生、经济和金融危机的反复冲击、各国内部民粹主义的抬头、社会各阶层的矛盾激化乃至发生族群撕裂,资本主义世界的经济、政治、文化、社会等各方面都进入了深度调整期,资本主义主导下的旧全球治理体系面临着发展赤字、治理赤字、公平赤字、信任赤字等一系列突出问题,自东欧剧变以来仿佛已经一劳永逸地稳固了的资本主义制度正遭遇着"失灵""失序""失范""失效"的困境。在这个意义上,新冠肺炎疫情的蔓延和戕害,虽然直接来说是一起带有一定偶然性的"黑天鹅"事件,但本身却是毫无疑问蕴含着深层的必然性,是对于批评家们特别是马克思主义和广大左翼批评家们所再三指认过的资本主义制度弊端的再次确证。

更有甚者,在疫情期间一些西方国家别有用心的利益集团和政客还借机挑动和利用民粹思潮,散播歧视、偏见、欺骗、仇恨等"政治病毒",在自身国家内部和国际大家庭中造成了比新冠肺炎疫情更加恶劣的伤害。这种状

---

① 习近平:《坚持和完善中国特色社会主义制度 推进国家治理体系和治理能力现代化》,《求是》,2020 年第 1 期。

况实际上从反面说明,与资本主义国家应对新冠肺炎疫情的乏力表现相比,中国防控措施和成效已经极大彰显出了社会主义制度具有世界历史意义的优越性,新冠肺炎疫情暴发后的种种现实已经极大动摇了以美国为首的西方发达资本主义世界的"自信"和优越感。从而西方政治势力在自身令人失望的抗疫表现使得原有体系黯然失色、本国人民长期以来已经因为各种经济社会发展问题而逐步积累起来的对资本主义制度的不满面临着爆发的当口,他们不得不有意识地进行"甩锅"和煽动,以维系资本主义的根本生存。因而不仅为了有效遏制新冠肺炎疫情及其次生灾难对人民的戕害,而且也要为了诊疗和根除某些国度中蔓延的"政治病毒",全世界马克思主义者和广大的有识之士就不得不趋向于一种共识,即我们需要消灭新冠病毒和各种社会病毒、政治病毒繁衍蔓延的温床,即资本主义制度,具有理论自觉地将矛头直指资本主义自由民主制度的局限性,说明资本主义经济社会形态的暂时性,从而引导人类走向另一种更美好的生活、更美好的制度。国外特别是西方的马克思主义理论家群体尤其被激发出了创作热忱,利用其独到的理论武器和当代便捷的舆论渠道大力发声,为关乎人类命运的抗击疫情事业贡献智慧和方案。

二、疫情暴露出资本主义社会的系统问题,也推动国外马克思主义的批判工作趋向整体性

国外马克思主义长期以来一直都坚持不懈地批判资本主义,包括试图深入对资本主义的制度本质进行批判,形成了众多深刻的理论成果,但我们显然也不得不承认,其"批判的武器"还远未和"武器的批判"真正结合起来,还没有有效彰显实践性这一马克思主义的根本品质。特别是如同我们国内有些研究者所指出的那样,这一消极现象在近几十年间的当代国外马克思主义论者那里似乎更进一步恶化了,究其缘由,很大程度上是在于欧美中心主义和新自由主义的隐性强制作用,从而大量当代国外马克思主义论者尚未从根本上形成对当代资本主义演变趋势和世界潮流的科学判断,未能在新的时代大势和时代精神的引领下,突破国外马克思主义固有的一些思维

模式、研究范式或理论偏见。例如,许多当代的国外马克思主义论者尽管用力甚巨,但大多是在分配、消费、金融、生态、空间、都市、正义、文化、女权、生命政治、数字资本等具体领域当中展开批判建构,这些研究当然不乏深刻性和思想性,可是在相当程度上还只是局限于对资本主义特定问题的分析,还无法从整体上把握当代资本主义的生理机制及其运行规律。①

我国的有关研究者还深刻地认识到,当代国外马克思主义者们的这种局限性表现在实践维度上,就是许多左翼理论家和活动家以种族、生态、女权、边缘群体、大众自治、多元民主等作为批判的切入点,虽然坚持了批判和斗争的立场,但已经解构和放弃了马克思主义经典的阶级逻辑和政党理论。而反过来说,例如种族、生态、女权等形态的新型社会运动,实际上只是在资本主义制度所能允许的范围内进行的某种权利抗争,不仅无法动摇资本主义的统治基础,反而存在被资本主义收编、同化、利用的可能。此外,当代国外马克思主义的根本方法论是反宏大叙事的,这固然有一定的依据,但相关思想家只是一味地在微观层面或具体领域中寻求资本主义的替代方案,这也是行不通的,因为空间、生态、女权、生命政治、正义、分配、消费等领域中的问题统统不过是当代资本主义这个有机整体之下的具体症候,如果不改变资本主义的总体结构,却妄图在这些具体领域中实现根本变革,那就不过是一种一厢情愿的美好愿景。②

在我们看来,上述关于当代国外马克思主义大量流派和人物思想状况的"病情"诊断和"病因"分析是非常尖锐、准确触及问题痛点的。当然,我们认为也还需要看到,既然当代国外马克思主义的上述这些局限性是由新自由主义的社会基础和隐性框架所蕴含、所容忍、所欢迎的,那么我们就要遵循马克思主义关于资本主义内在矛盾和自我否定的辩证法思想,从新自由主义总体结构的张力和裂痕当中找出超越的出路,而不能只停留于对国外马克思主义的理论话语本身进行责备,马克思主义者需要批判和超越社会现实的"原本",而不是思想理论的"副本"。而在当下新冠肺炎疫情全球爆发的重大挑战面前,在疫情引发的资本主义社会系统性危机面前,国外马克

①② 参见张亮、孙乐强:《新时代的历史方位与当代国外马克思主义哲学研究的初心使命》,《山东社会科学》,2020 年第 5 期。

思主义理论家和左翼人士则无疑会受到历练,在现实矛盾的倒逼之下推动提升理论话语的境界。大量西方左翼学者在新情境下看待疫情、看待资本主义世界的应对表现、看待欧美所主导的西方资本主义制度局限和意识形态偏见时,都结合着现实问题的系统性而广泛达成共识,即疫情正在迫使人类做出选择,人类必须作出整体制度性的批判和更新。

首先在追溯疫情灾难的本质和根源问题上,大量的国外马克思主义者和左翼人士就不能不回归到马克思主义对资本主义经济运动规律和内在矛盾机制的揭露上来,认识到疫情是资本主义的系统危机所导致的。例如乔姆斯基径直指出了经济问题的根源地位,新冠病毒的出现导源于市场的失灵,新冠病毒危机来自新自由主义巨大的失败,它可以追溯到市场的本质和新自由主义所带来的深层的社会经济问题。[1] 大卫·哈维也指出,新自由主义的弊病是资本运作和政治、文化、生态背景等层层嵌套后的结果,这次疫情是对新自由主义的报复。[2] 新自由主义似乎曾经造就了资本主义发展的黄金时代,开启了资本主义全球化的市场体系,乃至于帮助资本主义"赢得"了冷战,但随着市场原教旨主义的泛滥,随着后"冷战"时代资本主义世界失去制度竞争压力之后社会福利保障和国家调控能力退化,许多西方国家也就作茧自缚,无法有效应对新冠肺炎疫情。资本主义特别是新自由主义的生产方式和政治逻辑决定了西方社会当中把利润置于一切之上的根本判断尺度,企业考虑资本利润和经济活力甚于保护人们的生命,避免让病毒控制导致利润的黑洞,在其眼中公众的健康只是"可消耗"的生产成本而已,特别是资产阶级政府为了本阶级的利益,从社会治理的全局导向上就是漠视人民健康。

并且在对社会运行的具体机制和具体问题批判性揭示层面,因为新冠肺炎疫情将资本主义制度下的贫富差距、种族歧视、价值观分裂等社会问题同资本主义制度的内在联系和作用机制暴露得更加透彻,大量的国外马克

---

[1] See Noam Chomsky, *COVID - 19 strikes, solidarity can help defeat Trump and the neoliberal assault*, https://soundcloud.com/pushbackshow/chomsky - covid - 19 - strikes - solidarity - can - help - defeat - trump - and - the - neoliberal - assault.

[2] See David Harvey, *Anti - Capitalist Polotics in the Time of COVID - 19*, http://davidharvey.org/2020/03/anti - capitalist - politics - in - the - time - of - covid - 19/.

思主义者和左翼人士在其言说当中也大大增强了自身理论批判的现实感。资本主义社会在"成本与收益"的根本逻辑指导之下开展疫情防控工作,从根本上资本主义这套逻辑就是阻止了人们有效利用现有的科学知识、技术药物手段和专业人员的巨大能力来预防和治疗新疾病,而是将社会的人力、物力资源和微观体制机制效能都消耗在了社会整体运行层面上的摇摆、扯皮、甩锅、内斗之上。许多西方发达资本主义国家的疫情防控之所以表现出来进退失据、效率低下,特别是欧美资本主义政府在抗击疫情的决策和施政方面表现出来的不负责,国外左翼切身体会到了是由于资本主义社会的整体系统运行存在缺陷,从而资产阶级政府在疫情处理和社会治理上才呈现出了公共卫生投入不足、管制手段软弱无力、地方政府各自为战且缺乏协调等乱象。国外左翼集体尤其是围绕例外状态、生命政治、共同体、数字社会与加速社会等议题对新冠肺炎疫情作出了全面而深入的反思,对西方资本主义国家抗疫不利的制度层面的劣势和弊端提出了尖锐的批判,有效激活了长期以来在各种具体微观的新社会议题、新社会运动方面所积累的批判成果。

进而在国外马克思主义者和左翼人士在围绕新冠肺炎疫情开展资本主义批判的过程中,也就愈加确证了马克思主义关于资本主义社会内在矛盾必然导致其自我否定的辩证法。这次新冠肺炎疫情无疑极大凸显了资本主义社会的巨大不平等和不平衡,正是各国社会内部不平等的经济地位和不同国家间巨大的贫富差距,对新冠肺炎疫情的致命性传播起到了推波助澜的作用。但最终,这种由不平等而加速放大的毁灭性风险,又最终会反过头来呈现一种平均化,导致一种在终极灭亡面前的平等,也就是说,疫情风险客观上最终也会不可避免地损害到上层阶级的利益,使富人受到了正义的审判,没有任何社会阶层可以因为财富和权力的占有而最终免于被病毒感染的风险。同时,这次新冠肺炎疫情危机的管理,也正在成为一种新型的阶级斗争的场域,就资产阶级方面而言,他们试图通过定义风险的来源和解决方案,将阶级冲突转化为风险管理的技术议题,也就是说将风险的总体性原因物化为一个社会学的或者经济学的实证问题,乃至还要使得灾难成为一种可以获得巨大利润的生意。而在人民大众的方面,危机的结构性积累则是将阶级斗争的场域进一步扩大到了公民运动当中,既然危机在社会结构中的平均化趋势跨越了阶级利益的冲突,风险的共同性是真实存在的,因而跨越不同社会阶层、职业群体和年龄群体的成员而团结起来形成公民运动是可能的,新冠肺炎疫情最优化治理的客观需要就会催生一种社会性的联合。①

就后一点而言,其实也就是客观存在着的共同生存发展威胁为人们的社会性联合奠定了团结的基础,广大劳动者在要求保护劳动者福利和权利,反对企业和政府缩减劳动报酬、社会福利和安全支出的议题上达成了广泛的共识。在新冠肺炎疫情及其各种次生社会灾难的威逼下,由于缺乏安全防护和健康保障,社会许多行业的劳动者都逐渐开展了小规模的、短暂的和地方性的自发罢工。一个特别有意义的例子是,医护工作者在西方发达资本主义国家长期以来是具有"中产阶级"乃至"上层人士"外观,但其实在新自由主义体制和政策的长期挤压、侵蚀之下其实早已内部高度分化,大量基层医护工作者遭受着高强度的剥削,而这次医疗系统在最直接面对新冠肺炎疫情的情况下,更是出现了医疗资源被系统性地"透支"乃至"击穿"的情况,大量医护工作者被感染乃至牺牲,从而这一群体也就被极大激发出了保护公共医疗体系、维护自身工作权益的激进诉求,乃至于大量医护工作者走上街头开展社会抗争——最终,这些要求资产阶级政府保护人民健康和生存权利的斗争,都会融合到社会变革的伟大历史浪潮中去。我们还可以看到,西方左翼特别是各国共产党组织在政府和资本抗疫不力的大环境下,在实践中积极探索了丰富多样的由人民直接开展互助自救的运动,开辟了联系群众、发动群众、引领群众的新形式。民间互助的形式包括为人民群众提供紧缺的口罩、为弱势群体提供食品、为经济困难的底层群众提供互助资金、组织由自己的成员组成的医疗救助队伍等,这些工作既在直接的抗击疫情工作层面使广大群众获得了必要防护物资和生存资料,捍卫了工人和底层民众的生命权利,直接践行和确证了马克思主义、社会主义的人民性品

---

① 参见韩欲立、陈学明:《评西方左翼学者对疫情的看法》,《湖北社会科学》,2020 年第 6 期;韩欲立、陈学明:《新冠疫情背景下国外左翼学者对资本主义和社会主义的双重反思》,《武汉大学学报》(哲学社会科学版),2020 年第 5 期。

质,也有效地提高了群众对党的认同、信任与支持,更是为后疫情时代壮大组织规模和动员群众提供了新模式。①

再进一步说,新冠肺炎疫情及其各种次生灾难既然实质上是一场新自由主义危机、一场资本主义的社会制度危机,那也就必然会激发国外马克思主义者和左翼人士对未来政治和经济方案的更确切想象,特别是国外左翼鉴于中国抗击疫情经验的成功,看到了"西方社会下的新冠疫情危机重振了一个社会主义的想象"②。从根本取向上说,由于此次新冠肺炎疫情及其次生灾难显然打破了资本主义"平等"和"民主"的幻象,把资本追逐利润的反社会性和寄生性暴露无遗,特别是暴露了新自由主义制度及其意识形态造成了欧美资本主义抗疫不力、全面失控乃至人类生存危机,故而国外左翼对新自由主义的批评大都趋向于认为,在经历此次人类历史大灾难之后,新自由主义必将走向终结。如齐泽克、哈维、莫兰等人都指出,人类必须抛弃新自由主义的教条,寻找一个可替代的方案,"向左还是向右?"是一个生存抑或毁灭式的选择,是"共产主义"与"野蛮"之间的选择,例如就像齐泽克所言,新冠肺炎疫情对全球资本主义体系构成了潜在的打击,这场灾难带来的痛苦将使人们反思现有的社会形式,从而寻求一种新的方式,"是全球共产主义还是丛林法则,冠状病毒迫使我们做出决定"③。

而在这种根本取向之下,尤为引人瞩目的是社会主义中国抗击疫情的巨大成效对社会主义制度高度优越性的现实展现,从而为政治和经济的合理样态内容提供了可靠、可行的参照。全世界的人只要不戴上有色眼镜都会承认,中国政府在突如其来的新冠肺炎疫情面前迅速反应、积极有为,包括对疫区实行严格的封闭管控,快速阻断疫情传播链条,扩建医院,调派医疗人员,在最短时间内有效地控制住了疫情,并且中国的检测率、治疗率、信息提供、食物分配、对老年人和弱势群体的照顾、补偿金转移和心理健康支

---

① 参见赵婷、杨静轩:《新冠肺炎疫情下西方左翼的应对和社会主义发展态势》,《理论视野》,2020 年第 11 期。

② Judith Butler, *Capitalism Has its Limits*, https://www.versobooks.com/blogs/4603 – capitalism – has – its – limits.

③ Slavoj Žižek, *Global communism or the jungle law*, *coronavirus forces us to decide*, https://www.rt.com/op – ed/482780 – coronavirus – communism – jungle – law – choice/.

持都远远优于许多欧美发达资本主义国家。而许多国外马克思主义者和左翼人士更是从这些抗疫工作的实际绩效当中抓住了根本的原因，即中国政府之所以果断、努力、有效地处理了新冠肺炎疫情这一突发事件，主要得益于中国特色社会主义治理和引导社会的方法、政治决策的高效，以及中国共产党与全体中国人民之间巨大的信任关系。从中国作为一个社会主义国家的内在品质来说，它的政府就是要对人民而不是对资本负责，中国有可以非常迅速调动巨大资源的相对集中的经济管理体制，特别是中国有一个庞大、高度胜任、组织良好的共产党的存在，在这次抗击疫情的过程中，中国政府充分利用了这些制度上的优势，由党中央集中统一领导，发起了自上而下的社会动员。[①]

三、中国之治日益呈现出世界历史意义，中国问题将在世界马克思主义话语中进一步凸显

对国外的马克思主义者、左翼人士乃至于愈来愈多的全世界有识之士来说，中国之"治"、中国之"制"在这次抗击新冠肺炎疫情的斗争中所展现的优势不仅仅是作为某种外在的佐证和外部的吸引力，而且也是启示他们积极考察和吸纳中国现实和中国经验，内在地开展一种以全人类福祉为指向的切实有效的积极理论建构乃至实践建构，最终助力形成一种真正超越于资本主义的人类生存样态。我们回顾国外马克思主义在中国的传播与中国学界对国外马克思主义的研究工作的几十年发展历程，可以说国外马克思主义研究这一学科长期以来的生命力源泉，它长期以来所发挥的关键作用在于，能帮助中国马克思主义者积极考察和吸纳国外的智慧，切实有效地利用国外马克思主义的思想资源推进马克思主义中国化和中国特色社会主义事业。那么在今天这个世界和中国的大变局时代，国外马克思主义学科的性质和任务定位也必然会有比过去几十年间更加丰富和深刻的内涵。在今天，除了从继续从当代国外马克思主义思潮中获取助力马克思主义中国化

---

① 参见李海玉、何景毅：《国外左翼对全球新型冠状病毒肺炎疫情的认识与评析》，《中共郑州市委党校学报》，2021 年第 1 期。

和中国特色社会主义事业的理论资源,除了对当代中国马克思主义与当代国外马克思主义展开比较分析,在当今世界百年未有之大变局之下还要让马克思主义中国化的成果走出国门与国外马克思主义相呼应,而当代国外马克思主义各种流派和人物也将会与中国马克思主义理论和实践的积极有为表现相呼应,共同谱写马克思主义发展史长河当中 21 世纪的最新辉煌篇章。

国外马克思主义者以及广大的左翼人士首先当然要立足自身的基地之上批判资本主义、反抗资本主义,开展对于资本主义一贯本质和当下新型问题的批判,以及开展对"另一种社会"的替代性方案的思考乃至探索性实践。但中国共产党领导中国人民开创和发展的中国特色社会主义事业既然构成了 21 世纪人类现代化新道路、人类新文明新形态的现实路径,也就可以为全人类的生产、交往和全部社会生活的合理形态提供出有效的示范和方案的导引。当国外马克思主义者在自身的基地之上进行的事业普遍遭遇重重阻力的同时,不断积累着现实成功经验和愈来愈呈现出对比示范效应的中国道路,显然就能够在全球深陷现代性困境、人类文明遭遇生死存亡性威胁的 21 世纪的当下,提供不可或缺的视角和资源,成为极富说服力和引领性的智慧和方案。从国内学者在上述论题上持有基本一致的总立场来看,以马克思主义中国化为导向推进国外马克思主义理论研究,同时以对构建新文明和人类命运共同体而言极富价值的中国经验推动世界马克思主义理论和实践的发展,无疑是当下及未来国外马克思主义研究的重要进路和现实使命。

有论者归纳,20 世纪的国外马克思主义研究是以西方为中心的,因为是西方发达资本主义国家主导了 20 世纪的世界历史,但 21 世纪国外马克思主义研究需要进行研究中心的转换,将中国及其与世界关系的研究作为一个重要的维度纳入理论视域,并在中国与世界的互动关系中寻求人类性问题的解答思路。究其缘由,自 21 世纪以来,中国的发展成就及其带来的世界历史性变化,使"中国问题"具有了世界历史意义,因而从某种程度上说,21 世纪的世界范围、全人类范围问题的解决,需要以中国问题的解决为前提,同样,中国问题的解决也必须建立在世界人类性问题解决的基础之上。从而可以说,无论是从国外马克思主义自身的发展,还是我国的国外马克思主义研究来说，"中国问题"都是 21 世纪不可绕过的一大核心问题。① 我们非常赞同这种观点，2020 年的生动历史也再次证实了该论者年初发表出来这一观点切中要害。

正如习近平所反复强调的："每个时代总有属于它自己的问题"②，"时代是思想之母，实践是理论之源"③。21 世纪的中国问题以及中国与世界的关系问题将成为 21 世纪马克思主义理论创新的实践根源。在 19 世纪，马克思和恩格斯抓住了"我们的时代，资产阶级时代"④这个根本的社会性质规定，追溯到了生产领域中"资本－劳动"的矛盾对立问题，以此才实现了世界观的革命，使得社会主义走上了科学的道路。其后在 20 世纪前半叶，列宁主义之所以继承和发展了马克思主义，其根源就在于抓住了帝国主义的时代本质，抓住了"战争与革命"的时代主题。同样，在 20 世纪后半叶，中国特色社会主义道路之所以开辟，其首要的前提就是源于邓小平更新了对时代主题的认识："现在世界上真正大的问题，带全球性的战略问题，一个是和平问题，一个是经济问题或者说发展问题。"⑤中国特色社会主义理论体系也就是作为对新时期、新时代的理论回应。

而在 21 世纪，在中国特色社会主义进入新时代、世界也在经历百年未有之大变局之际，现实当然也就再一次提示当代中国的马克思主义者，要像列宁发展了马克思主义，邓小平发展了马克思列宁主义、毛泽东思想一样，抓住新的问题样态，在理论上进入一个新阶段，呈现出一个新形态，包括要对中国特色社会主义理论体系的既往成果作出重大创新变革。党的十九大总结了国内之变，宣告中国特色社会主义进入了新时代，这一历史阶段的规定性集中体现在中国社会主要矛盾的转变上，即由人民日益增长的物质文化需要同落后的社会生产之间的矛盾，转化为人民日益增长的美好生活需要和不平衡不充分的发展之间的矛盾，两种矛盾间的转变过程高度浓缩了中

---

① 参见隽鸿飞、张海成：《21 世纪国外马克思主义研究中心的转换》，《马克思主义理论学科研究》，2020 年第 1 期。

② 习近平：《之江新语》，浙江人民出版社，2007 年，第 235 页。

③ 习近平：《在庆祝中国共产党成立 95 周年大会上的讲话》，《人民日报》，2016 年 7 月 2 日。

④ 《马克思恩格斯文集》（第二卷），人民出版社，2009 年，第 32 页。

⑤ 《邓小平文选》（第三卷），人民出版社，1993 年，第 105 页。

国特色社会主义的"来路",概括了四十多年来的建设内容和成果;新的主要矛盾态势又统摄了中国特色社会主义的"去路",即督促着我们着力去解决发展不平衡不充分的矛盾主要方面,以此来满足人民日益增长的美好生活需要。

与此同时,对于世界范围之变,习近平又强调:"世界格局正处在加快演变的历史进程之中,产生了大量深刻复杂的现实问题,提出了大量亟待回答的理论课题。"①"'孔子登东山而小鲁,登泰山而小天下'。面对世界大发展大变革大调整的新形势,为更好推进人类文明进步事业,我们必须登高望远,正确认识和把握世界大势和时代潮流。"②可以说,在国内外这种全面的变局之下,习近平新时代中国特色社会主义思想沿着"问题"与"主义"之间辩证的方法论逻辑,切实地提出了马克思主义在新一阶段上的理论创新成果,这必然是不仅对中国特色社会主义理论体系的既有成果作出的进一步重大发展创新,而且要从马克思主义发展史的整体进程上对既往的马克思主义理论形态作出重大发展创新。在新的时代阶段和问题形态上,习近平新时代中国特色社会主义思想既是作为马克思主义中国化进程的最新成果、当代中国马克思主义,指引我们把中国特色社会主义不断推向前进,同时,这一新思想还是 21 世纪世界整体进程中的有机组成部分和最为鲜活的力量,它是 21 世纪马克思主义,具有世界历史意义。

而在世界历史发展的重要关头,改革开放和中国特色社会主义使得中国的综合国力和文化软实力日益强大,中国凭借自身的强大底蕴积极地发出中国声音、展现中国力量,可谓正当其时。这其中,首先是要与世界热爱和平的国家与人民一道,参与国际、经济、贸易、金融、文化乃至于军事、外交等既有文明规范的维护与修复,中国道路的开辟和发展是与改革开放的历史进程同步的,是在开放的环境下、在与世界的交流互动中发展自己,中国今后仍然要在开放和交流的条件下继续发展,越来越积极地走向世界、融入世界,履行越来越多的国际责任并构建"人类命运共同体",这是中国道路的

---

① 习近平:《深刻认识马克思主义时代意义和现实意义 继续推进马克思主义中国化时代化大众化》,《人民日报》,2017 年 9 月 30 日。

② 习近平:《弘扬"上海精神" 构建命运共同体——在上海合作组织成员国元首理事会第十八次会议上的讲话》,《人民日报》,2018 年 6 月 11 日。

题中应有之义。但与此同时,构建全球治理的新体系、新秩序,包含着对资本主义现行体系的扬弃,特别是中国发挥越来越大的国际影响力和示范效应,乃至中国要积极为世界各国的未来发展道路贡献自己的中国智慧和中国方案,中国要日益面对同现行资本主义主导下的全球秩序的利益博弈关系,实际上存在着新条件下的社会主义同资本主义之间的制度竞争和斗争问题。

中国智慧和中国方案的理论蓝图能够发挥影响力的基础就是中国道路在现实当中越走越宽广,正如习近平面对国内外关于中国发展的"模式"问题众说纷纭之际所一锤定音宣示的那样:"我们始终认为,各国的发展道路应由各国人民选择。所谓的'中国模式'是中国人民在自己的奋斗实践中创造的中国特色社会主义道路。"①作为现实道路的"中国模式",是中国在自身开拓前进过程中给出了现代化和文明发展的具体样式、详细图景的意义上的一种"模式",这是不同于苏联模式的另一种社会主义"模式",中国呈现了社会主义另一副看得见、摸得着的模样,这也就是中国道路作为科学社会主义一种当代方案的意义所在。也就是说,中国特色社会主义在今天需要适时用实践优势和理论力量来引领世界社会主义运动的发展,为人类对于更为美好的社会制度的追求提供中国方案,我们在扎实推进中国特色社会主义伟大事业的同时,同样也具有国际主义的担当。

如果说俄国在列宁的帝国主义批判和革命方略指引下取得十月革命胜利后,面临着一国建成社会主义与世界革命直接关系问题上的方向困惑,并通过苏联模式的现实选择从理论和实践两个方面初步地回应了这个难题并留下了不少遗憾和缺陷,那么当今的社会主义中国同样亟待思考,我们在扎实地推进中国特色社会主义伟大事业的进程中,如何回应那些想要突破资本主义藩篱、选择走社会主义道路的人们? 中国特色社会主义明确了自己不搞"输出革命",但中国仍然需要为社会主义的世界普遍化进程提供思想理论的帮助和实践的支持,这就是要通过社会主义的中国方案,从制度展示和示范的角度,明确中国特色社会主义作为相比资本主义更好的社会制度的历史定位,引导其他国家的人民像中国一样走自愿选择的适合国情的社

---

① 习近平:《关于坚持和发展中国特色社会主义的几个问题》,《求是》,2019 年第 7 期。

会主义道路。

由此可以说,在这一次抗击新冠肺炎疫情的具体历史事件当中,在西方资本主义与中国社会主义制度的鲜明对比面前,有许多国外马克思主义者和左翼人士都领会到了这一点,他们纷纷从中国在抗疫斗争中表现出的人道主义和大国风范中看到了社会主义的底色,坚定了他们认为社会主义和共产主义的观念中蕴含着应对疫情危机的出路,并提出了一个被西方世界假装看不到的问题:"如果疫情真的会导致资本主义经济的瘫痪,我们是否应该扪心自问:我们所拥有的究竟是什么样的经济? 竞争和私利能使人类免受疫情、战争、饥饿和气候变化的侵袭,摆脱自我毁灭的结局吗? 答案当然是否定的。也许是时候关注一下中国了,他们向我们展示了另一条道路的可行性。"[1]在此基础上,他们当中许多人不同程度地超出了新冠肺炎疫情议题本身的范围,进而呼吁人们应当重视以中国为代表的社会主义的社会治理方案,并呼吁全球左翼力量也需要在疫情危机的警示下走向联合,应该组成全球抗击疫情的共同体,探索多种社会主义性质的挽救人类根本命运的措施。可以说,现实是最生动的教材,是最无情的检验,也是最有力的推动,21世纪的马克思主义和21世纪的科学社会主义,必将在21世纪的当下现实的生动延展当中,不断呈现出自身的真理力量和此岸性,而国外马克思主义者的理论话语和我们对其的追踪研究,也必然要与这一整体性事业同频共振。

近年来,我国国外马克思主义研究学界始终秉持习近平总书记在哲学社会科学工作座谈会和十八届中央政治局第43次集体学习上的讲话精神,不断加强了批判性地研究借鉴国外马克思主义合理因素的工作,将国外马克思主义的理论言说和实践探索作为我们发展马克思主义、践行马克思主义的重要资源。而无论是2020年度以来这场抗击新冠肺炎疫情的具体斗争,还是新时代以来整个世界百年未有之大变局,都启示我们在以习近平新时代中国特色社会主义思想为代表的中国化马克思主义启示和推动21世纪

---

① 韩欲立、陈学明:《评西方左翼学者对疫情的看法》,《湖北社会科学》,2020年第6期;韩欲立、陈学明:《新冠疫情背景下国外左翼学者对资本主义和社会主义的双重反思》,《武汉大学学报》(哲学社会科学版),2020年第5期。

马克思主义的世界历史宏观进程中,我国的国外马克思主义研究事业需要不断强化高度的理论自觉和使命意识,认识到自己是世界历史伟大进程的有机组成部分,继续发挥自己的重要能动作用,不断加深我们对什么是马克思主义、如何发展马克思主义的理解。总而言之,马克思主义的研究立场,对资本主义的批判和战斗,对社会主义合理形态的设想,始终是贯穿起马克思主义统一基地与中国和国外马克思主义研究之间联系的内在逻辑理路,因此在今后的研究过程中,我们要自觉担负习近平总书记倡导的"构建中国特色哲学社会科学"的学术使命,要更好地从"制度竞争"的高度来明确问题意识,明确国外马克思主义与中国马克思主义的研究议题,为构建21世纪中国马克思主义学科体系,为推动21世纪科学社会主义的事业,贡献自己的理论力量。

四、国外马克思主义阵营内部围绕现实问题交锋砥砺, 将有力促进其理论话语的自我完善

我们还需要注意,在新冠肺炎疫情及其次生灾难的突发挑战面前,国外马克思主义者除了"一致对外"批判资本主义和设想社会主义,其内部也经历了交锋砥砺,促进了自身话语体系的科学性和融贯性,增加了其理论批判的现实性力量。其中一个典型的例子就是阿甘本,相当长的一段时间以来,阿甘本围绕例外状态所进行的理论阐述产生了很大的影响力,但从此次疫情暴发以来,他对新冠病毒所带来的例外状态发表的一系列言论却引发了普遍争议,受到国外思想理论界包括马克思主义阵营内部的激烈批判。由于阿甘本一开始基于错误数据而误判了疫情形势,所以他认为新冠肺炎疫情就是一种凭空想象,并强烈批评意大利政府夸大了疫情的威胁,是借助传染的恐惧想象而制造例外状态,以"健康和公共安全"为名严重限制人们的行动自由,迫使人们放弃一切人性和政治的信条。按照阿甘本的看法,具体的某个疫情或者病毒只不过是政治权力为宣告例外状态、实现更好治理而找到的一个冠冕堂皇的借口罢了,对于新冠病毒的恐惧使人们恐慌,由此以安全的名义接纳了严重限制自由的措施,合理化了例外状态。按照阿甘本

一贯的批判话语体系来看,找到借口或理由宣告例外状态是政治权力运作的套路,没有新冠病毒,资产阶级政府也会找到其他的借口或理由,例如此前资产阶级政府渲染所谓的恐怖主义威胁并借由"反恐"的理由来宣告例外状态就是如此,今天的新冠肺炎疫情不过是类型情况的重演而已,实质并没有什么两样,"如果恐怖主义已经不再能成为宣布例外状态的理由,那么现在,'发明'一场流行病就可以为无限拓宽例外状态提供理想的借口"①。

显然,阿甘本把如此真实地出现在我们面前的新冠病毒说成是被国家权力故意"发明"的或至少是被夸大和渲染的,不能不招致有识之士的反对和批评,人们纷纷将阿甘本关于新冠肺炎疫情的这种种说法判定为"傲慢且偏执的",例如同样身处早期欧洲疫情重灾区的意大利哲学家兼记者保罗·弗洛雷斯·德阿莱斯(Paolo Flores d'Arcais)就发表文章《哲学与病毒》,径直以"阿甘本的呓语(farneticazioni)"作为副标题,并将阿甘本贬低性地称为"后哲学家",认为他沉浸在了"平庸自恋"的妄想之中,强调当前人们需要的恰恰就是强制措施。② 齐泽克也评论指出,阿甘本的反应代表着左派普遍立场的极端形式,阿甘本之所以得出那样的结论,是因为他没有看到事实,低估了新冠病毒的危险性。齐泽克认为,没有任何政府会为了巩固自身的统治而限制人们的自由,从而导致上万人死亡和经济危机,相反,种种迹象恰恰表明,国家权力在应对这场未知的灾难时也陷入了恐慌,施行紧急状态确实是被迫采取的措施(当然,齐泽克虽对政府采取的行动表示理解,不过他同时也强调必须对权力本身加以控制,以防止可能出现的滥用)。③ ——这些批评意见显然是切中肯綮、直击要害的,甚至阿甘本本人尽管没有完全改弦更张,但在这种纷至沓来的批评意见面前也不得不适当修正了自己的立场和表述,将政府"发明"流行病的说法修改为政府"利用"了流行病。

这些批评意见其实可以从几个不同层面来理解。

---

① [意]阿甘本:《无端的紧急情况让意大利陷入例外状态》,"WUXU"微信公众号,2020 年 2 月 27 日。

② See Paolo Flores d'Arcais, Filosofia e virus: le farneticazioni di Giorgio Agamben, http://temi.repubblica.it/micromega-online/filosofia-e-virus-le-farneticazioni-di-giorgio-agamben/.

③ See Slavoj Žižek, Monitor and Punish? Yes, Please!, https://thephilosophicalsalon.com/monitor-and-punish-yes-please/.

其一，是切中了阿甘本的哲学话语体系本身的后现代性偏执和偏见，揭示了他误判新冠肺炎疫情的认识论根源。阿甘本本人明确提出，科学是"我们时代真正的宗教"，"和其他所有宗教一样，科学宗教也可能生产迷信与恐惧"，因而按照这种叙事模式，新冠肺炎疫情的爆发以及随之而来的政府管控政策措施，就无非是在医生、科学家和专家的"科学宗教"迷信帮助下，让人们因为恐惧生物性生命的失去从而接受了政府的封城禁令和例外状态的各种限制，最终阿甘本得出误判的结论，即疫情下的例外状态被政治常态化了，封城模式是产生赤裸生命的大规模的区域监控。而在其他左翼人士的批判意见看来，阿甘本的这种立场和方法其实就是在"迷信反科学"①，或者正如某些中国研究者所直言不讳指出的那样，是"为了哲学而哲学"，"否定真实存在的客观事实以成全哲学的深刻"。② 本来，对于现代技术作为一种意识形态和统治工具的地位进行揭示，这是西方马克思主义理论传统中的一个重要维度，是对资本主义社会形式下的现代性进行批判的重要进路，也是我们借鉴国外马克思主义理论成果关照中国现实的重要议题，可以成为西方马克思主义与中国马克思主义研究共同关注的理论交集。但是国外马克思主义批判理论家的主流见解并不是要认为现代性具有"原罪"，并不是对其片面地加以否定——"不屈尊于后现代主义和反现代主义"③——而是要人们对现代性加以"治疗"，批判资本主义的现代化道路，追求另一种社会制度、另一种社会组织方式、另一种价值观念。

贯穿于中国抗击新冠肺炎疫情成功实践当中的"生命至上、举国同心、舍生忘死、尊重科学、命运与共"的伟大抗疫精神，正是一种合理形态的现代性存在方式，内在地嵌入了"科学"的文明要素："面对前所未知的新型传染性疾病，我们秉持科学精神、科学态度，把遵循科学规律贯穿到决策指挥、病患治疗、技术攻关、社会治理各方面全过程。……无论是抢建方舱医院，还

① Paolo Flores d'Arcais, *Filosofia e virus: le farneticazioni di Giorgio Agamben*, http://temi. republica. it/micromega－online/filosofia－e－virus－le－farneticazioni－di－giorgio－agamben/.

② 陈培永:《如何栖思于新冠病毒带来的例外状态——回应阿甘本》,《马克思主义与现实》,2020 年第 4 期。

③ ［德］哈贝马斯:《现代性的地平线:哈贝马斯访谈录》,李安东、段怀青译,严锋校,上海人民出版社,1997 年,第 56 页。

是多条技术路线研发疫苗;无论是开展大规模核酸检测、大数据追踪溯源和健康码识别,还是分区分级差异化防控、有序推进复工复产,都是对科学精神的尊崇和弘扬,都为战胜疫情提供了强大科技支撑!"①我们研究国外马克思主义的现代性批判理论所得出的基本理论立场,也是为了批判性地改造原本利用资本元素、资本原则、资本建制而发展起来的现代化文明成果,不是以某种前现代的田园牧歌式的流风余韵框定现代,而是同马克思主义对资本主义生产方式的批判相呼应的,是要正面地构建人的新的生活方式和存在状态。科学社会主义具有对现代化大生产条件下资本主义的科学批判,就要求有一种现代化大生产所内在地导出的科学发展之路。我们结合着现代性及其困境问题在中国从征兆、预判逐步转变为现实的状况,借鉴吸收着包括国外马克思主义现代性批判的相关理论成果在内的有益指导,积极地寻找出现现代化进程中相关负面效应(包括贫富两极分化严重、生态环境恶化、资本逻辑消费主义对人生存状态的"单向度"塑造等)产生和扩张的真实原因,并且想方设法消除这些原因,使负面效应降到最低限度,这个消除的必由之路,也就是社会主义,就是科学社会主义的和中国特色社会主义的现代化道路。

其二,这些批评意见切中了阿甘本生命政治批判话语的方法论缺陷,即正如齐泽克所说的那样,阿甘本的叙事代表了一种左派普遍立场的极端形式,而脱离了具体的事实。我们之前年度的发展报告中也提到过我国国外马克思主义研究学界对阿甘本等人的"生命政治"话语的判断,即他所代表的是一种"控制性"的生命政治话语,侧重揭示了现代社会中权力机制对人的控制,这一思想路向有别于哈特、奈格里、埃斯波西托等人所侧重的"解放性"的生命政治话语。虽然这种"控制性"的生命政治话语超出了西方主流政治学以契约与法权为前提理解政治的基本框架,揭示了西方国家权力运转的真实状态是国家治理技术,但这种视角把国家治理技术对生命的管理看作权力源泉、体现出了一个维度上的深刻性的同时,也就有可能存在着简单化的风险,可能把主权者通过悬置法律制造出例外状态、使人成为不被法律保护的情形,简单套用在当下每一个具体的、现实的历史进程身上。阿甘

---

① 习近平:《在全国抗击新冠肺炎疫情表彰大会上的讲话》,《求是》,2020 年第 20 期。

本的思想直接承自晚期福柯的思想遗产,而福柯是于 1974 年在巴西圣保罗大学讲授课程时发现一部分医生参与到了帮助军政府设计酷刑的工作中,从而才在之后的讲座中开始使用"生命政治"这个概念,用以对当代西方社会治理技术进行揭示,尤其在特定的历史情境。

21 世纪以来,当代"生命政治"理论瞄准全球国家政治当中治理技术的普遍化趋向,考察生命权力在当代政治领域的具体展开,但这种考察仍然不能脱离现实政治展开的具体情境。我们知道,阿甘本作出相关批判其最深层的恐惧和忧虑是例外状态下的法律失范被规范化,即特殊情境下政策的常态化以及民众对此的接纳,他对这一问题的关注和担忧也不是无源之水、无本之木,而是来源于德国从魏玛时期到纳粹时期频繁甚至持续地制造紧急状态、悬置魏玛宪法的历史事实。正如有研究者所指出的那样,和绝大多数同时期的欧洲思想家一样,阿甘本对法西斯主义的恐惧和反思决定了他的政治哲学研究,但这个合理的起点并不当然就导致合理的推论,"当阿甘本沿着福柯的政治治理分析路径进行权力机制批判的时候,策略之一就是从抽象的意义上制造范畴之间的对立。……然而,这种形而上学的二元对立与政治现实并不总是同一的。""在法律状态与例外状态的截然二分中,阿甘本将真实的国家社会历史凝固化并理想化。"①

其三,无论是阿甘本一开始所谓的政府"发明"流行病的说法,抑或之后稍做修正改为政府"利用"了流行病的表述,都指向了一个单一主体的自主行为,而正如法国哲学家让 - 吕克·南希(Jean - Luc Nancy)的批评意见所说的,其实在疫情防控问题上应当指向的是系统而非单一主体:这里"没有任何马基雅维利式的狡诈算计或是国家权力的滥用……唯一起作用的是共通互联的一般规律,对它的控制正是技术 - 经济力量所要达到的目的"②。如果我们要把脉 2008 年金融危机后弥散全球的经济危机、债务问题、生态环境恶化、民粹主义盛行、逆全球化浪潮风起云涌、多元民主与平权运动迭起、标新求异的社会风气与文化观念拥至、新冠肺炎疫情引发的全球应对公共

---

① 吴静:《例外状态与自由的边界——后疫情时代对阿甘本生命政治理论的反思》,《马克思主义与现实》,2020 年第 4 期。

② Jean - Luc Nancy, *A Much Too Human Virus*, https://www. journal - psychoanalysis. eu/a - much - human - virus/.

卫生事件甚至普遍社会灾难等一系列现象背后所蕴含的时代之新、社会历史之新、资本主义规制与秩序之新,以及从理论内容上把握新晋的国外马克思主义的话题、概念、思路之新,这就需要明晰,正是随着现当代资本的积累与扩张的不断推进,作为经济因素诸多变量的其他权力关系才都取得了各自的新形式,顺应现代性发展而诞生和发展起来的资本主义全球体系,虽铺设为与传统相异的政治、经济、文化、社会情境,但其实质依然是在排斥与区隔的并行中以资本积累与利润最大化原则来规制人的观念与行为,并从而形成了各式各样的控制系统。

作为社会发展的基础性存在的物质生产领域,仍然是现代性变化最基础的实在对象。在实践层面,随着科学技术的快速发展,当下正经历着直接物质生产向智识生产的转变,"数字资本主义""金融资本主义"等对资本主义的崭新界定亦展露出新的社会问题、思维方式与理论路向。在理论层面,金融危机之后西方左翼理论进一步呈现由《1844 年经济学哲学手稿》向《资本论》倾斜的趋向,在现代性批判中强化了政治经济学批判的维度,凸显新的非人道主义批判立场。因而就需要学者们围绕现实情境中的文明新问题,展开政治、经济、文化、社会等多重维度的回应,从"新生产模式""新控制形式""新大众文化""新社会问题"等角度展开多元论证与探讨,在对资本主义霸权主义规定性的拆解中还原现代性的中立本质,拯救具有永恒自我更新的现代性精神。基于新时代生产生活的新现实要素而打开的新异化之窗,可以说无疑为我们提供了从根本上认识资本主义新现象、新运行、新危机的前沿理论与批判理路。例如,哈特、奈格里的"帝国"三部曲对当代资本主义非物质劳动生产新本质特征的认识,即当代资本主义通过"向外扩张"和"向内挖掘"对工人的生活、情感、想象和欲望的控制和穿透,也正是在完成从资本对劳动的"形式吸纳"到"实质吸纳"的扩张过程。

今天,以人工智能、大众媒体为主要形式的"新生产""新异化"成为国外马克思主义的现代性批判的关键起点,生产与消费在资本主义意识形态的导向下以竞争、合作交替的形式操纵着对人类的主导权,不断塑造新的社会关系、社会关系、社会文化,掩盖霸权运行的真相。特别是智识化生产带来数字与符号对社会生活的全面侵入,会带来社会权力关系的再造,以权威形式存在的传统权力形象,如宗教仪式、国家权威等,日渐被凸显内在向度的新控制形式所替代。这种新的权力关系诉诸科学技术,以及科学技术基础之上以消费为特征的大众文化,其运行方式诉诸对主体内在需求的导向,控制的对象不再是主体的实在身体,而是抽象的激情,与日常生活相对立的,以强制性为特征的权威形象已经不复存在。随着科学技术的不断涌现和不断发展,新型权力网络以意识形态、消费需求等内在形式对主体进行中介性操控,在鼓励大众参与的氛围中对主体的操控愈来愈成为多样化、隐形化的合法形式。在这个意义上,阿甘本的忧虑绝非杞人忧天、全无根据,"人们如此习惯于生活在一种永久的危机状态中,以至于他们似乎没有察觉到他们的生活已经被缩减为一种纯粹的生物状态,并且不仅丧失了其政治维度,而且失去了所有人性的维度"①,但问题在于如何正确地找出批判和超越的合理路径。

此外,政治权力对日常生活的入侵还导致社会关系在经济之外的政治、文化等维度形成更为显著的单向度形态。文化权力与意识形态统治的流行使得话语叙事取代经济支配,而寻求革命或改良的主体也从被经济关系规制的阶级整体变为身处不同霸权系统,并致力于寻求自我认同与社会认同的形形色色的"社群"。毫无疑问,这种多元化的身份政治深受后现代主义解构元叙事、溶解本质主义倾向的影响,但与此同时,在阶级斗争、暴力革命难以发生的当下,公众基于特定身份寻求制度与法律保护也是更为紧迫的政治追求。资本主义权力的分散化、多元化使得克服资本主义霸权的斗争形态也失去整体性的外壳,演变为微观领域或称日常生活领域、社会领域的对话与协商,尤其表现为以种族、性别、生态等为主题的新社会运动。这些以种族、性别、生态等因素为依据的社会运动生产出带有显著后现代主义色彩的差异政治,试图在以反抗表征为话语规训的各类霸权体系以及表达理想生活方式的诉求中恢复被现代性压制的主体性,实际上呼应了后现代主义"事件"转向中所阐述的主体参与现有秩序之外的偶然性事件,在既有经验的不断断裂中实现主体性的持续生成。

---

① ［意］阿甘本:《这种流行病清楚地表明例外状态已经变成正常状况》,https://www.thepaper.cn/newsDetail_forward_6757201。

针对当前资本主义发展过程中出现的这些新情况、新问题，我国学术界也被激发出了对资本主义批判新进路的探寻。总的来说，资本逻辑在现代社会发展中的基础性作用并未消失，多元、繁杂的生产、消费情境不过是资本增殖途径的再一次拓宽，而对马克思主义者来说，问题依然是如何在新形势下准确把握资本主义运行的基本规律与基本矛盾，如何积极保持和发展与资本主义相对立的对抗性力量，以及如何尽早创造出替换资本主义市场激励机制的新制度安排。正如哈维用反问句所表达的那样："为什么我们不把目前正在崩溃的资产阶级社会所蕴含的那些要素——惊人的科学技术和生产力——解放出来，利用人工智能、技术改造和组织形式，以使我们能够创造一个与以往存在的任何事物迥然不同的东西？"①此外，在科学技术的冲击下，科学知识的民主化和现代社会权力的去中心化成为不可避免的趋势，科技精英取代官僚精英对整个社会施行统治固然是当下为资本主义服务、有助于资本主义存续发展的控制形式，但这一趋势也为权力结构注入更多不稳定因素，尤其是它形成了权力网络的无中心性。

例如，我国有学者通过对大数据时代多种社会现象的分析，指出随着大数据、云计算、物联网的发展，更多新型媒介和新型"信息机器"进入人们的生活，主体势必面临新的生成"场域"，正确理解"信息机器"与主体的复杂关系，以及对主体的重构已成为当今批判理论的新课题。被嵌入数字网络中的每个主体看似能够作出自主的选择，可是实际上主体的选择已经被数据和算法预测，最终成为被数据所穿透的工具人。尽管如此，由于人类所遭受的数字异化是一个无法逆转的过程，因而不能简单地将人类的生存与数字化和算法、智能等技术对立起来，甚至对数字化和算法技术产生抵触和反抗情绪，主张倒退到一个没有被数字技术玷污的浪漫主义的乌托邦。我们必须同时认识到，数字技术革命带来的翻天覆地的变化正在形成一种生存方式的变革，人们必须以一种新的方式去理解世界和把握世界，尤其对于今天中国特色社会主义发展来说，只要掌握数字技术发展的主动权，就能打破自近代工业化社会以来的世界格局，从而实现在技术上和经济上，甚至在全球化技术变革重心的转变，即通过这种数字化实力增长，实现国际势力的新均

---

① 转引自韩欲立、陈学明：《评西方左翼学者对疫情的看法》，《湖北社会科学》，2020 年第 6 期。

衡状态,并有望在这个新均衡状态之下去寻找通向未来共产主义社会的路径。①

五、顺应时代大变局和国外马克思主义思潮新动向,我国的国外马克思主义研究正在开启当代性范式

中国特色社会主义进入新时代,意味着中国特色社会主义的经济、政治、文化、社会、生态等各方面的事业都有了全新的时代定位和建设内容,作为中国特色社会主义文化的重要组成部分的哲学社会科学各个学科的学术研究,尤其会随着现实社会生活进入一个新时代而作出新反映、新创造、新引领。正如习近平总书记在哲学社会科学工作座谈会上的讲话所提出的那样:"要按立足中国、借鉴国外,挖掘历史、把握当代,关怀人类、面向未来的思路,着力构建中国特色哲学社会科学,在指导思想、学科体系、学术体系、话语体系等方面充分体现中国特色、中国风格、中国气派。"②新时代中国特色社会主义既然为当下的各个哲学社会科学子类赋予了新的使命,那么其中马克思主义理论一级学科作为对马克思主义这一中国特色社会主义根本指导思想进行学术考察和阐释的学科,就尤其要面对中国和世界的经济、政治、文化、社会、生态等各方面发展的大问题、新内容,去研究和探索具有根本指导意义的话语表述。而国外马克思主义研究无疑在"借鉴国外"和"关怀人类"的任务方向上尤其要有侧重,也需要在新的时代背景下,结合中国特色社会主义发展的实际内容,提出本学科发展的新思路、新方法、新态度,在新时代的问题引导下,系统吸收东西方理论研究历久弥新的思想成果,进行多维度、系统性、深刻性的研究;在历史的辩证发展中明晰当下现实的真实面貌、关注人类生存的现实困境、实现解放道路的有效构筑;在历史的比较研究中彰显各自理论的思想特质与价值关怀,在对话交流中实现理论的交融再生;在历史与现实的张力中突破传统理论的藩篱,也在与历史的对话中促进面向现实与未来的崭新理论的诞生。

---

① 参见蓝江:《"智能算法"与当代中国的数字生存》,《中央社会主义学院学报》,2021年第2期。
② 习近平:《在哲学社会科学工作座谈会上的讲话》,《人民日报》,2016年5月19日。

在世界正在经历百年未有之大变局和新冠肺炎疫情等空前威胁的今天,国外马克思主义思潮的众多理论路向、学术流派和代表人物都在批判资本主义的根本取向之下,以对理论宽领域多维度阐发和对社会现实的积极介入,在理论和实践的广泛领域作出了各种创新努力,呈现出了空前热闹的繁盛之景。无论是坚持马克思主义和传统西方马克思主义的路向,基于现实生产和全部社会秩序的历史总体性开展资本主义批判,还是在后现代主义的碎片化现实和多元化理论影响下以话语批判代替历史发展的客观性叙事与革命路径追求,例如左派激进社会理论、文化研究、女性主义、后殖民主义以及第三世界社会主义等思潮和运动,它们关于资本主义和社会主义看法,它们的理论和所指向的现实,都依然身处马克思的同一时代,是在马克思所划定的以利润最大化和人剥削人为特征的资本主义界限之内。在应对世界变局和人类生存威胁的过程中,中国特色社会主义要继续推进自己具有独创性的现代化新道路和人类文明新形态,无论从客观趋势上还是主观路径选择上,都必须要发挥出这种发展道路和文明形态的社会主义性质,在同资本主义既有道路和形态的竞争当中发挥出自身的根本优势。就制度竞争和变革的新时代任务而言,国外马克思主义的资本主义批判功能仍然可以成为中国化马克思主义、中国特色社会主义、中国式现代化道路、中国式文明形态建设的有效参鉴。既要在历史语境下对各个流派进行点位式的理解、脉络式的把握,又要在问题导向和现代性实践与人类解放理想的实际张力下对国外马克思主义所深陷于的"经院主义"与"激进主义"交织的"乌托邦"困境进行超越,给出中国式回答。

我们可以注意到,最近几年,有若干位从事国外马克思主义研究的专家学人都提出了国外马克思主义研究的"当代性"问题,尽管不同提倡者对于这一概念的具体内涵和侧重点的理解把握还不尽一致,但这其中所蕴含的学术自觉已经呈现出了时代担当,正切合了恩格斯所说的是术语的革命昭示着科学的革命。有研究者提出"当代性"概念可以从以下三种含义来进行一般化理解无疑是持平之论:一是指当代社会生活或当代世界所具有的根本特质,也就是从制度、结构和存在形态等层面所把握的当代社会中的经济、政治、文化、社会、生态等具体形式中的一般规定性;二是指当代社会生活中的核心精神或反映和体现这一核心精神的思想观念或价值观念,也就是从当代社会中凝练出的照亮当代社会精神生活的精神追求和价值内核;三是当代社会中的人或社会本身在其所处的特殊时空维度下所体现出的特殊性质和品质,也就是在当下状态社会和人所呈现出的特殊规定性。① 一句话,当代性就是当下时代在时空维度上的规定性,能够与其他时空维度条件下的规定性相互区别从而标识出自身,相应的,国外马克思主义研究的"当代性"也就是指国外马克思主义研究要立足当代,体现当代规定性的精神内核。

就这种最一般意义上的"当代性"而言,我们就是要对国外马克思主义相关流派和人物在独特语境下结合时代发展要求、结合民族性特质而提出的批判资本主义的新路向、新话语努力加以把握,包括从抽象观念的批判到资本逻辑的批判,再到社会文化批判、日常生活批判、心理结构批判和人性分析的现代性批判;对无产阶级及其政党争取领导权的理论和实践方面的新探索;在西方工业文明社会语境下提出资本主义及其意识形态日常化、大众化、生活化策略及其具体设计;将马克思关于人的自由解放的终极理想与阶级甚至个体人的生存境遇结合起来的主体化经验,等等。在这些话题中,一些与中国社会相关联的问题的专门性研究尤为集中,比如对资本主义制度的批判,从政治权力角度,关注资本主义批判与政治权力、国家意识形态等问题;从科学技术层面,关注科学、技术与资本主义共谋的内在关系问题;特别是资本主义制度及其内在要求在社会中全面弥散的状况,资本主义批判与消费社会、资本主义批判与大众文化、资本主义批判与审美、资本主义批判与日常语言、资本主义批判与大众传媒、资本主义批判与景观社会、资本主义批判与符号修辞等,都成为国外马克思主义理论研究的重要话题。还有对现代性状况下人们精神生活状况的分析,国外马克思主义理论研究学者关注了现代性中的社会心理、人格结构、情感结构、精神生活等诸多问题,对全面审视中国社会在现代化过程中面临的相似问题提供某些参照和警醒。再如对于生态学马克思主义与生态文明、地理唯物主义与空间问题、

---

① 参见谢昌飞:《国外马克思主义研究的当代性范式:论题与意义》,《东北师大学报》(哲学社会科学版),2020 年第 5 期。

后马克思主义的意识形态问题、市场交换关系中物化问题等的研究,也都是国外马克思主义研究的当代性的重要方面。①

既然国外马克思主义思潮的诸多路向、流派、人物的思想创作本身是追随着他们自己所居于的那个"当代"场景之中的,每一位国外马克思主义理论家和思想家正是面对当下场景中的现实问题,即面对资本主义社会以及资本主义主导下的人类文明全景的最新现实问题,才形成了自己具有特异性的立场、观点、方法,所以从这个层面上来看国外马克思主义研究的"当代性"问题固然也是一项重大的、紧要的任务,但毕竟只要我们足够及时、全面地进行"追踪"式的研究,就总是能够捕捉到"当代"的新热点和新阐述,这其中的艰巨性更多是量的而非质的,是随着时代变迁而带来的研究对象和领域的单调的无限增长特性所导致的。但是如果从更进一步的层面来看,近代以来资本主义主导下所形成的,从区域的、国别的、民族的"历史"转化而来的"世界历史"并不是同一均质的,它的性质、特征、表现并不是直接给定的"普遍性",而是需要在现实历史当中表现为一种"普遍化"的运动过程。因而其所存在的问题的表现也是一样,诸多路向、流派、人物处于不同的语境,形成了不同的思维,面对着不同的问题,提出了不同的方案,这种异质性似乎使得它们只能成为只有在纯粹理论研究领域、只有用思维的抽象力才能把握住的抽象的统一性,只是一种费尔巴哈意义上的"类"的普遍性,而不是马克思意义上的"共同体"。这样,也就造成了我们从事国外马克思主义研究当中常见的以梳理思想脉络和整体谱系为主的主流研究方式,它撰写不同的思想家的引介,将他们用不同的线索贯穿为一个线性或树状的整体,这种研究喜欢谱写西方马克思主义的思想史和哲学史,通过历史脉络的梳理,开展不同路向和流派的辨析评判。

上述这种研究当然是必要的,但我们还不能停留于此,我国有论者提出外马研究的"当代性"范式,也正是要在同这种研究相对而言的意义上,倡导从这种纵向的时间轴的研究范式转向在一个时代的横剖面上的考察。② 因

---

① 参见谢昌飞:《国外马克思主义研究的当代性范式:论题与意义》,《东北师大学报》(哲学社会科学版),2020 年第 5 期。

② 参见蓝江:《新时代条件下国外马克思主义研究的演变》,《马克思主义哲学论丛》,2020 年第 1 辑。

为既然国外马克思主义思潮的诸多路向、流派、人物本身都并不是纯粹为了推进某个叫作"国外马克思主义"发展谱系的东西而进行各自的言说,那么能够真正把他们联系起来的现实中介,就是他们所处的现实社会中的实践问题,是他们所面对的具体社会问题的共同性,我们需要在这个意义和尺度上对各种国外马克思主义思想和潮流进行交换、比较、反复。也正是在这个意义上,我们能够从国外马克思主义诸多复杂的具体问题、诸多生动的理论内容、诸多特色的话语方式当中找到直抵人内心的共同经验和共同视野,特别是在中国视野当中抓住国外马克思主义与中国社会所具有的相似问题的关系,强化问题意识,结合中国社会的现实情况和现实问题,对国外马克思主义思想进行动态性的把握,要以中国式的历史经验与现实理解进一步解读国外马克思主义,在其中延展出国外马克思主义与中国视界相互结合的场域,挖掘出新的理论与现实的生长点,将理论研究与现实问题的解决放在统一维度上进行考察和研究,既推进国外马克思主义理论研究的不断深入,更为现实问题的解决提供理论启示和经验借鉴。①

要放在统一维度上进行考察和研究,我们就要正确认识中国问题的普遍性和特殊性。在很长一段时间里,人们往往认为所谓的中国特色社会主义就是强调中国的特殊性,强调和前人、和旁人的差异性,与社会主义本身的普遍性相对而言。当然,中国特色社会主义的建设必须依赖于中国的具体国情、特殊的历史和现实的情境,但是过于强调中国特色社会主义是中国的特殊性和差异性,势必也意味着一种保守的倾向,将中国故步自封在一个特殊性构成的藩篱之内。特殊性是一把双刃剑,我们当然必须拒绝简单套用外国特别是西方的标准,包括经典作家基于西方发达资本主义经济社会发展水平而作出的许多具体论断,从而允许中国在自身的建设上保持与世界各国尤其是西方发达国家的差异。但是如果只强调这种特殊性,就将中国特色社会主义的经验局限在这个特殊性范围之内,会阻碍了中国本土经验的普遍适用性,从而也就让中国智慧和中国方案无法走出去,发挥世界历史的影响力。为了正确看待这个问题,当代法国马克思主义思想家阿兰·

---

① 参见谢昌飞:《国外马克思主义研究的当代性范式:论题与意义》,《东北师大学报》(哲学社会科学版),2020 年第 5 期。

巴迪欧曾经在特殊性(particularity)和独特性(singularity)之间作出的明确区分给我们以启示。巴迪欧指出，特殊性是局限在一定范围内的知识，一旦超出了这个范围，这种知识的说服力和有效性就会大打折扣，而独特性强调的是一种全新的创新性实践，"它摆脱了所有界定性的描述"，特殊性强调的是具体的文化特征和人口属性，独特性"颠覆了这些特征，让每一种既定的描述无效"。独特性是一个不能用通常的规范性标准来衡量的新生事物，是一种前所未有的全新的创造性经验，这种经验摆脱了所有现成的描述，因此它可以走出具体的地区和文化的限制，成为全世界人民共有的经验。①

在这个意义上，我们应该将中国特色理解为在当下中国的独一无二的创造，正是这种独特性，才使我们的社会主义体制具有了某种普遍性的意义。也就是说，坚持中国特色社会主义和马克思主义中国化，从来就不是对文化差异无限制的保留，而是积极创造出一个相对于全球化发展的独特的中国来。关注国外马克思主义面向当代性问题的分析与探讨，结合中国的当代性问题开展深入的思想对话，为积极创造出一个独特的中国的任务在不同阶段上发挥不同的职能，也就决定了我们几十年开展国外马克思主义研究的不同阶段特点，决定了我们当下和未来的前进方向。最初在改革开放的起步阶段，国外马克思主义研究还只是为我们提供了一个瞭望国外的窗口。随着我们改革开放的深化，国外马克思主义研究已经从简单地引介，发展为系统地脉络梳理，国外马克思主义研究也已经初步超越了从学习西方发达国家的经验和理论的角度来主要关注挖掘"西方马克思主义"的界限，国外马克思主义研究被视为对全世界范围内所有马克思主义研究的新进展的普遍性引入和介绍，让我们的中国特色社会主义建设可以充分了解全世界范围内的马克思主义的发展和进步。而今天，国外马克思主义研究的学者已经越来越意识到，对当代资本主义的批判，对中国特色社会主义的历史价值的理解，是国外马克思主义研究不得不思考的参照系。如果不是对全球化资本主义的深入剖析，哈特和奈格里的《帝国》不可能如此受到世界各国学者的青睐，同时如果不是中国在社会主义建设中城市化问题、城市

---

① 参见蓝江：《新时代条件下国外马克思主义研究的演变》，《马克思主义哲学论丛》，2020 年第 1 辑。

空间问题逐步在社会生活中凸显,那么大卫·哈维、亨利·列斐伏尔等人基于马克思主义对空间研究和资本主义批判的相关成果不会在中国引起如此之大的共鸣。国外学者的思考,必然是面对他们所身处的当代世界资本主义发展现实的思考,但同时也只有真正面对中国特色社会主义建设之现实的理论,才能成为我们与之对话的对象。①

可以说,当代中国社会发展所直面的、需要理论予以回应的问题,本身也是人类社会发展所面对的普遍性问题,能否回答好进而解决好这些问题事关我们对马克思主义理论的继承与发展,更事关中国智慧、中国方案能否走向世界进而影响世界的未来前景,因而我国的理论研究者更应该直面时代问题,发理论之先声,为解决问题贡献思想智慧,展现中国智慧的独创性。在这一意义上,国外马克思主义理论研究必须以当代性范式进行理论研究的整体设计和整体布局,通过解决民族化、个性化的问题,最终也要反过来证明民族的也是世界的,我们能够为人类解决相似问题提供中国经验和中国智慧,贡献中国力量,从而展现出全面的、具有"关怀人类"视野的理论自信与文化自信。今天,中国特色社会主义已经成为全世界范围内各国马克思主义思想家无法回避的重大现实,国外马克思主义研究的"当代性"使命自然也就需要根本性的变革,即从之前的引进来,转向走出去。习近平总书记提出的"贡献中国智慧和力量",意味着中国将对全世界和全人类共同面对的问题,给出中国式的解答。而国外马克思主义研究在中国对外贡献出中国智慧和中国方案时,并不是无所作为,相反,这一研究工作在新时代马克思主义研究中是不可或缺的一部分,新时代中国特色社会主义更需要国外马克思主义研究的积极介入,让全世界的思想家和理论家充分了解中国特色社会主义的实质与内涵,以及中国在世界范围的独特性创造。

在这个意义上,"当代性"的国外马克思主义研究绝不是仅仅限于"追星"式地只关注物理时间尺度上的"最新"国外马克思主义人物、流派、论著。有研究者指出,进入21世纪以后,随着改革开放的深入和哲学观念的变革,特别是2005年我国正式在学科建设上设立了"国外马克思主义研究"的新

---

① 参见蓝江:《新时代条件下国外马克思主义研究的演变》,《马克思主义哲学论丛》,2020年第1辑。

二级学科,这原本可以说是极大便利和保障了我们去全面深入研究国外马克思主义,但是我国学术界的研究热情却大都放在了对国外马克思主义新思潮的追踪研究上,从卢卡奇到阿尔都塞的所谓"经典西方马克思主义"的研究则相对被冷落,甚至有学者认为经典西方马克思主义研究已无新话可说了。这一研究领域尽管此前已经积累了丰硕的研究成果,但是由于受社会历史条件和研究范式的限制,很难说我们真正理解和把握了经典西方马克思主义理论家的理论思想的内在逻辑和理论实质,长期停留在"资料评介"的层次上,并且国外马克思主义新思潮一般而言都是借用或引申了经典西方马克思主义的理论观点才得以建构起自身的新型理论体系的,对经典西方马克思主义的把握程度决定了我们能否正确理解和评价国外马克思主义新思潮。① 我们非常赞同这种看法,但如前所述,我们认为之所以需要在当代性的范式当中毫不放松对所谓"经典西方马克思主义"的重视,除了这些研究程度和思想谱系方面的理由,也还在于当代性下中国问题的决定性作用,经典西方马克思主义与历史唯物主义之间更加直接和密切的理论渊源,直接有助于透视现代资本主义生产方式和运行机制的结构性矛盾与内在弊端,其相较于国外马克思主义的大多数新思潮、新言说直接呈现了整体性的资本主义批判维度和革命路径、革命动力、革命前途等方面的现实导引,可以有效地拓展马克思主义和科学社会主义的现实性和此岸性。

六、在中国与世界"跟跑""并跑""领跑"的复杂关系中,国外马克思主义研究仍将担负独特使命

从上述对国外马克思主义的发展趋向和我国相关研究动态的归纳总结中可以看出,在21世纪的今天,社会主义正不断彰显出其对于资本主义的优势,在世界百年未有之大变局中马克思主义正不断彰显出其说服力和引领力,而在其间国外马克思主义思潮的持续发展以及我们对其研究的持续深入,对于复兴马克思主义的根本主题、给出切合时代病症的新论说,也在不

---

① 参见王雨辰:《从西方马克思主义思想史研究到西方马克思主义学术史研究》,《社会科学家》,2021年第1期。

断地发挥出自身独到的、不可替代的作用。在这个意义上，虽然当代中国的马克思主义研究者确实必须清楚认识到自己的理论话语已经在中国之"治"、中国之"制"的深刻基础之上，具有了"并跑"乃至不少方面"领跑"的地位，我们决不应再带着完全"跟跑"的心态来仰视和追随当代国外马克思主义思潮，但是国外马克思主义思潮对丰富和拓展马克思主义的理论方向、研究内容、解释方式等方面所增添的多元思路，所呈现出的群体性活跃特征，仍然可以为当代中国马克思主义、21 世纪马克思主义的建构与完善，为当今关乎人类生死存亡的根本性制度竞争和变革提供资源助力。

虽然很多国外马克思主义论者的话语路径依赖和单兵作战劣势导致其具有各种各样的片面与偏激，但在对资本主义社会现象的性质判断、对资本主义世界群众心态的近距离体认、对未来新社会的合理愿景设计等方面，仍然可以为提升对马克思主义的当代性、原创性解读提供了较为宝贵的探索经验。从批判的创新性上来说，这些论者基本都能够坚持批判西方主流意识形态和当代资本主义制度，批判当代人生存现状，并探索未来社会人的合理存在样态，探索未来自由和解放道路，取得了一系列有价值的学术成果，反映了中下阶层的利益要求。尤其是相关学者在其论著中揭示资本主义制度的一系列现实矛盾，如对资本主义的剥削问题、危机问题、环境污染问题、社会分配不公问题的批判，客观反映了社会中下层劳动者的利益。同时，他们对当代新型帝国主义样态在国际间的不平等行为，对帝国主义全球秩序的不平等关系进行的批判也是具有积极意义。总而言之，他们是在揭示当代资本主义基本矛盾表现形式新变化的基础上，揭示了西方社会是一个总体统治和总体异化的社会，指出资本主义社会基本矛盾表现形式已经展现为社会总体建制与个人个性化自由发展要求之间的全方位、多层次矛盾，这些问题及理论对于我们正确认识当代资本主义社会的新变化和把握资本主义社会的矛盾与发展的内在规律具有重要的价值。

除了批判资本主义的方面，即使是从新时代中国特色社会主义自身的建设方面来看，要在机遇与挑战并存的全面建设现代性征程中坚守马克思主义道路，在庞杂的现代性场景中实现社会主义的自我革新，也同样需要以国外马克思主义作为有效参鉴，对以中国为代表的社会主义道路、理论、制度、文化提供一个旁观视角。只有这样,才能更好解决中国现代化实践中出现的现代性问题,才能更好把握中国特色社会主义建设的实践逻辑与理论逻辑。此外,国外马克思主义思潮在作为资本主义世界当中的非主流意识形态的情况下,坚持对马克思主义展开集中理论关注与研究探索,在一定程度上加强了国际社会对马克思主义的再度勘认,为马克思主义的持续发展和马克思主义理论研究的学术积累提供了相当大程度的激励,推动着马克思主义的理论创新与话语创新。为回应新形势下的中国和世界时代问题,为释放马克思主义批判资本主义、建构社会主义的超越意义,为推动以全球性视域和创造性视角对 21 世纪马克思主义进行纵深发展,我们切不可因中国已经从"跟跑"转变到"并跑"乃至"领跑"就抛弃国外马克思主义这一"富矿",而是恰恰要加强对我国国外马克思主义在当代中国的理论效应和实践效应的考察,向学术界大力推荐我国国外马克思主义研究的成果,使国外马克思主义研究真正发挥其理论资源的作用。

例如,在 2020 年度的全国国外马克思主义论坛上,外马学界以"历史""现实""未来"三重视域梳理的国外马克思主义,其实相应地也就是从三重视域回应了"放眼世界·共话马魂"的核心主题,回答了从外马研究的角度来看如何推动马克思主义向上发展、不断创新的时代问题。一方面,需要熔铸历史与现实交互的论域,为马克思主义发展提供宏大的历史坐标;另一方面,需要建构特殊性与普遍性的辩证体系,为人类社会发展事业提供广博的全球视野。国外马克思主义研究只有面向现代化文明样态和人类生产境遇的根本现实,坚守马克思主义的基本立场,才能在理论层面为 21 世纪马克思主义的发展提供有效的话语方式与研究范式,在实践层面提供精神维度的路向引领与前进动能。在论坛上,国外马克思主义研究的学者从理论内涵、研究路径、焦点问题和前景展望上对中外马克思主义比较研究进行了归纳与展望,即要先辨明中国马克思主义和国外马克思主义的内涵和范围,在此基础上推进中外马克思主义比较研究,力求做到事实比较与价值比较相结合、直接比较与间接比较相交织、中国立场与世界眼光相融贯,以学术比较为主、以意识形态比较为辅,逐步完成从外在比较向内在比较的过渡、从直接比较向间接比较的过渡。从而我们就可以促进国外马克思主义研究学术成果转化为构建中国化马克思主义理论体系的方法、理论和实践的丰富资源,最终把中国化马克思主义向世界马克思主义理论体系的话语中心推进。

当然,国外马克思主义思潮和左翼学者远没有形成统一的方法论基础、理论体系和政策主张,他们批判占主流地位的资产阶级意识形态和社会制度,又没有完全摆脱其影响,他们大都推崇马克思主义,但又大多数强调重新思考和重新塑造马克思主义,他们大多赞成社会主义,但是有空想成分,并有一部分人主张改造和完善资本主义制度而不想触动生产资料私有制。因此,我们应当辩证地分析国外相关论者的研究成果,认识到其中的局限性,在我们自己的基地上超越这种局限。从认清局限、分析局限、超越局限的角度上来说,关键还是要结合中国的社会主义制度底色,结合其相对资本主义所具有的制度优越性和超越性来看问题。由于西方左翼组织和左翼学者在资本主义的夹缝中生存,这是他们在理论认识上有一定的局限性、提出的一些理论问题显得不够彻底、对现实的社会主义包括苏联和中国的社会主义存在一定偏见的根本原因。比如,有的学者并不主张否定整个资本主义制度,只是主张在资本主义制度范围内实行一定的社会改良,再如,有的学者对马克思主义的科学社会主义是持否定态度的,并把东欧剧变看作科学社会主义的失败,认为建立超越资本主义和社会主义的新社会主义的设想是天真的,等等。

正如有论者所指出的那样,西方激进左翼学者一方面将苏联社会主义的解体视为整个世界社会主义的失败,另一方面他们主张重新回到共产主义,这实际上是对马克思社会主义思想的深层误解和共产主义思想的片面理解。马克思共产主义集思想、运动和社会形态三重意蕴于一体,其中作为运动的共产主义是核心,但这种运动又必须要有思想、理论的指导才能在现实中得以展开,且这种运动的展开必须以社会形态的样貌在现实中加以呈现,一种社会主义模式的失败不能代表整个社会主义的失败,特别是中国特色社会主义进入新时代,正在向世界证明社会主义的可行性与共产主义的可欲性。[①] 但是对于国外论者存在的这一幼稚病,我们的破解之道就是要从

---

① 参见朱雪微:《澄清西方激进左翼学者对马克思社会主义与共产主义思想的误解》,《科学社会主义》,2020 年第 6 期。

病因本身入手，从制度层面的核心症结问题入手，"修元正本"，发扬他们内在的健康机能活力和抵抗力，在抗疫斗争中两大社会主义制度的竞争结果不断现实地呈现出来的基础上，挖掘他们试图用共产主义和社会主义理念去弥补或改造现有的资本主义制度性缺陷，包括在当前情势下希望以此尽快控制疫情恢复人与社会正常运转的合理内核，发掘他们正确体认以中国为代表的社会主义优势所在的理论生长点，导向 21 世纪科学社会主义的合理形态。

总而言之，我们需要基于国外马克思主义研究已有的理论成果，从当下散点化的具体论说中以整体性、全局性角度掌握国外马克思主义理论的逻辑脉络，构建多元体系下的总体性、统摄性叙事。其中，特别是要厘清后现代主义与现代主义碰撞中多元图景的限度，放眼近现代发展的进程，社会主义与资本主义斗争与冲突成为历史洪流的主要内容，但在以"多元"为主题的当代时代特点下，在后现代主义与现代主义的碰撞带来更为复杂多元的现实环境，如社群流动性增大、阶级身份碎片化，理论与实践的微观转向在政治上则带来全球化与逆全球化、民族主义与世界主义、精英主义与民主主义相互交织的杂乱空间。多元对抗的社会空间要如何使得各个社群在自我和自我代理人的找寻中释放自己的革命潜能呢？关键就在于如何在马克思生产规定性发挥基础作用的前提下分析资本主义社会权力关系及其无法自洽的内部危机，如何推动对抗性关系产生的外部条件（生产条件、制度条件）与内部条件（阶级意识）的发展成熟。对此，全世界马克思主义者就尤其要在马克思主义基本立场、方法的指导下，探索资本主义新形态及其背后资本主义抑或说现代性的运行机制与运行逻辑，以此揭示人类社会发展规律的真正指向。

例如，以伊格尔顿（Terry Eagleton）、哈维（David Harvey）、詹姆逊（Fredric Jameson）、奈格里（Antonio Negri）和哈特（Michael Hardt）等人为代表的晚期马克思主义理论家，通过回归政治经济学研究和批判的"第二次转向"，使历史唯物主义理论在当代获得了巨大的发展。具体而言，晚期马克思主义借助卢卡奇的总体性辩证法、葛兰西的领导权理论、阿尔都塞的意识形态理论、列斐伏尔的空间生产理论，既避免了经济决定论的传统马克思主义叙事的缺陷，又始终坚持以历史唯物主义生产范式理论，分析当代西方社会的新变化和矛盾的表现形式，探讨当代西方人实现自由和解放的现实之路，坚持把文化批判与政治经济学批判有机结合起来的批判路径，探讨把宏观革命与微观反抗有机结合起来的追求无产阶级总体的解放的新的解放政治学，不仅探讨了阶级问题、消费主义文化问题、技术的社会效应问题、资本的空间生产问题等晚期资本主义社会的新问题，而且克服了后马克思主义的理论缺陷，丰富和发展了历史唯物主义。①

又如，我们在前文中述及的毫无疑问中国以独树一帜的现代化道路和文明新形态为呈现人类更美好的生活的可能性作出了肯定而有力的回答，而这种独特性可以理解为中国道路对资本主义的经济社会形态的整体超越，人类更美好的生活内在地要求建立更先进的制度。从而中国特色社会主义进入新时代的历史判断为理论创新确定历史方位和时代坐标，为推进理论研究工作提供了新的指导思想与整体要求。应时代需求不断推进理论创新与思想创新是各学科研究的总体要求，相应在国外马克思主义研究中，就是需要有当代性范式的出场，当代性范式研究需要从具体的中国特色社会主义建设的实践出发，不再将中国特色社会主义视为一种特殊的经验，而是看成史无前例的独特创造，成为当代世界发展中不可或缺的一部分。

因此，国外马克思主义理论研究未来需要紧紧围绕中国道路做文章，剖析当代中国社会的发展问题，从根本上来说也就是在全球经济一体化的时代大背景中，在资本主义制度已经先在地走出一条道路的前提下，解答如何走出独特模式的中国特色社会主义道路的问题。国外马克思主义研究应该更集中于中国语境下审视道路、制度、模式的优势和困境，并在批判借鉴和规避风险的基础上提供中国道路所需要的启示价值，只有民族的才是世界的，国外马克思主义理论研究的主体性自觉更要为世界贡献出中国智慧和中国方案。中国特色社会主义建设是一项多层次、综合性、系统性的社会工程，体现在道路、制度、理论、文化、行为模式、生活态度等社会建制的各个方面之中。中国道路的世界意义就在于，以具有中国特色的、社会主义底色的

---

① 参见王雨辰：《国外马克思主义研究方法论的自觉与方法论转换——从国外马克思主义流派评价到国外马克思主义理论问题研究》，《贵州大学学报》（社会科学版），2021 年第 1 期。

发展模式走出西方资本主义的逻辑困局,这也需要在国外马克思主义对理论和现实问题的分析和把握中捕捉问题的症结及根源,在其批判和反思中终结"西方道路"亦即资本主义制度的唯一合法性,进而使中国道路得以在世界历史中继续生长并逐步确立引领性地位,以此推动中国现象重释和全球化话语体系改写,用中国模式不断书写世界历史发展的新故事。①

---

① 参见谢昌飞:《国外马克思主义研究的当代性范式:论题与意义》,《东北师大学报》(哲学社会科学版),2020 年第 5 期。

分报告一
对国外学界纪念恩格斯、列宁诞辰相关动态的研究

2020 年是恩格斯诞辰 200 周年,也是列宁诞辰 150 周年,国外学界举办了形式多样的纪念活动,出版了一系列纪念性论著。国内学界对此给予了高度关注,进行了较为深入的研究,或挖掘经典作家的思想历程,或阐发经典文本的当代价值,或对学界的老问题给出了新回答,或结合当代现实提出了新问题、新见解。这些研究成果无疑打开了恩格斯、列宁研究的新视野,追踪国外马克思主义的研究近况,梳理分析这些研究成果,对于我们了解国外马克思主义的发展态势具有重要意义,也可以启示我们反思自身的恩格斯、列宁研究,进一步发展当代中国马克思主义、21 世纪马克思主义。

一、关于国外学界纪念恩格斯诞辰 200 周年的研究

2020 年,坐落在恩格斯出生城市伍伯塔尔的伍伯塔尔大学举办了"弗里德里希·恩格斯:经典作家的现实性"国际学术会议,欧美诸多学者集中讨论了恩格斯的自然哲学、社会理论、政治经济学和共产主义思想。德国《马克思主义创新杂志》第 122 期设置了"纪念恩格斯专栏",专题讨论了恩格斯的自然辩证法、商品价值论、工人运动等问题。俄罗斯学界此前曾在 2000 年、2010 年分别举办了纪念恩格斯诞辰 180 周年、190 周年的纪念活动,而 2020 年纪念恩格斯诞辰 200 周年的活动形式更加多样,社会影响也远远超出了以往。俄罗斯社会主义学会发表了一系列纪念性文章,代表性的有《弗里德里希·恩格斯和国家问题》《再论无产阶级》《马克思恩格斯论无产阶级专政》《马克思主义经典作家论私有制》《弗里德里希·恩格斯——理论家、

思想家、历史学家、科学社会主义的创始人》《恩格斯:伟大的思想家、百科全式的学者、马克思主义理论家》。① 此外,国际学界出版了《恩格斯与现代社会政治理论》《恩格斯与〈自然辩证法〉》《重新发现恩格斯:〈自然辩证法〉与积累和增长批判》《解决矛盾:弗里德里希·恩格斯诞辰 200 周年》等代表性著作。这些研究成果主要涉及三个问题:一是马克思与恩格斯的关系问题,二是恩格斯文本的经典诠释,三是恩格斯思想意义的当代阐发。国内学界及时追踪了这些研究成果,并将其中一些代表性论文翻译成了中文。②

(一)对"马恩对立论"的反驳

正如历史学家于尔根·科卡所言:"我们不应只言'马克思与恩格斯',有时也该说'恩格斯与马克思'。"③这意味着,我们不能停留在"第二提琴手"的意义上理解恩格斯在马克思主义理论中的地位,恩格斯是马克思主义的创始人,恩格斯和马克思共同创立了马克思主义,甚至在特定时期和特定领域,恩格斯还引领着马克思主义思想的形成和发展。因此,我们不能低估恩格斯的思想地位,更不能将恩格斯与马克思对立起来。反驳恩格斯与马克思的对立,是国外马克思主义学界纪念恩格斯的首要问题。

一般而言,所谓"马恩对立论"的理由是,马克思关注的是纯粹的社会批判理论,恩格斯关注的是自然科学研究。例如,诺曼·莱文在《辩证法内部对话》中认为,正是恩格斯开创了第二国际的修正主义。马克思是将辩证法运用到社会经济结构上,提出了改变世界的实践辩证法,而恩格斯则将辩证法运用到自然领域,提出了自然辩证法:马克思创立了历史唯物主义,恩格斯创立了辩证唯物主义,"历史唯物主义关心的主要是人类社会的性质,而辩证唯物主义却集中在自然的形而上学方面"④。莱文认为,恩格斯与马克

---

① 参见张静:《当代俄罗斯哲学论恩格斯的思想贡献》,《科学社会主义》,2020 年第 6 期。

② 代表性的译文有:[英]肖恩·塞耶斯:《恩格斯与唯物主义》,覃万历译,《现代哲学》,2020年第 1 期;[德]霍尔斯特·乌尔里希:《弗里德里希·恩格斯的"反谢林论"——关于恩格斯批驳谢林的论战文章的历史影响》,杨俊英译,《山东社会科学》,2020 年第 9 期,等等。

③ 转引自[德]亚历山大·康怀德:《从历史考证版及研究成果看恩格斯与马克思及其合作——访柏林-勃兰登堡科学院〈马克思恩格斯全集〉历史考证版编辑部成员、历史学家于尔根·赫雷斯博士》,《理论探讨》,2020 年第 12 期。

④ [美]诺曼·莱文:《辩证法内部对话》,张翼星等译,云南人民出版社,1997 年,第 10 页。

思研究领域不同,更关键的是对辩证法精神实质的理解不同。卡弗也有类似的观点,不过他对所谓"对立"的具体细节理解与莱文有所不同,他认为在1844年到1845年初,恩格斯更有才华,更具有独立性,也更具有世界视野和政治天赋。卡弗尤其强调了恩格斯早年发表在《德法年鉴》上的《国民经济学批判大纲》对马克思的影响。但卡弗同样也认为:"在1859年以前,恩格斯关于历史这一学科的著作类似于马克思的著作,但1859年后,他的著作通过一种展现与马克思的著作之间差异的方式实现了转换。"①这种转换体现在,恩格斯作为体系化的哲学家,将马克思的著作置于传统哲学、历史学和经济学的学术范式中,并对之进行了体系化、实证化的阐述。这些代表性观点将马克思的社会历史辩证法与恩格斯的自然辩证法对立起来,甚至将历史唯物主义与辩证唯物主义对立起来,认为恩格斯将马克思主义简化为实证主义、机械唯物主义和庸俗决定论。

在纪念恩格斯诞辰200周年之际,国外学界对这个"马恩对立论"的老问题进行了重新研究。孙海洋在《近年来国外恩格斯研究聚焦的几个问题》中,介绍了英国马克思主义理论家保罗·布莱克利奇、康加恩等人的观点。②布莱克利奇在《恩格斯与现代社会政治理论》中从总体上回顾了恩格斯的思想发展历程,恩格斯对战争、革命和民族问题的讨论,以及恩格斯对《资本论》第二卷和第三卷的编辑整理工作,强调了恩格斯在马克思主义理论形成中的地位,尤其突出了恩格斯对马克思主义社会政治理论的贡献。布莱克利奇从四个方面批判了"马恩对立论"。第一,"马恩对立论"的前提是"稻草人预设"。这个前提假设了马克思和恩格斯是一个完美的整体,但马克思与恩格斯的密切合作并不意味着二人之间不存在任何分歧,两人思想上的完全一致只是一种理论上的假设。第二,卡弗的"马恩对立论"错在忽视了两人的学术分工,学术分工虽然表明两人研究领域的差异性,但更加凸显了合作的必要性,更加体现了思想上的互补性。第三,两人的分工表明恩格斯更加关注现实社会矛盾,彰显了恩格斯对现实问题的关注。第四,马克思和

---

① [英]特雷尔·卡弗:《马克思与恩格斯》,姜海波、王贵贤等译,中国人民大学出版社,2016年,第131页。

② 参见孙海洋:《近年来国外恩格斯研究聚焦的几个问题》,《国外理论动态》,2020年第4期。

恩格斯的合作并不限于卡弗所说的《神圣家族》《德意志意识形态》《共产党宣言》三部著作,两人的书信往来表明两人的合作是全方面的。

"马恩对立论"强调了马克思与恩格斯研究对象的差异。这种观点假定马克思不关心自然科学领域,但事实并非如此,马克思同样有关于自然科学的研究。这就为反驳这种观点提供了思路。孙海洋介绍了土耳其籍学者康加恩的观点,即在康加恩看来,马克思同样有关于生态学、矿物学、化学、地理学、物理学等自然科学方面的研究。"如果可以表明马克思在进行一个包罗万象的、包括各种各样的自然和社会科学的跨学科研究时,在把握自然和社会作为一个整体的相互联系时,与恩格斯把辩证法定义为普遍的相互联系的科学是完全一致的,那么我们就可以说那个马克思恩格斯在自然辩证法这个方面的老问题算是解决了。"①也就是说,马克思的研究并不仅仅限于社会历史理论方面,他的研究同样是跨学科的。这种研究中所体现的辩证法与恩格斯的自然辩证法也是一致的。"马恩对立论"所谓的研究领域区分并不成立。

"马恩对立论"的另一个立论依据涉及恩格斯晚年对《资本论》第二卷、第三卷的编辑工作。"马恩对立论"认为,恩格斯编辑《资本论》是一种误解,甚至是杜撰。在反驳这个观点上,凌菲霞在《澄清误解和重新发现——21世纪西方学者论恩格斯思想的当代价值》中,介绍了经济思想史学家霍兰德的观点。② 在霍兰德看来,恩格斯编撰《资本论》第二卷、第三卷反映了马克思的思想原意,是真实可靠的,并没有曲解或误解。这里关涉两个问题:一是"价值规律"的适用范围问题,也就是价值规律能否扩展到前资本主义的商品生产中;二是《资本论》第三卷第三篇"利润率趋向下降的规律"与资本主义的崩溃问题。在《资本论》第三卷中,马克思指出了一般利润率的下降是社会生产力日益发展的结果,这个秘密令以往的政治经济学家头疼。"亚当·斯密以来的全部政治经济学一直围绕这个秘密兜圈子,而且亚当·斯

---

① [土耳其]康加恩:《卡尔·马克思的自然科学札记——1990—2016 德国 MEGA2 研究综述》,韩许高译,《现代哲学》,2018 年第 3 期。

② 参见凌菲霞:《澄清误解和重新发现——21 世纪西方学者论恩格斯思想的当代价值》,《现代哲学》,2020 年第 4 期。

密以来的各种学派之间的区别,也就在于为揭开这个秘密进行不同的尝试。"①霍兰德认为,在这两个问题上,恩格斯的编辑是准确的。马克思的《1857—1858年经济学手稿》证明了恩格斯编辑的《资本论》第三卷是符合马克思原意的。恩格斯在编辑第三卷的时候,大概只撰写了6%~8%,90%的文本都是马克思自己的文本。马克思的《1861—1863年经济学手稿》(23个笔记)与《资本论》第三卷的主要内容是一致的。不仅如此,恩格斯在《资本论》第三卷第一篇第四章"周转对利润率的影响"中关于缩短资本投资的周期能够抵消利润率的下降,还填补了马克思留下的空白。

在为恩格斯编辑《资本论》的辩护上,学界翻译了米夏埃尔·克莱特科的论文《如何评价恩格斯对〈资本论〉的编辑工作》。在克莱特科看来,破解"马恩对立论"的关键是如何看待恩格斯关于《资本论》的编辑工作。在他看来,恩格斯的编辑不是篡改。有时恩格斯思想是领先于马克思的,马克思也是承认这一点的。在《资本论》第一卷中,马克思不止一次提到恩格斯的《国民经济学批判大纲》。在恩格斯与马克思合作之前,恩格斯就已经是独立的思想家。在他们合作时期,恩格斯与马克思的思想完全相通。在1850年到1883年,恩格斯一直是马克思思想的"对话者"。马克思参与了恩格斯《反杜林论》的撰写,恩格斯的《家庭、私有制和国家的起源》也受到了马克思人类学和民族学的影响。马克思生前是了解和支持恩格斯的自然科学研究的。所有这些都表明恩格斯与马克思的思想没有对立,差异也被人们有意夸大了。

第一,恩格斯对马克思政治经济学批判的阐述形式、结构及内容都是相当了解的,甚至了解马克思的写作方式,并参与了《资本论》第一卷的修改和润色工作。就此而言,恩格斯是马克思手稿最为合适的编辑者。第二,恩格斯在编辑《资本论》第二卷和第三卷时,主要选取了马克思最新版本的手稿。在尊重马克思原意的基础上,恩格斯增加了大量的补充说明,来实现一种接近马克思意图的改编。恩格斯对第二卷的修改并不大。第二卷主要依据的是马克思修改过的两个手稿:1868—1870中期的手稿Ⅱ和1876—1881年最后一部分手稿Ⅷ。恩格斯改动相对较大的是第三卷中的第一篇和第三篇。

---

① 《马克思恩格斯文集》(第七卷),人民出版社,2009年,第238页。

这两部分马克思留下的手稿还不成熟，还主要处于收集和整理资料的阶段。因此，恩格斯不得不进行整理、修改，甚至是重写。当恩格斯编辑出版第三卷时，很快就受到了人们的批评。提出这种批评需要有两个基本前提：一是马克思的手稿是清楚的、明白的，二是批评恩格斯的人认为自己比恩格斯更加了解马克思。但实际上这两个前提都是不成立的，辨认马克思的手稿并不容易，恩格斯对马克思思想的了解程度远远超出了这些批评者。第三，认为恩格斯篡改《资本论》的批评者们没有意识到，在政治经济学批判的手稿中，马克思在很多情况下只形成了有待细化的基本想法，而恩格斯是当时唯一能够识读马克思全部《资本论》手稿的人。①

(二) 对《自然辩证法》的重新诠释

在反驳"马恩对立论"的过程中，关键的问题是如何理解恩格斯的《自然辩证法》。这是"马恩对立论"的主要文本依据，反驳"马恩对立论"就不得不重新理解《自然辩证法》。这关涉到《自然辩证法》的写作缘由、基本观点和当代意义等问题。

孙海洋在《近年来国外恩格斯研究聚焦的几个问题》中介绍了康加恩提出的"新恩格斯阅读法"。康加恩挖掘了《自然辩证法》的政治哲学意蕴，分析了《自然辩证法》的写作原因：一是回应政治行动派、自然科学家和社会科学家对哲学理论的依赖，阐明了参与社会运动的合理性，二是反驳了自然科学家中的反哲学趋势，揭示了自然科学领域的辩证法，三是彻底批判了形而上学的思维方式，阐明了马克思的唯物主义观念，改造了黑格尔的辩证法，引导人们提高对自然科学的兴趣，四是证明黑格尔辩证法未能经受住自然科学的检验，因此必须消灭黑格尔辩证法的形式，拯救它的内容。

孙海洋还介绍了德国马克思主义理论家埃尔玛·阿尔特瓦特《重新发现恩格斯:〈自然辩证法〉与积累和增长批判》的主要观点。阿尔特瓦特从政治经济学出发，将《自然辩证法》与当代资本主义批判结合起来，突出了人与自然的新陈代谢在资本积累和增长中的作用，强调了在社会历史过程中自

---

① 参见[英]米夏埃尔·克莱特科:《如何评价恩格斯对〈资本论〉的编辑工作》，侯振武译，《国外理论动态》,2020 年第 5 期。

然、经济和社会是一个相互作用的整体。资本主义的经济理性将人与自然的关系变成了权力关系。资本主义经济增长的动力建立在化石能源、劳资关系和金融市场三个要素基础上，市场机制无法解决自然的枯竭问题。在这个意义上，恩格斯的"自然报复论"仍然具有时代价值。著名的生态马克思主义理论家福斯特则将自然辩证法与资本主义的历史命运联系起来。恩格斯曾指出"自然是检验辩证法的试金石"①，福斯特将恩格斯的这一论断改写成了"生态是检验辩证法的试金石"。这不仅揭示了辩证法的生态维度，而且阐发了《自然辩证法》对当代资本主义批判的现实意义。

恩格斯在《自然辩证法》中全面阐述了辩证法的三大规律。凌菲霞介绍了麻省理工学院的奥氏对三大规律的理解（该作者用的是笔名"Wilson W. S. Au"，故凌菲霞将其音译为"奥氏"）。奥氏捍卫恩格斯的理论出发点是共产主义理论与三大规律的关系，特色在于增加了"变化的条件和基础"这个规律。在奥氏看来，对立统一规律和否定之否定规律揭示了共产主义的必然性和曲折性。这里的关键是对立统一规律中既有保守性也有破坏性。对于资本主义社会而言，资产阶级是保守性的一面，无产阶级是破坏性的一面。虽然在当前资本主义社会中，保守性一面的力量依然强大，但最终破坏性的一面必然崛起，从而推翻资产阶级的统治。否定之否定规律与因果必然性存在着内在联系。这个规律在共产主义必然战胜资本主义中发挥着不可或缺的作用，但这个规律却被人们庸俗化地理解为实用主义，简单化地理解为一种信仰。否定之否定规律有着科学上的必然性。在自然科学领域，美国物理学家波姆就曾在恩格斯的启发下，批评了量子论，捍卫了否定之否定规律的自然科学基础。质量互变规律揭示了共产主义作为科学认识论的意义。人们通常认为恩格斯引用了化学中量变引起质变的例子，陷入了机械论和算术化，但在奥氏看来，恩格斯的例子并不是机械论的，也不是算术论的，而是解释了马克思主义合力论，也就是多人的合作所形成的力量，本质上不同于个人力量之算术总和。马克思和恩格斯都指出了超出度的量变必然带来事物组织内部的变化。变化的条件和基础规律是奥氏指出的第四条规律。条件就是外部原因，基础就是内在原因。外部原因可以改变内部

---

① 《马克思恩格斯文集》（第九卷），人民出版社，2009年，第25页。

原因,在当代资本主义社会中,全球变暖、臭氧空洞、化学和热污染等众多危机中,任何一个都能带来螺旋式的发展。在外部原因的变化下,在外部原因和内部原因的相互作用下,资本主义可能形成新的变化趋势。在奥氏看来,在马克思的《资本论》中,这四条规律是一个有机整体,矛盾规律是核心,其他三条规律是围绕这个规律的展开,四者构成了一个有机整体。当代的资本主义批判同样要恢复这些基本规律的内在联系,坚定共产主义信念同样需要这四条规律作为科学基础。

凌菲霞还介绍了生态社会主义者恩戈－迪－毛罗的观点。恩戈－迪－毛罗从自然科学方法论角度认为,恩格斯将辩证法运用到自然领域是合理的,卢卡奇将辩证法局限在社会历史领域是错误的。恩戈－迪－毛罗反驳的基本理由是将辩证法局限在社会历史领域的目的是强调人的实践活动的独特性,尤其是与其他生物的区别,但这一点在自然科学上是站不住脚的。首先,以实践行为区分人与其他物种是站不住脚的。以实践中的目的性、情感性、认知性等因素凸显人与其他物种的区分并不合理,真正关键的是要分析人与自然之间的相互作用,分析自然环境同样塑造着、影响着人类活动。其次,恩格斯的辩证法有助于我们反对科学研究中的机械论、二元论和还原论,有助于实现生物和生态系统研究中的方法论革命。自然科学的研究已经提醒我们要注意历史与自然的互相关联,避免简单化地理解人类社会的结构与发展过程。最后,自然科学的研究已经表明,我们需要将辩证推理运用到对生物和生态系统的分析中。辩证解释程序对于解决物理学等自然科学的问题同样具有指导意义,恩格斯提出的三大规律与自然科学的实验原则是相通的。

辩证法揭示了自然、社会和思维领域的一般规律,辩证法不仅包括自然辩证法,也包括社会历史辩证法,但人们常常将两者对立起来。凌菲霞介绍了新泽西州伯克利学院的巴赫曼·阿萨德对恩格斯自然辩证法的辩护。阿萨德强调了恩格斯的辩证法包含着双重中介:一个是历史中介,另一个是社会中介。历史中介是指在生产力基础上的人与自然的中介,社会中介是指在以特定生产方式内对立矛盾关系为基础的历史－物质过程。第二国际改良主义政治的认识论前提就是将社会中介还原为历史中介,而黑格尔主义的马克思主义则将历史中介简化为社会中介。这两种还原都是错误的。在他看来,历史中介和社会中介紧密相连,缺一不可,不能相互还原。马克思就曾指出了观念的东西不过是移入人脑中并被人脑所改造的物质的东西,这表明马克思同样坚持了人与自然的相互作用。这一点与恩格斯的理论是一致的。恩格斯的辩证法既强调了人与自然的历史关系,也强调了人与人的社会关系,两者遵循着同样的规律。第二国际将人与人的关系还原为人与自然的关系,以卢卡奇为代表的黑格尔主义阐释模式则将人与自然的关系还原为人与人的关系。

(三)对恩格斯思想的现实意义的阐发

纪念思想伟人不仅需要捍卫其思想的原意,更重要的是揭示其思想的当代意义。孙海洋以《解决矛盾:弗里德里希·恩格斯诞辰 200 周年》为例,介绍了国外学界关于恩格斯思想的四个基本判断。第一,恩格斯的哲学进路是回应时代问题,寻求人类解放。汉斯-迪特尔·韦斯特认为,我们仍生活在资本统治的时代中,他的政治经济学批判没有过时,他的资本批判没有过时,他仍是我们的同时代人。第二,恩格斯的哲学立场是在宗教批判中确立唯物主义世界观。苏珊·舒恩特-克勒曼、维尔纳·普卢佩、马丁·布歇尔、伊娃·博肯海默等强调了恩格斯唯物主义立场中的反宗教维度。第三,恩格斯的现实关怀依然具有现实意义。这集中表现在恩格斯对城市、自然、女性等问题的研究。第四,恩格斯的政治追求也可以启示我们在应对数字、气候、科学等开放性挑战中,提出实现社会转型的政治诉求。

在阐发恩格斯思想的当代价值问题上,凌菲霞指出国外学界主要讨论了恩格斯经济学思想、社会学思想、城市社会学和女权主义。卡弗认为,恩格斯的《英国工人阶级状况》虽然没有提出"城市地理学"这个概念,但其对现代工业,对工人阶级的生存状况、住房、健康等问题的研究开启了城市地理学研究的先河。克拉克和福斯特指出,《英国工人阶级状况》中结合政府的文件报告、医疗报告等,运用了个人实地调查的方法,对英格兰城镇生产和生活设施展开了研究,分析了城市的污染问题、群居地的流行疾病问题。这种研究方法、研究视角开启了一般城市社会学和城市环境正义的研究。

《英国工人阶级状况》《论住宅问题》《自然辩证法》等作品可以说是开启了生态学和环境学的研究，但这很显然被人们忽视了。艾伦则指出，恩格斯的《家庭、私有制和国家的起源》挑战了男性在家庭中的统治地位，指出了社会主义革命打破了男性在家庭中统治地位的物质条件，为当代女权主义和女性解放的研究提供了重要视角。

张静在《当代俄罗斯哲学论恩格斯的思想贡献》中关注了俄罗斯学界对恩格斯思想当代意义的阐发。① 自苏联解体之后，俄罗斯的马克思主义研究陷入低潮，但从 1998 年俄罗斯纪念马克思诞辰 180 周年开始，俄罗斯学界的马克思主义研究开始复兴。俄罗斯学界在纪念恩格斯诞辰 200 周年活动中，从三个方面讨论了恩格斯的思想贡献。一是恩格斯在批评俄国民粹主义上的贡献。俄罗斯学界关注了恩格斯对俄国民粹派特卡乔夫的批评，主要涉及地主、资产阶级的地位问题和农民的世界观问题。恩格斯认为民粹派关于农民具有共产主义本能信仰的论断是错误的。二是恩格斯对科学社会主义的贡献。俄罗斯学者讨论了恩格斯对科学社会主义和辩证法问题上的贡献。在科学社会主义的讨论中，切斯诺科夫以《共产党宣言》《反杜林论》《社会从空想到科学的发展》三部著作为例，叙述了恩格斯科学社会主义论的形成和发展过程，尤其是在《反杜林论》中，社会主义理论是哲学和政治经济学理论的逻辑必然结果。没有这个理论旨归，马克思主义理论的价值就大打折扣。切斯诺科夫还指出了科学社会主义理论与辩证法的关联，没有辩证法学说，没有在辩证法理论上对黑格尔的超越，就不可能为科学社会主义理论奠定基础。三是恩格斯军事理论的当代意义。恩格斯全面系统地阐发了战争的特征、本质、原因，以及战争所包含的各种物质和精神因素。典型代表是恩格斯在《反杜林论》中以装甲和火炮在军备竞赛中的作用为例，解释了军国主义必然失败。俄罗斯学界进而总结了恩格斯军事理论的方法论。战争的因素是由政治、经济、军事局势、统帅行为等多种因素决定的。外部政治取决于内部政治，取决于在世界政治体系中的地位。这一点对于理解当代世界的政治、经济和军事环境依然具有当代意义。

任何理解都已经是一种解释，理解和解释总是充满选择性和主体性。

---

① 参见张静：《当代俄罗斯哲学论恩格斯的思想贡献》，《科学社会主义》，2020 年第 6 期。

从上述学界关于国外马克思主义纪念恩格斯诞辰 200 周年的论述中,我们可以看到学界对这些问题的关注实际上也表明了自身的研究立场。我们同样反对"马恩对立论",反对贬低恩格斯的《自然辩证法》。①尽管改革开放以来国内马克思主义哲学界在反思传统教科书体系时,也有将矛盾指向恩格斯,也有恩格斯与马克思思想对立的观点,但这种所谓的学术创新更多的是一种"为赋新词强说愁死"。恩格斯和马克思在具体研究领域存在着学术分工,但并不表明两者在理论立场上存在着差异。恩格斯和马克思在理论立场上完全一致,并没有所谓的马克思激进、革命而恩格斯保守、改良的区分,也没有所谓的马克思创立的学说是历史唯物主义、恩格斯创立的是辩证唯物主义之分,以及所谓的马克思的辩证法是社会历史辩证法、恩格斯的辩证法是自然辩证法之分。马克思和恩格斯创立的马克思主义理论是一种人类解放理论,这种理论有其社会科学的理论渊源,也有自然科学的理论基础。正如马克思曾经指出的那样,实际上所谓的社会科学和自然科学区分也并不是成立,实际上只有一种科学,也就是人的科学,即人的解放科学。

"马恩对立论"讨论还关涉以卢卡奇为代表的早期西方马克思主义对待恩格斯的态度。人们经常援引《历史与阶级意识》来论证卢卡奇对恩格斯自然辩证法的批评。实际上,这种观点也是值得商榷的,卢卡奇并不反对恩格斯的自然辩证法。卢卡奇在《尾巴主义与辩证法——捍卫〈历史与阶级意识〉》中指出:"显然,社会源自自然,显然,自然及其发展规律在社会(也就是在人类)之前就已经存在。同样非常明显,如果辩证法不是已经作为自然的发展原则在社会之前就发挥作用的话,辩证法就不能作为社会发展的客观原则发挥作用。但是,从我们不能从这里推论出,社会发展不能创造新的同样客观的运动形式、辩证的环节,也不能推论出,没有这些新的社会辩证形式的中介,自然运动中的辩证环节就能被认识。"②卢卡奇的这段话基本上回

---

① 相关讨论参见胡大平:《阿尔都塞对恩格斯的矛盾评价及其理论启示》,《马克思主义与现实》,2020 年第 6 期;赵伟:《西方〈自然辩证法〉研究的主要维度和最新进展》,《自然辩证法研究》,2020 年第 5 期;赵立:《重访恩格斯——对西方"马克思学"的马克思恩格斯关系论问题的当代认识》,《福建论坛》,2020 年第 10 期;炎冰:《重估恩格斯〈自然辩证法〉的文本价值——兼评西方学者所谓自然辩证法与马克思哲学"对立"说》,《自然辩证法研究》,2020 年第 10 期。

② Georg Lukacs, *Tailism and the Dialectic: A Defence of History and Class Consciousness*, New York: Verso, 2000, p. 102.

应了所有的批评。其一,卢卡奇明确指出自然界的先在性,指出自然规律的客观性、先在性,指出社会是源于自然的。其二,卢卡奇同意辩证法具有自然辩证法和社会辩证法两个层面。自然辩证法在社会诞生之前就发挥作用,自然辩证法与社会辩证法还具有相通之处,两者都具有客观性。其三,这并不意味着社会发展不能创造新的同样客观的规律,也就是说,社会规律与自然规律虽然具有相通性,但社会规律同样具有独特性,人类在社会活动中创造出不同于自然界的属人的世界,也形成了人类社会的特殊规律。其四,尽管自然运动具有内在规律,但人们对这些规律的认识总是经由社会中介的,人们总是在特定物质基础(经济社会条件)上形成了关于自然的知识,深化了对自然规律的认识。由此我们也可以说,卢卡奇的观点实际上是和本节第二部分中巴赫曼·阿萨德的双重中介说相一致的,阿萨德对卢卡奇的批评其实可以被消解,卢卡奇并不反对恩格斯的自然辩证法。

关注国外学界对恩格斯的研究不但可以破除我们的诸多思想误区,而且打开了我们自身研究的空间。这一点尤其值得重视。一方面,我们需要积极吸收借鉴国外学界的研究成果,汲取其中的丰富营养。比如,他们将恩格斯与斯宾塞的国家理论加以比较研究,打开了研究的新视角。[①] 又如,他们从城市地理学、生态学、社会学角度诠释恩格斯《英国工人阶级的状况》《论住宅问题》《自然辩证法》等,这种跨学科研究路径无疑打开了新的研究范式。我们以往的研究往往停留在"自然辩证法"意义上的恩格斯,停留在自然科学研究意义上的恩格斯,对恩格斯的社会政治理论、政治经济学理论、军事理论等关注不够。我们不仅需要走出传统研究范式而"回到马克思",同样需要摆脱刻板的成见而"回到恩格斯"。这一点对于我们推进马克思主义研究、推进当代中国社会科学研究都具有启发意义。另一方面,我们也不能全盘接受,必须对之加以甄别分辨。比如莱匹克在《恩格斯是辩证唯物主义者吗?》中认为,恩格斯并没有把他的哲学立场称为"辩证唯物主义",而是更倾向于使用"唯物主义辩证法"。在他看来,"辩证唯物主义"被列宁和斯大林确立为马克思和恩格斯哲学的名称,这种名称上的变化反映了对

---

① 参见[俄]伊万·伊戈列维奇·科米萨罗夫:《斯宾塞与恩格斯:国家制度起源与本质的两种模式》,周来顺译,《国外理论动态》,2020年第5期。

恩格斯"唯物主义辩证法"的片面理解,列宁和斯大林认为唯心主义和唯物主义之间存在不可调和的矛盾,而恩格斯力图对它们进行调解,恩格斯认为"纯粹的关于思维的理论"能够把握存在的原理,这样的主张包括了唯心主义观点,即存在的概念必须限制在我们的经验领域内。① 莱匹克这种解读观点不但带来了概念上的混乱(辩证唯物主义与唯物辩证法),而且将恩格斯理解为唯心主义,这是我们不能赞同的。

二、关于国外学界纪念列宁诞辰 150 周年的研究

国外马克思主义学界中的列宁主义是一个老问题。卢卡奇是一位列宁主义者,当他曾经的"左倾"幼稚病受到列宁批评时,当他反思匈牙利无产阶级革命失败时,他写作了题为"列宁"的小册子,总结了列宁布尔什维克革命的经验,尤其突出了无产阶级政党的作用。科尔施在《马克思主义与哲学》中强调马克思主义是哲学、是革命的哲学,而在马克思主义的三个发展阶段中,列宁哲学正是革命的哲学。葛兰西在《狱中札记》中曾指出,马克思和列宁分别属于马克思主义的两个阶段——科学和行动——在马克思主义发展史中,列宁是组织者、行动者和世界观的传播者。② 早期西方马克思主义实际上从广义上仍然属于列宁主义哲学,但自从梅洛－庞蒂在 1955 年出版的《辩证法的历险》中提出了西方马克思主义与列宁主义相对立,这个问题就显得复杂起来。

问题的关键在于,什么是列宁主义,列宁主义哲学的精神实质是什么。在对这些问题的探讨中,20 世纪 60 年代西方"列宁学"开始形成。从总体上说,西方学界的"列宁学"研究主要有三大理论路向:一是以罗伯特·瑟维斯为代表的否定性路向,二是以齐泽克为代表的肯定性路向,三是以凯文·安德森为代表的批判的人道主义研究路向。③ 受到国外"列宁学"研究的启发,

---

① 参见[德]斯迈尔·莱匹克:《恩格斯是辩证唯物主义者吗?》,李静译,《现代哲学》,2020 年第 4 期。

② 参见[意]葛兰西:《狱中札记》,曹雷雨等译,中国社会科学出版社,2000 年,第 294 页。

③ 参见张传平:《当代西方"列宁学"研究的三大理论走向及其批判》,《南京社会科学》,2016 年第 11 期。

国内学者张一兵较早地提出了"回到列宁"的口号,主张将符号文本层解释与互动性的意义场理解、生产性文本阅读的思想构境结合起来,创立了文本构境理论。在这种阅读方法的指引下,张一兵提出列宁的伯尔尼笔记形成了可以比肩马克思的实践辩证法。[①] 2020 年国外马克思主义学界,尤其是俄罗斯学界举行了诸多纪念列宁的活动,出版了一系列论著,代表性的有《列宁:世界革命领袖》《论列宁主义的俄国特色》《弗拉基米尔·列宁:时代伟人》等。国内学界翻译了其中代表性论文,对西方"列宁学"进行了批判性研究。

(一)对西方"列宁学"的错误观点的批判

近年来,国内学界追踪研究了西方"列宁学"的最新进展。张传平在《尼尔·哈丁与当代西方"列宁学"研究的理论转向》中指出,尼尔·哈丁作为当代著名的西方"列宁学"家,其重要理论贡献是把西方"列宁学"的研究重点从《怎么办?》转移到了列宁的经济和社会分析著作,如《俄国资本主义的发展》《帝国主义论》等,实现了西方"列宁学"研究的理论转向。尼尔·哈丁驳斥了西方"列宁学"占主导地位的一些理论观点和政治偏见,重新阐释了列宁和列宁主义。[②]

齐泽克在《为列宁主义的不宽容辩护》中指出,要在最激进的意义上大声呼唤列宁,重新激活列宁的遗产就是重新发明真理的政治学。所谓真理的政治学就是行动的政治学,就是彻底打破资本主义自由民主神话的政治学。齐泽克主张"为列宁主义的不宽容辩护",这指的是列宁当年对资本主义虚假自由民主制度的批判在今天依然有效。在后现代主义语境下,资本主义将一切反抗资本主义的新社会运动力量都化解为宽容问题,都化解为一种伦理诉求,一种忍受痛苦和耻辱的诉求。当统治阶级开始摆出宽容的

---

① 参见张一兵:《回到列宁——关于"哲学笔记"的一种后文本学解读》,江苏人民出版社,2008年,第51页。

② 参见张传平:《尼尔·哈丁与当代西方"列宁学"研究的理论转向》,《山东社会科学》,2018年第7期。学界也翻译了西方列宁主义研究的新成果,代表性的有:[意]A.内格里:《20世纪70年代意大利关于列宁主义的争论》,张春颖译,《马克思主义与现实》,2018年第3期;[法]J. N.迪康热、[法]S.沃里科夫:《列宁主义的世纪》,王嘉译,《马克思主义与现实》,2018年第8期;[美]T.洛克莫尔:《卢卡奇与列宁》,陈文旭译,《马克思主义与现实》,2018年第8期,。

姿态,倾听各种新社会运动的诉求时,也就拔掉了他们的政治性毒刺。"体制无疑是普遍的、开放的、宽容的、面向所有人的;即使有人坚持自己的要求,他们也在特定的商谈形式中被拔除了身上的政治性毒刺。"①因此,必须反对资本主义在自由民主框架下的宽容,捍卫列宁的"不宽容",激活一个正在来临的列宁。针对齐泽克对列宁主义的复兴,学界进行了批判性研究。李西祥在《从列宁到行动:齐泽克革命观的批判与反思》中分析了齐泽克对资本主义自由民主框架的彻底批判,指出了回到列宁就是回到革命行动,同时分析了齐泽克的理论缺乏革命主体、步骤等,因而他不过表达了一种理论姿态,不过是一种空想的乌托邦。②

针对西方"列宁学"对列宁的否定主义态度,轩传树等介绍了西方左翼学者"列宁学"研究涉及的主要问题:列宁与民粹主义的关系,列宁与费多谢耶夫、普列汉诺夫的关系,列宁与爱尔福特主义的关系,列宁的经济学说是否陷入经验主义,新经济政策是否承认要补资本主义发展阶段的课,列宁哲学是否歪曲了马克思主义等,并对这些问题进行了驳斥。③ 陈红、姜波在《对西方"列宁学"批判的批判》中指出,西方"列宁学"否定列宁主要包括三个问题:一是列宁与民粹主义的关系,二是列宁的经济思想,三是列宁的哲学。西方"列宁学"认为,列宁是典型的民粹主义者,列宁的经济思想具有"讽刺意义",他们否定列宁哲学思想与马克思主义哲学之间的内在联系。两位作者对这三个观点作了逐一驳斥。④ 李健在《列宁对俄国民粹派的批判要点分析》中指出,列宁不是民粹主义者,列宁批评了俄国民粹派哲学方法论中抽象个人的理论起点,批评了民粹派关于俄国资本主义没有市场而缺少生命力的理论观点,批评了民粹派村社化计划的空想性、实现道路上的乌托邦等,列宁还指出了民粹派的社会根源在于小资产阶级性。这些批判要点对于我们厘清列宁主义与民粹主义,认识当代西方右翼民粹主义具有重要的

---

① [斯洛文尼亚]齐泽克:《为列宁的不宽容主义辩护》,周嘉昕译,《马克思主义与现实》,2010年第2期。

② 参见李西祥:《从列宁到行动:齐泽克革命观的批判与反思》,《马克思主义与现实》,2018年第3期。

③ 参见轩传树、马丽雅、门小军:《当代西方左翼学者"列宁主义"研究中的几个问题》,《当代世界与社会主义》,2011年第2期。

④ 参见陈红、姜波:《对西方"列宁学"批判的批判》,《当代世界与社会主义》,2021年第1期。

启示作用。①

(二)对俄罗斯关于列宁的研究成果的译介

2020 年俄罗斯学界发表了诸多纪念列宁的文章。它们不仅从整体上描绘了列宁的思想形象,强调了列宁思想前后的一致性,而且从辩证法、帝国主义理论、群众观等方面具体讨论了列宁思想的当代价值。国内学界译介了这些研究成果,为我们了解俄罗斯的列宁主义研究提供了新材料。

西方"列宁学"批评列宁的一个基本路向就是将十月革命前的列宁与新经济政策时期的列宁对立起来。舍甫琴科回击了这种观点。他认为列宁有两个形象:一是职业革命家,这是十月革命前;二是伟大的改革者,这是社会主义建设时期。作为革命家的列宁和作为改革家的列宁是统一的,不可分离的。作为革命家的列宁批判了以伯恩斯坦为代表的修正主义,他指出了俄国的"时代叠加":无产阶级反对资产阶级的革命、农民反对地主的革命独特地结合了起来。列宁认为,真正的无产阶级意识只有在外部灌输的条件下,才能在工人那里产生。列宁实现了"马克思主义民族化",形成了俄国的马克思主义。俄国建设时期的新经济政策不是简单地倒退,而是开启了通向俄国特色社会主义的道路。列宁的新经济政策思想是一个不断发展、丰富并付诸实践的过程。列宁一边发展马克思主义,一边根据苏维埃俄国当时的具体情况不断调整建设方针。从战时共产主义到新经济政策,这个探索过程对于建设具有民族特色的社会主义发展道路仍具有重要的理论和现实意义。②

列宁在政治经济学批判的基础上,推进了资本主义批判,提出了帝国主义理论,作出了帝国主义是腐朽的和垂死的判断。这个论断常常遭到西方学界的诟病。讨论列宁的思想遗产不能回避这个问题。布兹加林分析了列宁对马克思主义政治经济学的贡献。首先,列宁发展了商品生产理论和向资本主义转变的理论,特别强调了资本主义制度的根本矛盾,并指出这个矛

---

① 参见李健:《列宁对俄国民粹派的批判要点分析》,《思想理论教育导刊》,2020 年第 12 期。
② 参见[俄]弗拉基米尔·尼古拉耶维奇·舍甫琴科:《列宁的两个形象:职业革命家和伟大的改革者》,《国外理论动态》,2020 年第 3 期。

盾造成了生产者的分化,形成了雇佣工人阶级和资本所有者阶级。其次,列宁阐明了资本主义产生和发展的各个历史阶段,指出了资本主义向帝国主义的过渡阶段是市场向晚期资本主义转变的必然阶段。最后,列宁的帝国主义理论,特别是对垄断和金融资本特征的揭示在当今仍然具有重要的现实意义。布兹加林在此基础上概括了列宁的四个发现:其一,20 世纪资本主义进入帝国主义是资本主义制度的自我否定,其二,垄断资本主义是破坏商品生产和发展的特殊阶段,其三,帝国主义的制度性特征和金融资本问题,其四,资本主义的中心与外围的矛盾。① 巴约克分析了资本主义社会体制性危机视域下列宁的帝国主义理论。他指出,二战后,资本主义经历了“福利国家”、新自由主义、新重商主义三个阶段。这种生产方式的转变反映了资本主义的体制性危机。马克思和列宁都没有预见到这个过程的复杂性和延迟性特征,但列宁的著作中包含了两个具有启示性的因素:一是工人阶级的资产阶级化,二是在垄断中形成了非经济的、官僚主义的关系。批判现代资本主义,并不是要驳斥马克思和列宁,而是要在社会学视角下,作出更详尽的考察。②

辩证法是列宁哲学的重要组成部分。康德拉绍夫认为列宁的辩证法是社会过程的辩证法,是列宁对马克思主义理论最杰出的贡献。唯物辩证法不仅表现为客观世界中的客观规律,而且表现在革命过程中,表现在社会主义建设中。康德拉绍夫具体分析了社会过程辩证法要素。一是历史性原则,社会辩证法关注的是具体的社会历史现象,这就决定了研究社会现象不能局限于普遍的视角,而要从具体的、当下的经验出发。二是总体性原则,任何一个社会现象都是结构 – 功能整体中的组成部分,辩证分析必须坚持总体性原则。三是反映或表达原理,反映原理表达了社会辩证法的本体论要求。四是超意识机制,辩证法并不仅仅是一种反应机制,还是一种积极创造世界的意识。辩证法是解放的科学,具有社会批判性的解放功能。社会辩证法主张积极的革命主体重返社会历史实践,恢复了社会实践辩证法中

---

① 参见［俄］亚历山大·弗拉基米罗维奇·布兹加林:《列宁对发展马克思主义政治经济学的贡献》,陈红、甘晓娟译,《当代世界与社会主义》,2020 年第 2 期。

② 参见［俄］A. A. 科里亚科采夫、［俄］A. M. 巴约克:《资本主义社会体制性危机视域下列宁的帝国主义理论》,郭丽双译,《求是学刊》,2020 年第 6 期。

的主体性。作者认为,这些原则的"重奏曲"赋予了列宁辩证法未过时的现实性。①

在科学社会主义发展史中,列宁最主要的历史功绩就是将马克思主义理论变成了现实,取得了社会主义革命的胜利。十月革命的胜利无疑是人民群众的胜利,是马克思主义群众观的胜利。布拉芙卡认为,列宁发展了马克思主义群众观,群众生机勃勃的创造力是新的社会生活的基本因素。第一,列宁的革命实践证明了群众是文化的创造者,也是社会历史进程中的主体。第二,在理论层面上,列宁阐述了革命、国家和文化三者之间的辩证关系,论证了人民群众的历史作用。第三,列宁争取了革命群众的思想支持,促进了他们的历史觉醒。革命群众是新现实的创造者。个体参与到反抗异化的斗争中,参与到反对官僚主义的斗争中,创造新型的社会关系。在布拉芙卡看来,今天讨论列宁的群众观依然具有现实意义。其一,群众观的世界观意义。群众观是对有神论世界观的否定。一般而言,今天俄罗斯人的世界观大都建立在有神论基础上。这种世界观认为上帝是万物的本质,否定人是客观存在的,对人民群众非常漠视。其二,群众观的现实意义。当代俄罗斯人处于社会现实的畸形状态之中,很难理解"群众生机勃勃的创造力"的思想。其三,群众观的文化意义。"群众生机勃勃的创造力"思想,包含了列宁对事物本质的认识方法,但它不被所谓"开明者"知识分子所接受,还因为这一思想意味着一种组织纪律原则,这是他们最不可接受的。②

从总体上说,2020年国内学界主要关注了俄罗斯纪念列宁的代表性论文。从这些译文中,我们可以看到俄罗斯学界讨论列宁思想遗产的三个路向。一是从社会主义运动发展史的角度,阐发列宁的历史贡献。列宁把发展马克思主义和探索社会主义道路有机结合起来,既形成了具有民族特色的马克思主义理论,又开创了具有民族特色的社会主义道路,实现了两者的相互融合、相互促进。这对于当代世界的科学社会主义运动依然具有启发意义。二是从政治经济学批判的角度,阐发列宁帝国主义批判的时代价值。

---

① 参见[俄]康德拉绍夫:《对列宁社会辩证法的思考》,郭丽双译,《求是学刊》,2020年第5期。
② 参见[俄]柳德米拉·阿列克谢耶夫娜·布拉芙卡:《列宁的马克思主义群众观及其价值》,吴岚译,《当代世界与社会主义》,2020年第2期。

列宁的帝国主义理论揭示了帝国主义发展的不平衡性,揭示了资本主义发展到垄断资本主义的矛盾和特征,预示了帝国主义发展的未来趋势。纪念列宁不能否定列宁的历史功绩,而是要沿着列宁给出的方法路径继续前进。三是从唯物辩证法和唯物史观的角度,阐发列宁哲学思想的当代价值。列宁的辩证法是唯物的、具体的、历史的、总体的、超越的辩证法,是在实践中确立主体性的辩证法。唯物史观与群众史观相辅相成。列宁捍卫了马克思主义群众史观。这无论是在世界观,还是在方法论上,都仍具有现实意义。

2020 年学界对西方其他国家纪念列宁的活动关注不多,这是有客观原因的。我们可以从齐泽克的一次访谈中看到这一点。齐泽克说,各种公开辩论会不邀请我参加了,我在期刊上想发表自己对现实问题的看法越来越难。他们对我这种态度,其原因可以用一句话来概括:谈谈马克思也就算了,研究列宁有点儿过分了。从这里我们可以看到西方意识形态、西方学界对列宁的敌意甚至是拒斥的态度。这种敌意态度恰恰从反面证明了列宁思想的当代价值。面对这种拒斥态度,我们不得不反思我们自身的列宁研究。

(三)对列宁主义的当代意义的阐发

首先,我们必须强调列宁主义是对马克思主义的继承的发展。在如何对待马克思主义这一问题上,列宁曾明确地指出,马克思主义不是一成不变的原理。如果将之理解为永恒的真理,那么就将马克思主义理解成了教条主义。教条主义最大的错误就在于脱离了具体的客观实际。脱离了具体实际的马克思主义就不可能成为行动的指南,也就不可能认识世界和改造世界。列宁曾指出,对待马克思主义的全部精神:①历史地,②都要同其他原理联系起来,③都要同具体的历史经验联系起来加以考察。所谓历史地理解指的是必须将马克思主义放到具体的历史条件中考察。这种历史地理解特定原理的产生和形成不仅是历史唯物主义理解其他原理的方法,实际上也是理解历史唯物主义自身的方法。这就意味着必须摆脱对马克思主义的教条主义理解。只有具体分析新的历史条件,才能真正发展马克思主义。所谓整体地理解指的是不能将马克思主义各个组成部分割裂开来,而是要将之视为一个整体。从整体上理解马克思主义意味着要抓住主线。对于马克思主义而言,主线毫无疑问就是无产阶级和全人类的解放。从整体上理解就是从无产阶级和全人类解放这条主线,将马克思主义的各个组成部分联系起来。所谓具体地理解,就是要将马克思主义与具体的历史条件、历史经验结合起来,根据不同历史经验运用马克思主义原理的具体方面。马克思主义是一个整体,有一个主线,但各个组成部分之间的关系并不是无差别地统一在一起。所谓具体理解,就是说在不同历史时期,面对不同历史任务,必须突出强调马克思主义的某一方面。在列宁看来,这一点对于俄国马克思主义同样重要。列宁曾指出:"在俄国,在革命以前,特别突出的是马克思的经济学说在我国实际中的运用;在革命时期,是马克思主义的政治;在革命以后,是马克思主义的哲学。这并不是说,在任何时候可以忽视马克思主义的某一方面;这只是说,把注意力主要放在这一方面或那一方面,并不取决于主观愿望,而取决于总的历史条件。"①对于俄国的马克思主义而言,十月革命之前突出的马克思主义经济学,十月革命期间突出的是政治,而革命成果之后,焦点问题才是哲学。整体地理解马克思主义与具体地理解马克思主义并不冲突。整体地理解马克思主义要求抓住主线,抓住总纲,而具体地理解马克思主义则要求抓住具体任务,抓住具体细目。只有将两者结合起来才能做到纲目并举。在讨论列宁主义的思想遗产时,我们必须看到列宁主义是对马克思主义的继承和发展。列宁前后期思想的发展演变也没有什么断裂,而是根据不同时期的历史任务推进马克思主义的创新发展。

其次,俄国的十月革命道路并不是对马克思主义的背离,列宁并不是民粹主义,而是将马克思主义与俄国实际相结合的产物。从表面上来看,"一国胜利论"与马克思和恩格斯的"同时革命论"并不一致,但实际上,"一国胜利论"与"同时革命论"的内在精神完全契合。"一国胜利论"源于资本主义发展的一般规律,源于俄国资本主义发展的客观规律,源于俄国革命的具体现实,源于对马克思主义矛盾观的继承发展。列宁并没有固守马克思的早期资本主义批判,而是结合资本主义生产方式的最新发展,对资本主义进入垄断阶段作出了具体分析。列宁对俄国革命的分析也没有局限在仅仅对俄国自身的分析,而是将俄国纳入整个资本主义发展的进程中,将整个资本主

---

① 《列宁全集》(第20卷),人民出版社,2017年,第129页。

义比喻成一个完整的链条,这种整体的分析方法也是马克思和恩格斯"同时胜利论"的方法。列宁在整体分析中总是抓住俄国的具体实际,充分利用了俄国国际、国内的各种矛盾,才提出了俄国这个链条上最薄弱的环节。这就深化对矛盾观的理解,从对立统一平衡关系走向了存在着差异、强弱、主次之分的不平衡性。"宁肯被人指责为叙述枯燥,也不愿使读者认为我的观点是根据对《资本论》的'引证',而不是根据对俄国资料的研究。"①"一国胜利论"是列宁对马克思主义基本立场、基本观点和基本方法历史地、整体地和具体地的运用。

再次,列宁对俄国社会主义革命和建设具体道路的探索精神依然值得我们学习。在社会主义革命问题上,列宁指出俄国的特殊性在于俄国道路不能脱离农民。就俄国现实而言,工人阶级必须与农民联盟,必须走工农联盟的道路。马克思和恩格斯的"同时革命论"指的是全世界或者说主要发达国家的无产阶级联合起来,走国际无产阶级的革命道路。列宁认为:"没有工人阶级,社会主义革命是不能完成的;如果工人阶级没有积蓄足够的力量来领导千百万受资本主义压抑、受尽折磨的、不识字的分散的农民,社会主义革命也不能完成。"②同时,必须对工人阶级进行灌输教育。如果不用马克思主义对工人进行灌输教育,他们就会成为资产阶级意识形态的俘虏,就会接受资产阶级的意识形态。在具体的无产阶级运动中,工人阶级只能要么接受社会主义意识形态,要么接受资本主义意识形态,这里面没有第三种选择。任何削弱社会主义意识形态的做法都意味着加强了资本主义意识形态,同样任何资本主义意识形态的削弱也意味着加强了社会主义意识形态,两者是此消彼长的关系。在十月革命胜利后,列宁提出了过渡时期的无产阶级专政。无产阶级专政并意味着不民主,而是一种新型民主关系。在资本主义社会里,资本主义民主就是民主共和制。这种民主实际上是"钱主",即建立在剥削基础上的民主,看起来每个公民都是国家的主人,都具有选举权和被选举权,但实际上,拥有资本的资本家操控着一切。共和的本质实际上是各种资本家为了实现共同利益而实现的一种相互合作和相互妥协。资

---

① 《列宁全集》(第3卷),人民出版社,2017年,第572页。
② 《列宁全集》(第36卷),人民出版社,2017年,第60页。

本主义民主实质上始终是少数富人的民主,共和也是统治阶级利益的共和。而在无产阶级专政时期,大多数人即人民具有真正的民主,这个专政是对少数敌人的专政,是将这些少数敌人排除在民主之外。这种民主依然具有一定限度的阶级斗争,只有到了共产主义社会,当阶级对立彻底消失时,这种无产阶级专政才会淡出历史的舞台。在社会主义建设时期,列宁提出了新经济政策时期。这个时期列宁注重从商品经济的角度发展社会主义,重视个体农民的作用。新经济政策的指导思想是"间接过渡",这种间接过渡意味着不能摧毁商业、小农经济、小企业,而是要发展商品经济和资本主义经济,逐步使他们受国家的调节。社会主义经济建设的任务在于提高生产力,发展生产力,在于满足人们的物质文化需要。只有充分发展生产力,才能发挥社会主义的潜能,才能证明社会主义的优越性。发展社会主义生产力首先就要重视生产技术,烧好社会主义建设的"砖头"。这些社会主义的"砖头"指的是社会主义的物质基础。提高生产技术必须充分吸收发达国家的一切文明成果,必须将苏维埃政权与西方发达国家的各种先进技术结合起来。

总之,列宁对马克思主义的继承和发展值得我们学习,对资本主义具体的历史的批判值得我们学习,对俄国社会主义道路的探索值得我们学习,对资本主义优秀文明成果的批判性继承值得我们学习。中国特色社会主义进入新时代,面对复杂的国内外环境,面对实现中华民族伟大复兴的时代任务,我们依然需要伟大的斗争精神、伟大的探索精神、伟大的创新精神。继承列宁的遗产要求我们必须将马克思列宁主义与中国的社会实际结合起来,必须充分吸收包括资本主义在内的一切优秀文化成果,必须旗帜鲜明地坚持马克思主义,反对民粹主义,必须不断解放和发展社会生产力,夯实社会主义建设的物质基础,必须在开拓创新中推进中国特色社会主义伟大事业。

分报告二
对国外左翼学者反思新冠肺炎疫情相关论述的研究

2020年2月起，新冠肺炎疫情开始在全球蔓延。在中国疫情得到有效控制的同时，全球新冠肺炎疫情却呈现愈演愈烈的态势。进入3月之后，疫情先后在意大利、西班牙、法国、英国、美国、印度等国家大爆发，各国政府对抗疫采取了不同态度和措施，全球民众都受到了巨大的冲击，也引爆了全球思想界的大讨论和大反思。

一、国外左翼学者对新冠肺炎疫情的思考

较早对疫情进行评论和思考的是斯拉沃热·齐泽克（Slavoj Žižek），他在2020年1月22日发表了《我的武汉梦想》一文，2月4日他又发表了《清晰的种族主义元素到对新型冠状病毒的歇斯底里》，表达了对中国暴发疫情的高度关切和对国际种族主义的批判。随即，意大利哲学家吉奥乔·阿甘本（Giorgio Agamben）在2月25日至3月27日发表的五篇系列文章和访谈集中探讨了紧急状态、生命政治和社会监控的议题。很快齐泽克和阿甘本的文章在西方引发了广泛而激烈的讨论，法国哲学家让－吕克·南希（Jean － Luc Nancy）、德国哲学家彼得·斯洛特戴克（Peter Sloterdijk）、德籍韩国裔哲学家韩炳哲（Byung － Chul Han）等激进左翼学者就全球疫情、免疫、共同体等问题展开讨论。3月以来，意大利左翼思想家罗伯托·埃斯波西托（Roberto Esposito）、安东尼奥·奈格里（Antonio Negri），美国政治哲学家朱迪斯·巴特勒（Judith Butler），法国左翼哲学家阿兰·巴迪欧（Alain Badiou）、德国法兰克福学派著名思想家尤尔根·哈贝马斯（Jürgen Habermas）、德国新左

翼思想家罗萨等人,也纷纷就疫情全球化下的资本主义政治、新自由主义和抗疫中的社会不公平、不平等现象进行了深入分析和思考。自 1 月 22 日齐泽克发表第一篇反思疫情的文章至今,西方左翼思想界已经有二十多位顶尖级的学者发表了一百多篇文章和访谈,共三十余万字。从关于新冠肺炎疫情的书籍来看,一些著作陆续问世,包括齐泽克的《病毒:灾难与团结》①《大流行:新冠疫情震动世界》②《大流行 2:失却时代的编年史》③,戴维斯的《怪物来了:新冠、禽流感与资本主义瘟疫》④,阿甘本的《我们何所在? 作为政治的流行病》⑤等。国外主流左翼学者纷纷发声,在网络报刊、广播、访谈中就疫情全球化下的生命政治、例外状态、共同体反思、数字社会和加速社会等议题进行了深入分析和反思。

(一)关于新冠危机与例外状态的争辩

2020 年 2 月,意大利暴发疫情以来,政府对疫情防控的举措越来越严厉,采取了封城和逐步封国的政策。阿甘本在《由无端的紧急情况带来的例外状态》⑥、《论感染》⑦、《反思瘟疫》⑧等一系列文章中指出,疫情引起的各国例外状态限制了人们生活的自由,保持社交距离则使人们丧失亲密交流的感受,疫情防控是一种新的例外状态。由于阿甘本一开始基于错误数据误判了疫情形势,所以他认为新冠肺炎疫情就是一种凭空想象,意大利政府夸大了疫情的威胁,是借助传染的恐惧想象而制造例外状态,借此来限制人们的行动自由,迫使人们放弃一切人性和政治的信条。同时他认为,在医生、科学家和专家"科学宗教"迷信的帮助下,人们恐惧生物性生命的失去,

---

① Slavoj Žižek, Salvati Valentina, *Virus: catastrofe e solidarietà*, Ponte alle Grazie, 2020.

② Slavoj Žižek, *PANDEMIC!: COVID - 19 Shakes the World*, Polity, 2020.

③ Slavoj Žižek, *PANDEMIC! 2: Chronicles of a Time Lost*, Polity, 2021.

④ Mike Davis, *The Monster Enters: COVID - 19, Avian Flu and the Plagues of Capitalism*, OR Books, 2020.

⑤ Giorgio Agamben, *A che punto siamo?: L' epidemia come politica*, Quodlibet, 2020.

⑥ Giorgio Agamben, *Lo stato d' eccezione provocato da un' emergenza immotivata*, https://ilmanifes-to. it/lo - stato - deccezione - provocato - da - unemergenza - immotivata/.

⑦ Giorgio Agamben, *Contagio*, https://www. quodlibet. it/giorgio - agamben - contagio.

⑧ Giorgio Agamben, *Riflessioni sulla peste*, https://www. quodlibet. it/giorgio - agamben - riflessioni - sulla - peste.

接受了政府的封城禁令和例外状态的各种限制,疫情下的例外状态被政治常态化了,封城模式是产生赤裸生命的大规模的区域监控。阿甘本坚决要捍卫公众自由,他的观点引发了学界的激烈争议。

德国哲学家彼得·斯洛特戴克支持阿甘本的观点,他认为"我们生活在过度反应的时代",我们对新冠肺炎疫情的反应处于一种超敏感状态,人类活动被迫中止,人们在想象中扩大了恐惧。他甚至认为小孩子天生具有一种特殊免疫力,会保护他们免受病毒的攻击,因此政府根本没有必要采取停课和关闭学校的措施。在他看来,现代社会的特点就是行动过剩,人类压力应激系统过于忙碌,当权者的"集体超我"的母性义务泛滥,政府在"医学统治"的善意外表下对人们进行"安全统治"。斯洛特戴克指责说,当权者的行动根本没有必要,因为病毒是自然变异的结果,即使没有新冠病毒,每天仍会有一些人死亡,新冠病毒只是人类日常死亡的众多化名之一,死亡人数不会比以往的流感更多。不过他也相信,欧洲各国的例外状态政策会在疫情结束后自动取消,欧洲贸易和全球化进程不会结束,很快会恢复。①

意大利哲学家保罗·达凯斯②则在题为"哲学与病毒:吉奥乔·阿甘本的幻觉"的文章中嘲讽阿甘本作为"后哲学家",在疫情面前失掉了常识。文艺复兴时期的曼佐尼是希望政府重视控制瘟疫,找出病原体,而阿甘本却指责政府因想象恐慌而采取过度措施。达凯斯认为,每个人都可能存在感染病毒的风险,所以在没有疫苗和特效药之前控制传染病的唯一方法就是隔离。政府是迫于感染人数不断攀升和医学、科学界抗疫的要求,而不得已采取了封城的禁令,但是从对疫情的反应来说,政府还是控制疫情太慢了,措施不到位。③

法国哲学家让-吕克·南希比较清醒地看到了新冠病毒全球传播的危险事实,人们的生命随时都会受到威胁。南希是阿甘本的老朋友,他批评阿

---

① See Peter Sloterdijk, *Le système occidental va se révéler aussi autoritaire que celui de la Chine*, https://www.lepoint.fr/politique/sloterdijk-le-systeme-occidental-va-se-reveler-aussi-autoritaire-que-celui-de-la-chine-18-03-2020-2367624_20.php.

② 保罗·达凯斯(Paolo Flores d'Arcais),意大利哲学家和新闻工作者,*MicroMega* 杂志编辑。

③ See Paolo Flores d'Arcais, *Filosofia e virus: le farneticazioni di Giorgio Agamben*, https://www.il-fattoquotidiano.it/2020/03/23/coronavirus-anche-intellettuali-attenti-possono-perdere-il-senso-della-realta/5746004/.

甘本将普通流感与新冠病毒的传染性和致死率混为一谈。在当时,新冠病毒没有特效药和疫苗,真正的威胁是存在的,而绝非政府故意制造和想象出来的。在这个世界中,病毒已经带来一种生物学、信息学和文化的"例外状态",它实际上已经成为世界中的规则。南希指出,新冠病毒是全球化的产物,瘟疫从曾经被视为神的惩罚转变为人的内生性疾病,这需要更多人性上的思考。在新冠病毒在全球范围蔓延的形势下,根本不存在当权者的算计和国家权力的滥用,因此在南希看来,批评政府的行为是分散抗疫精力,而不是真正的政治反思。①

意大利哲学家、左翼政治学家马西莫·卡奇亚里②在意大利封城之初,就指出政府官员和民众没有高度重视新冠病毒的传染性和传播力。他批评政府处理紧急事务的能力比较差,医疗和公共卫生安全系统比较脆弱。政府尽管采取了禁足等措施,但不够严格,虽然封闭了学校,但舞厅和咖啡馆依然开放。由于早期对疫情不够重视,没有采取果断措施,政府、大区和民众之间不协调行动,导致疫情失控,国家面临崩溃的危险,不仅有目前的卫生系统和医疗物资短缺的困难,而且还面临将来大量的失业人员、经济危机、旅游业、农业等整个产业链几乎被摧垮,还有巨大的债务危机等。③

左翼思想家、激进马克思主义代表人物齐泽克认为,阿甘本的反应代表着左派普遍立场的极端形式,阿甘本之所以得出那样的结论,因为他没有看到事实,低估了新冠病毒的危险性。齐泽克称,没有任何政府会为了巩固自身的统治而限制人们的自由,从而导致上万人死亡和经济危机。而种种迹象表明,国家权力在应对这场未知的灾难时也陷入了恐慌,施行紧急状态是被迫采取的措施。虽然齐泽克对政府采取的行动表示理解,不过他同时也

---

① See Jean-Luc Nancy, *Eccezione virale*, https://antinomie.it/index.php/2020/02/27/eccezione-virale/.

② 马西莫·卡奇亚里(Massimo Cacciari),意大利哲学家、政治家,1976—1983 年曾任意大利众议院议员,并分别于 1993—2000 年与 2005—2010 年任威尼斯市长,现任教于米兰圣拉斐尔生命-健康大学(Università Vita - Salute San Raffaele)哲学系。

③ 与杰涅罗索·比柯涅(Generous Picone)的访谈,2020 年 2 月 7 日刊登在意大利《新普利亚日报》(*Nuovo Quotidiano di Puglia*),https://www.quotidianodipuglia.it/regione/coronavirus_cacciari_follia_psicosi_colletiva_italia_puglia-5078034.html。

强调,必须对权力本身加以控制以防止可能出现的滥用。①

(二)关于新冠肺炎疫情与生命政治的讨论

生命政治作为一种对治理术、资本权力、主权权力的理论反思和社会批判,随着疫情的全球性暴发又重新回到学者们的热议话题中。尽管阿甘本这次的言论让他饱受争议,迎来了他学术生涯中的"至暗时刻",可他仍然坚持认为,现代政治从头到尾就是生命政治。② 在阿甘本看来,政府的目标就是维持对社会的控制,所谓新冠肺炎疫情大流行是政府为限制人们自由而找到的"理想借口"。疫情清楚地表明个人与政府之间已经成为一种恶性循环,人们主动接受政府对个人的限制以寻求安全,反过来政府让人们产生对安全的渴望并采取措施加以满足,以至于人们的生命被压缩到了纯粹生物状态,既失去了政治维度,也失去了人的维度。③

意大利左翼哲学家罗伯托·埃斯波西托认为,生命政治是生物生命与政治介入的直接连接,在当代的生物技术、恐怖袭击、地缘政治等诸多因素作用下已经成为事实。在新冠肺炎疫情的席卷下,生命政治经历了三种重要的转向:第一,生命政治的对象从单独的个体转向了特定的人口区块;第二,生命政治是政治医学化和医学政治化的双重动态过程;第三,当政治与生命生物相结合时,一般的民主程序开始向带有突发事态性质的机制偏移。④ 埃斯波西托在接受《共和报》记者采访时⑤,结合着他的著作《免疫:生命的保护与否定》⑥谈论了新冠病毒与免疫体政治的关系。在他看来,社会

---

① See Slavoj Žižek, *Monitor and Punish? Yes, Please!*, https://thephilosophicalsalon.com/monitor-and-punish-yes-please/.

② 与尼古拉斯·特朗(Nicolas Truong)的访谈,2020 年 3 月 24 日刊登在法国《世界报》网站,https://www.lemonde.fr/idees/article/2020/03/24/giorgio-agamben-l-epidemie-montre-clairement-que-l-etat-d-exception-est-devenu-la-condition-normale_6034245_3232.html。

③ See Giorgio Agamben, *L' invenzione di un' epidemia*, https://www.quodlibet.it/giorgio-agamben-l-invenzione-di-un-epidemia.

④ See Roberto Esposito, *I partiti e il virus: la biopolitica al potere*, https://rep.repubblica.it/pwa/commento/2020/02/28/news/i_partiti_e_il_virus_la_biopolitica_al_potere-249847971/.

⑤ See Roberto Esposito, *La politica non può essere governata dai medici*, https://rep.repubblica.it/pwa/locali/2020/03/24/news/coronavirus_il_filosofo_esposito_la_politica_non_puo_essere_governata_dai_medici_-252135455/.

⑥ Roberto Esposito, *Immunitas. Protezione e negazione della vita*, Einaudi, 2020.

共同体是一个有机体,身体和共同体都具有免疫系统的特性,即通过自身免疫系统的启动来保护内部环境不受外来病毒的侵袭。但是带有保护生命职责和功能的免疫系统与消灭病毒之间应保持平衡,一旦防卫超出了界限,则会造成有机体自身的崩溃。

希腊左翼思想家帕纳吉奥蒂斯·索蒂里斯①则思考了一种自下而上的生命政治是否可能。在他看来,阿甘本等学者把紧急状态机械地划分为截然对立的两种形式:一种像中国一样的"威权主义生命政治",依靠国家力量全面动员和控制疫情;另一种是欧美国家"自由地依照人们的意愿作出理性的个人选择"的紧急状态。在欧美国家显然缺乏政府应有的力量,公共健康的基础设施无法应对大流行,因此降低病毒扩散的隔离和封城措施是必要的,这也是19世纪以来在没有特效药和疫苗情况下对付疫病传染的基本手段。索蒂里斯基于福柯的理论提出了一种"民主的生命政治",即不以强制的手段而以个人与集体结合自愿的方式来进行。在流行病爆发时,通过民主协商的集体决定形成一种社会规范,强调个人与他人的伦理责任,自觉地减少外出并保持社交距离,强调个人积极参与社会建设,协商团结,共同面对病毒传播的恐慌,而要使这种民主的生命政治成为可能,就需要知识的民主化,保障获取知识的途径和集体决策过程,而不单单是依靠政府威权的力量和医学科学家、专家的权威。②

(三)关于疫情下共同体的探索

意大利左翼哲学家安东尼奥·奈格里根据当下疫情局势作出了判断,认为新自由主义政治的局限性已经完全暴露。他从生产关系展开分析,认为新自由主义就像一个"罩子",控制着各个国家的政治经济发展,如今这种相互性的生产关系受疫情影响遭到了严重破坏,其中的社会性、生产、财富、自然生命等机制被阻断和重组,而原本试图掩盖这一点的资本主义关系被认为是现实发展的阻碍。新冠肺炎疫情造成了前所未有的紧急状态,与之

---

① 帕纳吉奥蒂斯·索蒂里斯(Panagiotis Sotiris),希腊革命哲学家,社会活动家,大众团结联盟的成员。

② See Panagiotis Sotiris, *Against Agamben: Is a Democratic Biopolitics Possible?*, https://criticallegalthinking. com/2020/03/14/against − agamben − is − a − democratic − biopolitics − possible/.

相伴的反对新自由主义的斗争也在反复上演。奈格里预测在这场流行病结束之后，欧洲将会团结起来，原有的欧洲卫生系统存在很大问题，尤其是特朗普政府败坏了美国和欧洲之间的关系，但重新修复公共护理防护体系将成为解决此次危机的一个突破口。在他看来，我们应该重新占有共产（comune）的社会再生产，而不必再受困于凯恩斯主义，可以在重建共产组织再生产的组织上采取行动。①

齐泽克在《今日俄罗斯》的两篇时评中，发表了对共同体的相关看法。他在文中指出，新冠大流行对全球资本主义体系造成了致命的打击，使全球都在接近一种医疗战争的状态。在疫情最严重的阶段，国家禁止医疗用品等出口，标志市场全球化和民族主义、民粹主义的局限。面对这场新冠大流行的威胁，齐泽克认为我们必须要作出最终的选择：要么制定残酷的丛林法则，要么通过全球协作重塑共产主义。而当前的危机清晰地表明，只有全球团结与合作才更有利于整个人类的生存，新冠大流行推动着我们走向团结。齐泽克要谈论的不是旧式的共产主义，即某种能够调控经济，甚至在必要时限制民族国家的主权的全球性组织，他所提倡的"共产主义"方案是寻求一种政府干预，采取集体信息共享和全面协调的多边合作机制。②

法国哲学家、社会学家埃德加·莫兰③在接受《新观察家》采访时表示，自20世纪末全球化发端以来，生态、经济、核武器等危机已经将人类的生存连接在一起，创造出一个人类命运共同体。这个共同体其实早就存在，只是人们对它充满疑虑，从而投向了民族或宗教利己主义以寻求庇护。如今，新冠病毒加剧了卫生危机，人们突然惊醒，意识到了团结的重要性，于是各国医生和科研人员加强了国际联合，它以紧迫而悲怆的方式照亮了这个命运共同体。莫兰认为，面临全球化导致的全面危机，人类必须要加强团结，达

---

① 奈格里与意大利电台 *Radio onda d'urto* 中的连线，2020 年 3 月 21 日，https://www.radionda-durto.org/2020/03/21/coronavirus – la – fase – attuale – ed – il – futuro – lintervista – a – toni – negri/。

② See Slavoj Žižek, *Coronavirus is 'Kill Bill' – esque blow to capitalism and could lead to reinvention of communism*, https://www.rt.com/op – ed/481831 – coronavirus – kill – bill – capitalism – communism/; *Global communism or the jungle law*, *coronavirus forces us to decide*, https://www.rt.com/op – ed/482780 – coronavirus – communism – jungle – law – choice/.

③ 埃德加·莫兰（Edgar Morin），法国社会学家、哲学家，代表作有：《时代精神》《迷失的范式：人性研究》《复杂性理论与教育问题》等。

成对人类命运共同体的共识。新冠病毒启示人们,必须作出一些改变,寻求一条新的出路,即抛弃新自由主义教条,探索一套能保障并加强公共服务的一套政治、社会、生态环境的新政。否则,人类的危机只会进一步恶化。①

(四)关于疫情下数字社会和加速社会的思考

德籍韩裔哲学家韩炳哲从东西方文化差异出发,分析了为什么东亚对疫情的控制比欧洲更见成效。他指出,由于受到儒家文化的影响,东亚国家组织更严密,民众更信任政府,更愿意服从和顺从。更重要的是,政府动用了数字技术监控、专家构成的数字调查和大数据分析来抗击新冠肺炎疫情,这在欧洲几乎是不可想象的。韩炳哲认为,在某种程度上数字化废除了现实,各种假新闻和深度伪造的"后事实"时代使得人们对现实无动于衷。从此次新冠肺炎疫情来看,人们对病毒的恐慌反应也是由于数字和信息过载所导致的。尽管数字监控为控制疫情发挥了重要的作用,但是他担忧欧洲也许会接受中国和韩国这样的数字监控机制,紧急状态将成为常态。②

以色列史学家尤瓦尔·赫拉利③对新冠肺炎疫情之后的世界作出了设想,指出我们这一代人正在面临着人类史上前所未有的全球性危机。各国政府在疫情下作出的决定,可能会在未来改变世界。在抗击疫情的斗争中,一些政府部署了新的监视工具,这将会使"皮下监视"转向正常化。如他分析所言,传统社会无法实现对大众的全面监视,但目前数字技术的运行使得全面监控可以成为现实。新型监视设备、面部设备摄像头、智能手机、生物识别手环等都组成了强大的全覆盖的监控社会。未来还可以安装随时监测人们生物学特征和医疗状况的手环,社会监视不仅在描绘人的行动轨迹,而

---

① 与 David Le Bailly 和 Sylvain Courage 的访谈,2020 年 3 月 18 日刊登在法国《新观察家》(*L'Obs*), https://www.nouvelobs.com/coronavirus - de - wuhan/20200318. OBS26214/edgar - morin - le - confinement - peut - nous - aider - a - commencer - une - detoxification - de - notre - mode - de - vie.html。

② See Han Byung - Chul, *Wir dürfen die Vernunft nicht dem Virus überlassen*, https://www.welt.de/kultur/plus206681771/Byung - Chul - Han - zu - Corona - Vernunft - nicht - dem - Virus - ueberlassen.html.

③ 尤瓦尔·赫拉利(Yuval Noah Harari),以色列历史学家,现任教于耶路撒冷希伯来大学历史系,代表著作有"简史三部曲":《人类简史》《未来简史》《今日简史》。

且还可以监测人的体温、心跳、好恶和情绪,甚至操纵我们的行为感受。他呼吁政府既要增加公民对于科学、公共权威和媒体的信任,同时利用新技术给予公民更多权力。①

德国新批判理论家罗萨认为,现代社会一直处在加速之中,如今新型冠状病毒在全球蔓延,社会发展遭到大幅度减速,使全球影响力在时间和空间上都在急剧缩小。伴随着病毒的出现,这种新型病毒的不可知、不可控使人们深深地感到不安。人们的生活方式在疫情中发生了改变,体验到了更多的异化感,人与世界的关系因此遭到破坏。但从另一方面讲,在社会危机中也存在着机会。人们可以通过两种选择:使一切得到控制,或再次倾听自己和整个世界,即采用一种所谓"共鸣"的方式来使破坏的关系重新得到修复。②

二、国内学界对相关理论动态的追踪

国外左翼学者围绕疫情展开的激烈讨论也引起了国内学界的密切关注与研究。国内一些研究机构和研究团队跟进翻译了大量国外左翼的文章、社论、访谈,比较充分地呈现了西方左翼的关注焦点和思想交锋。国内学者的研究视角主要基于两方面:一方面是对国外左翼学者关于疫情反思的宏观述评,另一方面是对生命政治、例外状态、数字监控社会、抗疫共同体与人类命运共同体等具体主题的探讨,这些主题也会是未来关于国外左翼研究的一个重要发展方向。

(一)对国外左翼学者疫情反思的文本译介

中国社会科学院姜辉主编的《中国战"疫"的国际贡献和世界意义——

---

① See Yuval Noah Harari, *The World after Coronavirus*, https://www.ft.com/content/19d90308 - 6858 - 11ea - a3c9 - 1fe6fedcca75.

② 与埃琳娜·马泰拉(Elena Matera)的访谈,2020 年 3 月 24 日刊登在德国《每日镜报》(*der Tagesspiegel*),https://www.tagesspiegel.de/politik/soziologe - hartmut - rosa - ueber - covid - 19 - das - virus - ist - der - radikalste - entschleuniger - unserer - zeit/25672128.html。

国外人士看中国抗疫》①,是国内首部集中反映国外政治家和学者对新冠肺炎疫情分析和研究的著作,汇集和翻译了二十余篇国外的原创性文章,撰稿专家学者多为国外左翼政治家和学者,分布于意大利、西班牙、德国、美国等十七个国家。该书呈现了国外人士从不同的视角围绕疫情所探讨的重要理论和现实问题,深刻揭示了中国战"疫"取得成就的关键优势、国际贡献与世界意义,全方位展现构建人类命运共同体的时代价值,纵深聚焦世界各国不同抗击疫情策略背后的制度动因。

大连理工大学韩振江在其主持的国家社科基金重大项目"人类命运共同体视域下的21世纪西方激进左翼文论"中,特别关注到了西方激进左翼学者对新冠疫情的相关思考,整理了近五十万字的《关于新冠疫情的国际哲学讨论文章汇编》(内部资料),涵盖了五十余位国外学者和十余位国内学者的一百余篇有关疫情的讨论文章。此外,韩振江翻译了齐泽克的《新冠肺炎疫情与资本主义体系:基于共产主义理念的思考》②,在《批评理论》中主持了两期"新冠疫情哲学"专题,并翻译了齐泽克的《未来不会像好莱坞电影剧本那样》③《相约萨迈拉:老笑话新用》④《知之非难,行之不易》⑤,戴维斯的《在瘟疫年》⑥,罗萨的《病毒是我们时代最彻底的减速器》⑦等多篇西方左翼论新冠肺炎疫情的论文。

---

① 姜辉主编:《中国战"疫"的国际贡献和世界意义——国外人士看中国抗疫》,当代中国出版社,2020年。

② [斯洛文尼亚]斯拉沃热·齐泽克:《新冠肺炎疫情与资本主义体系:基于共产主义理念的思考》,韩振江、罗俏鹃译,《国外理论动态》,2021年第2期。

③ Slavoj Žižek, *The future will not follow any of the already imagined Hollywood movie scripts*, https://www.spectator.co.uk/article/the-future-will-not-follow-any-of-the-already-imagined-hollywood-movie-scripts/amp?__twitter_impression=true&from=singlemessage&nsukey=5EcttnxwYs1XzUYhnHmINlMCTwQ6bRLXLDjEmk731iPOqKVfv057FuNT8X4T3Qz36LIGqxjzRfhw.

④ Slavoj Žižek, *The Appointment in Samarra: A New Use for Some Old Jokes*, Journal of Bioethical Inquiry, 2020, 17(4): 473-478.

⑤ Slavoj Žižek, *The simple things that are hard to do*, http://thephilosophicalsalon.com/the-simple-things-that-are-hard-to-do/.

⑥ Mike Davis, *In a Plague Year*, https://jacobinmag.com/2020/03/mike-davis-coronavirus-outbreak-capitalism-left-international-solidarity.

⑦ Hartmut Rosa, *Das Virus ist der radikalste Entschleuniger unserer Zeit*, https://www.tagesspiegel.de/politik/soziologe-hartmut-rosa-ueber-covid-19-das-virus-ist-der-radikalste-entschleuniger-unserer-zeit/25672128.html.

国内一些核心期刊陆续推出了新冠肺炎疫情专栏。《马克思主义与现实》（2020 年第 4 期）策划推出了欧美疫情反思的系列访谈和研究专题,包括对大卫·科茨、诺姆·乔姆斯基、罗伯特·波林的访谈,①受访者对美国政府和新自由主义在疫情中的表现和未来展开对话。《国外理论动态》（2021 年第 1 期）推译了阿拉斯代尔·罗伯茨的《新冠肺炎疫情暴露了美国不健全的治理模式》、梅雷迪斯·图申的《新冠肺炎疫情暴露了西方国家医疗体系的不公平》、乌苏拉·胡斯的《新冠肺炎疫情危机下的数字化、资本重组和社会动员》、玛丽安娜·马祖卡托的《新冠肺炎疫情后的资本主义:正确的恢复之道》四篇译文,国外学者们讨论了关于新冠肺炎疫情对社会生活的影响。《世界社会主义研究》（2020 年第 6 期）策划了"国外左翼观察"栏目,刊载了阿基纳尔多·多斯·桑托斯的《健康问题引发的政治变化:新冠肺炎疫情对人类经济社会的挑战》、胡北思的《世界应对新冠肺炎疫情的不同体制方案:生死之问》、马克·特卡丘克的《被新型冠状病毒改变的世界》、汉斯·莫德罗的《大规模流行病揭示了体制问题》、斯塔夫罗斯·马夫罗迪亚斯的《新冠肺炎疫情的经济和政治后果》、赛勒斯·比纳的《新冠肺炎疫情导致的生物经济危机及其对世界的影响》六篇译文,集中呈现了国外左翼学者围绕疫情对世界的影响作出的思考。

　　除了上述书刊以外,全媒体时代的到来,也为我们通过多种社交媒体平台更广泛和及时地了解国外思想界的最新动态提供了助力。从社交平台上来看,一些微信公众号推出了新冠肺炎疫情专栏对国外左翼学者疫情反思进行译介,如"欧罗万象 EuroScope"为帮助中文受众全面、深入地理解欧洲疫情而推出了译介项目"新冠专题",翻译和推送了斯洛特戴克、南希、拉图尔等人的文章。"四十日谈"志愿者小组通过"WUXU"公众号平台,翻译了大量阿甘本、埃斯波西托、卡其亚里、奈格里等人的社论,向国内及时传递了疫情下的意大利现场。还有像"暴风骤雨""拜德雅 Paideia""法意读书""城读""保马"等公众号推送了意大利、法国、美国等地区的主流左翼学者和政客的文章、评论或采访。从新闻媒体来看,国内一些关注思想的新媒体如

---

　　① 参见罗惠敏:《新冠疫情中的美国——大卫·科茨、诺姆·乔姆斯基、罗伯特·波林访谈》,《马克思主义与现实》,2020 年第 4 期。

"澎湃新闻"翻译了巴迪欧、莫兰"思想市场"栏目中国外左翼思想者的交流和争论。"界面新闻"在"思想界"专栏专门做了一期关于哈维、巴特勒、齐泽克、阿甘本等西方左翼思想家们对病毒的讨论。① 除此之外,国内知名视频网站"哔哩哔哩"上也有一些像"LeftistZone""八马鹿"等"up主"积极对外国学者关于疫情主题的访谈、讲座等视频进行翻译和搬运。这些研究机构、非官方组织及个人通过多种网络渠道对国外最新理论动态的关注和译介,紧跟国外思想界动向,他们的劳动成果极大地丰富了国外学界疫情反思研究的资料库。

(二)对国外左翼学者疫情反思的宏观概括

陈学明、韩欲立在《评西方左翼学者对疫情的看法》②《新冠疫情背景下国外左翼学者对资本主义和社会主义的双重反思》③等文章中指出,新冠肺炎疫情的全球爆发激发了国外左翼对于资本主义和社会主义的双重反思。他们认为,左翼破除了疫情中资本主义"平等和民主"的幻象,新自由主义制度及其意识形态是欧美资本主义抗疫不力和全面失控的重要原因,另一方面左翼把希望寄托在共产主义的观念被重新激活,看到了社会主义中国抗击疫情的胜利,认识到了社会主义制度具有高度优越性。陈学明和韩欲立总结了齐泽克、哈维、皮凯蒂、皮凯拉斯、辛格等左翼学者疫情研究的六大观点:第一,批判消费主义使资本主义陷入疫情的危机;第二,新冠肺炎疫情凸显了资本主义社会的巨大不平等和不平衡;第三,疫情后的欧美成为新阶级斗争的场所;第四,疫情肆虐是资本主义生态危机;第五,中国的社会主义抗疫之路引发关注;第六,全球左翼需要在危机中走向联合。

雷晓欢的《新冠肺炎疫情下国外左翼对资本主义的批判》④、谢昌飞的

---

① 参见赵蕴娟:《虚假的平等与邻人的消失:西方左翼思想界关于病毒的探讨》,"界面文化"微信公众号,2020年3月23日。

② 韩欲立、陈学明:《评西方左翼学者对疫情的看法》,《湖北社会科学》,2020年第6期。

③ 韩欲立、陈学明:《新冠疫情背景下国外左翼学者对资本主义和社会主义的双重反思》,《武汉大学学报》,2020年第5期。

④ 雷晓欢:《新冠肺炎疫情下国外左翼对资本主义的批判》,《世界社会主义研究》,2020年第7期。

《西方左翼学者的当代资本主义批判:以新冠肺炎疫情为契机》①等论文,主要概括梳理了左翼学者齐泽克、巴迪欧、奈格里等对于疫情中资本主义的批判。他们认为,疫情是资本主义的系统危机所导致的,资本主义的生产方式和资本逻辑决定了资本主义国家优先考虑资本利润甚于保护人们的生命。在抗击疫情中,资本追逐利润的反社会性和寄生性暴露无遗,资本主义经济衰退是长期结构性危机的反应。在国外资本主义与中国社会主义制度对比中,左翼学者纷纷赞扬中国在抗疫中表现出的人道主义和大国风范,他们认为社会主义和共产主义观念中蕴含着应对新冠危机的出路,应该组成全球抗击疫情的共同体,探索多种社会主义性质的挽救措施。

王元在《新冠肺炎疫情背景下国外左翼对资本主义和社会主义的比较认识》②一文中认为,国外左翼抓住了新自由主义这个欧美抗疫失败的重要根源。他认为,新自由主义削弱了资本主义国家应对突发公共危机的能力,其政治逻辑导致了政府的不负责任,加大了疫情的危害和破坏性,其意识形态阻碍了国际合作,也助长了对中国抗疫的偏见,从而疫情也会导致新自由主义的全面没落。与欧美国家在资本主义经济危机下疫情失控相对比,中国获得了疫情防控的全面胜利。西方左翼普遍认为,社会主义制度能够更有效地应对公共疫情,最大限度地保护人民健康,全力拯救人民的生命,同时在疫情中反对社会主义的浪潮也是风起云涌,全球抗疫的胜利有待时日。

汪一辰在《新冠疫情期间西方知识界关于"共产主义"讨论的中国传播及其反思》③中,关注了西方左翼例如哈维、巴特勒、戴维斯等对于共产主义的讨论,其中包含着诉诸性左翼立场和批判性左翼立场两种路径,左翼将新冠肺炎疫情看作通向共产主义的契机。李海玉、何景毅在《国外左翼对全球新型冠状病毒肺炎疫情的认识与评析》④中认为,抗击新冠肺炎疫情表现出

---

① 谢昌飞:《西方左翼学者的当代资本主义批判:以新冠肺炎疫情为契机》,《毛泽东邓小平理论研究》,2020 年第 8 期。

② 王元:《新冠肺炎疫情背景下国外左翼对资本主义和社会主义的比较认识》,《马克思主义研究》,2020 年第 7 期。

③ 汪一辰:《新冠疫情期间西方知识界关于"共产主义"讨论的中国传播及其反思》,《中共南京市委党校学报》,2020 年第 6 期。

④ 李海玉、何景毅:《国外左翼对全球新型冠状病毒肺炎疫情的认识与评析》,《中共郑州市委党校学报》,2021 年第 1 期。

了各国政府的治理能力和治理体系的差异,国外左翼纷纷批评欧美资本主义政府抗击疫情的低效率和不负责,政府对于公共卫生的投入不足,要求政府保护人民健康和权利,纷纷称赞中国政府有效治理新冠肺炎疫情的能力和对世界做出的重要贡献。赵婷、杨静轩的《新冠肺炎疫情下西方左翼的应对和社会主义发展态势》①一文则从左翼疫情批判与社会主义运动角度开展研究,概括了左翼对资本主义系统危机的批判,以及他们动员工人和各种社会组织自救互助、捍卫工人和底层民众的生命权利的相关努力。

三、对国外左翼学者疫情研究的审视与对话

除了上述关于疫情的宏观研究,2020 年以来国内学术界还迅速开展了针对疫情的专题讨论,例如:《国外理论动态》(2020 年第 4 期)集中了讨论疫情与生命政治的三篇论文,即夏莹和黄竞欧的《资本逻辑中无例外的"例外"与非劳动的劳动——对当代西方左翼思潮的一种批判性反思》②、蓝江的《作为肯定性生命政治的免疫共同体范式——罗伯托·埃斯波西托与生命政治的未来》③、虞昊和吴冠军的《生命政治的"至暗时刻"? ——一个思想史重梳》④;《山东社会科学》(2020 年第 10 期)以陈培永为学术专题主持人,集中了讨论疫情与生命政治、例外状态等四篇论文,即吴冠军的《后新冠政治哲学的好消息与坏消息》⑤、蓝江的《生命政治的治理技术——从霍布斯到巴斯德和福柯》⑥、王庆丰的《生命政治学与治理技术》⑦、陈培永的《生命政

---

① 赵婷、杨静轩:《新冠肺炎疫情下西方左翼的应对与社会主义发展态势》,《理论视野》,2020 年第 11 期。

② 夏莹、黄竞欧:《资本逻辑中无例外的"例外"与非劳动的劳动——对当代西方左翼思潮的一种批判性反思》,《国外理论动态》,2020 年第 4 期。

③ 蓝江:《作为肯定性生命政治的免疫共同体范式——罗伯托·埃斯波西托与生命政治的未来》,《国外理论动态》,2020 年第 4 期。

④ 虞昊、吴冠军:《生命政治的"至暗时刻"? ——一个思想史重梳》,《国外理论动态》,2020 年第 4 期。

⑤ 吴冠军:《后新冠政治哲学的好消息与坏消息》,《山东社会科学》,2020 年第 10 期。

⑥ 蓝江:《生命政治的治理技术——从霍布斯到巴斯德和福柯》,《山东社会科学》,2020 年第 10 期。

⑦ 王庆丰:《生命政治学与治理技术》,《山东社会科学》,2020 年第 10 期。

治学视角下的新冠肺炎疫情》①；《当代世界与社会主义》(2020年第3期)设置了"新冠肺炎疫情与世界大变局"专栏，王逸舟、刘建飞、郭树勇、房乐宪等国内学者深入探讨了新冠大流行对国际局势和世界格局的影响；《探索与争鸣》(2020年第4期)则为抗击疫情的专刊组织了全球疫情与中国应对、法律伦理等疫情应对、社会心理疫情调适等五个专题文章；《广州大学学报》(哲学社会科学版)(2020年第4期)也组织了"多学科视野下疫情反思与灾害研究"专题论文，学者们从哲学、伦理学、文学、传播学的学科视角对疫情引发的现实问题作出反思。

与此同时，许多高校和研究机构从2020年4月就开始讨论疫情治理、左翼疫情反思、中国抗击疫情、人类命运共同体、生命政治等前沿议题的学术会议和学术对话。在北京大学马克思主义学院主办的"PKU - M学者对话会"中，其中第五期和第六期主题分别为"生命政治学视角下的新冠肺炎疫情"和"新冠病毒、例外状态与赤裸生命"，陈培永、王庆丰、蓝江、吴冠军、韩振江、吴静等青年学者围绕新冠肺炎疫情、生命政治、例外状态等话题展开讨论。2020年5月，复旦大学马克思主义学院与中共中央党校策划了"疫情叙事与制度优势"学术研讨会，韩庆祥、陈学明、刘同舫、艾四林、邹诗鹏、李冉等学者就左翼对资本主义批判、社会主义抗击疫情的制度优势等议题作了深入探讨。

在国外左翼学者对新冠肺炎疫情的研究和反思浪潮中，阿甘本的一系列言论激起了齐泽克、巴迪欧、南希、巴特勒等人的强烈回应，他们纷纷批判了阿甘本对疫情现实的不了解和理论"强制阐释"的教条主义，但同时斯洛特戴克、韩炳哲等也为阿甘本进行了理论辩护，进一步推进了数字监控、加速社会、数码身份等问题的讨论。而国外左翼的这种激烈争论也引起了国内同人的高度关注和热烈回应，陈培永、吴冠军、蓝江、吴静、张生、韩振江等国内学者纷纷对相关议题进行了研讨。

(一)新冠肺炎疫情与生命政治

毫无疑问，每一次重大流行病的来袭，人类首要关注的都是身体健康和

---

① 陈培永：《生命政治学视角下的新冠肺炎疫情》，《山东社会科学》，2020年第10期。

生命安全。这一次的新冠肺炎疫情对21世纪下全球的影响是空前的,不仅威胁人的生命安全和社会经济发展,而且重塑了生命价值观。在新冠危机中,个体在同他人、世界以及自身的关系中发生了微妙的变化。突如其来的大流行病把人们从原来正常的社会生产生活推向了一种"紧急状态"。在这种特殊状态下,人的生命和自由受到了暂时性的悬置,孤独、焦虑、不安吞噬着人的身体。新冠大流行作为一个全球性的突发卫生事件,造成了巨大的经济危机和全球成百上千万人的死亡。由于对疾病相关的恐惧和焦虑、大规模的社会隔离和社交媒体上铺天盖地的信息,对人们产生一定的心理创伤,不仅给医护人员和新冠患者带来了许多心理挑战,同时也给普通民众的心理健康造成了负面影响。不过从另一个角度来看,人们在隔离中也重新审视自己的生存状态。人们之前过多地追求物质生活和享受而淡忘了生命本身的存在意义,而当生命受到威胁时才又开始重新重视生命问题。

新冠大流行引起了人们的恐惧和焦虑感,同时也引发了人们对政治权力中人的生命境遇的重新思考。西方左翼内部在批评阿甘本关于现实疫情防控的意见时,认为他是在以例外状态和生命政治理论"强行解读"进行了批判一样,国内学者如孙飞也有类似的看法,他称之为国外左翼理论的"形而上学大流行",认为激进左派通过对形而上学的思考构想了不同可能世界,在这些主张背后其实是哲学与政治的可结合方式。① 吴冠军等则认为,这在某种程度上是阿甘本等生命政治理论存在偏颇和缺陷的"至暗时刻"②,但也是结合中国抗疫重新为生命政治注入新内容的机遇,通过梳理生命政治的思想史线索,我们会发现生命政治有两幅面孔:一个是延续霍布斯、福柯、韦伯、阿甘本的政治权力对于生命身体的捕获、征用和管制,另一个思路是生命政治对生命权力的扶植和保护,但我们对于后者研究比较少。吴冠军等学者开启了生命政治与生命权力辩证关系研究的一个新思路。

王庆丰和陈培永等则从马克思主义关于生命和政治的思想资源中、从中国抗疫实践和中国重视生命、人民至上的政治理念中生发了探索新的生

① 参见孙飞:《大流行与形而上学——析论欧陆诸哲的疫情反思》,《江海学刊》,2020年第5期。
② 参见虞昊、吴冠军:《生命政治的"至暗时刻"?——一个思想史重梳》,《国外理论动态》,2020年第4期。

命政治的研究路径。王庆丰认为,生命政治的本质在于政治权力作用于生命,福柯、阿甘本等生命政治是规训和管制生命的资本主义治理术,把赤裸生命变成"透明生命",而当代中国吸收了儒家生命政治的智慧,与马克思主义相结合则可以开辟出一条不同于西方的生命政治学路径。① 陈培永认为,以阿甘本为首的西方生命政治把政治与生命的关系预设为"恶的治理",是政治权力对人的桎梏和束缚,其原因在于"政治权力的过度溢出、促使人走向死亡政治、威权政治限制自由"等先验的理论预设。但是新冠病毒流行催生了新生命政治理念的出现,政治主导人类社会保护生命安全的时刻来临。② 陈培永结合他对意大利左翼哲学家埃斯波西托的免疫、生命和共同体的研究,进一步阐发了新的生命政治的可能性:一种在身体与社会边界之间的免疫体政治体系。③

齐泽克认为,无论我们人类创造了多么宏伟的精神大厦,来自自然界的任意偶发事件就可以终结一切。④ 人存在于自然,依赖于自然,只有敬畏生命、善待自然,顺应并尊重自然和人的生命成长规律是疫情带给人类的最深刻的教训。如齐泽克所言,技术的发展使人类更加独立于自然,但自然界中很小的一个干扰就会对人类造成毁灭性的影响。⑤ 因此,在对待自然万物时,我们都要始终保持一颗敬畏之心。恩格斯曾说道:"我们不要过分陶醉于我们人类对自然界的胜利。对于每一次这样的胜利,自然界都对我们进行报复"⑥。新冠肺炎疫情的意义就在于再次提醒我们,人无法脱离自然和社会存在,或许人类在未来仍将与病毒共存一段时间,这需要我们对人类存在的意义的重新进行理解。

---

① 参见王庆丰:《生命政治学与治理技术》,《山东社会科学》,2020 年第 10 期。

② 参见陈培永:《生命政治学视角下的新冠肺炎疫情》,《山东社会科学》,2020 年第 10 期。

③ 参见陈培永:《新冠病毒肆虐 生命政治学应如何介入——回应埃斯波西托的"免疫政治"》,《云梦学刊》,2020 年第 4 期。

④ See Slavoj Žižek, *Monitor and Punish? Yes, Please!*, https://thephilosophicalsalon. com/monitor – and – punish – yes – please/.

⑤ See Slavoj Žižek, *My Dream of Wuhan*, https://www. welt. de/kultur/article205630967/Slavoj – Zizek – My – Dream – of – Wuhan. html.

⑥ 《马克思恩格斯选集》(第三卷),人民出版社,2012 年,第 998 页。

（二）疫情防控与例外状态

如何平衡对社会的限制和防疫的需求，同时努力挽救尽可能多的生命，成为新冠时代的道德和经济困境。在自由主义的逻辑下，政府采取"封锁"的措施强迫限制个人自由是不合理的，因此许多西方民众无视疫情，拒绝戴口罩，举行了大规模聚众示威和抗议活动。阿甘本等人则认为意大利政府夸大疫情，利用新冠病毒对人们生存的威胁而施行了限制人们自由的例外状态，世界各国的例外状态都是一种权力的日常化。但实际上，为了防止病毒的扩散，恰恰是限制一定程度上的自由是最有效的办法。或者换句话说，疫情之下保障人的自由就是放任病毒传播的自由，因而阿甘本的观点即刻遭到齐泽克和南希等人的批评，认为阿甘本不顾事实，把必要的对病毒威胁的防控过度政治化了。

阿甘本引发的关于公共卫生危机与例外状态等讨论就成为西方左翼和国内学者比较关注的一个话题。谢晖认为"阿甘本命题"不是例外状态的常态化，而是各国政府基于"紧急状态"的立法而快速应对新冠病毒的临时办法，是保护人民生命的"例外生存"。[①] 陈培永认为，阿甘本的例外状态是一种暂时悬置法律和伦理道德的"虚拟状态"，是把政治理解成对生物生命直接进行"恶"的管制的否定政治，而疫情下的例外状态是对生命的高度重视和保护，维护人的生物生命才是真正"善"的肯定政治。[②] 韩振江认为，阿甘本的例外状态来自古希腊和罗马社会的"神圣祭祀"仪式，其内在包含了对于生命的两种态度：一种是管制生命和统治生物身体的例外状态，一种是挽救生命、保护生命的"例外状态"，这两种例外政治应该作出区分。[③] 吴静则从例外状态与自由的边界探讨了生命政治嵌入社会治理的问题，认为由阿甘本引发的关于生命政治问题的反思非常有意义，伴随着技术的发展，人类身体的边界和在场方式被数字化极大改写，在疫情加速了后危机时代的情

---

① 参见谢晖：《论"例外生存"的治理决断》，《法治社会》，2021 年第 1 期。

② 参见陈培永：《如何栖思于新冠病毒带来的例外状态——回应阿甘本》，《马克思主义与现实》，2020 年第 4 期。

③ 参见韩振江：《新冠时期到底谁是"赤裸生命"？》，《社会科学报》，2020 年 5 月 15 日。

境下,我们需要对数据和算法抱有忧患意识。①

(三)大数据与数字社会监控

新冠肺炎疫情期间数字技术的广泛应用将促进大众交往行为模式的转变。数字技术在疫情防控期间表现优异,许多数字化工具应用到疫情防控和民生领域,在资源配置、社区治理、在线教育、远程办公、网上零售等方面发挥重要作用,人们的生活方式和消费习惯也随之在悄然发生变化。随着未来数字技术的进一步成熟,人类活动可能出现更多的数字化。国内外学者普遍认为,数字监控在抗击新冠大流行中起到了积极作用,在疫情的严峻时期,个人让渡部分隐私和自由的确有利于公共利益。如韩炳哲认为中国和东亚国家能够迅速控制疫情,其重要原因在于启动了大数据、数字技术等新的数字身份和数字监控。

但从另一方面来说,数字监控根据手机定位和搜集用户信息,侵入了个人隐私领域,即便用户没有主动积极上报,大数据依然会自动追踪到用户的行动轨迹。随着疫情防控进入常态化,个人在疫情期间暂时让渡的权利与自由恐怕难以收回。疫情期间国家机构对人们生活进行了监控,恐怕人们已经适应并默默接受这种管控。像韩炳哲所描述的那样,高科技正在塑造一个透明社会,透明的用户是数字化全景监狱里的新型囚犯。② 由于文化背景差异,西方人对个人隐私被泄露更为敏感,他们恐慌成为数字囚犯,其实这也正是以阿甘本为代表的人所担忧的地方,他担心疫情就像战争为和平留下的有害科技遗产那样,未来人与人交流的方式将用数字讯息所替代。赫拉利也担忧后疫情时代下监控将被正常化,并且随着监控技术的飞速发展,监控将从"皮上监视"转变为更为隐蔽的"皮下监视"。罗萨和戴维斯等左翼学者则认为加速社会促进了全球化的同时,也促发了新冠大流行,疫情下的世界应该在加速现代性中停顿下来,反思这种数字主义及其数字生存。

对此,国内研究者也对数字时代作出反思。与西方学者一样,他们表达

---

① 参见吴静:《例外状态与自由的边界——后疫情时代对阿甘本生命政治理论的反思》,《马克思主义与现实》,2020 年第 4 期。

② 参见[德]韩炳哲:《透明社会》,吴琼译,中信出版社,2019 年,第 83 页。

了对数字监控和身份数据化的忧虑,不过与西方左翼相比,国内学者并不像西方学者那样一味地恐慌,而是强调要正视现实,在数字技术不断加速的单一叙事中补充更丰富的维度。① 吴冠军认为,在抗击疫情中起到重要作用的健康码表征着现代国家治理的新趋势,健康码的出现成为当代技术与生命政治交叉的一个新兴产物。健康码以技术对象的形态,具身化了共同体的准入边界。健康码只能显示有数字生活的"数字人",而无法被数字化的那些"余数生命"则构成了对健康码的真正挑战。② 吴静认为,新冠肺炎疫情下的社会是医学政治的放大和极致化。健康码的出现成为疫情中社会数据身份的标志,它通过数据创造了身体,于是这种被符号化和抽象化的数字身份进入了生命政治场域。传统临床医学身体被迫展示如今成为主体进入某种共同体的主动展示。后疫情时代,这种以身体的数据化建构方式恐怕成为对个体全时监控的常规策略。因此,她认为自然身份与数码身份的关系和权利是急需关注和研究的新领域。③ 张生从速度的角度来思考新冠肺炎疫情,认为新冠肺炎疫情的迅速扩散本质上是一种科技加速,首先交通工具加速了社会流动速度,进而加速了新冠病毒的传播速度;其次,交通中心作为区域的速度中心使病毒在短时间内演变成瘟疫。总之,新冠病毒的全球流行是社会加速度的结果,而中国果断有力的阻断防控机制则为疫情防控和危机管理提供了重要的经验借鉴。④

(四)构建抗疫共同体与人类命运共同体

新冠肺炎疫情的爆发,给全球公共卫生环境造成了巨大威胁,世界整体出现经济倒退、失业率上升等一系列问题。全球化背景下,国家之间处于一个相互依存和影响的共同体。全球化加速了人员互通,也加速了新冠病毒

---

① 参见吴静:《从健康码到数据身体——数字化时代的生命政治》,《南通大学学报》(社会科学版),2021 年第 1 期。

② 参见吴冠军:《健康码、数字人与余数生命——技术政治学与生命政治学的反思》,《探索与争鸣》,2020 年第 9 期。

③ 参见吴静:《从健康码到数据身体:数字化时代的生命政治》,《南通大学学报》(社会科学版),2021 年第 1 期。

④ 参见张生:《竞速学、现代性的流动与"空间冻结"——对"新冠"疫情事件的思考》,《福建论坛》(人文社会科学版),2020 年第 6 期,第 31～38 页。

的传播。巴迪欧认为,新冠肺炎疫情会这么快在全球扩散是全球资本市场的高流动性所致。① 南希认为,新冠病毒从各方面来看都是全球化的产物。② 新冠肺炎疫情直接向我们揭示了,我们都生活在一个全球化的世界里。尽管"经济全球化加速了病毒传播的速度"③,但是逆全球化是开历史的倒车,只会驶入黑暗的时代。当前是人类历史自二战以来最具挑战的时刻,亟须各国采取多边协作的举措以抗击新冠肺炎疫情。相反,一些国家却在互相指责,严重破坏国际合作和集体行动。在欧洲,国家和地区之间的合作正在被撕裂。2020 年 4 月,意大利和西班牙成为当时欧洲新冠肺炎疫情的重灾区,两国为摆脱危机一直在申请欧盟的帮助,由于各成员国之间存在分歧,"新冠债券"的提案遭到拒绝,欧盟抗疫一度陷入僵局。7 月 6 日,美国特朗普政府宣布将正式退出世界卫生组织(WHO),此举更是震惊了国际社会。美国这种试图弱化世卫组织等国际机构的作用,严重破坏全球世界卫生体系的举动,是对人类生命安全和健康极不负责任的表现。根据世界各地民意调查结果显示,绝大多数人都支持采取行动建立一个更加平等和可持续的世界。④ 西方左翼集体呼吁尽快形成全球抗疫共同体,试图用共产主义和社会主义理念去弥补或改造现有的资本主义制度性缺陷,以希望尽快控制疫情,恢复全球化经济运转。齐泽克指出,在这个紧要关头,面对人类共同的敌人,所有国家必须携起手来,新冠肺炎疫情已经清楚地揭示了,全球团结协作事关我们每一个人的利益。⑤ 联合国秘书长古特雷斯在纪念《联合国宪章》问世七十五周年的发言中强调,新冠肺炎疫情大流行已明确显示出,薄弱的多边机制将让世界陷入更深的混乱,进而呼吁世界各国领导人必须

① See Alain Badiou, *Sur la situation épidémique*, https://qg. media/2020/03/26/sur-la-situation-epidemique-par-alain-badiou/.

② See Jean-Luc Nancy, *Un trop humain virus*, https://www. youtube. com/watch?v = Msu0hAJXdhw.

③ Mike Davis, *Monster Enters: COVID-19, Avian Flu and Plagues of Capitalism*, OR Books, 2020.

④ See L. Zamore and B. Phillips, *COVID-19 and Public Support for Radical Policies*, NYU Center on International Cooperation, https://cic. nyu. edu/sites/default/files/zamore-phillips-covid19-public-support-radical-policies-web-final. pdf.

⑤ See Slavoj Žižek, *Monitor and Punish? Yes, Please!*, https://thephilosophicalsalon. com/monitor-and-punish-yes-please/.

认识到团结一致的极端重要性,更强有力的全球治理机制和国际合作,才是解决全球脆弱性的唯一途径。①

由中国提出的构建人类命运共同体的理念,是时代的呼声,也是破解当前新冠肺炎疫情困局的最佳方案。疫情当前,构建人类命运共同体的必要性更加凸显出来。从此次全球各国抗疫表现来看,中国不但率先控制住了本国的疫情,并在全球抗疫中肩负起大国担当,为全球抗疫起到了非常好的表率作用。国内学者高度评价了中国抗疫成功的经验及其对世界抗疫的巨大贡献,认为这彰显了人类命运共同体理念的正确性和重要性,也昭示着人们从理论上推进人类命运共同体的建构。陈培永认为,人类命运共同体是"命运"的共同体,与"区域"的共同体不同,与"利益"的共同体也不同,②它超越了当今西方学者所思考的共同体范式。在西方政治学中,"共同体"是一个重要的概念,具有很久的学术渊源。从一开始,政治共同体的历史就是一种建立在对生物性身体进行占用和剥夺的基础上的历史。③ 受这种传统共同体观念的影响,如阿甘本和埃斯波西托等人所思考的,都是在生命政治的层面上对现代社会治理技术的重新定义。而人类命运共同体是化解不同国家和地区的利益冲突,关乎全人类的共同命运所构建的共同体,符合人类的整体利益。在全球抗疫中,中国的胜利有力地回应了西方对人类命运共同体理念的三种质疑,即人类命运共同体不是意识形态和政治话语权的争夺,而是应时代的要求对世界面临的共同问题提供的解决办法,是全球化时代世界发展的中国方案。④ 董金平、蓝江认为,新冠肺炎疫情以来西方的危机治理是一种不用于日常治理的方式,带有不平衡性、不可预测性和突发性特征,而在人类命运共同体意识下从认知、情感和行动三个方面加强建设,才能提升抗击疫情的社会稳定性和平衡力,走向全球抗疫共同体。⑤

---

① 参见[葡]安东尼奥·古特雷斯:《全球警示》,https://www.un.org/sg/zh/content/sg/articles/2020-07-03/global-wake-call。

② 参见陈培永:《全球抗议凸显人类命运共同体理念的重要性》,《经济日报》,2020年4月1日。

③ 参见蓝江:《作为肯定性生命政治的免疫共同体范式——罗伯特·埃斯波西托与生命政治的未来》,《国外理论动态》,2020年第4期。

④ 参见陈培永:《在全球战疫中回应对人类命运共同体的三种质疑》,《世界社会主义研究》,2020年第3期。

⑤ 参见董金平、蓝江:《危机治理与命运共同体的构建》,《思想理论研究》,2020年第7期。

(五)新冠肺炎疫情与资本主义系统危机

新冠肺炎疫情将资本主义制度下的种族歧视、贫富差距、价值观分裂等社会问题暴露得淋漓尽致。国外左翼切身体会到了资本主义系统存在的缺陷和政府应对疫情处理的低效,他们集体对西方资本主义国家抗疫不利提出尖锐的批判。乔姆斯基(Noam Chomsky)认为,新自由主义市场失灵导致了新冠病毒的出现。[1] 大卫·哈维(David Harvey)也指出,新自由主义的弊病是资本运作和政治、文化、生态背景等层层嵌套后的结果,这次疫情是对新自由主义的报复。[2] 新自由主义曾经造就了资本主义发展的黄金时代,但随着新自由主义的泛滥和它的市场本性,使许多西方国家无法有效应对新冠肺炎疫情。新自由主义的危机激发了西方左翼对未来政治和经济方案的想象。从国外左翼对新自由主义的批评上来看,一些观点认为,在经历此次人类历史大灾难之后,新自由主义必将走向终结。如齐泽克、哈维、莫兰,他们认为人类必须抛弃新自由主义的教条,寻找一个可替代的方案。还有一些观点认为,疫情是灾难的助推器,他们担忧疫情过后资本主义将以一种更强大的方式回归。如阿甘本、韩炳哲,他们担心病毒过后,资本主义将以更强大的力量向前推进。

国内学者普遍认为,国外左翼对新自由主义的强烈批判说明他们已经深刻地认识到新冠肺炎疫情的危机本质上是资本主义的内部危机,不能用疫情危机掩盖资本主义的内部矛盾。[3] 资本主义国家对疫情反应相对迟缓,其根本原因在于资本主义的本质一向以利润需求为导向。当疫情突然来袭,意大利、西班牙、法国、英国、美国等资本主义国家的医疗系统和公共服务在重压下出现崩溃。资本主义国家在医疗上的投入不能满足日益增长的医疗需求,而且医疗私有化严重,只有赚钱的部门能得到大力推动发展,覆

---

① See Noam Chomsky, *COVID-19 strikes, solidarity can help defeat Trump and the neoliberal assault*, https://soundcloud.com/pushbackshow/chomsky-covid-19-strikes-solidarity-can-help-defeat-trump-and-the-neoliberal-assault.

② See David Harvey, *Anti-Capitalist Polotics in the Time of COVID-19*, http://davidharvey.org/2020/03/anti-capitalist-politics-in-the-time-of-covid-19/.

③ 参见王元:《新冠肺炎疫情背景下国外左翼对资本主义和社会主义的比较认识》,《马克思主义研究》,2020 年第 7 期。

盖全民的基本医疗服务无法得到保障。这次公共医疗危机也说明了资本主义国家在人力和物资储备上严重不足，很多发达国家停止了医疗物资的生产，依赖从发展中国家进口更便宜的物资。另外，从生产领域来看，资本对工人阶级的剥削始终存在，新冠肺炎疫情的冲击更是加大了贫富之间的差距。受到疫情影响，全世界经济遭到重创，失业率急速上升，大规模的失业者处境更加艰难。在美国、德国等西方世界主要国家，都爆发了激进的工人抗议活动。新冠肺炎疫情将种族歧视、贫富差距、价值观分裂等社会问题统统暴露出来。根据国际扶贫发展机构"乐施会"发布的最新研究报告《不平等病毒》[①]表明，新冠肺炎疫情可能同时加剧几乎每个国家的不平等程度，自疫情暴发以来，富人更富，穷人更穷，只有少数富有的人在新冠肺炎疫情中积累更多的财富，而世界各地的穷人却在为了生存而挣扎。新自由主义是1980年以来占主导地位的经济发展模式，受利益驱动的新自由主义国家在近些年一直推行将经济利益至于社会利益之上的政策，它的核心是扩大市场和个人主义。新自由主义的野蛮造成了贫富的极端分化，甚至直接剥夺了一部分人生存的权利。一些资本主义国家为了自身的利益不惜牺牲民众的生命健康权，朱迪斯·巴特勒（Judith Butler）批评美国政府试图垄断新冠肺炎疫苗的生产和销售将会使一部分富人和拥有全额医保的人享有可以挽救他们生命的疫苗，而其他人则将被遗弃。疾病再度凸显了不平等的社会分配。[②] 除了在医疗和健康的不平等之外，国内学者也指出了疫情导致美国在贫富分化不平等、种族不平等、教育不平等等社会问题的进一步加剧。[③] 由此可见，资本主义的基本矛盾根深蒂固，新冠肺炎疫情的冲击使资本主义弊病暴露无遗。

---

① OXFAM, *The Inequality Virus*, chrome – extension://ikhdkkncnoglghljlkmcimlnlhkeamad/pdf – viewer/web/viewer. html? file = https%3A%2F%2Fwww. oxfam. org. cn%2Fuploads%2F2021%2F01%2F291840053115. pdf.

② See Jean – Luc Nancy, *La pandémie reproduit les écarts et les clivages sociaux*, https://www. marianne. net/culture/jean – luc – nancy – la – pandemie – reproduit – les – ecarts – et – les – clivages – sociaux.

③ 参见李静、程恩富：《新冠疫情加剧美国社会的不平等现状》，《经济导刊》，2020年第12期。

（六）中国抗疫与社会主义制度

与资本主义国家应对新冠肺炎疫情的乏力表现相比，中国防控措施彰显出社会主义制度的优越性。就像齐泽克所言，新冠疫情对全球资本主义体系构成了潜在的打击，这场灾难带来的痛苦将使人们反思现有的社会形式，从而寻求一种新的方式，"是全球共产主义还是丛林法则，冠状病毒迫使我们做出决定"①。中美两个大国在防控疫情的不同表现，展现了中西方不同意识形态之间的较量。新冠肺炎疫情动摇了美国长期以来的价值文化和优越感，西方世界令人失望的抗疫表现，使它原有的体系黯然失色。而面对前所未知的疫情，中国政府能够迅速作出反应，对疫区实行严格的封闭管控，快速阻断疫情传播链条，扩建医院，调派医疗人员，在最短时间内有效地控制住了疫情。在这次抗击疫情的过程中，中国政府充分利用了制度的优势，由党中央集中统一领导，发起了自上而下的社会动员。鉴于中国抗击疫情经验的成功，国外左翼看到了"西方社会下的新冠疫情危机重振了一个社会主义的想象"②。

生命权是人类最基本的权利，在危机面前如何挽救人的生命，考验着一个国家的良知和行动力。在西方资本逻辑的支配下，资本主义国家捍卫利润优先于拯救人民的生命。③ 与医护人员对挽救生命价值参考的希波克拉底誓言不同，长期以来，西方经济学家惯用"统计生命价值"（value of statistical life，缩写为 VSL）来计算愿意挽救生命而花费的金额，他们所考量的是两个可能相互矛盾的任务：挽救生命和挽救经济。在这种结构模型下，人的生命被彻底量化。一些西方根据病人的社会地位和社会价值决定治疗的优先次序，如齐泽克所批评的那样，在欧洲疫情的早期阶段，英国就采取了"三圣人"的决策机制，即如果医院医疗设备严重告急，每家医院的三名顾问可

---

① Slavoj Žižek, *Global communism or the jungle law, coronavirus forces us to decide*, https://www.rt.com/op－ed/482780－coronavirus－communism－jungle－law－choice/.

② Judith Butler, *Capitalism Has its Limits*. https://www.versobooks.com/blogs/4603－capitalism－has－its－limits.

③ 参见雷晓欢：《新冠肺炎疫情下国外左翼对资本主义的批判》，《世界社会主义研究》，2020年第7期。

以在分配呼吸机和病床方面作出决定。这种决策直接导致民众的生命权无法得到充分保护,社会弱势群体的利益被漠视。"重视生命"在中西方防疫过程中处于不同的境遇,比起一些西方国家奉行的这种功利主义的生命价值观,中国始终坚持"生命至上"的理念,对新冠肺炎患者应收尽收、应治尽治,尽可能地挽救更多人的生命,这也是中国迅速走出新冠危机的重要的经验。有学者指出,不止在中国,放眼全球抗疫措施,古巴的"革命的人民的人道主义"价值观、越南的"抗击流行病就像抗击敌人"的使命,同样展现出了社会主义的强大生命力和魅力。[1] 陈学明和韩欲立称赞中国和古巴在控制住国内新冠肺炎疫情之后向国际提供援助,是一种"破除了意识形态藩篱和国家利益鸿沟的真正的国际主义精神"[2]。德国左翼党元老委员会主席汉斯·莫德罗(Hans Modrow)指出,社会主义制度不会将生产的剩余价值,也就是利润纳入少数股东的钱袋,而是以公平方式施惠于所有人。[3] 社会主义向所有人开放的医疗体系原则在公共卫生领域具有先天的优势,通过疫情清楚地表明,资本主义的个人主义价值观极大地妨碍了社会动员。新冠肺炎疫情将为世界社会主义运动提供契机,促使西方左翼看到自由主义的替代方案。

四、结语

总而言之,新冠肺炎疫情是人类历史上的分水岭,无论是左翼还是右翼,无论是国外还是国内,这一点几乎达成了学界的基本共识。安德烈·卡托内(Andrea Catone)称新冠肺炎疫情全球大流行开启世界历史新阶段。[4]作为右翼的美国著名政治家、外交家亨利·基辛格(Henry Alfred Kissinger)

---

① 参见赵婷、杨静轩:《新冠肺炎疫情下西方左翼的应对与社会主义发展态势》,《理论视野》,2020 年第 11 期。

② 韩欲立、陈学明:《新冠疫情背景下国外左翼学者对资本主义和社会主义的双重反思》,《武汉大学学报》(哲学社会科学版),2020 年第 5 期。

③ 参见姜辉主编:《中国战"疫"的国际贡献和世界意义——国外人士看中国抗疫》,当代中国出版社,2020 年,第 60 页。

④ 参见李凯旋:《新冠肺炎全球大流行开启世界历史新阶段——访意大利〈二十一世纪的马克思〉主编安德烈·卡托内》,《马克思主义研究》,2020 年第 9 期。

也认为,新冠大流行将永远改变世界秩序。① 当新冠肺炎疫情肆虐全球,国内外学界集体作出迅速反应,他们对疫情的思考展现了不同国家的理念和学者们的智慧。国外左翼们对新冠肺炎疫情作出了全面而深入的反思,围绕例外状态、生命政治、共同体、数字社会与加速社会等问题发表了个人见解。在这些思考中,齐泽克最先针对疫情反思发声,思想涵盖范围最广,发表成果最多,影响力最为广泛。尽管阿甘本的一系列言论偏离了事实,但是他所引发的国内外学界思想碰撞也可以说是精彩纷呈。基于国外左翼对疫情的热烈讨论,国内学界高度关注国外左翼的疫情研究成果,并接过研究前沿的话题,深入讨论,积极推进,为全球抗击疫情提供了智力支持和治理资源。

---

① See Henry Alfred Kissinger, *The Coronavirus Pandemic Will Forever Alter the World Order*, https://www.henryakissinger.com/articles/the-coronavirus-pandemic-will-forever-alter-the-world-order/.

分报告三
对"文化马克思主义"的研究

文化马克思主义是国外马克思主义的重要分支,其以鲜明的"文化"视角切入对当代资本主义的批判,通过回到马克思和恩格斯的经典文本来反思传统上关于"经济基础－上层建筑"的单向度理解模式,并在新的社会语境中挖掘"马克思主义文化理论"对社会发展的作用,产生了一系列重要的学术思想。

然而"文化马克思主义"的语词指代呈现出了一定的复杂性,存在广义理解与狭义理解的纠缠。广义上的"文化马克思主义"可以泛指卢卡奇、葛兰西所开启西方马克思主义的文化路径,而狭义上则是指向20世纪50年代之后在英国兴起的马克思主义文化研究。由于对文化马克思主义的研究起点和始发之处存在不同认识,使得文化马克思主义的理论脉络呈现比较复杂的状况。也正因为文化马克思主义在起初的划界上存有一定的差异,国内学界对文化马克思主义的研究也相应存在着路向分歧。

面对文化马克思主义研究脉络的复杂性,如何对文化马克思主义作出较为系统化的认识,以及如何依据目前学界对文化马克思主义的研究状况进行综合性分析,这需要从文化马克思主义形成的现实背景、针对的现实问题作出横向历史维度的考察。同时,也需要与"文化转向""现代性"和"后现代性"问题进行纵向结构维度的对比分析,在历时与共时双向维度的展开过程中,对文化马克思主义研究状况形成总体理解。

一、文化马克思主义指代边界的差异

要分析目前学界关于文化马克思主义的研究状况来,首先就要关注文化马克思主义概念本身所呈现的复杂性。本身国外学界对文化马克思主义边界的界定就存在模糊性，同时国内学界对文化马克思主义也有自身的理解方式，这就使得文化马克思主义明晰的划界存在困难，存在广义语境与狭义语境的区分。

（一）广义的"文化马克思主义"

广义的"文化马克思主义"的界线范围，主要涵盖了早期西方马克思主义传统、法兰克福学派、英国伯明翰学派和美国文化马克思主义学者的思想。

当代美国法兰克福学派和文化研究的学者道格拉斯·凯尔纳在《文化马克思主义和文化研究》一文中，就表示了他对文化马克思主义划界的理解。他在梳理文化研究与文化马克思主义的关系时指出，文化马克思主义理论家包括"卢卡奇、葛兰西、布洛赫、本雅明、阿多尔诺、詹姆逊和伊格尔顿"①。另一位美国著名文化研究期刊《社会文本》（Social Text）的资深编辑约翰·布伦克曼（John Brenkman）在一篇题为"关于文化马克思主义的论文"②中，就以整个马克思主义的文化理论的高度来谈"文化马克思主义"的问题，包括了马克思和恩格斯的思想，以及卢卡奇本人及其之后西方马克思主义的文化理论。他特别强调发挥作为实践的文化或者文化实践的作用，对传统人文学科进行挑战。

国内学界以广义视角对"文化马克思主义"的划界作出相关研究的成果比较丰富，主要有：孟丽荣、孟保芹的《论文化马克思主义的批判理论及其内在困境》③、党圣元的《文化马克思主义的历史和启示》④、董新春的《当代西方左翼"文化马克思主义"研究现状及趋势》⑤等。党圣元指出："文化马克

---

① ［美］道格拉斯·凯尔纳：《文化马克思主义和文化研究》，张秀琴、王葳蕤译，《学术研究》，2011 年第 11 期。

② John Brenkman, Theses on Cultural Marxism, *Social Text*, 1983, No. 7, pp. 19 – 33.

③ 孟丽荣、孟保芹：《论文化马克思主义的批判理论及其内在困境》，《世界哲学》，2019 年第 6 期。

④ 党圣元：《文化马克思主义的历史和启示》，《江海学刊》，2014 年第 5 期。

⑤ 董新春：《当代西方左翼"文化马克思主义"研究现状及趋势》，《国外社会科学》，2016 年第 5 期。

思主义兴起于20世纪20年代,其中最著名者是德国的法兰克福学派和英国的伯明翰学派,思想家包括从格奥尔格·卢卡奇、安东尼奥·葛兰西、恩斯特·布洛赫、瓦尔特·本雅明、T. W. 阿多诺、爱德华·汤普森、雷蒙德·威廉斯到特里·伊格尔顿、斯图亚特·霍尔等人……。在后现代主义阶段……代表人物是杰姆逊、哈贝马斯等人。"①在这里,对文化马克思主义形成渊源的分析,就体现了一种广义范围的理解,统称20世纪以来马克思主义朝向文化的发展取向。

同时,这些学者对文化马克思主义的理解有一定的边界意识,普遍认识到了"文化马克思主义"广义与狭义区别的存在,一般都会在文首对这一问题作出澄清,并明确表述文章主要采用的是广义的划分视角。例如,孟丽荣、孟保芹在其论文开篇提道:"文化马克思主义有狭义和广义之说。狭义的文化马克思主义指的是英国文化马克思主义即二战后英国新左派的文化理论。而本文致力于对由卢卡奇开创、法兰克福学派丰富而发展至今的一种西方左翼思潮即广义的文化马克思主义进行分析探讨。"②以上这些成果主要从"文化马克思主义"历史的广延度对这一问题作出理解,并进一步显示了文化马克思主义作为马克思主义20世纪以来重要呈现姿态的历史价值。

(二)狭义的"文化马克思主义"

狭义的"文化马克思主义"主要是指英国文化马克思主义。这一划界的主要依据是,20世纪30年后马克思主义在英国获得真正意义上的传播后,一批英国新左派汲取马克思主义的力量,力图通过马克思主义的英国本土化改变英国现实的社会矛盾。更为重要的是,文化马克思主义代表了一些学者对过于强调英国新马克思主义的代际差异和内部争论而感到不满,他们认为这种强调差异和争论的做法,会导致对英国新马克思主义学术团体思想的分割,会影响其整体的发展。因此,他们为弱化英国新马克思主义代

---

① 党圣元:《文化马克思主义的历史和启示》,《江海学刊》,2014年第5期。
② 孟丽荣、孟保芹:《论文化马克思主义的批判理论及其内在困境》,《世界哲学》,2019年第6期。

价差异,将文化马克思主义作为第一代、第二代英国新马克思主义的统称。

美国文化史学者丹尼斯·德沃金在20世纪80年代出版的《文化马克思主义在战后英国》一书,整体上介绍了狭义划界的文化马克思主义的发展脉络和主要学术观点。该书将文化马克思主义圈囿在"从20世纪40年代中期到70年代晚期的英国文化马克思主义传统,从福利国家的建立到玛格丽特·撒切尔对福利国家的改革时期"①,并进一步说明为强调英国新马克思主义第一代和第二代学术研究的连续性,避免突出代际的差异性而对学术的整体性造成破坏,为此有意为第一代和第二代英国新马克思主义者共同冠名"文化马克思主义"。玛德琳·戴维斯也赞成将文化马克思主义作为一个整体来看待,"坚持认为'第一代'新左派和'第二代'新左派之间存在严格的区别,必然无助于评价作为一个整体的英国新左派的重要意义,并对分析英国新左派对马克思理论的运用具有误导性"②。另外,英国文化学者伊恩·戴维斯(Ioan Davies)在《英国文化马克思主义》③一文中,着力介绍了1956年《新理性者》和《大学与左派评论》创立之后,英国马克思主义的发展历程。

以乔瑞金为代表的学术团队于2020年8月在北京师范大学出版社推出了"英国新马克思主义哲学研究丛书",这是国内从狭义视角对文化马克思主义进行研究的重要代表。这套系列丛书既有整体上对英国新马克思主义学术历程和思维逻辑脉络的总体诠释,又有以经济、政治、文化和社会不同关注点代表人物的个案分析,是目前国内关于英国新马克思主义研究专题最大规模和最具全面性的成果展现。文化马克思主义与英国新马克思主义是两个不同的集合,英国新马克思主义所涉猎的问题除了文化之外,还包括政治、经济和社会的问题,但这两个集合之间确实存在着重要的重合部分。这套丛书中由乔瑞金所著的《英国新马克思主义思维逻辑研究》④一书关于"聚焦文化批判的新历史主义思维"的论述,从本真思维、生长思维和对话思

---

① [美]丹尼斯·德沃金:《文化马克思主义在战后英国》,李凤丹译,人民出版社,2008年,第2页。

② 张亮编:《英国新左派思想家》,江苏人民出版社,2010年,第7页。

③ Ioan Davies, British Cultural Marxism, International Journal of Politics, *Culture and Society*, Vol. 4, No. 3, 1991. p.324.

④ 乔瑞金:《英国新马克思主义思维逻辑研究》,北京师范大学出版社,2020年。

维,整体展示了文化马克思主义的思维逻辑特征。丛书中的《霍加特文化实践思想研究》①《伊格尔顿文化批判思想研究》②,则对文化马克思主义代表人物进行了专门研究。

此外,国内学界还涌现了许多具有代表性的学术文章。张亮的《从文化马克思主义到"结构主义的马克思主义"》③一文,主要以第一代文化马克思主义代表人物(汤普森、威廉斯)与第二代结构主义代表人物(霍尔、安德森、密里本德、泰勒和奈恩)之间发生的思想分歧为研究对象,以两代人之间在《新左派评论》《新思想者》刊物中持续地出现交锋性对话为理论依据,即第二代认为第一代偏重人道主义和经验主义的方式缺乏科学依据进而转向大陆哲学为依照来源,由此产生分裂。这篇文章系统论证了狭义的文化马克思主义内部如何发生从"文化主义"到"结构主义"的变化过程,为国内对英国文化马克思主义的研究提供了参考。马援的《文化马克思主义语言哲学的新形式思想探讨》④一文,主要以"语言哲学"为切入视角,包含了从"文化主义"历史文化语义学到"结构主义"语言功能的转变,以及"文化 – 结构主义"融合的语言形式与言语事实的结合为脉络,系统阐述了英国文化马克思主义内部的语言哲学范式的更迭,以及在更迭中所呈现的语言哲学思想。这篇文章强调了"文化主义"与"结构主义"范式之间并不是完全的对垒状态,而后期在转变的过程中,双方都认识到了各自偏向一方而导致的局限,于是可以看到后期两者之间走向结合,或者按照霍尔所说,是两种范式的"接合"发展。

李凤丹是丹尼斯·德沃金《文化马克思主义在战后英国》的译者,她就"文化马克思主义"撰写了《英国文化马克思主义的本质和研究主题》⑤《英国文化马克思主义的性质和逻辑初探》⑥《英国文化马克思主义理论的现实

---

① 马援:《霍加特文化实践思想研究》,北京师范大学出版社,2020 年。
② 薛稷:《伊格尔顿文化批判思想研究》,北京师范大学出版社,2020 年。
③ 张亮:《从文化马克思主义到"结构主义的马克思主义"》,《文史哲》,2010 年第 1 期。
④ 马援:《文化马克思主义语言哲学的新形式思想探讨》,《哲学动态》,2019 年第 9 期。
⑤ 李凤丹:《英国文化马克思主义的本质和研究主题》,《现代哲学》,2009 年第 5 期。
⑥ 李凤丹:《英国文化马克思主义的性质和逻辑初探》,《福建论坛》(人文社会科学版),2009 年第 1 期。

意义》①等一系列文章,这些文章标题中就清晰地为文化马克思主义加了限定词。在《英国文化马克思主义的性质和逻辑初探》一文中,她较为全面地列举了学界对文化马克思主义的几种界定,系统梳理了文化马克思主义不同语境中的内涵和所指,包括:以威廉·林德(William Lind)为代表的保守主义者的界定,这一定义包含了对"文化主义"批评的浓厚色彩;维科百科全书的解释,相对中立化地描述了文化马克思主义的发展,包括法兰克福学派、英国伯明翰学派比较典型的组成部分;凯尔纳的《文化马克思主义和文化研究》,主张文化马克思主义已经从政治分析形式变成了20世纪20年代以后所有哲学思潮的方法论基础。

综合以上分析来看,关于这一问题的文献可划分为两个部分。一部分是大指称的范围,主要以早期西方马克思主义的形成区别于第二国际、第三国际马克思主义的正统马克思主义为分界线,泛指以早期西方马克思主义从文化视域开启对马克思主义的研究。另一部分是小指称的范围,主要以具有明显"文化研究"标识的英国新马克思主义思想家为边界。还有一些文献主要以"文化转向""现代"和"后现代"的哲学命题为中心,将相关的文化马克思主义归入囊中。就大范围的文化马克思主义而言,它可以说是代表了西方马克思主义整体发展的一种显著姿态,或者可以说代表了西方世界进入马克思主义的主要分析路径和研究方法。就小范围的英国文化马克思主义来讲,它是20世纪马克思主义整体发展具有典型性和富有特质的发展构成。

产生这样的结果主要是:一方面,在于马克思主义在进入20世纪之后,面对资本主义社会的新变化,有关"文化"的话题不再是社会发展中不起眼的配角,整个人文思潮涌向了对"文化"的关注,形成了"文化转向"的思想潮流。欧陆的马克思主义思想家在对资本主义工业文明的批判中,集结了他们对马克思主义文化理论的思考。另一方面,20世纪50年代一些英国新左翼思想家在对马克思主义本土化的认识和发展中,富有特质地提出了"文化唯物主义"的思想理论,出现了颇有影响力的"当代文化研究中心"和"伯明翰学派",对马克思主义文化理论的发展做出了重要贡献。英国文化马克思

---

① 李凤丹:《英国文化马克思主义理论的现实意义》,《前沿》,2016年第3期。

主义是文化马克思主义最具典型的代表,文化马克思主义最初也主要因英国伯明翰学派闻名而备受关注。这两种对文化马克思主义边界的划分都有一定的根据,只是阐释问题的视域和应对相应问题的不同而作出的选取。

然而无论是广义视角还是狭义视角,两者都有着内在一致的学术旨归,即围绕当今资本主义的新变化,特别是随着文化愈来愈剧烈地朝向资本逻辑的运转,这些学者在洞察资本主义现代性社会的深层矛盾时,认为社会矛盾的深层次问题不仅是经济层面的,更是社会文化各个层面的。为此,他们以马克思历史唯物主义探寻文化的本真内涵,把文化批判作为现代性社会批判的着眼点和作为社会变革的重要动力。

二、文化马克思主义的历史成因

尽管文化马克思主义在指向上存在一定的边界模糊性,但是我们会发现自20世纪以来在马克思主义的整体格局中,在不同国家和地区的很大一批马克思主义学者,都不约而同地选择从文化问题的角度来研究马克思主义,这已经成为一种学术现象。那么他们为何选择"文化"作为马克思主义的切入方式? 这种20世纪马克思主义学术界的变化是为何发生、怎样发生的? 究竟在怎样的历史条件下会促成文化马克思主义的形成?

这些问题也引发了国内众多学者的关注。他们对为什么20世纪马克思主义会涌向"文化"进行了研究,对这一学术现象的产生本身进行了发问。欧阳谦就指出:"我们需要探讨的是什么原因促使西方马克思主义特别地关注文化问题? 文化批判为何会成为西方马克思主义的理论武器? 马克思本人是如何论述文化的作用的?"[①]国内一些学者深入分析了20世纪后马克思主义朝向以"文化"为着力点对资本主义社会进行批判的历史成因。

20世纪的许多马克思主义者之所以将"文化"作为展现新时代马克思主义发展的关键姿态,这需要回到当时的历史语境中。这一学术现象的发生一方面受到社会历史发展的总体影响,另一方面也与马克思主义在西方世

---

① 欧阳谦:《文化的辩证法——关于"文化主义的马克思主义"的几点思考》,《马克思主义与现实》,2008年第4期。

界的传播过程有关联。我们需要联系两次世界大战的背景,来看待文化马克思主义对世界社会主义运动的反思,以及对资本主义社会新调整的批判。早期西方马克思主义的文化理论,如卢卡奇的总体性文化革命和葛兰西的文化领导权思想所面对的历史状况,是对第一次世界大战后欧洲无产阶级革命失败的反思。而随后,包括法兰克福学派和英国伯明翰学派则是对第二次世界大战之后资本主义新变化作出的文化批判。

夏巍的《国外马克思主义文化理论研究概览——以历史唯物主义为核心的考察》一文,就全面阐释了国外马克思主义文化理论的历史状况,而这也就是整个文化马克思主义理论产出的历史条件。她指出:"从以卢卡奇、葛兰西和柯尔施为代表的早期西方马克思主义者对第一次世界大战后欧洲无产阶级革命失败教训的总结……到法兰克福学派对第二次世界大战之后发达工业社会……的文化批判。"①整体上,早期文化马克思主义者主要从20世纪20年代欧洲革命失败的教训,形成了不同于第二国际、第三国际的机械"经济决定论"或"反映论"的关于历史唯物主义的新理解。而法兰克福学派形成于20世纪30年代,并在二战之后逐步进入其发展的中间阶段,主要是针对"大众文化""文化工业"进行深度剖析,形成对现代性社会整体的文化批判路径。

英国文化马克思主义的产生与二战之后世界历史的呈现状况密不可分,也与马克思主义的传播过程和英国具体的社会历史背景有不可忽视的关联。二战后,资本主义社会进入了社会发展的稳定期,"福利制国家""教育体制"和"医疗卫生体制"的变化,特别是大众文化的兴起,一种虚幻的"无阶级社会"观念被营造出来,无产阶级的阶级意识正在被商业化的大众文化所蚕食。英国本身对马克思主义的理解,一方面受到欧陆马克思主义文化思潮的影响,另一方面有英国鲜明的学术特质,1956年英国新马克思主义的形成标志着马克思主义真正获得了英国本土化的接受和理解。

在早期西方马克思主义的开拓性理论工作之后,法兰克福学派和英国文化马克思主义主要针对大众文化兴起和文化被资本逻辑裹挟的发展状况

---

① 夏巍:《国外马克思主义文化理论研究概览——以历史唯物主义为核心的考察》,《理论视野》,2016年第11期。

进行剖析,形成了大众文化批判理论。他们面对现实历史的"文化"遭遇,一方面工人阶级阶级意识的淡漠,另一方面传统文化也在被遗失。文化伴随着工业生产的发展,形成了文化符号"物质的"与"非物质的"、"商业化的"与"独创性的"、"虚拟的"与"现实的"、"大众媒体的"与"文献式的"各种文化符号呈现形式的杂糅。

面对这种现代化的文化景观,文化马克思主义认识到"文化"成为二战之后资本主义再生产过程的重要组成部分,文化符号的物质性生产在现代性社会不能够再以回避的方式对待,文化符号的资本化模式是资本主义社会发展的现实存在方式。郑祥福在《大众文化批判:西方马克思主义的文化转向》①一文中指出:"大众文化是西方发达资本主义社会的发展进入20世纪的产物,是当代主流文化,它一反传统文化追求真、善、美的初衷,借助现代传媒手段,追逐商品化和以攫取利润为目的,是当代资本主义扩张的有力工具。"这篇文章完整性地概括了大众文化出现的具体语境,即大众文化作为资本主义社会新的生产方式对传统文化秩序的破坏,说明了西方马克思主义为何集体性对"大众文化批判"产生学术热情的原因。

随着世界大战引发的新世界格局产生,马克思主义在世界各国得到了更加深入的传播和发展,在原先以第二国际、第三国际为代表的正统马克思主义和以卢卡奇、科尔施、葛兰西为代表的西方马克思主义的初期阶段分化的基础上,马克思主义的理论谱系得到更加充分的展开,正统马克思主义、存在主义的马克思主义、西方人本主义的马克思主义、实证主义的马克思主义、结构主义的马克思主义等各种学术流派在交锋砥砺中不断发展。

然而无论有怎样多形式、怎样多流派的马克思主义生成发展,整体上,面对资本主义社会的新变化,即资本主义不只是经济和政治上显见的压迫,而且还形成了在"大众文化"遮掩下的人的全面异化,这些20世纪的马克思主义话语都无法回避技术统治、大众文化、消费社会和意识形态操纵等议题,必须将它们看作羁绊社会发展的重大障碍。有关文化的问题不再是社会发展细枝末节的事情,文化本身成为社会结构秩序中的主角,正是在这样现实的历史语境中,文化在20世纪马克思主义语境中成为重要的研究议题。

---

① 郑祥福:《大众文化批判:西方马克思主义的文化转向》,《国外社会科学》,2018年第1期。

因此,在这个意义上,我们并不能简单地像佩里·安德森所断言的那样,说20世纪西方马克思主义的文化转向是马克思主义退回到了书斋之中,这种转向是在特殊历史条件下资本主义社会的新变化和人类共同面临的文化境遇所造成的。

三、文化马克思主义与文化转向的关系

在探究关于文化马克思主义的历史成因之后,还可从词项之间关联的视角,来分析文化马克思主义所关涉的思想。其中,对"文化转向"与"文化马克思主义"之间相互关系的研究,可有助于加深对文化马克思主义相关思想的理解。

"文化转向"不仅反映了当代哲学关注点的位移,而且代表当代哲学认识方式、理解方式和实践方式的重大变化。詹姆逊就在《文化转向》一书中,系统论述了西方当代社会与文化转向之间的密切关联,以围绕后现代主义的诸多现实问题和理论问题为线索,探究了文化转向的运动轨迹,阐明了后现代所表达出的新的文化领域和文化景象。

欧阳谦将"文化转向"放置在了一个更大的场域和更高的位置,指出"从某种意义上讲,当代哲学基本上是一种文化哲学",并认为"当代哲学的'文化转向'(包括'语言的转向''存在论的转向''解释学的转向''后现代的转向''文化批判的转向''符号学的转向''伦理的转向''政治的转向''神学的转向'等哲学思潮),标明哲学已经进入了一个后形而上学的时代,或者说是一个后哲学的时代"①。关于"文化转向"反映出整个哲学从形而上学向后形而上学的演进,哈贝马斯在《后形而上学思想》中也有类似的立场,他将当代哲学分为四种主要思潮(分析哲学、现象学、西方马克思主义和结构主义),虽然四者之间存在很大区别,但是整体上都浸润在生活世界和文化生活的情景中,对文化哲学范式给予关注。从这个层面来讲,"文化转向"所关涉的内容很广,相关联的思想家也比较多。因此,在"文化转向"的呈现样态中,欧阳谦在胡塞尔、海德格尔、维特根斯坦、萨特、哈贝马斯、罗蒂的思想中

---

① 欧阳谦:《当代哲学的"文化转向"》,《社会科学战线》,2015 年第 1 期。

找到了"文化转向"对他们各自思想形成的理论发酵剂作用,在"生活形式""生活世界""世界图式""共在世界""共同视阈""交往行为"中,也可以洞察到"文化转向"与这些思想理论的内在关联。

因此,就当代哲学的展现图景来说,由"文化转向"牵引的一系列思想理论所涵盖的范围是比较大的,包括涉及语言哲学、符号学、阐释学、伦理学和政治学等。这些理论试图改变传统逻各斯主义和形而上学体系,从不同侧面对人类社会文化生活的关注,走向人们所面对复杂而变化的现实生活世界。

文化马克思主义也是处于当代哲学"文化转向"大潮的影响之下,其理论一方面对当代现实具体问题进行有效聚焦和应答,另一方面与当代哲学的整体发展展开积极对话。早期西方马克思主义在一定程度上完成了文化马克思主义的"文化转向",引领法兰克福学派和英国文化马克思主义等20世纪文化马克思主义的涌现,并激发一代又一代文化马克思主义者从文化视角切入,对社会深层问题探讨的持续关注。整个文化马克思主义所关注的理论问题,包括对"大众文化"的批判,对人类学意义和人本主义的"文化"概念的探源,从语言哲学维度对"文化"和"语言"关系的思考,从结构主义维度对"文化"和"社会"张力结构的探析,从符号学视角对象征和意义的诠释,对政治、性别和民族问题的文化阐释等,都是以文化视角的马克思主义来对现实社会问题作出当代阐释。

国内学界从"文化转向"谈论文化马克思主义是一种间接形式的呈现。大多数的研究主要呈现了西方马克思主义总体上的"文化转向"问题。因为考虑到"文化转向"所波及的范围比较广,表现出的形式比较多样,所以在关于"文化转向"的问题时,往往会在比较大的场域中展现。在"文化转向"的话题中,文化马克思主义往往会被放置在其中作为一部分进行分析。例如,胡文臻、李厚羿的《论当代西方马克思主义的"文化转向"》①一文,分析了西方马克思主义从政治经济学批判走向了文化政治学批判,并实现了问题域、理论群和方法论等多方面的"文化转向",同时,也强调"文化转向"研究要依

---

① 胡文臻、李厚羿:《论当代西方马克思主义的"文化转向"》,《马克思主义哲学论丛》,2018年第3期。

照历史唯物主义的基本理论方法。王雨辰、孙珮云在《论西方马克思主义的文化转向及其当代效应》①一文中,阐释了西方马克思主义"文化转向"的历史背景,并进一步揭示了"文化转向"的价值意义,即实现了马克思主义理论从宏观研究范式到微观研究范式的转换,丰富了马克思主义理论的当代价值。同时,也有一部分研究是从英国文化马克思主义的角度探究"文化转向"的问题的。比如,何卫华的《"新左翼"的缘起和"文化转向"》②一文,梳理了英国新左翼为何会选择"转向文化"作为马克思主义在英国的传播方式和发展方向。

思考"文化马克思主义"与"文化转向"的关联问题,有助于进一步理解文化马克思主义的形成和发展,对于重新认识为什么会出现文化马克思主义边界模糊的问题,以及我们如何看待和处理这种边界模糊提供一定的参考作用。从"文化转向"的背景下进行文化马克思主义的研究,可以在全面地了解"文化转向"的当代哲学图景,理解和剖析文化马克思主义的思想来源、理论逻辑和发展动向,并在整个当代哲学的语境中,将文化马克思主义的思想资源运用在结合时代需要解决的问题中。

四、文化马克思主义的基本观点

国内学界对文化马克思主义持有的总体看法,是认为20世纪初随着马克思主义在西方世界的传播,特别是马克思经典文本的传播,西方马克思主义思想家对苏联模式的马克思主义进行了批判性反思,认识到"经济决定论"对历史唯物主义理解的偏颇,将"文化作为社会历史进程中的重要构成"视为理解马克思主义思想的着眼点。

文化马克思主义的产生受到西方马克思主义整体发展的浸润,也担负着西方马克思主义理论所关涉的两大主题:"一是哲学理论,主要是对马克

---

① 王雨辰、孙珮云:《论西方马克思主义的文化转向及其当代效应》,《贵州师范大学学报》,2018年第6期。

② 何卫华:《"新左翼"的缘起和"文化转向"》,《国外理论动态》,国外理论动态,2014年第10期。

思主义哲学的重新解释……二是批判理论,主要是对现代性的批判。"①对于文化马克思主义而言,一方面,他们对第二国际关于"经济基础—上层建筑"单一线性关系的历史唯物主义解释作出批判,回到马克思和恩格斯的经典文本,恢复马克思主义哲学的本意;另一方面,他们从"文化"的视角形成对资本主义现代性的批判,"把文化批判作为剖析现代性社会深层矛盾的发端和利刃"②。文化马克思主义理论的形成正是基于西方马克思主义理论的两大主题,并进一步发展了具有自身学术特质的思想理论。

其一,文化马克思主义从文化理论对"经济基础—上层建筑"决定论的批判。早期西方马克思主义学者卢卡奇、科尔施和葛兰西对苏联模式的马克思主义进行反思,批判"经济决定论"和教条主义的马克思主义,转向从文化分析模式对马克思主义的理解。这形成了整个西方马克思主义的学术基调。无论是法兰克福学派还是英国文化马克思主义,都受到了早期西方马克思主义思想的影响。法兰克福学派借助社会心理学和文化社会学,对资本主义文化工业进行批判。英国文化马克思主义在对大众文化批判的基础上,以经验主义的认识论阐释"文化"的内涵,复原了文化的本真意义。在整体上,文化马克思主义通过卢卡奇的"革命的文化主义"、葛兰西的"文化领导权"思想、科尔施的"主观辩证法"、法兰克福学派的"大众文化批判理论"、英国文化马克思主义的"整体生活方式的文化"和"整体斗争方式的文化",以及美国文化马克思主义"多元文化研究",都呈现出了与第二国际、第三国际马克思主义解释路径的对立,批判了对历史唯物主义的"经济决定论"式理解,进一步揭示了文化在社会历史发展中的作用。国内关于文化马克思主义反驳"经济决定论"的研究文章比较丰富,如沈江平的《文化转向与历史唯物主义"重建"》③一文,系统分析了西方马克思主义对第二国际将历史唯物主义理解为经济决定论的批判,强调西方马克思主义主张不能把经济看作社会发展的唯一决定性因素,忽视甚至否认文化作用的观念。

其二,文化马克思主义批判文化被资本逻辑裹挟的商业化发展模式,从

---

① 陈学明、王凤才:《西方马克思主义前沿问题二十讲》,复旦大学出版社,2008 年,第 2 页。
② 马援:《英国新左派现代性文化批判的政治诉求》,《哲学动态》,2017 年第 4 期。
③ 沈江平:《文化转向与历史唯物主义"重建"》,《东南学术》,2017 年第 3 期。

"消费主义批评""大众文化批判""工具理性批判""科技社会功能批判""劳动异化批判""日常生活批判""爱欲压抑批判"和"生态危机批判"等不同方面,形成了对现代性的总体性批判。文化马克思主义所直面的现实问题就是工业化社会对文化运行秩序的严重干扰和破坏,文化落入了资本的循环链中。为此,他们运用马克思主义思想理论,从政治经济批判转向文化批判,对文化的资本化而促成现代性社会人的全面异化进行深刻揭露和批判。国内从资本主义现实历史语境对文化马克思主义学术渊源的讨论主要有:孟丽荣、孟保芹从资本主义的工业生成到文化工业的兴盛,探讨了文化马克思主义转向"文化"批判的现实基础,即文化被置于现代化工业的体系之中,认为文化马克思主义集中批判了文化工业的生产和文化工业的功能;①马援分析了英国文化马克思主义力图从"文化"层面消解战后英国所营造的"无阶级社会"幻象,从而揭示"商业文化"对工人阶级意识的侵蚀;②孙士聪以伊格尔顿"自发的马克思主义"为中心,讨论了文化马克思主义理论根源所处的资本主义现实基础。③

其三,文化马克思主义从"文化"内涵的溯源,激活人的实践本性和文化主体意识。文化马克思主义要开启的工作就是对"文化"概念的重新阐释,消除苏联模式"经济决定论"对"文化"本真内涵的束缚,强调文化的实践属性和社会批判功能。在当时他们对"文化"内涵的重新阐释被视为"非正统"的马克思主义研究,然而这种"非正统"却为西方马克思主义带来了无限的活力。

正如《马克思主义和文化阐释》的编辑劳伦斯·格罗斯伯格和卡里·纳尔逊所指出的那样,"马克思主义处在迅速发展的社会科学和人文科学趋势的中心,它超越了传统界限,并将'文化实践的整体领域'作为其主体"④。20世纪40年代之后,马克思主义在西方世界得以"活动的复兴",其中一部分

---

① 参见孟丽荣、孟保芹:《论文化马克思主义的批判理论及其内在困境》,《世界哲学》,2019年第6期。

② 参见马援:《英国新左派现代性文化批判的政治诉求》,《哲学动态》,2017年第4期。

③ 参见孙士聪:《文化马克思主义之后——以伊格尔顿"自发的马克思主义"为中心》,《学习与探索》,2013年第12期。

④ 转引自[美]丹尼斯·德沃金:《文化马克思主义在战后英国》,李凤丹译,人民出版社,2008年,第1页。

原因就在于,马克思主义在这一时期的发展消除了对经济、文化和社会领域研究之间的壁垒,走出了对马克思主义的"机械化"和"教条化"的理解,从而"发展了好几十年的非正统的和批判的马克思主义理论传统,不止一代历史学家、文学批判家、艺术历史学家、哲学家和文化理论家开始感受到兴奋、热情和忠诚"[①]。从某种意义上讲,文化马克思主义的形成带动了 20 世纪马克思主义发展的活力,让更多不同领域的学者愈来愈开始关注和走进马克思主义研究之中。

在"文化转向",即"以卢卡奇和葛兰西为代表的早期西方马克思主义率先实现了一种'文化转向'"[②]为标志的历史语境之下,从广义的文化马克思主义来看,法兰克福学派像霍克海默、阿多尔诺、马尔库塞、弗洛姆和哈贝马斯等,主要从文化批判的视角入手对现代性社会进行了全方位批判,形成了意识形态批判、技术理性批判、大众文化批判、现代国家批判、心理机制批判等文化批判的论域。而英国文化马克思主义受"文化转向"的影响,在对现代性社会进行文化批判的同时,他们并不像法兰克福学派那样,在资本主义社会文化表征的社会现象和社会矛盾中进行对文化工业化的批判,而是瞄准了对"文化"本身内涵的重新阐释。他们首先力图阐明"文化"内在的概念、意义和价值,并结合社会现实的历史困境,以"文化"的本真内涵和正当性来挖掘社会历史问题的根源,寻找解决问题的途径。因此可以说,他们文化研究的特点不是为了批判而批判,而是借助批判,实现他们对文化本真意义的求索和文化作为社会变革力量功能的实现。基于上述分析,下面主要从英国文化马克思主义对"文化"内涵的分析着手。

英国文化马克思主义对"文化"内涵的求索与他们所处的时代社会特征,以及应对解决的理论问题有着密切关联。第一代英国文化马克思主义学者威廉斯、霍加特、汤普森等人,面对现实中资本逻辑对文化的裹挟,针对理论领域中第二国际的"经济基础—上层建筑"线性理解仅仅将文化作为经济派生物的观念束缚,他们强调文化的自主性,以文化的物质性和实践性内

---

① 转引自[美]丹尼斯·德沃金:《文化马克思主义在战后英国》,李凤丹译,人民出版社,2008年,第 1 页。

② 衣俊卿:《现代性焦虑与文化批判》,黑龙江大学出版社,2007 年,第 119 页。

涵,发挥文化在社会结构中的作用。英国文化马克思主义受到了西方马克思主义早期思想家的影响,包括卢卡奇的社会"总体性"、科尔施的意识形态革命和经济政治斗争的统一性、葛兰西"文化领导权"思想等,从而认识到文化在整个社会历史发展中的作用,批判第二国际将社会历史的发展还原为单向度的经济宿命论,而忽视了社会结构中"文化""政治""经济"之间相互的作用力。

相比于法兰克福学派,英国文化马克思主义除了对精英主义文化观和资本主义社会相对主义文化观进行批判之外,还以寻求"文化"的本真内涵为理论基础,恢复文化具有的实践功能和主体性功能。英国文化马克思主义从"作为实践方式的文化""作为整体生活方式的文化"和"作为整体斗争方式的文化"对"文化"内涵作出了重新阐释。这些"文化"语义的新阐释,使得工人阶级的文化被纳入整个社会的文化谱系中,改变了文化被中心化地圈定在精英主义范围内的状况。他们强调文化的自主性、实践性和主体性,倡导工人阶级通过文化实践恢复被淡漠的阶级意识,并通过文化认同和文化共同体的建构,从而达至理想社会的构想。在这方面的研究主要有《试论霍加特文化生成的辩证法思想》①《英国文化马克思主义解放主体理论的三次变迁》②《英国文化马克思主义的本质和研究主题》③等文章,这些文章从总体上阐释了英国文化马克思主义对"文化"内在生成机制的理解,他们如何通过重塑"文化"内涵来恢复普通人民的主体意识,使得马克思主义的"解放"理想获取源自文化的现实力量。

五、文化马克思主义的热点议题

在形成以上对文化马克思主义的指代边界、历史成因、与文化转向的关系的分析,基本上可以获取对文化马克思主义整体的认识。那么进一步分析来看,国内学界还围绕以下议题和重要代表人物对文化马克思主义作出

---

① 乔瑞金、马援:《试论霍加特文化生成的辩证法思想》,《哲学研究》,2016 年第 6 期。
② 徐满泽、刘卓红:《英国文化马克思主义解放主体理论的三次变迁》,《广东社会科学》,2015 年第 6 期。
③ 李丹凤:《英国文化马克思主义的本质和研究主题》,《现代哲学》,2009 年第 5 期。

了研究。

（一）文化与政治、经济之间的辩证关系

国内学界对文化马克思主义研究的关注，除了它本身作为西方马克思主义理论的重要构成之外，还有一个重要的原因，即为了探究如何以马克思主义的理论观点看待社会结构中"文化""政治""经济"之间的张力关系。国内学界认为文化马克思主义提供了认识"文化"在社会结构关系中的地位、价值和功能的重要渠道。

国内之所以对文化马克思主义开展研究，就在于它不仅作为当代国外马克思主义发展中的一种学术理论思潮，而且还提供了认识马克思主义和发展马克思主义的一种重要方式。文化马克思主义从文化的角度，强调文化具有的物质性、实践性和主体价值，这对于进一步认识"物质"与"意识""生产力"与"生产关系""经济基础"与"上层建筑"之间的相互关系具有很重要的意义，对理解马克思和恩格斯所创立历史唯物主义的理论内涵提供了一种理解方式。欧阳谦指出，探究文化马克思主义的理论意义就在于，从经济主义的单线思维转向文化辩证法的思维，重新思考文化、经济和政治三者之间的关系模式，发挥文化在社会历史发展中的作用。① 党圣元也指出，文化马克思主义将"文化"从第二国际"经济决定论"的附属物，转变为社会结构中独立而重要的变量，这对中国文化建设具有一定的启示意义。②

同时，国内在对文化马克思主义理论的研究中，有些论者也指明了文化马克思主义过多地强调文化的作用而忽视经济的作用，就会走向另一个极端的发展危险，因此也要避免泛文化论的倾向。我国在进行社会主义现代化文化建设中，可以反思整个西方马克思主义文化思想的理论，在综合考虑"经济""文化""政治"和"社会"的相互关系中，构建社会发展的有机体。

（二）狭义文化马克思主义内部的范式转换

就狭义范围的文化马克思主义研究，也就是英国文化马克思主义的研

---

① 参见欧阳谦：《文化的辩证法——关于"文化主义的马克思主义"的几点思考》，《马克思主义与现实》，2008 年第 4 期。

② 参见党圣元：《文化马克思主义的历史和启示》，《江海学刊》，2014 年第 5 期。

究而言,对其内在思维范式的研究是国内学界关注的一个热点议题,之所以成为热点在于:

一方面,英国文化马克思主义在第一、第二代学者之间有明显的代际差异,形成了两代人之间"文化主义"与"结构主义"的争锋。以 E. P. 汤普森为代表的第一代学者倡导人道主义的马克思主义,"复兴一种伦理学社会主义……受到了早期新左派的大力推动"①。然而以佩里·安德森为代表的第二代学者认为,人道主义的马克思主义是一种折中主义,他们极力反对道德主义,试图唤回 18 世纪激进主义潮流。这就形成了两代学者之间非常尖锐的思想矛盾。就本身学术内部争论而言,这是一个值得关注的话题,并且两代人之间的争锋引起了很强烈的学术余波,对后期英国文化马克思主义发展产生重要影响。包括当时安德森对第一代学者的负面阐述,就极大影响了对第一代学者的思想理论价值的评价。而在经历一定时段之后,当今英国左翼知识分子如迈克尔·肯尼又看到了第一代学者"人道主义"的当代价值。

另一方面,英国文化马克思主义研究范式的演变,除了内部两代人思想的交锋之外,还体现了整个哲学思潮的一种变化动向。第一代英国文化马克思主义主要体现了经验主义的认识方式,注重从经验事实对生活世界和人本质的关注,形成了"文化主义"的思维范式。第二代英国文化马克思主义认为应该用更加科学和理性的方式对待马克思主义,他们把西方马克思主义的原则引入在他们看来英国理论"贫瘠"的文化中。随着"结构主义"思潮的影响,第二代学者将阿尔多塞结构主义思想和罗兰·巴尔特符号学汇入他们的研究之中。也正是在整个西方马克思主义的整体学术思潮的影响下,形成了英国文化马克思主义从文化主义向结构主义的转变。就这个角度而言,从英国文化马克思主义范式演进的变化可促进对西方马克思主义整个当代学术思潮发展脉络的把握,以及为当代各种学术思潮之间相互关系的研究提供参考。

在对文化马克思主义的范式演进逻辑的研究当中,乔瑞金的《英国的新

---

① [英]迈克尔·肯尼:《重新评估英国第一代新左派的政治和社会思想》,王晓曼译,《社会批判理论纪事》,2013 年第 5 期。

马克思主义》①一书全面地阐释了英国文化马克思主义的学术发展脉络和代表人物的核心思想。张亮以"'英国马克思主义'的'文化唯物主义'及其当代评价"②"从苏联马克思主义到文化马克思主义——英国马克思主义理论传统的战后形成"③"从文化马克思主义到'结构主义的马克思主义'——20世纪60年代初至80年代初英国马克思主义的发展历程"④等为题所撰写的系列文章,集中论证了"文化唯物主义""文化马克思主义""文化主义""结构主义"之间语词的差异,进一步溯源了英国文化马克思主义理论范式的发展轨迹。黎庶乐以第一代与第二代核心代表人物汤普森与安德森的争论作为引子,分析了英国文化马克思主义的走向问题。⑤ 马援在《文化唯物主义语言哲学思想研究》⑥一书中,系统论述了英国文化马克思主义从"文化主义"向"结构主义"演进,并最终形成"结构主义－文化主义"融合的发展脉络,并在这种范式演变的过程中,探究了"文化""语言"与"社会"之间的张力结构,进一步论证了文化马克思主义语言哲学呈现的特征。而这种语言哲学特征正是在范式演进的变化中形成的,同时,也可以从这些语言哲学特征反观范式演进的逻辑。

(三)文化马克思主义的语言哲学

这一视角的研究主要强调了文化马克思主义所提供的方法论视角。文化马克思主义在关注文化问题的研究时,介入了语言哲学和符号学的研究路径,在这一方面的研究目前是一个比较新的话题,这也引起了马克思主义理论与语言哲学互动问题研究模式的思考。在文化马克思主义的理论中,除了有典型特征的文化理论之外,还有对语言哲学的思考维度,形成了"语

---

① 乔瑞金:《英国的新马克思主义》,人民出版社,2013年。

② 张亮:《"英国马克思主义"的"文化唯物主义"及其当代评价》,《河海大学学报》(哲学社会科学版),2012年第4期。

③ 张亮:《从苏联马克思主义到文化马克思主义——英国马克思主义理论传统的战后形成》,《人文杂志》,2009年第2期。

④ 张亮:《从文化马克思主义到"结构主义的马克思主义"——20世纪60年代初至80年代初英国马克思主义的发展历程》,《文史哲》,2010年第1期。

⑤ 参见黎庶乐:《安德森与汤普森之争:英国文化马克思主义的走向问题》,《哲学评论》,2019年第1期。

⑥ 马援:《文化唯物主义语言哲学思想研究》,经济管理出版社,2019年。

言""文化"和"社会"所涉的相关问题的分析。传统语言哲学受索绪尔语言学的影响,关注语言的形式,忽视言语事实的内容,形成了逻各斯中心主义的语言分析模式。文化马克思主义关注"语言"与"文化"的联系,批判"语言"与"言语""形式"与"内容"的二分关系,强调历史文化语义学、语言变体和社会文化语境作用的语言研究方式。英国文化马克思主义文化哲学与语言哲学之间是一个互为补充和相互作用的关系。一方面,他们借助语言哲学,探究"文化""阶级""社会"等威廉斯所称的"关键词"的语义逻辑,"揭示一些关键词所掩盖的社会真相"[1],从历史文化语言学的视角切入对文化观念的探寻。另一方面,从文化哲学开阔的理论场域汲取对语言哲学问题的思考,使得对语言问题的研究避免单一封闭系统的逻辑推演,而形成语言哲学面向现实维度的思考,开启了语言哲学的现实功能。

在《浙江社会科学》杂志就文化马克思主义议题开展的一组专题笔谈中,主持人金惠敏指出,对文化马克思主义研究的重要意义在于"'文化'被特殊地赋义(例如从人类学和后结构主义符号学等角度),并因而从作为研究的对象上升到作为研究的方法论,于是所谓'文化马克思主义'便意味着从作为理论的文化重访作为理论的马克思主义,这是其新意所在"[2]。王雨辰、张星萍的《马克思恩格斯的语言哲学思想及其对国外马克思主义的影响》[3]一文,集中探究了文化马克思主义的语言哲学研究的状况。马援在《文化唯物主义语言哲学思想研究》一书和《文化马克思主义语言哲学的新形式思想探讨》《语言哲学的社会功能——以英国新左派语言哲学四重奏为例》[4]《历史唯物主义视域中语言哲学基本范畴演进思想研究》[5]等文章当中,探究了关于文化马克思主义从马克思主义语言哲学出发探究索绪尔"语言"与"言语"二分关系,并进而形成"结构 – 文化主义"范式的语言哲学和符号学

---

① [英]威廉斯:《关键词》,刘建基译,生活·读书·新知三联书店,2005 年,第 3 页。

② 金惠敏:《主持人语》,《浙江社会科学》,2020 年第 4 期。

③ 王雨辰、张星萍:《马克思恩格斯的语言哲学思想及其对国外马克思主义的影响》,《哲学动态》,2019 年第 1 期。

④ 马援:《语言哲学的社会功能——以英国新左派语言哲学四重奏为例》,《当代国外马克思主义评论》,2017 年第 2 期。

⑤ 马援:《历史唯物主义视域中语言哲学基本范畴演进思想研究》,《马克思主义理论研究》,2020 年第 7 期。

的过程。《文化唯物主义语言哲学思想研究》一书指出,英国文化马克思主义通过将关系社会历史发展变化的关键词项作为剖析现代社会深层矛盾的关键,将语言置于文化、社会、历史、政治更为广泛的现实场景,以语言的实践性替代语言的抽象语法规则,形成了语言哲学社会功能的拓展。

(四)文化马克思主义存在的问题

文化马克思主义作为 20 世纪西方马克思主义发展的组成部分,是受社会历史条件和学术理论自身发展过程等客观条件制约的。就文化马克思主义的形成而言,主要是针对的正统马克思主义对"经济基础—上层建筑"单向度的理解方式。为此,他们为纠正这种"经济决定论"的观念,以文化的物质性和实践性内涵、意识形态的作用、文化的政治学功能等方面,突出文化在社会结构的作用。在这一过程中,由于要驳斥"决定论"的错误,他们在强调文化的社会功能时,往往因"矫枉过正"而出现偏重文化、忽视经济的情况,这也造成了招致他们理论诟病的重要方面。

还有一方面就是,早期文化马克思主义所面对一个重要问题就是对现代"形而上学"的批判,同时,他们面对的社会问题也比较集中。因此,他们阐释的观点和形成的理论也相对不是那么庞杂,形成了比较系统的观点。他们尽管形成了自下而上微观文化显影社会深层问题的方式,但是这些理论都是一般化的和整体化的问题,涉及的是整个生活世界、总体的文化生活和普遍的人类主体的问题。他们书写和倡导的逻辑是小写的、复数的和多样化的,形成的是一般意义上的整体理论和构想社会整体发展的图景。然而随着后现代主义思潮的涌现,以及当代社会发展变化的复杂性,当代文化马克思主义者也受到了影响,他们开始拆分这个被各种文化现象所包裹的世界,形成了更加微观化、具体化和多元主体化的研究方式,包括对边缘群体、性别、种族、生态进行更加精细化的分类研究。因此,就当代文化马克思主义而言,很难用一类学科、一套词项和一种思路去描述它的状况,要想知道它的全貌需要把所有的这些"拼接"在一起。这就会产生另一种结果——主体力量的分化和社会集中矛盾的分散。这也是当代文化马克思主义受到批判的另一个主要问题。

国内学界既充分肯定了文化马克思主义是作为 20 世纪以来马克思主义一个重要的丰富和发展路向,也针对其理论的不足和现实的困境从不同视角进行了剖析,特别是这一理论过于偏重文化批判而忽略了政治经济的社会矛盾。例如,《论文化马克思主义的批判理论及其内在困境》《英国文化马克思主义的理论特性与当代启示——以英国早期新左派的分析为中心》[①]等文章,都持有对文化马克思主义这一层面的批评。

六、结语

　　在关于文化马克思主义的各种文献资料中,一个显著的特点就是这一词项本身存在广义和狭义两种不同边界的混用现象。在厘清指代边界问题的过程中,我们也就可以进一步分析出这种混用的产生与当时的社会历史状况及 20 世纪初整个人文思潮的变化有密切的联系。从文化马克思主义两种指代意义的历史成因进行追问,一方面,可以从思想史的角度理解文化马克思主义的形成过程,另一方面,可以看到两个时间节点的文化马克思主义,即一战之后早期西方马克思主义与二战之后法兰克福学派和英国文化马克思主义学派之间所面临的问题和切入方式的不同。实际上,这为理解早期西方马克思主义、法兰克福学派和英国文化马克思主义之间的联系提供一种视角。

　　对比“文化马克思主义”与“文化转向”这两个词项之间的联系与区别,也是一个重要的研究切入点。在“文化转向”的语境之下,文化马克思主义可被理解为 20 世纪之后马克思主义面对时代问题大规模且自发形成的显著倾向。在“文化转向”的背景之下看待“文化马克思主义”的问题,一方面,可以在一定程度上解答为什么会有大量的马克思主义者在 20 世纪不约而同地从“文化”角度展开马克思主义的研究。另一方面,可以从“文化转向”的视域,进一步认识到文化马克思主义的理论意义和现实价值。与此同时,也可以从文化马克思主义的研究中看到早期西方马克思主义对“文化转向”这一

---

　　① 陈金山:《英国文化马克思主义的理论特性与当代启示——以英国早期新左派的分析为中心》,《甘肃理论学刊》,2019 年第 3 期。

20 世纪以来人文思潮重要标志的理解,并由此形成其文化理论的过程。

在此基础上,我们便可以从基本观点和热点议题对文化马克思主义作出更进一步的具体分析。一方面阐释文化马克思主义的基本论域和核心思想,另一方面分析文化马克思主义思想的局限和存在的问题。

综合上述分析,从目前国内学界对文化马克思主义的研究来看,整体分析已经有了一定积淀的研究。随着文化马克思主义针对资本主义不同文化姿态和文化现象的分析和释义,会出现不同文化主题和不同理论范式具体化的分类,包括文艺理论、当代艺术、传播媒介、符号理论和语言分析,有待国内学者进一步开垦。

总之,文化马克思主义无论其产生的历史背景和现实指向,还是所具有的理论内涵和方法论价值,对于马克思主义在当代西方世界的发展都做出了一定的贡献,对我国进行马克思主义文化理论研究和实现推进现代化文化建设也具有一定的参考意义,国内对文化马克思主义的研究必将持续不断地深入进行下去。

分报告四
对"政治马克思主义"的研究

近年来,国内对政治马克思主义(Political Marxism)的研究已经进入一个稳步发展阶段,艾伦·梅克森斯伍德(Ellen Meiksins Wood)和罗伯特·布伦纳(Robert Brenner)等政治马克思主义主要代表人物的专著和论文已经陆续被翻译成中文,也引起了国内学术界的广泛关注。

一、政治马克思主义概况

(一)"政治马克思主义"的概念缘起

政治马克思主义的代表人物主要包括美国的罗伯特·布伦纳、加拿大的艾伦·梅克森斯·伍德和乔治·科米奈尔(George Comninel)、英国的汉内斯·拉切尔(Hannes Lacher)和贝诺·塔斯卡(Benno Teschke)等,罗伯特·布伦纳和艾伦·梅克森斯·伍德被誉为政治马克思主义的两位主要旗手。[①]学术界一般认为,伍德是一位杰出的马克思主义历史学家和政治学家,她直接推动了政治马克思主义的发展,在历史唯物主义、政治理论的社会史、资本主义的分析等方面有着重要的贡献。

"政治马克思主义"这个概念最先是法国马克思主义历史学家盖伊·博伊斯(Guy Bois,也有论者按法语原文发音译为吉·布瓦)于1978年提出的,其目的本身是为了批判布伦纳,认为布伦纳在《欧洲前工业时代的农业阶级结构与经济发展》一文中对历史的解释具有唯意志论倾向。盖伊·博伊斯

---

① 参见鲁克俭、郑吉伟:《布伦纳的政治马克思主义评析》,《当代世界与社会主义》,2006年第2期;张秀琴:《"经济马克思主义"者:罗伯特·布伦纳》,《中国社会科学报》,2011年11月29日。

对布伦纳有严重的误解，但后来伍德、布伦纳、科米奈尔等人都沿用了"政治马克思主义"这个术语来标识自己的研究方法和理论体系。

盖伊·博伊斯之所以用"政治马克思主义"一词来界定布伦纳的研究方法，是因为他认为布伦纳过于强调阶级斗争在前工业时期欧洲历史中的决定性作用，忽视了社会发展的经济因素，遮蔽了历史的发展的复杂性。以布伦纳和伍德为代表的政治马克思主义其实并没有忽视经济因素或否定经济基础的作用，而是深刻揭示了前资本主义和资本主义的根本差异。在前资本主义社会，阶级剥削关系直接是政治性的，并且是建立在超经济强制手段（政治、司法、军事）之上，前资本主义社会的阶级关系没有遵循一种"经济的"逻辑，而是经济与政治的统一，并且对经济剩余的榨取更多地通过政治关系才能实现。而在资本主义社会，政治与经济是分离的，并且是通过纯经济规则（资本逻辑）来实现对剩余的榨取。因此，前资本主义社会的阶级关系从根本上来说不是经济关系，而是政治的关系，故而以"政治马克思主义"这一概念来揭示该学术共同体的理论内容和方法论特色也是非常合适的，也获得了包括政治马克思主义学派的代表人物的认可。

（二）政治马克思主义的代表人物和著作

张福公指出，政治马克思主义在北美形成，已经经过了四十多年的发展历程，形成了三代学术共同体。第一代包括罗伯特·布伦纳、艾伦·梅克森斯·伍德、尼尔·伍德（Neal Wood）、乔治·科米奈尔、查尔斯·波斯特（Charles Post）、哈维·凯伊（Harvey Kaye）等。第二代包括汉内斯·拉切尔、贝诺·塔斯卡、迈克尔·兹莫莱克（Michael A. Zmolek）、塞缪尔·科纳弗（Samuel Knafo）、杰夫·肯尼迪（Geoff Kennedy）。第三代包括萨维埃·拉弗朗斯（Xavier Lafrance）、埃伦·迪兹金（Eren Duzgun）等。①

杨龙波和薛峰指出，政治的马克思主义致力于对资本主义的批判。在新马克思主义历史学中，艾伦·梅克森斯·伍德因对全球资本主义的猛烈批判，被冠以"政治的马克思主义"称号。伍德在《资本的帝国》中，从历史唯

①　参见张福公：《"政治马克思主义"的历史发展与理论"重建"——访乔治·科米奈尔教授》，《国外理论动态》，2019 年第 2 期。

物主义理论分析转向新帝国主义时代之资本和领土扩张问题的深入研究。伍德和布伦纳等人开创的政治的马克思主义不仅没有背离马克思主义,反而澄清了传统马克思主义关于资本主义的起源、本质和发展形态等一系列问题,并通过重构社会历史分析模式,强化了马克思的历史唯物主义分析方法,彰显了马克思主义的当代价值。①

艾伦·梅克森斯·伍德的主要著作有:《思想与政治:自由和社会主义的个人主义的内涵》《资本主义的起源》《资本主义的原始文化》《资本的帝国》《民主反对资本主义》《新社会主义》《自由与财产——从文艺复兴到启蒙的西方政治思想的社会史》《公民到贵族——从古代到中世界的西方政治思想的社会史》等。尼尔·伍德的主要著作有:《约翰·洛克和农业资本主义》《西塞罗的社会和政治思想》《共产主义与英国知识分子》《美国的专制——资本主义与国家的衰落》《政治经济学的基础——都铎早期对国家和社会的看法》《对政治理论的反思:来自过去的理性之声》《洛克的政治哲学:人类理解论的社会学研究》。艾伦·梅克森斯·伍德和尼尔·伍德合写的著作有《阶级意识形态和古代政治理论》《叛乱的号角——政治理论与资本主义的兴起》等。罗伯特·布伦纳的主要著作有:《马克思社会发展理论新解》《全球动荡的经济学》《繁荣与泡沫》。乔治·科米奈尔的主要著作有:《马克思著作中的异化与解放思想》《重思法国大革命》。

此外,关于政治马克思主义的代表作还有:汉内斯·拉切尔的《超越全球化:资本主义、领土主义和现代性的国际关系》、贝诺·塔斯卡的《1648 年的神话:阶级,地缘政治,以及现代国际关系的形成》、哈维·凯伊的《英国马克思主义历史学家:导论性分析》、科林·莫尔斯的《资产阶级欧洲的形成:专制主义、革命与资本主义在英国、法国和德国的兴起》、杰夫·肯尼迪的《掘土派、平等派和农业资本主义:17 世纪英国的激进政治思想》、拉弗朗斯和波斯特合编的《关于资本主义起源的案例研究》等。

---

① 参见杨龙波、薛峰:《21 世纪加拿大马克思主义研究发展趋向》,《学习与探索》,2020 年第12 期。

(三)政治马克思主义的主要特点

张福公指出,政治马克思主义的内涵主要包括四个方面:第一,政治马克思主义是20世纪70年代诸多国外马克思主义思潮(如英国马克思主义历史学派、结构主义马克思主义、后马克思主义等)在特定历史语境下相互碰撞、融合和竞争的产物。第二,政治马克思主义是两位创始人布伦纳和伍德及其学生在特定历史语境下独立探索、相互影响和共同发展而成的集体智慧。第三,目前政治马克思主义已发展为拥有两三代理论传承、多个学术重镇、影响诸多学科领域的理论流派。第四,历史特殊性、阶级关系和阶级分析构成了政治马克思主义的核心范畴和方法,在一定程度上对历史唯物主义的历史 – 政治维度作出了重要深化。[①] 汪行福认为,政治马克思主义把历史作为理论分析的核心,强调社会主体和阶级冲突在解释历史中的作用,反对非历史的传统马克思主义分析模式,他们认为历史唯物主义不能理解为社会历史的一般规律,而应该首先理解为对资本主义社会的批判。[②] 陈学明也指出,政治马克思主义由美国的罗伯特·布伦纳、加拿大的艾伦·梅克森斯·伍德等人提出,他们的理论观点强调的是对资本主义社会的批判和对历史唯物主义的重释。[③]

综合起来看,伍德和布伦纳开创的政治马克思主义的突出特点可以归纳为以下五个方面:

第一,政治马克思主义没有脱离实际的社会生活而定义生产,而是强调生产作为一种社会现象而存在。应该说,生产方式是历史唯物主义的核心概念,其构成的生产关系同样具有政治意义,政治马克思主义是从当代资本主义社会的现实出发,揭示了资本主义的权力结构和运行结构的变化,凸显了社会生产指向政治层面的意义。

---

① 参见张福公:《"政治马克思主义"的历史缘起、代际发展与理论意义——访乔治·科米奈尔教授》,《当代国外马克思主义评论》,2019年第2期。
② 参见汪行福:《国外马克思主义研究总报告(2012)》,载复旦大学当代国外马克思主义研究中心等编:《国外马克思主义研究报告2012》,人民出版社,2012年,第16~18页。
③ 参见陈学明:《论当代西方马克思主义》,《西南林业大学学报》(社会科学),2017年第1期;陈学明:《后金融危机时期国外马克思主义理论研究新趋向述评》,《东北师大学报》(哲学社会科学版),2020年第2期。

第二,政治马克思主义否定了对"基础"和"上层建筑"的刚性分离,强调要重建历史唯物主义的基本概念和结构。政治马克思主义认为资本主义的生产关系具有特殊性,由生产关系构成的生产方式是历史形成的,而且直接决定了社会关系的性质与形式。任何社会都是由"基础"和"上层建筑"共同组成的,它们二者不能刚性分离,"基础"和"上层建筑"是不可分割的,一方面是因为生产关系中包含了某种特殊的政治和法律关系形式,其本身是由权力结构组成的;另一方面"基础"中也包含了政治和法律的内容,比如村庄和国家等政治机构本身就是生产关系的组成部分,并总是以社会财产的形式表现出来。因此,"基础"和"上层建筑"刚性的分离只会遮蔽现实的资本主义社会的剥削关系,无法从总体上认识资本主义的逻辑与运行规则。

第三,政治马克思主义强调经济背后的超经济因素特别是政治共同体的作用,主张重建历史唯物主义的批判范式,反对传统马克思主义的非历史的分析模式,发展了一种深刻的辩证方法,主张在世界历史中定义资本主义。它将结构主义和目的论转变为作为特殊竞争的过程和生活实践的历史特殊性,主要探讨前资本主义社会的发展过程。"前资本主义的社会财产关系是超经济的,或者说是政治的,而资本主义的社会财产关系是经济的。这正是艾伦·伍德、布伦纳和我对资本主义社会关系的特殊性进行'小题大做'的原因。"[①]

第四,政治马克思主义认为资本主义是一个强力的暴力系统,具有历史特殊性。政治马克思主义指出,当代资本主义是由纯经济规则驱动,其竞争和利润最大化的强制必将使得效率得到提升,但是资本主义的产生不是自然而然的结果,也不是直接由现代城市的发展、贸易的扩大和科技的进步推动的,而是在特殊的时刻,在农业领域发生社会财产关系的转变的基础上产生的。因此,资本主义不是永恒的,是历史性的存在,必将由于其内在的暴力倾向和矛盾走向消亡。

第五,政治马克思主义强调资本主义的"经济"和"政治"之间的复杂关系。政治马克思主义认为在资本主义社会,"经济"领域是一个独特领域,具

---

① 张福公:《"政治马克思主义"的历史发展与理论"重建"——访乔治·科米奈尔教授》,《国外理论动态》,2019 年第 2 期。

有自身的运行规则、权力和支配形式。"政治"领域与"经济"领域相分离,支撑资本逻辑扩张。在"政治"与"经济"分离的基础上,形成了独特的阶级关系和社会关系,使资本主义形成了一种整体社会系统和新的社会权力配置。

二、国内学界研究政治马克思主义的主要议题

国内学界主要从以下四大方面对政治马克思主义进行了全面系统地研究,深刻阐释了政治马克思主义的基本内容和当代价值。

(一)资本主义起源与社会发展形态理论

国内学术界对政治马克思主义的资本主义起源和社会发展形态理论的研究主要集中于伍德和布伦纳,具体包括以下三个方面。

其一,从总体性角度。宋凯旋指出,政治马克思主义认为马克思的文本中存在着两种过渡理论,它们分别指涉两种截然不同的历史唯物主义。政治马克思主义对资本主义起源的分析对探索马克思的历史理论提供了极为有益的借鉴,但是"未能在马克思的历史科学所容纳的生产力决定论与阶级能动性之张力中把握资本主义起源问题,而难免会被指责为从一种极端(生产力决定论)走向另外一种极端(阶级能动性)"[①]。冯旺舟指出,政治马克思主义认为,资本主义起源于英格兰的农业领域,其根源在于社会财产关系的转变。马克思主义内部围绕资本主义的起源,提出了商业、绝对主义国家、城市、阶级斗争等一系列不同的解释观点。由于资本逻辑和社会财产关系的转变,资本主义社会呈现出从农业资本主义转变到工业资本主义,再从工业资本主义发展为殖民主义的帝国主义,最后从殖民主义的帝国主义转型为资本帝国主义的螺旋式发展过程。"资产阶级范式"无法解释资本主义的起源与社会形态发展。资本主义不是人类天性自然不可避免的结果,或者朝着交换方向的旧社会的发展趋势,它具有历史特殊性。资本主义从诞生开始就是政治与经济分离的,并以这种分离强化了其意识形态的统治,并

---

① 宋凯旋:《资本主义起源与历史唯物主义的两种模式——基于"政治马克思主义"的理论进路》,《理论与现代化》,2020 年第 2 期。

在其无法消除的深刻的内在矛盾中走向社会主义。①

其二,从伍德角度。冯雷指出,伍德讨论了商业化解说模式的关键点和对这种模式的几个有代表性的不同观点,并提出了关于农业资本主义起源的看法。伍德认为,资本主义不像商业化模式描绘的那样是一种历史的必然,而是在非常特殊的条件下意外形成的。伍德认为,安德森关于绝对主义与封建制的结构变化的解释的可取之处在于,通过绝对主义国家这段历史解释了封建的经济权力与政治权力的分离过程。伍德关于资本主义起源的观点直接继承布伦纳的观点,并在此基础上丰富发展。② 冯旺舟、郭丁等人指出,伍德分析与批判了广泛流传的资本主义商业化模式、人口学模式、绝对主义国家说,立足英国农业实际,确立了农业资本主义起源学说。伍德考察了产权转变与阶级斗争对资本主义起源产生的推动作用,认为封建制度在西欧有多种形态,资本主义只是其中之一。③

其三,从布伦纳角度。近年来对布伦纳资本主义起源理论的研究逐渐成为热点,学术界揭示了布伦纳资本主义起源理论的理论主旨、特点和内容。张云鹤详细论述了布伦纳引发的关于从封建主义向资本主义过渡的讨论。他指出,布伦纳对新马尔萨斯主义的批判,以及用比较的方法来考察不同的欧洲国家的阶级结构和阶级斗争,得到了英法两国一些学者的支持。④ 沈汉指出,布伦纳在《前工业欧洲农村的阶级结构和经济发展》一文中指出,英国和法国两国农村阶级结构的不同决定了农业发展的不同结果。在英国,正是基于农业资本家阶级出现的一种农业革命,使得英国变成经历工业化的第一个国家。⑤ 侯建新指出,布伦纳在 20 世纪 70 年代已开始关注资本主义起源问题,并将关于西欧自然经济瓦解及其向现代化过渡动因的大辩

---

① 参见冯旺舟、彭贤则:《"政治马克思主义"的资本主义社会发展形态理论评析》,《山东社会科学》,2021 年第 4 期。

② 参见冯雷:《评艾伦·伍德的〈资本主义的起源〉》,《当代世界与社会主义》,2005 年第 4 期。

③ 参见冯旺舟:《资本主义的解蔽与反思——论艾伦·伍德的资本主义起源理论及其启示》,《江西师范大学学报》(哲学社会科学版),2019 年第 1 期;郭丁:《艾伦·伍德资本主义起源理论建构的系统分析》,《系统科学学报》,2019 年第 4 期;姜越亚:《资本主义起源问题新探——基于劳动与财产权关系变革的视角》,《重庆第二师范学院学报》,2020 年第 1 期。

④ 参见张云鹤:《西方关于从封建主义向资本主义过渡的新讨论》,《世界历史》,1980 年第 6 期。

⑤ 参见沈汉:《近代英国农业的结构和性质问题——兼论从封建主义向资本主义过渡问题》,《史学理论研究》,2007 年第 1 期。

论再次推向高潮。布伦纳批判了"人口学模式"和"商业化模式",提出自然经济的转变是由"农村阶级结构"决定的,但其"阶级结构模式"也遇上了难以解答的诘难。①

刘又嘉指出,布伦纳关于封建主义转型的理论是其重要理论成果,布伦纳认为资本主义是偶然产生的,建立在以阶级斗争为契机的社会财产关系的转型基础之上,揭示了西欧资本主义起源的两个主要因素。② 李睿将布伦纳的资本主义起源理论作为其资本主义批判理论的一部分,他们认为布伦纳批判了"新斯密马克思主义"、人口论模式和商业化模式,提出了农业资本主义起源理论,并引发了著名的"布伦纳辩论"。③ 汪玉将布伦纳的资本主义起源理论置于"经济马克思主义"的研究范围,指出布伦纳构建了社会财产关系理论、过渡理论和经济危机理论,阐释了布伦纳在两次关于过渡的争论中的影响,特别是第二次关于欧洲从封建社会向资本主义社会的过渡的争论引发了著名的"布伦纳之争"。④

鲁克俭、郑吉伟、张秀琴等学者揭示了布伦纳关于封建主义向资本主义过渡中的社会财产关系转变的特点,指出英国作为人类历史上第一个实现现代经济发展的社会是特例而非常例;资本主义财产关系在英国的出现是"非故意"的结果。布伦纳的重要理论贡献就是他所提出的"社会财产关系论"。该理论认为,一切社会的发展,都取决于由水平关系和垂直关系(以不同社会群体对生产资料的占有和使用方式为划分依据)所构成的宏观结构的变化。因此,分析这两个维度的关系(它们分别包括不同阶级之间的"阶级关系"和同一阶级内部的"竞争关系")就成了他研究资本主义兴起与发展的重要基础和指导原则,并由此在美国学界引发了著名的"布伦纳之争"。⑤

---

① 参见侯建新:《中世纪英国农民个人力量的增长与自然经济的解体》,《历史研究》,1987 年第 3 期。

② 参见刘又嘉:《R. 布伦纳"封建主义向资本主义过渡"理论评析》,北京外国语大学硕士学位论文,2019 年。

③ 参见李睿:《布伦纳的资本主义批判理论研究》,湖北工业大学硕士学位论文,2018 年。

④ 参见汪玉:《罗伯特·布伦纳的经济马克思主义理论探析》,江南大学硕士学位论文,2017 年。

⑤ 参见鲁克俭、郑吉伟:《布伦纳的政治马克思主义评析》,《当代世界与社会主义》,2006 年第 2 期;张秀琴:《当代美国"经济马克思主义"的社会发展观——以布伦纳的"社会财产关系论"为例》,《江海学刊》,2012 年第 4 期;张秀琴:《马克思主义社会与历史理论的经济学视角——罗伯特·布伦纳教授访谈》,《北京行政学院学报》,2011 年第 6 期。

唐小梅指出,西方马克思主义关于资本主义的起源问题有三次争论,包括"多布－斯威齐之争""汤普森－安德森之争""布伦纳之争"。"布伦纳之争"的焦点问题在于生产力和财产关系,布伦纳对西方史学界两种被其称为传统理论的"商业化模式"和"人口学模式"进行了批判。布伦纳认为社会财产关系是更标准的生产关系,故又将布伦纳关于资本主义起源的理论称为"社会财产关系模式"。① 陈广思依据布伦纳的社会财产关系理论,展开了对马克思所有制思想的分析。他指出,布伦纳的"财产关系"与马克思的"所有制关系"不仅在英语表达上是相同的,而且在本质内容上是相通的。布伦纳整个理论出发点或者根本前提是对封建主义的和资本主义的社会财产关系的新理解。② 初庆东、王芊人指出,布伦纳重视产权关系的独特性与差异性。在布伦纳看来,导致欧洲各国在同一时期、相似境况下发展迥异的缘由恰是社会产权关系的分殊。正是由于英国独特的"传统地主—资本主义的佃农—雇工"的阶级结构与"再生产法则",使得各阶层利益交错,地主与佃农共同致力于农业生产进步,"农业资本主义"得以生长。③

(二)新帝国主义(资本帝国主义)理论

陈学明和朱南松指出,伍德论证了在全球资本主义统治下所出现的所有问题主要是由资本主义的一些基本法则,如竞争原则、利润最大化原则和资本积累原则所造成的,而不是像一些人通常所理解的那样是由全球化带来的,全球化只是强化了这些法则而已,而且全球化本身其实是这些法则的结果而不是其原因。全球化的实质包括:其一,全球化是以美国为代表的"资本帝国主义"对世界贸易的操控;其二,全球化与自由贸易是两回事,在全球化状态下只会鼓励不发达国家向发达国家开放,而不会允许发达国家向不发达国家开放,如果真正实施双向开放,那就有违于全球化的设计者的

---

① 参见唐小梅:《西方马克思主义者在资本主义起源问题上的"转型之争"》,《当代国外马克思主义评论》,2020 年第 2 期。

② 参见陈广思:《马克思所有制思想视角中的经济支配与超经济支配——从布伦纳的社会财产关系理论说起》,《浙江社会科学》,2021 年第 4 期。

③ 参见初庆东、王芊人:《西方学界关于资本主义起源模式之争》,《中国社会科学报》,2019 年 3 月 12 日。

初衷;其三,全球化所带来的结果一方面是形成了受制于资本帝国的附庸经济的市场,另一方面则是资本帝国尽量不受全球化反面效应的影响;其四,全球化过程中所出现的问题的根源不在于全球化程度高不高的问题,而是穷国市场面对帝国资本时的脆弱。正因为如此,伍德要求人们在抨击全球资本主义时,必须把矛头紧紧地对准资本主义,而不能把重心放在全球化上。①

冯旺舟和刘亚品等人认为,民族国家在全球化的进程中的作用不是削弱了,而是增强了,具有不可替代的作用。民族国家一方面充当着资本的导流器,另一方面也成为革命的能量场,制约资本的渗透与扩张。资本的全球积累和扩张需要民族国家,民族国家依然发挥着跨国经济组织无法替代的作用。② 魏凌云从国家和帝国主义关系角度指出,政治马克思主义以"政治-经济"范畴为分析框架,强调了资本主义的本质在于经济领域从政治领域中分离,且二者共同服务于资本剥削与操控的目的,凸显了"权力"作为历史分析中介的关键地位,以及国家主权多元化所带来的国家间竞争对资本帝国主义的重要影响,该论证是对资本逻辑普遍性理论的回应。这在一定程度上推动了政治维度与经济维度的内在关系研究,并将市场逻辑与国家干预这对矛盾置于全球化议题的突出位置。但是政治马克思主义采用权力逻辑分析资本主义政治形式,强调民族国家是国际体系唯一单位的结论,不仅掩盖了权力斗争的原因,而且违背了客观事实,忽视了国际组织的积极作用。因此,只有从政治马克思主义理论根源出发批判其对资本主义政治形式的分析,才能够发现根本缺陷。③

冯旺舟指出,伍德正确阐释了资本主义全球化的本质,认为资本主义的全球化既是其成功的标志,又是其失败的开端;全球化是资本的国际化,是

---

① 参见陈学明、朱南松:《为什么有些人总看不到当今资本主义的矛盾与危机》,《社会科学战线》,2007年第6期。

② 参见冯旺舟:《资本的导流器还是革命的能量场?——论艾伦·伍德的民族国家理论及其当代启示》,《马克思主义理论学科研究》,2018年第4期;刘亚品:《资本积累与权力逻辑——大卫·哈维与艾伦·伍德的新帝国主义观之比较》,《北京师范大学学报》(社会科学版),2014年第4期。

③ 参见魏凌云:《权力逻辑·多元存在·帝国主义——论政治马克思主义对资本主义政治形式的分析》,《江苏海洋大学学报》(人文社会科学版),2021年第1期。

资本主义的普遍化,其目的是为了实现资本帝国主义的全球霸权。① 现代性与资本主义不是一回事,不能将资本主义的历史划分为现代性和后现代性两个阶段,资本主义的本质并不因为历史的发展而改变。② 姜霁青指出,全球化标志着资本主义的空间扩张已达至顶点,也意味着资本主义的系统性矛盾愈发普遍化,全球资本主义时代社会主义政治的可能性不是更小了而是更大了。③ 华倩从国际关系角度研究了政治马克思主义代表人物贝诺·塔斯卡的现代国际关系理论,她认为以贝诺·塔斯卡为代表的政治马克思主义学者对 1648 年威斯特伐利亚和约的签订所开创的近现代国际关系进行了批判性的研究。塔斯卡批判性地分析了新现实主义、建构主义、历史社会学等国际关系理论对这一重大国际关系转变的误读,运用辩证唯物主义和历史唯物主义的方法对历史分界线进行重新划分。④

根据冯旺舟等学者的研究,伍德的新帝国主义理论的实质、特点、逻辑与现实意义,可以主要归纳成以下三点:

其一,新帝国主义之"新"的实质。朱晓庆指出,伍德的新帝国主义之"新"在于通过纯经济手段实施霸权,而哈维仍然囿于旧殖民模式,没有区分新旧帝国主义的实质。⑤ 陈人江指出,美国作为新帝国主义代表,其特殊性在于,它不会也不可能回到旧的殖民帝国主义,美帝国主义是通过市场(或资本)的力量而不是军事专制暴政来进行统治。⑥ 陈学明指出,国外马克思主义理论家结合当代资本主义的发展和新的国际统治形式进行新帝国主义批判。罗伯特·布伦纳提出,传统帝国主义在保护国家和民族资本利益时是垄断的、排他性的,这自然导致战争。相反,美国的霸权和美国资本的增

---

① 参见冯旺舟:《政治马克思主义的全球化理论及其启示——基于艾伦·梅克森斯·伍德的视角》,《广西社会科学》,2016 年第 10 期。

② 参见冯旺舟:《穿越现代性的迷宫——艾伦·梅克森斯·伍德的现代性理论评析》,《山西师大学报》(社会科学版),2015 年第 3 期。

③ 参见姜霁青:《艾伦·伍德对资本空间扩张的政治经济学分析及其启示》,《当代世界与社会主义》,2018 年第 1 期。

④ 参见华倩:《贝诺·塔斯卡的现代国际关系理论及其启示》,《广西社会科学》,2017 年第 10 期。

⑤ 参见朱晓庆:《反抗之路:伍德对哈维新帝国主义的批判指向》,《知与行》,2018 年第 4 期。

⑥ 参见陈人江:《新帝国主义的特征及可能的反抗方向——评艾伦·伍德〈资本的帝国〉》,《国外理论动态》,2007 年第 3 期。

殖是通过实施国际经济和地缘政治战略来实现的,而这些战略中的绝大多数也能够实现其经济伙伴甚至竞争对手的利益。伍德从现代资本主义社会"政治"与"经济"的分离,来分析新帝国主义的创新之处。①

其二,新帝国主义的权力逻辑。冯旺舟、戴卫华、刘亚品等人是从伍德与哈维的比较角度进行阐释,指出在权力的资本逻辑和领土逻辑中,伍德强调资本逻辑,哈维更重视资本逻辑和领土逻辑的互相交错,强调剥夺性积累的重要性。哈维认为,资本积累的无限扩张需要政治权力的无限扩张,资本积累产生的逻辑起点是权力的政治逻辑。伍德认为,资本可以独立于政治权力之外而存在,资本积累依赖资本自身的经济权力逻辑,并受到市场法则的制约和维护。②蒋天婵指出,伍德对哈维关于新帝国主义的权力逻辑进行了批判,伍德认为哈维尽管肯定了领土逻辑和资本逻辑之间关系的复杂性,但他在解释新帝国主义事实的过程中仍然肯定了资本逻辑的优先性,并立足资本扩张解释领土政策。这种解释模式承袭传统帝国主义理论,其理论前提是确立资本积累和领土扩张之间的必然性。伍德认为这种必然性是不成立的。她区分了经济力量和超经济力量,前者对应于哈维的资本逻辑,后者对应的是领土逻辑。一方面,资本的地理扩张未必需要国家在政治层面的支持,更不一定要求国家通过殖民扩大自身的领土范围;另一方面,国家并不必然支持本国资本的地理扩张。二者关系的不确定性彰显了领土逻辑,或者超经济力量之于资本逻辑的独立性,资本逻辑和领土逻辑在新帝国主义时期是冲突的。③

其三,新帝国主义的矛盾、危机与反抗斗争。冯旺舟指出,伍德认为新帝国主义具有多重矛盾和危机,主要包括:新帝国主义的全球性扩张与弱化竞争对手的矛盾、新帝国主义对地理空间界限的突破与追求社会秩序稳定

---

① 参见陈学明:《论当代西方马克思主义》,《西南林业大学学报》(社会科学),2017 年第 1 期。

② 参见冯旺舟:《权力逻辑、矛盾布展及其反抗路径——论新帝国主义的发展及其现实启示》,《马克思主义与现实》,2016 年第 5 期;戴卫华:《辩证看待西方左派新帝国主义理论》,《马克思主义研究》,2018 年第 8 期;朱晓庆:《伍德与哈维争论:资本逻辑与帝国的空间扩张》,《宁夏大学学报》(人文社会科学版),2014 年第 5 期;刘亚品:《资本积累与权力逻辑——大卫·哈维与艾伦·伍德的新帝国主义观之比较》,《北京师范大学学报》(社会科学版),2014 年第 4 期。

③ 参见蒋天婵:《"双重逻辑"与马克思主义新帝国主义理论》,《东南大学学报》(哲学社会科学版),2020 年第 3 期。

的矛盾、新帝国主义追求利润最大化与普通民众购买力持续下降之间的矛盾、新帝国主义要求全球监管与全球国家的缺失之间的矛盾、新帝国主义依赖军事手段使单一的领土国家维持资本的全球化体系与资本的无限扩张的矛盾。① 资本帝国主义在实施全球化的过程中总无法摆脱一个基本矛盾。就是既要不断开拓市场，又不能使竞争对手强大起来的矛盾。伍德要求人们根据这一矛盾来观察资本帝国主义在实施全球化过程中有所作为，也就是说，来分析它为什么既要开拓市场又要阻挠市场的发展，为什么既要推动竞争又要弱化竞争。② 民族国家仍然是反对新帝国主义最关键的舞台和最有力的主体，主张以社会主义为方向、以民族国家为平台、以工人阶级为主体力量的反抗之路。③

(三)对历史唯物主义的重释

国内学界对政治马克思主义历史唯物主义观的研究主要集中于伍德，分别从以下五个角度进行了研究。

其一，总体性角度。国内已经出版了冯旺舟的《艾伦·梅克森斯·伍德的历史唯物主义思想研究》专著，该书是国内首部研究伍德历史唯物主义思想的著作，伍德作为在英美具有重要影响的马克思主义学者，其对马克思的历史唯物主义思想的发展做出了重要的贡献。该书围绕重建历史唯物主义的理论主旨，从总体上揭示了伍德的历史唯物主义思想，阐述了伍德历史唯物主义思想的时代背景和理论来源，揭示了其理论起点、理论特点和理论趋向，深刻批判了后马克思主义、西方右翼学者对马克思历史唯物主义的误解、诘难和攻击，揭示了伍德捍卫历史唯物主义的理论追求和思想境界，比较科学地分析了伍德历史唯物主义思想的理论得失，有助于更好地认识和发展历史唯物主义，也对中国特色社会主义事业的发展具有重要的理论和

---

① 参见冯旺舟:《资本帝国主义的矛盾逻辑布展及其终结》,《山东社会科学》,2012 年第 3 期;冯旺舟:《权力逻辑、矛盾布展及其反抗路径》,《马克思主义与现实》,2016 年第 5 期。

② 参见陈学明、朱南松:《为什么有些人总看不到当今资本主义的矛盾与危机》,《社会科学战线》,2007 年第 6 期。

③ 参见朱晓庆:《反抗之路:伍德对哈维新帝国主义的批判指向》,《知与行》,2018 年第 4 期。

现实启示。①

其二,生产方式角度。关锋从生产方式角度指出,伍德既反对正统马克思主义,又批评后马克思主义。在此基础上,她借鉴汤普森和布伦纳的分析,围绕"生产方式"这个核心概念来"重建历史唯物主义",提出了政治马克思主义的主张。其核心思想是:生产方式的核心是生产关系,而生产关系的实质是围绕经济利益展开的阶级斗争,其中的关键是一定"政治共同体"的形成和维系;阶级斗争是生产方式更替、社会形态变迁的决定因素;民主在其诞生时就和一定的生产方式、阶级关系密切相关,建立在阶级对立基础上的资本主义本质上和真正的民主相敌对;历史不是机械决定的单线发展,历史唯物主义是关于历史特殊性的一般理论。冯旺舟、姜霁青、管晓刚、郭丁等人深入研究了伍德对技术决定论的批判。他们认为伍德对技术决定论的批判有三个方面的作用:一是澄清了马克思不是技术决定论者;二是将技术决定论批判与生产力决定论批判结合起来,澄清了二者之间的关系;三是阐释了历史发展的真正动因。在此基础上,伍德认为不存在超阶级、超历史和普遍的历史观,也不存在所谓由技术或生产力决定的超历史力量,历史是多因素共同决定的,要深入社会生产关系中寻找历史发展的动力,社会主义也不是单纯技术发展的结果。② 伍德的政治马克思主义主张确有不少值得称道之处,但从马克思历史唯物主义的立场来看,它对生产方式的理解也存在偏颇,以致否认历史发展的普遍规律。马克思的历史唯物主义重视历史的普遍规律性,认为在历史纷繁复杂的事件和表象背后存在着某种统一的逻辑和演进趋势,马克思的历史辩证法则把历史的普遍规律性与特殊性辩证统一起来;而伍德为了张扬历史的特殊性,突显主体能动性,竟至拒斥历史的普遍性,否认普遍规律的存在,这是伍德政治马克思主义最突出的问题。③

① 参见冯旺舟:《艾伦·梅克森斯·伍德的历史唯物主义思想研究》,中国社会科学出版社,2015 年。

② 参见冯旺舟:《艾伦·梅克森斯·伍德对技术决定论的批判》,《南京政治学院学报》,2012年第 2 期;姜霁青:《论埃伦·伍德对"生产力决定论"的质疑——一种辩证审视与思考》,《福建论坛》(人文社会科学版),2016 年第 12 期;管晓刚、郭丁:《论艾伦·伍德的技术决定论批判思想》,《科学技术哲学研究》,2019 年第 1 期。

③ 参见关锋:《生产方式的政治解读与"政治马克思主义"——析伍德对历史唯物主义的"重建"》,《南京大学学报》(哲学·人文科学·社会科学),2016 年第 4 期。

其三,历史唯物主义的重建角度。姜霁青、张晓兰等人指出,伍德认为马克思在 1859 年使用的"基础－上层建筑"隐喻被"正统"马克思主义所曲解,这种曲解不仅重复了资产阶级意识形态的错误,而且给 20 世纪围绕这一问题的理论纷争制造了"术语约束"。汤普森试图打破"约束"的努力使其备受批评,但极富价值。因此,在借鉴汤普森思想的基础上,伍德重构了经济基础和上层建筑的关系,即经济基础和上层建筑不是彼此刚性分离的两个领域,而是由社会关系及其形式构成的一个连续的结构,二者之间不是机械的决定关系,而是有机的联系。[1] 文兵指出,伍德为了解决"经济"与"政治"在理论上的分离,对于作为历史唯物主义重要范畴的"基础"与"上层建筑"的关系进行重新思考。伍德特别强调,资本主义分化出了一个"经济"领域,它意味着对剩余劳动的占有是通过"经济"手段在"经济"领域发生的,是通过商品交换的机制来实现的。但是即使有这样的理解,"经济"也并非完全独立于"政治",更确切地说,"资本主义经济和政治的分离,是政治功能本身的分化,将分化出来的功能分别分配到私人的经济领域和国家的公共领域"[2]。

其四,历史唯物主义的功能角度。朱华彬认为,伍德主要提出和论证了历史唯物主义的核心是坚持资本主义的历史性和特殊性,而不是历史的普遍规律。伍德的观点并不符合马克思本人的思想,但是她的这一观点也提醒我们,由于时代的不同,用历史唯物主义分析前资本主义社会和当代资本主义一定要谨慎。[3] 刘晓和文吉昌指出,伍德通过考察人在历史唯物主义理论中的重要功能,批判了各种形式的"决定论",并深入批判了以美国为代表的当代资本帝国主义的社会形态。伍德始终坚持个人、阶级、阶级矛盾是推动整个世界发展的终极力量,资本全球化的过程推动了民族国家的进一步完善。伍德的历史唯物主义继承了马克思思想的同时,创新了解释资本主

---

① 参见姜霁青:《拯救被曲解的"基础-上层建筑"隐喻——埃伦·伍德对经济基础与上层建筑关系理论的批判与重构》,《云南社会科学》,2015 年第 5 期;张晓兰:《艾伦·伍德对"基础-上层建筑"模型的反思与超越》,《学术交流》,2016 年第 3 期。

② 文兵:《历史唯物主义重建之下的民主观念》,《北京行政学院学报》,2012 年第 1 期。

③ 参见朱华彬:《对历史唯物主义普遍性的再思考——兼评艾伦·伍德〈民主反对资本主义——重建历史唯物主义〉》,《理论界》,2011 年第 11 期

义特性的叙述方式,为人们理解和批判当代资本主义意识形态思潮提供了新的视阈和方法论。①

其五,历史唯物主义的重建角度。陈学明教授指出,政治马克思主义强调社会主体阶级冲突在解释历史中的作用,认为历史唯物主义首先是一个资本主义社会批判理论,主张结合社会现实问题重识历史唯物主义。② 陈道庆和贺亚京在其硕士论文中着重揭示了伍德对历史唯物主义的重建实际上是把历史唯物主义理解为一种民主政治理论,着眼于以现代资本主义国家的民主政治建设为切入点,探索历史唯物主义在当代的理论创新,重新阐释生产力与生产关系、经济基础与上层建筑、历史的本质、历史的发展动力、资本主义与社会主义等基本理论问题,揭示民主政治建设在现代社会发展中,以及在历史唯物主义理论创新中的重要作用。③ 王凯慧则将伍德和哈贝马斯的重建历史唯物主义理论进行了比较研究,他阐释了哈贝马斯与伍德重建历史唯物主义的时代背景和理论背景,揭示了当今资本主义社会的现实和重建历史唯物主义的逻辑必然性;并从态度、起点、基本概念以及理论诉求四个方面比较二者的重建思路,试图从总体上分析二者重建历史唯物主义的异同,系统阐述了他们重建的目的和重建的、路径;并且评价哈贝马斯与伍德"重建论"的理论意义和现实意义,分析了理论存在的局限性。④

(四)对资本主义的批判和对社会主义的展望

张晓兰和郭丁等从资本主义政治与经济的分离角度,阐释了伍德关于阶级斗争的理论。伍德指出,资本主义经济和政治的分离使得榨取剩余成为经济领域的问题,而非政治问题。这种分离的结果造成了工人阶级的斗

---

① 参见刘晓、文吉昌:《艾伦·伍德历史唯物主义的叙事逻辑》,《苏州科技大学学报》(社会科学版),2020 年第 4 期。

② 参见陈学明:《后金融危机时期国外马克思主义理论研究新趋向述评》,《东北师大学报》(哲学社会科学版),2020 年第 2 期。

③ 参见陈道庆:《艾伦·伍德的历史唯物主义观述评——从民主视域上解读》,华侨大学硕士学位论文,2012 年;贺亚京:《论艾伦·伍德巧史唯物主义的"重建"》,黑龙江大学硕士学位论文,2016 年。

④ 参见王凯慧:《"重建历史唯物主义":哈贝马斯与艾伦伍德之比较》,山东大学硕士学位论文,2019 年。

争性与政治意识的分离,使阶级斗争也变成了争取更好的劳动和生活条件的斗争。① 孟捷、齐昊则分析了布伦纳关于资本主义危机的理论。他们认为,布伦纳对当代资本主义社会危机的分析非常有影响,特别是对20世纪70年代资本主义的危机的分析颇具特色,他聚焦于资本主义的竞争层面,阐释了竞争对制造业产出价格和利润率带来的负面影响,揭示了资本主义长期利润率下降和资本主义经济的长期停滞状态。但是他在分析中忽略了对竞争借以展开的各种前提的讨论。② 布伦纳、伍德通过重勘资本主义起源以凸显阶级关系与阶级斗争,积极捍卫阶级斗争在人类历史发展过程中的主导地位。③ 汪玉和姜宇宁对罗伯特·布伦纳的资本主义经济危机理论进行了研究,他们认为布伦纳对马克思的危机理论进行了不同的解读,他立足马克思的危机理论,以"社会财产关系论"为框架,对二战之后发达资本主义国家的经济由长期繁荣到后来的衰退作了分析研究。④ 毕丽华指出,布伦纳认为当前的经济危机根源于利润率的不断下降。布伦纳对战后资本主义利润率处于长期低迷的解释一抛出去,在西方学界就展开了一场对其的争论。她详细考察米歇尔·阿格利埃塔等人对布伦纳经济危机理论的质疑,以及以克里斯·哈曼为代表的西方左翼学者对布伦纳经济危机理论的肯定和发展。⑤

刘明明指出,针对后现代主义质疑马克思主义理论的科学性和实践的可行性,伍德从四个方面予以反驳:一是保卫历史唯物主义,反对后现代主义的非历史观;二是强调总体性的认识观,反对后现代主义的碎片化解构;三是确证工人阶级的革命主体地位,反对后现代主义消解主体;四是强调资本主义的特殊性,反对后现代主义的断裂式解读。作为反后现代主义的重

---

① 参见张晓兰:《艾伦·伍德对"基础-上层建筑"模型的反思和超越》,《学术交流》,2016年第3期;郭丁:《浅析当代资本主义经济与政治分离之现象》,《社科纵横》,2018年第3期。

② 参见孟捷:《战后黄金年代的终结和1973—1975年结构性危机的根源——对西方马克思主义经济学各种解释的比较研究》,《世界经济文汇》,2019年第5期;齐昊:《马克思主义是怎样解释金融危机的》,《政治经济学评论》,2010年第3期。

③ 参见亓光、魏凌云:《当代西方左翼思潮再政治化方案之"难"——以政治马克思主义为切入》,《内蒙古社会科学》,2021年第2期。

④ 参见汪玉、姜宇宁:《罗伯特·布伦纳对马克思经济危机理论的研究概述》,《读天下》,2016年第19期。

⑤ 参见毕丽华:《西方学者视野中的布伦纳经济危机理论》,《学理论》,2013年第1期。

要代表人物,艾伦·伍德对后现代主义的批判有利于捍卫马克思主义的正统性,但是也表现出一定的狭隘和极端。① 罗理章、李夏洁认为,伍德是当今英语国家中杰出的马克思主义者。她在《新社会主义》一书中指出,所谓20世纪的"新的真正的社会主义"实质上已经背离了马克思主义,是对马克思主义的错误修正。伍德从马克思主义经典理论出发,对"新的真正的社会主义"的"阶级退场"理论、"激进民主"和"自由民主"理论作出了深刻的批判,她既坚持了历史唯物主义的分析方法,又做到了从现实问题出发,在实践中发展经典理论,但也存在未能提供具体方案和缺少系统的批判等不足之处。在伍德看来,后马克思主义与后现代主义的实质是一致的,消解了马克思的阶级理论,推行激进民主政治,鼓吹西方的自由民主。② 郭丁和管晓刚也论述了伍德的后现代主义批判理论。他们认为,针对后现代主义的错误思潮,伍德对其进行了激烈的批判,她指出后现代主义本质是"所谓的资本主义黄金时代形成的一种意识之产物",是对资本主义批判的日渐式微,并从时代观与历史观、整体主义的研究视阈,以及工人阶级的主体地位几个方面对后现代主义思潮进行了批判,捍卫与发展了马克思主义。③

冯旺舟指出,政治马克思主义的资本主义批判理论的研究涉及了文化、意识形态和政治制度等各个方面,分析了政治马克思主义对"欧洲中心论"的批判,揭示了资本主义的本质和发展逻辑,揭示了资本主义社会的异化和不公,并且从民主幻象、政治权力私有化和政治乌托邦三个维度对当代资本主义进行了总体批判。④ 伍德从资产阶级、历史唯物主义、民族国家、社会主义四个维度对资本主义进行了总体批判。从资产阶级角度,她认为马克思和恩格斯阐释了资产阶级既具有革命性,也具有破坏性,不是真正革命的阶

---

① 参见刘明明:《后现代主义祛魅:论艾伦·伍德的反后现代主义观》,《武汉理工大学学报》(社会科学版),2014 年第 6 期。

② 参见罗理章、李夏洁:《西方后马克思主义者的乌托邦——艾伦·伍德"新社会主义"批判》,《教学与研究》,2018 年第 7 期。

③ 参见郭丁、管晓刚:《祛魅与超越——艾伦·伍德后现代主义批判理论研究》,《当代国外马克思主义评论》,2019 年第 1 期。

④ 参见冯旺舟:《政治马克思主义对"欧洲中心论"的批判——从艾伦·梅克森斯·伍德的视角》,《福建论坛》(人文社会科学版),2016 年第 7 期;冯旺舟:《民主幻象、制度内爆和政治乌托邦——"政治马克思主义"对资本主义的批判》,《国外理论动态》,2018 年第 2 期。

级,资产阶级同资本家、资产阶级革命和资本主义不能混同。从历史唯物主义角度,她认为历史唯物主义的基本观点和方法能够深刻全面地把握资本主义的剥削本质和剥削模式,揭示资本主义的双重性,也能够揭示资本主义在自身的矛盾运动中走向灭亡的宿命。从民族国家角度,她认为全球化是资本扩张的生动体现,在全球化过程中,资本主义打破了民族国家的地理空间界限,创造了一个全球市场。从社会主义角度,她认为社会主义建立在资本主义矛盾无法调节及其崩溃的基础上,建立在对"真正的"马克思主义和社会主义的坚持和发展基础上,只有超越资本主义的虚假民主,才能实现真正的社会主义民主。① 姜霁青和刘明明都认为,伍德指出了资本主义"经济"与"政治"的分离使传统的榨取剩余那部分政治权力被转移到资本手里,这意味着"超经济"领域的收缩,同时也使"超经济"产品可以被广泛地赋予劳动大众。然而这样的变化并不代表真正的政治进步。因为在伍德看来,"公民社会"中支配一切的是资本的逻辑,"形式民主"也没有改变直接生产者被剥夺的境遇。事实上,资本主义"超经济"领域的变化带来了诸多的负面效应,这一变化的实质是资本主义政治的贬值。在伍德看来,资本主义政治经济权力的分离是资本主义社会的又一特殊性表现,它掩饰并维护着资本主义的剥削体制。②

目前国内学界对伍德的社会主义观也已经作了初步研究,主要是两篇硕士论文和若干零散的学术论文。罗玉洁指出,伍德的社会主义理论是其总体理论体系的重要部分,她坚持"资本主义必将灭亡,社会主义必将胜利"的立场,力图消解"历史的终结论"的错误论断,复兴社会主义。围绕这一目标,伍德从民主、国家、全球化和新帝国主义等方面对资本主义展开了全面批判,揭示了资本主义的本质,阐释了社会主义在当今时代的重要意义。③文千菱从总体上研究了伍德的社会主义思想,她阐释了伍德社会主义的目标,探讨了伍德社会主义目标实现的途径,即实现社会主义目标与"普遍人类之善"之间的联结,梳理并归纳出伍德社会主义与民主的关系及内涵,分

---

① 参见冯旺舟:《艾伦·伍德"政治马克思主义"的资本主义总体批判探析》,《国外社会科学》,2020 年第 6 期。

② 参见姜霁青:《"超经济"领域的收缩与政治的贬值》,《马克思主义与现实》,2015 年第 5 期。

③ 参见罗玉洁:《艾伦·伍德的社会主义理论研究》,湖北工业大学硕士学位论文,2019 年。

析了社会主义国家思想的具体内容并进行了科学地评价。① 亓光和魏凌云指出,从重申革命主体在阶级社会的定位到寻找社会同质性揭露资本主义民主的虚假性,再到审视阶级利益对工人阶级革命的影响,政治马克思主义试图重建工人阶级与社会主义政治的关联以完成"再政治化"。政治马克思主义提出政治行动的科学性标准是,以社会主义目标(最终消灭阶级)为指导,以工人阶级利益与社会主义政治之间建立本质关联为首要原则,以鼓励和培育工人阶级在革命斗争中产生政治冲动为主要任务。他们对社会主义民主作了必要的阐释,包括:第一,民主的内容由一定的社会关系所决定,普遍意义的民主是不存在的;第二,民主的范围应该包括政治领域与经济领域,片面强调其中任意一个领域就违背了实质民主;第三,民主的对象是具有明确指向性的阶级,内在地规定了压迫与被压迫、统治与被统治的阶级关系。②

三、结语

从国内对政治马克思主义的研究来看,主要经过了两个阶段:第一个阶段是从 20 世纪 80 年代开始到 20 世纪末,在这个阶段,学术界开始关注布伦纳的思想,主要是围绕布伦纳的资本主义起源理论展开研究。第二个阶段从 20 世纪初开始,由于伍德和布伦纳的相关重要著作和论文被翻译成中文,国内开始更为全面深入地关注两人的思想,将研究的重点从资本主义的起源扩展为历史唯物主义、民主、当代资本主义批判等问题,并进一步展开了对他们二人作为创始人的整个政治马克思主义学派的整体研究。通过十余年的研究,国内学者对政治马克思主义的研究已经取得了较为丰硕的成果,梳理了其历史唯物主义理论、资本主义起源理论、资本主义民主理论、国家理论、全球化和现代性理论、资本帝国主义理论等,这就为加强对政治马克思主义学派的研究提供了重要的基础。

---

① 参见文千菱:《论艾伦·伍德的社会主义思想》,西南大学硕士学位论文,2019 年。
② 参见亓光、魏凌云:《当代西方左翼思潮再政治化方案之"难"——以政治马克思主义为切入》,《内蒙古社会科学》,2021 年第 2 期。

从目前来看,国内对政治马克思主义的研究已经进入到新的阶段,这表现为三个方面:一是伍德和布伦纳的主要著作被翻译成中文,并引起了学术界的广泛关注。近几年来,对于伍德著作的翻译最重要的是出版了《民主反对资本主义——重建历史唯物主义》《西方政治思想史》《资本主义的起源》等。对于布伦纳著作的翻译,主要是翻译出版了《马克思社会发展理论新解》《全球动荡的经济学》等。这些著作的出版有效地推进了对于政治马克思主义的资本主义起源和社会发展形态理论的研究,也推进了对当代资本主义金融危机的研究。

二是围绕政治马克思主义的相关议题,已经形成了数量可观的学术论文和学位论文。从博士学位论文看,主要有:冯旺舟的《艾伦·梅克森斯·伍德的历史唯物主义思想研究》、姜霁青的《埃伦·M.伍德政治马克思主义研究》、郭丁的《艾伦·梅克森斯·伍德的资本主义批判理论研究》。从硕士学位论文看,聚焦于伍德思想研究的主要有:陈谦的《"艾伦·M.伍德新帝国主义批判"的思考》、段晓民的《艾伦·伍德的社会变革主体理论探析》、陈道庆的《艾伦·伍德的历史唯物主义观述评——从民主视域上解读》、刘畅的《艾伦·M.伍德的民主理论析评》、贺亚京的《论艾伦·伍德历史唯物主义的"重建"》、罗玉洁的《艾伦·伍德的社会主义理论研究》、文千菱的《论艾伦·伍德的社会主义思想》、王凯慧的《"重建历史唯物主义":哈贝马斯与艾伦伍德之比较》等。聚焦于布伦纳思想研究的主要有:汤玉的《罗伯特·布伦纳的经济马克思主义理论探析》、李睿的《布伦纳的资本主义批判理论研究》、刘又嘉的《R.布伦纳"封建主义向资本主义过渡"理论评析》等。而从目前查阅的情况看,发表在期刊的高水平学术论文已经高达几十篇之多,研究的范围非常广泛,研究也很有深度。

三是国内形成了研究政治马克思主义学派的几个重要阵地,这包括复旦大学、中南财经政法大学、中国人民大学、山西大学、西南大学、华南师范大学等,有一批学者对该学派进行了深入的研究,并在国内学术界产生了较为重要影响。

当前对政治马克思主义的研究需要作好以下几个方面:一是加大翻译力度,将以伍德和布伦纳为核心的主要代表人物的著作翻译成中文,只有在翻译成中文的基础上，才能从整体上推进国内的研究，提升研究的水平，才能有利于同国外学界的对话和交流。二是促进国内相关研究人员和机构同加拿大约克大学、美国加州大学洛杉矶分校、苏塞克斯大学（University of Sussex）国际关系系的政治马克思主义研究小组的交流，形成世界学术共同体。三是定期组织相关学术会议，激发国内学者对政治马克思主义的关注和研究，并在相关重要刊物上发表论文，在重要出版社出版研究丛书，丰富当代国外马克思主义学术流派的研究内容，扩大影响。

总的来看，国内对政治马克思主义的研究已取得了较为丰富的成果，对我们推进当代中国马克思主义和 21 世纪马克思主义的发展，全面理解 21 世纪世界马克思主义的发展趋势都有着重要的启示意义，具体来说表现在：第一，政治马克思主义是当代国外马克思主义中具有鲜明特色的学派，其最突出的价值在于继承和发展了马克思的历史唯物主义，坚持了马克思主义的政治经济学批判，始终捍卫马克思主义的真理性、科学性和批判性。其所涉及的基本理论问题也直接源自马克思和恩格斯的相关著作，是对他们相关论述的丰富和发展，并且也善于从总体上批判分析当代资本主义，从总体上推进了对马克思主义的发展。第二，政治马克思主义的主要代表人物始终坚持社会主义和共产主义的理想和信仰，不仅反对西方左翼的悲观主义，也反对西方右翼的污蔑，他们不仅作为构建新的社会主义理论的学者而存在，而且敢于同后马克思主义、后现代主义等西方思潮进行斗争，捍卫马克思主义和社会主义，并且深入到现实的工人运动中，进行广泛的宣传，推动了 20 世纪 70 年代后西方左翼运动的发展。第三，政治马克思主义同当代国外马克思主义诸多流派，特别是同英国新马克思主义、生态学马克思主义等有着广泛的学术联系，其关于资本主义起源、历史唯物主义、政治思想史、民主、民族国家、全球化、新帝国主义、阶级等问题都深度嵌入当代国外马克思主义的学术发展中，是不可缺少的理论资源。

国内学术界对政治马克思主义的研究已经进入新的阶段，但是仍然存在一些不足和需要继续推动的方面，这表现在：

第一，对政治马克思主义的主要代表人物的研究还需要加强。国内外的研究一般只关注于伍德和布伦纳的研究，对于伍德的研究侧重于其资本主义起源和新帝国主义的研究,对于布伦纳的研究侧重于"布伦纳辩论"和当代资本主义经济发展的研究。伍德和布伦纳作为政治马克思主义的主要创立者,其思想是丰富和复杂的,不能局限在几个理论方面的研究,而应该对二人的思想进行全面准确分析,凸显其在政治马克思主义中的引领地位,更加要关注其他政治马克思主义代表人物的理论,力求构建政治马克思主义的理论体系和学术发展史。

第二,对政治马克思主义系列理论问题的研究还需要拓展。国内目前对政治马克思主义的研究在一些问题上已经取得了突破性进展,比如说资本主义起源理论和新帝国主义理论,但是在政治马克思主义的国家关系理论、政治思想史、历史唯物主义理论等方面还存在着比较明显的不足,这直接制约了对作为整体的政治马克思主义的理解,也无法彰显这些理论在政治马克思主义理论体系中的重要价值。

第三,对"政治马克思主义"的"转型资本主义"批判理论的总体性研究需要加强。国内外对政治马克思主义的资本主义批判理论的研究还处于碎片化研究阶段,还没有从总体上梳理其理论问题和逻辑线索,形成有分量的研究成果。比如,关于资本主义历史变化的模型和独特辩证法探讨不够。现有研究虽然指出政治马克思主义重新解释了历史发展的动力,强调社会财产关系在历史变化中的重要性,但还没有完整揭示这种动力机制背后隐藏的辩证法及历史变化的模型。这就需要围绕文本并结合现实进行分析,逐个分析其重点和关键问题,构建理论体系,进行总体研究。

第四,对政治马克思主义在马克思主义发展史和当代国外马克思主义的社会批判理论谱系中的地位和影响有待挖掘。政治马克思主义作为一个新兴的学术流派,在当代国外马克思主义中产生非常重要的影响,而且同诸多重要西方左翼学者和流派有着广泛的交流,在英美学术界有着重要的影响力,但是由于文本翻译和理论关切点的差异,导致其在国内的研究中关注度不高,缺乏系统性的分析,也没有凸显其在国外马克思主义的社会批判理论谱系中的地位和价值。因此,需要从马克思主义发展史和国外马克思主义的发展史角度推动其研究,彰显其独特价值。

分报告五
对"生命政治"的研究

今天人类所面临的社会样态已经从惩戒社会演进到了控制社会,无处不在的微观权力控制甚至已触及了人的存在论层面,加速发展的数字资本主义塑造了人的可感世界,现代人已丧失了人的感性客体,自然客体被覆盖。可以说,今天的权力关系已经发生了根本变化,这种变化呼吁一种"生命政治学"的解答。作为一种分析社会存在的理论范式,生命政治学从生命权力技术、生命装置的角度为我们揭露了现代社会原则的形成及其运作逻辑,对今天资本主义的现实存在尤其是新自由主义的权力布展作出了精细的描述、刻画和分析,有效地阐释了当代社会经历的诸多政治、经济、种族和人道主义灾难等事件,敞开了批判当代资本主义社会的新维度。

而当数字资本主义时代恰逢百年一遇的全球疫情事件,无疑是历史主体提出了更加迫切的时代问题:如何生活? 如何更好生活? 无可否认,席卷全球的新冠肺炎疫情有力地激活了生命政治的活力,这是因为疫情是无国界的,其传播具有普遍性,不分种族、肤色、语言、等级,所有生命都被纳入,原来被排除在政治身份之外的"劣等人种"也要被纳入进来。因为他们也会被传染,且他们传染之后也会威胁那些具有政治身份的所谓"优越种族",所以这已不是一般状态下的政治生命,常规政治学面对的对象都是具有一定身份的政治主体,而此时此地要应对疫情的例外状态,就需要新的政治治理范式——生命政治。封城、隔离、控制社交距离等一系列的应对措施,不是为了某一个人的权力安全,而是出于国家理由,维护整个政治的安全,在封禁和隔离的同时,国家还在开足马力研发疫苗,试图让人生产出免疫力,以降低危害、结束疫情。而当我们每个人积极改造自身,生产出抵御这种病毒的免疫功能时,生命体就已经成为政治治理的对象,医学已经越来越深地介入了政治。在今天的数字资本主义时代,当大数据、科学技术和医学结成同盟后,生命政治进化为了一种控制的加强版本,但同时也呈现出治理和解放的双重维度。

现实基础呼唤着理论,欧洲激进左派集体对疫情进行了理论上的反思,阿甘本、奈格里、埃斯波西托等生命政治思想的代表人物以思想介入这种"恶的秩序"①,生命政治提供的独特性视角无疑可以更好透视这一历史事件,而事件又无疑是整个社会体制的反映,由此,理论对时代问题的透视无疑可以让人们在这一全新的"历史序列"中更好定位自己和审视时代。然而另一方面,阿甘本视疫情为一场发明实验,反映了其对政治现状的漠不关心,只是停留在哲学话语的建构中,这使其面临哗众取宠的指责,也导致生命政治的现实有效性受到了极大质疑,以疫情为契机的现实催逼着理论的重塑,只有这样才能更有效释放理论的潜能。由此可见,正是在理论和现实的有机张力中,生命政治研究已经成为一个重要的理论生长点。

国内对生命政治学的引介最早见于汪民安所著的《福柯的界限》(中国社会科学出版社,2002 年),以"生命政治"为关键词,国内最早的研究则出现在 2005 年,从 2011 年开始成为热潮,并于近五年呈大幅度上升趋势,尤其是疫情的暴发,理论和现实相结合,极大焕发了生命政治的生命力。

---

① 参见吉奥乔·阿甘本:《无端的紧急情况让意大利陷入例外状态》,"WUXU"微信公众号,2020 年 2 月 27 日;让-吕克·南希:《要是当初听了他,我可能已经死了》,"澎湃思想市场"微信公众号,2020 年 2 月 29 日;《阿甘本的坚持:哲学家们在瘟疫中爆发,但是哲学呢?》,"澎湃思想市场"微信公众号,2020 年 3 月 31 日;奈格里:《新冠病毒,当下与未来》,"WUXU"微信公众号,2020 年 4 月 7 日;等等。

一、生命政治整体思想的来源、发展脉络与研究视角

（一）对生命政治学的整体勾勒

1. 对生命政治理论的引介与评述①

国内学界开展生命政治研究的奠基性文本是汪民安、郭晓彦主编的《生产》辑刊第 7 辑，较早系统地译介了从福柯到阿甘本再到埃斯波西托的生命政治的整体线索。王丹在《西方激进思想中的生命政治》中，将生命政治置于西方激进思想的历史演进视域中，系统梳理了从福柯生命政治思想的哲学前提、产生框架、核心要义，到奈格里对福柯生命政治思想继承的基础上结合马克思主义理论而立足社会生产，最后到阿甘本置于西方法律和政治体系中的生命政治线索。吴冠军、蓝江、张凯、闫培宇、董金平同样从思想史角度探寻生命政治的谱系：从福柯到阿甘本再到埃斯波西托的生命政治的承袭和改造，厘清问题域，预测发展趋势。张亮、孙乐强在《21 世纪国外马克思主义若干重大问题研究》中的"生命政治"部分，立足新时代问题，在丰富翔实的文献材料、全面的思想资源支撑下，从生成语境、研究路径以及研究方法方面，系统、概略地勾勒了生命政治的全貌。

陈硕将当下的生命政治划分为以下几种范式：福柯从权力运作机制出发；阿甘本基于一种本体论哲学，将生命政治看成人类共同体内部的必然构成；鲍曼把生命政治问题看成现代性内在结构导致的内生结果，奈格里、哈特则是基于全球化资本主义的最新运作机制，探索其中的革命性力量。刘茜也提出了当今生命政治学的三种范式：一是由福柯代表的体现资本主义治理的生命权力模式，二是由齐泽克代表的展示美国霸权力量的生命安全

---

① 参见汪民安、郭晓彦主编：《生产》（第 7 辑），江苏人民出版社，2011 年；王丹：《西方激进思想中的生命政治》，中国社会科学出版社，2017 年；张亮、孙乐强《21 世纪国外马克思主义若干重大问题研究》，人民出版社，2020 年；陈硕：《当代西方生命政治研究的几种范式》，《马克思主义与现实》，2018 年第 6 期；刘华军：《生命科学与政治学交叉研究的三个》，《贵州大学学报》（社会科学版），2017 年第 3 期；马中英、韩璞庚：《国内生命政治学研究的现状、问题与未来走向》，《苏州大学学报》（哲学社会科学版），2019 年第 2 期；黄其洪、卢丽娟：《关于国外马克思主义研究五大热点问题的回顾与展望》，《理论学刊》，2019 年第 6 期；等等。

范式,最后是由奈格里和哈特为代表的彰显生命潜能的范式。相应的,张丽屏、王丰龙、刘云刚归纳出生命政治研究的三个视角:对生命的照料、对人口生产力的提升和对赤裸生命的排除。刘华军认为生命政治学实现了生命科学和政治学的交叉研究,但是由于研究方法不同,生命政治学研究并没有形成统一范式。

此外,黄其洪、卢丽娟总体上概括了生命政治新近发展的整体情况,马中英、韩璞庚则在梳理生命政治基本发展谱系之后,通过定量和定性分析概述了 2018 年之前的中国生命政治学的研究现状,指出国内目前研究中存在的问题,以及预测了生命政治未来的发展方向。

2. 对生命政治的多学科视角审视①

学界在研究当中,从语言哲学、心理学、政治哲学、现代性、空间哲学等多维视角出发对生命政治进行了审视。张海满认为"生命政治"这一概念具有含混性,而突破这种困境需要着力于这一理论的"硬核":即生命和秩序之间的张力。蓝江主要立足语言哲学探究生命政治,以此来重新思考语言同马克思主义的关系。王波认为心理学是生命政治治理和新自由主义交错勾连发挥作用的中介,由此通过心理学研究透析生命政治,认为主体性的再生产是心理学形式的生命政治的真正本质。黄成华基于医学视角来审视生命政治。

夏莹从哲学和政治的关系入手指出,生命政治学的讨论重新实现了哲学对政治的僭越。罗骞同样立足政治叙事的角度,认为生命政治是现代主体性政治的基本环节。蓝江、刘黎、雷禹则立足政治哲学和生命政治学的比较,立足正义观念,认为生命政治学挑战了传统的政治哲学,提供了一条不同于政治经济学批判的新的批判路径,打开了新的叙事方式。林青、郝志昌探讨了生命政治与现代性的关系,在从资本逻辑转向生命政治的逻辑进程

---

① 参见张海满:《生命政治概念的理解困境及其出路》,《哲学动态》,2020 年第 12 期;蓝江:《语言哲学下的生命政治——当代马克思主义哲学与语言转向》,《哲学动态》,2013 年第 12 期;王波:《心理学、生命政治与新自由主义治理》,《国外社会科学》,2014 年第 5 期;夏莹:《哲学对政治的僭越:当代生命政治的隐形支点》,《南京社会科学》,2017 年第 7 期;林青:《现代性与生命政治》,《学术月刊》,2016 年第 5 期;王庆丰:《生命政治学与治理技术》,《山东社会科学》,2020 年第 10 期;林青:《生命政治学的城市话语——现代性城市话语的另一种表达》,《山东社会科学》,2020 年第 8 期;等等。

中,探索现代性的生发、进展和未来走向。

陈培永、吴冠军、王庆丰、李爱龙等生命政治研究者则尝试从一种肯定性的积极建构层面展开生命政治的另一维度,即不同于原来作为权力治理术的消极性的生命政治面向。其中,王庆丰在厘清西方生命政治学作为资本主义治理术的本质内涵后,从中国儒家"修身"思想中汲取生命政治学资源,结合马克思主义,尝试重塑一条异质于治理术的生命政治路径。

此外,唐亮立足中国治理现代化,尝试建构一条不同于根植在西方生命政治话语中的中国命运政治,即把中国传统命运观和马克思主义命运观结合,实践于基层社会治理。黄罡从种族主义和战争视角出发解读西方生命政治中出现的异质化样态。林青从福柯的"领土城市化"和奈格里、哈特的"生命政治城市"中汲取资源,开拓生命政治学的城市话语,以思考现代社会的替代性方案,以期为现代城市治理提供新的解决路径。还有学者从伦理角度审视生命政治的归属问题。

(二)马克思主义理论与生命政治的对话

1. 政治经济学批判同生命政治的关系①

针对马克思主义的政治经济学批判尤其是《资本论》及其手稿和生命政治的关系,国内目前存在较大争论,高云涌的《马克思的资本批判内蕴了生命政治批判吗? ——与王庆丰博士商榷》集中体现了这一争论,认为对此问题的回答需要作出充分论证。与之相对,王庆丰、马俊峰则明确指出,生命政治的两种权力技术:通过纪律对工人规训以及资本把劳动力由"活劳动"变成"死劳动",在《资本论》中得到了充分实现,最终得出《资本论》揭示出了现代社会的生命政治这一结论。吉林大学生命政治研究团队在这个问题上基本达成一致:彭小伟认为马克思是生命政治学批判的奠基者,马克思的政治经济学批判蕴含着生命政治学批判的萌芽,并指出权力、资本和生产是

---

① 参见高云涌:《马克思的资本批判内蕴了生命政治批判吗? ——与王庆丰博士商榷》,《中国社会科学评价》,2020 年第 2 期;王庆丰:《〈资本论〉中的生命政治》,《哲学研究》,2018 年第 8 期;许恒兵、许迪:《〈资本论〉与"时间"生命政治》,《天津社会科学》,2020 年第 6 期;李乾坤:《"生"之生产:马克思与生命政治学批判的理论关联》,《马克思主义与现实》,2016 年第 2 期;蓝江:《生产与治理:作为政治经济学视差的生命政治学》,《南京社会科学》,2017 年第 7 期;等等。

马克思权力谱系学的三要素。

苗翠翠从对福柯和阿甘本缺少社会历史生成的劳动者的考察中,指出《资本论》隐含着生命政治的两个向度所缺失的内涵;立足"空间"视角审视了"工厂""监狱"和"集中营"进行的全方位控制。刘茜在对当代生命政治批判的双重阐释路径的解读中,指出其共有的理论缺陷,抽象地进行生命政治批判,而马克思保持了生命安全的外在考察和政治经济学批判的内在分析之间的张力,使得《资本论》具有现实力量,为当代生命政治批判的两条路径提供了理论参照;等等。许恒兵、许迪则从"时间"的生命政治维度切入《资本论》,并指出了《资本论》蕴含的生命时间解放的路径。在对这一问题的探讨上,南京大学的孙乐强、李乾坤则主张把生命政治学放到政治经济学批判线索中,同样认为必须考察马克思在生命政治学理论谱系中的位置。与之相对,蓝江则构想作为处理个人和集体之间关系的生命政治批判范式可与马克思的政治经济学批判互补。

2. 马克思主义生命政治学的建构①

学界主要从历史唯物主义、共产主义、马克思政治哲学视角审视生命政治,尝试建构马克思主义的生命政治学。马俊峰主要立足历史唯物主义对生命政治进行批判性研究,并在其主编的《历史唯物主义与生命政治》中收录了19篇在理论基础、现实关照上相互关联的文章,从不同视角较为全面地展示了国内基于马克思主义理论对生命政治所做的批判性研究的最新成果。袁立国回到历史唯物主义语境,对政治经济学批判中的生命政治批判进行考察。许恒兵同样认为马克思将历史唯物主义生产关系贯彻到政治经济学批判之中,系统解释了资本生产关系生产和生命控制于一体的本质,成

---

① 参见马俊峰、马乔恩:《历史唯物主义与生命政治》,中国社会科学出版社,2020 年;袁立国:《历史唯物主义与生命政治批判》,《华中科技大学学报》(社会科学版),2018 年第 4 期;林青:《历史唯物主义与生命政治学——生命政治学批判初探》,《山东社会科学》,2018 年第 6 期;李爱龙:《生命政治化与生产社会化——论生命政治的实践逻辑转向》,《哲学动态》,2020 年第 9 期;蓝江:《生命政治学批判视野下的共产主义》,《吉林大学社会科学学报》,2016 年第 3 期;张颖聪、韩璞庚:《生命政治转向及其政治批判的限度——兼论马克思政治哲学当代意义》,《世界哲学》,2020 年第 6 期;孙琳:《规训社会、生命政治与帝国主权——〈帝国〉与全球化政治秩序的范式转化》,《世界哲学》,2020 年第 6 期;欧阳彬:《"赤裸负债人"与资本主义生命政治批判——〈穆勒评注〉的生命政治学意蕴》,《哲学动态》,2020 年第 7 期;马中英、任平:《走向资本创新逻辑的马克思主义生命政治学——兼论阿甘本的生命政治学及其历史超越》,《齐鲁学刊》,2021 年第 2 期;等等。

为生命政治的奠基。林青结合历史唯物主义和生命政治学的相关表述,廓清生命政治学开启的有效论域。

李爱龙在批判福柯和奈格里的生命政治线索抽象性的基础上,指出历史唯物主义的实践逻辑把生命政治落实到现实社会历史进程中,并尝试在一种肯定性意义上建构生命政治。此外,吉林大学生命政治团队以及张颖聪、韩璞庚等学者,也都在试图开拓出生命政治的积极性路向。孙琳则从全球化政治秩序角度进入生命政治范式,认为随着资本进阶,政治秩序范式也必然发生转化,同样认为只有以马克思历史辩证法为武器把握其本质,才能构筑突破帝国范式的新范式。

蓝江从生命政治视角理解当今共产主义复兴的原因。欧阳彬立足马克思早期文本《穆勒评注》,对债务权力塑造的主体——"赤裸负债人",从劳动根源、关系治理和主体存在三维度进行了生命政治视角的解读。马中英、任平在批判当下停留在认知维度的生命政治学之抽象性的基础上,指出阿甘本关于集中营例外状态的分析并未透视资本增殖的本质,由此站在马克思主义立场,认为生命政治问题的根本动力在于资本逻辑,只有达到这种本质层面,才能从现实问题"逆溯"到生命政治学思想,建构马克思主义的生命政治学。此外,高宣扬结合生命政治思想,阐述了卢梭和马克思的政治生命现象学的不同特征,重新考察了两人的政治哲学思想。

(三)数字资本主义时代生命政治对疫情的介入

1. 在数字资本主义时代中定位生命政治[①]

蓝江、吴冠军、郝志昌立足数字时代技术的发展,指出今日的智能化使得福柯的安全机制呈现出新形态,即数字——生命政治范式,主要依托数据收集和算法分析,这种大数据时代看似放任的治理模式实则强化了控制,王鸿宇同样立足数字资本主义,以情感为切入点,认为权力治理技术已经深入到情感控制层面,即从生命政治转向精神政治。与之相对,李爱龙则在智能

---

① 参见蓝江:《智能时代的数字—生命政治》,《江海学刊》,2020 年第 1 期;蓝江:《生命档案化、算法治理和流众——数字时代的生命政治》,《探索与争鸣》,2020 年第 9 期;王鸿宇、蓝江:《数字资本主义时代的情感——从生活到生产,再到权力治理》,《国外理论动态》,2021 年第 1 期;等等。

时代的生命政治中,探寻实现生命这种术语革命的逻辑转折,并立足现时代中国国家治理现代化探索现实道路。

2. 从生命政治视角审视新冠肺炎①

吴冠军从疫情带来的一系列哲人们的争论入手,重新思考生命政治应何为,他引入"幸存者偏差"和"议程设置"框架,指出新冠肺炎疫情恰恰改变了生命政治的"议程设置",即生命政治学必须面对之前其研究范围之外的"无生命者",而这种生物性的"最底层平等"正是生命政治的前提。此外,他还以生命政治学的结构性矛盾,即关注点的底层生命和进入者的高标准来回应为何政治哲人在疫情状态下走向神坛、集体失语。陈培永认为新冠肺炎疫情呼唤着生命政治的出场,但其通过打破"主权者是恶的""精神性生命才高贵""必然走向死亡政治"以及"威权政治"这四条设定,尝试塑造一条建构性的生命政治学路径以摆脱"生命政治学就是恶的"的思维定式。

李爱龙同样尝试建构一条肯定性的生命政治路径。他指出,与福柯和阿甘本等着眼于权力对生物性生命的暴力,应立足目的性的精神性生命,从正面对生命政治进行哲学建构。在他看来,原来窄化为主观批判的哲学话语的生命政治必须实现一种实践逻辑的转向,即转向客观建构的历史话语,并置于疫情防控常态化的现实背景中,从治理环境、治理主体和治理手段入手将生命政治的文明维度提升到自为的高度,由此在社会化的生产政治生产中,建构"类生命"。同样,吴冠军、虞昊也通过疫情尝试激发不同于捕获生命的扶植生命的另一股力量,以此重塑生命政治。蓝江揭秘了疫病和现代政治之间的密切关联。立足思想史,梳理了从霍布斯到巴斯德时代的医学和权力之间的张力,最后,福柯结合了霍布斯的理论贡献和巴斯德的实践贡献,形成了生命政治。简言之,从疫病和权力的关系中,探索了一条不一样的生命政治生成路径。

---

① 参见吴冠军:《后新冠政治哲学的好消息与坏消息》,《山东社会科学》,2020 年第 10 期;陈培永:《生命政治学视角下的新冠肺炎疫情》,《山东社会科学》,2020 年第 10 期;蓝江:《生命政治的治理技术——从霍布斯到巴斯德和福柯》,《山东社会科学》,2020 年第 10 期;戴永红、王俭平:《生命政治学视角下公共卫生突发事件的全球治理——以全球新冠肺炎疫情为研究对象》,《四川大学学报》(哲学社会科学版),2020 年第 4 期;牛子牛:《现代性视域下的传染病、社会风险与社会加速——基于马克思主义政治经济学批判方法的思考》,《哲学动态》,2020 年第 8 期;吴静:《从健康码到数据身体:数据化时代的生命政治》,《南通大学学报》(社会科学版),2021 年第 1 期;等等。

戴永红、王俭平以生命政治为视角，审视公共卫生的全球治理问题，认为新冠肺炎疫情揭下了西方所谓的民主、自由和人权的虚伪性，其本质仍然是资本逻辑对生命的隐匿性支配和同质化治理。牛子牛以马克思政治经济学批判为方法论支撑，立足现代性视域，在当代新资本形态背景中思考新冠肺炎疫情引发的系统性风险，"病毒与生命"和"资本与现代社会"之间的同构带来的整合性危机引发了对生命政治的重新思考。吴静直面大数据时代下疫情带给生命政治的新问题，从疫情期间"健康码"这一缩影窥探数字化时代的数字身份、自然身份与权力之间的关系。

二、生命政治学的代表人物

（一）福柯

虽然"生命政治"这一概念是谁最早发明的，学界还存在争议，但目前的主流观点都认同是福柯开启了围绕"生命政治"这一主题进行的一系列探讨。据丹尼尔·德菲尔的说法，自 1974 年起福柯就萌芽了生命权力的思想，在 1976 年"必须保卫社会"讲座、1977—1978 年"领土、安全、人口"系列讲座以及 1978—1979"生命政治的诞生"，包括其间的《性史》（第一卷）中，都涉及了生命政治思想。据文本词频统计，"biopolitique"这个术语在《必须保卫社会》中出现最多，为 18 次，《安全、领土与人口》中 17 次，《生命政治的诞生》中 4 次。① 在 1976 年的"必须保卫社会"系列演讲末尾，福柯明确了"生命政治学"这一概念，1978—1979 年"生命政治的诞生"讲座只是对之前确定的生命政治的一个注脚。

在《安全、领土与人口》中福柯区分了三个阶段，认为不同于之前的古代机制和现代规训机制，作为安全机制的生命政治是一种新的权力形式，主要内容可概括为两方面：身体的规训和人口的调节，其突出特点为：权力是离心而非向心的、权力作用对象是整体人口而非个体，以及权力作用形式是消

---

① 参见张一兵：《回到福柯：暴力性构序与生命治安的话语构镜》，上海人民出版社，2016 年，第 530 页。

除、控制、调整而非禁止。

总之,福柯第一次真正将自然生命纳入国家权力机制和计算之中,使之成功转化为一种"生命政治"思想,才使得这个术语开始扩散。然而生命政治思想相对于福柯其他思想来说具有一定的不稳定性且研究的断裂性,所以开始处于隐蔽状态中,人们之所以会重新思考福柯思想中的生命政治,主要受到以下文本的影响,首先是《对今日生命权力概念的思考》,这是由福柯研究专家巴罗·拉宾罗和罗斯共同撰写的;其次是奈格里和哈特在《帝国》中对生命权力的研究;最后是阿甘本对福柯思想的重新解读。

总体来看,不管是从广度(如哲学、文学、法律、社会、文化等)还是从深度来看,福柯研究都十分火热。自20世纪80年代开始,国内就出现了对福柯著作的译介和诠释,至今,福柯的绝大多数著作都已被翻译为中文。但是就生命政治这个论域而言,国内是经由阿甘本的中介才开始重视福柯的生命政治思想的,即通过阿甘本才实现了对福柯生命政治思想的发现。

2005年译介的阿甘本的《在人权之外》展示了阿甘本对福柯生命政治的研究成果,随后译介的阿甘本的两篇访谈继续讨论了这个话题,可以说福柯生命政治思想首先是以一种"逆溯"法被挖掘出来的。其中已被翻译为中文的涉及生命政治的文本主要包括:《性经验史》(第一卷)、《必须保卫社会》《安全、领土与人口》《生命政治的诞生》《自我技术:福柯文集》《自我解释学的起源:福柯1980年在达特茅斯学院的演讲》《不正常的人:法兰西学院课程系列》《主体性与真相:法兰西学院课程系列》《疯癫与文明》《规训与惩罚》《惩罚的社会》《临床医学的诞生》《权力的眼睛:福柯访谈录》《福柯读本》《福柯集》等。

在坚实的文本基础上,福柯的生命政治思想也从被发现到被重视再到近五年的热度不减,以关键词"福柯"和"生命政治"在南京大学图书馆搜索得到的相关论著发文量趋势图显示:2011年之前处于一个被发现的阶段;自2011年到2017年基本上处于不断的上升趋势,直到2017年的小高潮,福柯的生命政治思想得到学界的重视;随后,稍稍下降后继续上升到2020年达到制高点,至今基本维持高数量的刊发趋势。

其中,关于福柯生命政治思想的研究著作,主要包括两部分,一部分是在对福柯整体思想描绘中定位生命政治；①另一部分具体针对生命政治思想的研究。② 截至 2021 年 4 月 8 日在 CNKI 上以"福柯"和"生命政治"为关键词，共搜索到相关中文文献 339 篇，2016 年之后发文量占绝大多数，为 252 篇，2020 年新冠肺炎疫情暴发至今的发文量占据 81 篇。总体来看，对福柯生命政治思想的阐发主要有以下几方面。

1. 福柯生命政治思想的比较研究

首先，福柯和马克思的对话。③ 胡大平、郗戈、李乾坤、郭硕博、童晓宇、季勇、潘乐等都看到了福柯生命政治批判思想和马克思的资本主义批判思想的对话。胡大平认为马克思的资本主义批判和福柯的生命政治形式相似

---

① 主要涉及的著作有：[美]艾莉森·利·布朗：《福柯》，聂保平译，清华大学出版社，2019 年；[美]狄安娜·泰勒：《福柯：关键概念》，庞弘译，重庆大学出版社，2019 年；汪民安：《福柯的界限》，河南大学出版社，2018 年；[法]保罗·韦纳：《福柯：其思其人》，赵文译，河南大学出版社，2017 年；[英]萨拉·米尔斯：《导读福柯》，潘伟伟译，重庆大学出版社，2017 年；[法]弗雷德里克·格霍：《福柯考》，何乏笔、杨凯麟、龚卓军译，华东师范大学出版社，2017 年；汪民安主编：《福柯在中国：纪念米歇尔·福柯逝世 30 周年研讨会论文集》，河南大学出版社，2016 年；[法]朱迪特·勒薇尔：《福柯思想辞典》，重庆大学出版社，2015 年；[法]阿兰·布罗萨：《福柯：危险哲学家》，罗惠珍译，漓江出版社，2014 年；[美]加里·古廷：《福柯》，王育平译，译林出版社，2013 年；莫伟民：《莫伟民讲福柯》，北京大学出版社，2005 年；韩泰伦编译：《福柯十讲》，大众文艺出版社，2004 年；[美]米勒：《福柯的生死爱欲》，高毅译，上海人民出版社，2005 年；[法]埃里蓬：《权力与反抗：米歇尔·福柯传》，谢强译，北京大学出版社，1997 年；莫伟民：《主体的命运：福柯哲学思想研究》，生活·读书·新知三联书店，1996 年；等等。

② 参见[英]杰里米·克莱普顿：《空间、知识和权力——福柯与地理学》，莫伟民、周轩宇译，商务印书馆，2021 年；Rachele Dini、Chiara Briganti：《解析米歇尔·福柯〈性史（第一卷）：求知意志〉》，苗绘译，上海外语教育出版社，2020 年；[英]安妮·施沃恩、史蒂芬·夏皮罗：《导读福柯〈规训与惩罚〉》，庞弘译，重庆大学出版社，2018 年；陈培永：《福柯的生命政治学图绘》，中国社会科学出版社，2017 年；[英]马克·G. E. 凯利：《导读福柯〈性史（第一卷）：认知意志〉》，王佳鹏译，重庆大学出版社，2016 年；[法]皮埃尔·舍雷：《从康吉莱姆到福柯：规范的力量》，刘冰菁译，重庆大学出版社，2016 年；张一兵：《回到福柯：暴力性构序与生命治安的话语构境》，上海人民出版社，2016 年；[法]扎尔卡：《权力的形式：从马基雅维利到福柯的政治哲学研究》，赵靓等译，福建教育出版社，2014 年；胡颖峰：《规训权力与规训社会：福柯政治哲学思想研究》，中央编译出版社，2012 年；赵福生：《福柯微观政治哲学研究》，黑龙江大学出版社，2011 年；于奇智：《凝视之爱：福柯医学历史哲学论稿》，中央编译出版社，2002 年；[日]樱井哲夫：《福柯：知识与权力》，姜忠莲译，河北教育出版社，2001 年；等等。

③ 参见胡大平：《福柯的生命政治论与政治经济学批判的当代性》，《贵州师范大学学报》（社会科学版），2020 年第 4 期；李乾坤：《福柯的赌注：知识权力生产的经济学话语》，《哲学分析》，2020 年第 2 期；Ken C. Kawashima：《马克思与福柯——关于劳动力商品化的生命政治学思考》，《毛泽东研究》，2010 年第 1 期；徐国超：《权力的眼睛——马克思与福柯权力观比较研究》，吉林大学博士学位论文，2013 年；等等。

而内容异质,《生命政治的诞生》等文本恰构成了《资本论》之后的政治经济学批判的当代性视域;李乾坤指认福柯的生命政治学批判并未深入到这一权力现象的根基之处,从而分析了知识权力生产的经济学话语;郭硕博指出福柯在权力结构视野中继承了马克思去"中心化"思想并结合当代特征进行发展;童晓宇则认为福柯的生命政治思想在整体逻辑上和马克思的政治经济学批判是一致的;季勇和潘乐则主张在历史唯物主义框架内研究福柯的生命政治思想。陈龙、邓玲翻译的《马克思与福柯——关于劳动力商品化的生命政治学思考》通过生命政治学具体探讨了福柯的"有阈值的流动人口"和马克思的"相对过剩人口"之间的相关性和启示。徐国超在认同生命政治是福柯和马克思相互借鉴与吸收的平台的基础上,指出与福柯相比,马克思更强调时间和权力的平台。与之相反,蓝江则站在马克思主义视角审视福柯的生命政治思想,指出两人存在着根本性的差异。

其次,福柯和阿甘本的对话。① 最早,黄世权与靳琦的《生命权力:福柯与阿甘本》就看到了两人的不同。张一兵从方法论角度指出阿甘本的范式更接近于福柯的知识型。莫伟民、汪民安、吴冠军、蓝江、高奇琦、周治健、高福进、彭树涛、李建强、成红舞、姜凯宜等阐述了福柯和阿甘本生命政治思想不同,主要包括以下几点:面对当下社会生活复杂事件,阿甘本将生命政治这一术语置于主权领域,继承、发展并转化了福柯的生命政治思想,以反抗性的生命形式区别于福柯的对生命的捕获性权力;在起源问题上,福柯认为生命政治诞生于18世纪,阿甘本则认为其贯穿于整个西方思想史;福柯主要理解现代治理术,而阿甘本立足本体论,将例外状态作为最高统治权力的原初结构等。此外,姚云帆还指出了福柯、阿甘本和霍布斯的关系,认为霍布斯第一次以维护生命的名义构造了利维坦,成为现代"生命政治"实际的奠基者,福柯和阿甘本延续了霍布斯的问题意识,但他们仍然沉湎于"造反、秩序"的二元对立中,放弃了柏拉图"对牧羊人的教养"在当代社会的积极

---

① 参见黄世权:《生命权力:福柯与阿甘本(上)》,《国外理论动态》,2007 年第 7 期;靳琦:《生命权力:福柯与阿甘本(下)》,《国外理论动态》,2007 年第 8 期;莫伟民:《阿甘本的"生命政治"及其与福柯思想的歧异》,《复旦学报》(社会科学版),2017 年第 4 期;汪民安:《福柯、本雅明与阿甘本:什么是当代》,《马克思主义与现实》,2013 年第 6 期;姚云帆:《主权权力的悬置和复归——论福柯和阿甘本对霍布斯"利维坦"概念的分析》,《世界哲学》,2015 年第 5 期;等等。

意义。

最后,福柯和奈格里、哈特的对话。① 周洪军、莫伟民等具体比较了奈格里和福柯生命政治思想的不同,主要包括以下方面:福柯探讨了古典向现代转型过程中权力机制的运作和个体反抗之间关系的变化,而奈格里则致力于揭示西方社会从现代转向后现代之后的帝国生命权力实施与诸众革命之间的关系;福柯分析了具体主体间的权力关系,奈格里、哈特则聚焦于资本维度;福柯主要分析权力对人口的干预,而奈格里和哈特主要是强调权力对生命本身的生产;福柯认为生命政治是控制性力量,而奈格里则将其看作一种积极的建构性力量等。

2. 福柯生命政治思想的整体把握

学界这方面相关研究,涉及福柯生命政治思想的概念、特点、治理模式、运作方式、产生的影响等问题。

首先,对福柯生命政治思想的整体图绘:特点、模式以及运行逻辑。② 张一兵在《回到福柯》中回到了福柯从青年到晚年的思想历程,在整体思想发展过程中审视了福柯生命政治的出场语境、理论定位和效应,展示了作为现代治理术的生命政治的作用方式,即以一种微观权力的形式在市场和公民社会中运作。艾莉森·利·布朗、汪民安、萨拉·米尔斯、丹纳赫,T.思奇拉托,J.韦伯、Barry Smart、刘北成、陈永国、马海良、路易斯·麦克尼、迪迪埃·

---

① 参见周洪军:《生命政治:以个体生命为对象的政治形态——哈特和奈格里对福柯生命政治理论的借鉴与超越》,《哲学研究》,2014 年第 10 期;莫伟民:《奈格里的生命政治生产及其与福柯思想的歧异》,《学术月刊》,2017 年第 8 期;等等。

② 参见张一兵:《回到福柯:暴力性构序与生命治安的话语构镜》,上海人民出版社,2016 年;[美]艾莉森·利·布朗:《福柯》,聂保平译,清华大学出版社,2019 年;汪民安:《福柯的界限》,河南大学出版社,2018 年;[英]萨拉·米尔斯:《导读福柯》,潘伟伟译,重庆大学出版社,2017 年;Barry Smart:《福柯:大师特写》,台北巨流图书公司,2004 年。刘北成编著:《福柯思想肖像》,上海人民出版社,2001 年;汪民安、陈永国、马海良编:《福柯的面孔》,文化艺术出版社,2001 年;[英]路易斯·麦克尼:《福柯》,贾湜流译,黑龙江人民出版社,1999 年;[法]埃里蓬:《权力与反抗:米歇尔·福柯传》,谢强译,北京大学出版社,1997 年;[美]狄安娜·泰勒:《福柯:关键概念》,庞弘译,重庆大学出版社,2019 年;[法]朱迪特·勒薇尔:《福柯思想词典》,潘培庆译,重庆大学出版社,2015 年;[日]樱井哲夫:《福柯:知识与权力》,姜忠莲译,河北教育出版社,2001 年;陈培永:《福柯的生命政治学图绘》,中国社会科学出版社,2017 年;张凯:《生命政治:现代国家治理术》,上海社会科学院出版社,2020 年;刘黎:《医学话语、权力逻辑与治理机制——福柯生命政治理论的三维度》,《国外社会科学前沿》,2020 年第 3 期;汤明洁:《反思生命与政治关系的三重空间——对福柯生命政治的一个拓展理解》,《安徽大学学报》(哲学社会科学版),2020 年第 5 期;等等。

埃里蓬等同样在介绍福柯的生平历程、梳理其主要著作及思想中进入"治理术""权力""主体"等生命政治话题。狄安娜·泰勒、朱迪特·勒薇尔、樱井哲夫等则直接从福柯的关键概念入手展示其丰富的思想遗产。陈培永在《福柯的生命政治学图绘》中从对福柯权力理论的方法论前提,即微观视角的阐述,对其权力理论的详细诠释,规训技术的运作方式,到对人口的安全管控、种族战争话语的借用、对性的操控进行狭义分析,再到生命权力的治理术实践,最后到自我的技术,全面、详细地对福柯的生命政治学脉络进行了全景图绘。

张凯全面细致地展示了福柯对权力谱系的梳理以及作为现代国家治理术的生命政治的运作逻辑。权力在当下的表现形式就是"治理",通过"治理"造就了现代的政治主体。而这种现代国家的治理术,即生命政治不同于17世纪国家理性时期的治安机制,也不同于基督教会时期的牧师制度,这正是福柯认为自己应该做的工作:一方面描述现代权力的样态、作用机制和方式,另一方面梳理权力的谱系,即权力的来源和转化形态。作为现代社会特有的权力装置的生命政治更为复杂和精密,它是一种日常化和社会化的机制,作用于生物学意义上的,所谓的自由的人口。高麒麟同样梳理了晚期福柯的生命政治思想的整体脉络,并且还探讨了马克思的实践唯物主义和政治经济学批判思想对福柯生命政治思想的影响。

李嘉弘在立足福柯晚年的整体逻辑基础上,认为经过"治理"的过渡,福柯从权力-抵抗时期平稳转向了自我治理和主体塑造,两个时期并不存在断裂。刘黎指出了福柯生命政治理论的三维度:医学话语、权力逻辑与治理机制,不仅揭秘了政治和生命的内在关系,而且体现了医学、政治学、哲学和经济学在当下的有机结合。程远航指出了福柯生命权力的双重治理模式,即微观层面的对肉体的规范以及宏观维度的对人口的调节,以实现对主体生命的隐形统治。汤明洁在指出福柯的生命政治易沦为生命和政治的二元困境的问题后,尝试提供一个三重空间,即在对动物政治批判过程中把握政治的运作机制,正视异托邦对现实冲击的必要性,揭示治理术中的受动者运动策略开拓新的权力关系的潜能,以期为生命政治提供更为多元的可能。

其次,聚焦于福柯生命政治的具体问题。① 安婕指出治理术是福柯后期转向主体伦理学的关键概念,认为福柯在广义治理术框架下挖掘了生命权力。皮埃尔·马舍雷认为康吉莱姆和福柯在规范问题上相遇了,因为规范是一种以自身为绝对基础的权力,自己规范自己、生产自己,规范的内在性正是生命政治的自我生产的逻辑。同时也说明了两人在思考对象上的差异,康吉莱姆的思考中心是生物内容,而福柯的重点则在于文化和社会。蓝江、王鸿宇以疾病为切入视角,指出从康吉莱姆肯定疾病为新的生命维度到福柯时代的排除疾病,体现了政治治理技术的演变,直到今天的数字技术和生命政治治理的结合,将生命政治治理升级到更高版本。刘永谋、莫伟民从主体的维度对福柯哲学进行了整体性阐释。

最后,对福柯书籍的解读。② 布里甘蒂、马克·G.E.凯利对蕴含福柯生命政治思想的《性史(第一卷):求知意志》进行了深入解读。安妮·施沃恩、史蒂芬·夏皮罗深入探究了《规训与惩罚》。弗雷德里克·格霍则在系统考察了《古典时代的疯狂史》《临床医学的诞生》《词与物》《规训与惩罚》《性经验史》等作品后,刻画了"说真话"的福柯的形象。

3. 福柯生命政治思想的切入视角③

安婕主要以历史叙事的方式,从福柯生命政治的治理术维度,深入思考

---

① 参见安婕:《治理术》,《外国文学》,2009 年第 6 期;刘永谋:《福柯的主体解构之旅:从知识考古学到"人之死"》,江苏人民出版社,2009 年;周远全:《福柯的风格》,合肥工业大学出版社,2011年;莫伟民:《主体的命运:福柯哲学思想研究》,生活·读书·新知三联书店,1996 年;等等。

② 参见 Rachele Dini、Chiara Briganti:《解析米歇尔·福柯〈性史(第一卷):求知意志〉》,苗绘译,上海外语教育出版社,2020 年;[英]马克·G.E.凯利:《导读福柯〈性史(第一卷):认知意志〉》,王佳鹏译,重庆大学出版社,2016 年;[英]安妮·施沃恩、史蒂芬·夏皮罗:《导读福柯〈规训与惩罚〉》,庞弘译,重庆大学出版社,2018 年;[法]弗雷德里克·格霍:《福柯考》,何乏笔、杨凯麟、龚卓军译,华东师范大学出版社,2017 年;等等。

③ 参见安婕:《福柯的治理术研究》,北京外国语大学博士学位论文,2015 年;夏立安、孙祥:《迈向生命政治的法律观——福柯法律思想解读》,《浙江大学学报》(人文社会科学版),2014 年第 4期;[英]杰里米·克莱普顿:《空间、知识和权力——福柯与地理学》,莫伟民、周轩宇译,商务印书馆,2021 年;林青:《生命政治学的城市话语——现代性城市话语的另一种表达》,《山东社会科学》,2020 年第 8 期;高宣扬:《福柯的生存美学》,中国人民大学出版社,2015 年;[加]阿德里娜·S.尚邦、阿兰·欧文:《话语、权力和主体性:福柯与社会工作的对话》,郭伟和等译,中国人民大学出版社,2016 年;莫伟民:《从"解剖政治"到"生命政治"》,上海人民出版社,2018 年;[法]扎尔卡:《权力的形式:从马基雅维利到福柯的政治哲学研究》,赵靓译,福建教育出版社,2014 年;胡颖峰:《规训权力与规训社会:福柯政治哲学思想研究》,中央编译出版社,2012 年;等等。

权力关系中主体的建构和生命的可能性问题。夏立安、孙祥则主要探讨了福柯的生命政治法律观,方旭同样从法权视角引出生命政治。在对"例外状态"的双重叙事,即将"例外状态"纳入法律体系或者是依靠诸众反抗资产阶级的法权压制中,引向了对"例外状态"的载体"主权者"的考察,进而阐明"权力"如何塑造"生命政治",在和本雅明对比中,指出福柯开出了对主权者治理技术的另一种思考范式。王丰龙、刘云刚、杰里米·克莱普顿、张丽屏则从地理学角度的族群和生命政治话题探讨福柯的治理术的应用。林青、高天驹立足"空间理论"探索福柯的生命政治,具体集中于"城市空间"视角,由此开启福柯现代性批判的城市空间向度。刘小枫、方旭、赵萱则从地缘政治学视角审视生命政治。高宣扬、张弓、张玉能主要立足生存美学,将福柯的生命政治和其生存美学融会贯通,指出福柯以"关怀自身"为核心的自由生活方式融合了生命政治的研究成果。阿德里娜·S.尚邦、阿兰·欧文从社会学视角解读福柯的权力和主体。莫伟民梳理了福柯政治哲学的思想史脉络、思想来源和现实环境,胡颖峰、赵福生同样从福柯的政治哲学探讨身体、权力、性和规训的问题。

(二)阿甘本

福柯探讨了权力的两种作用方式——宏观制度层面和微观生命政治层面,但是并未将两种模型的"门槛"说清楚。阿甘本正是立足这个交汇点,从挖掘西方政治的原始结构入手,重新理解生命政治,提出了以"至高权力""赤裸生命""例外状态""集中营""弥赛亚""潜能"等为主题的生命政治思想,分析至高权力利用例外装置生产赤裸生命的本质,创造性地补充了福柯生命政治的死亡维度,进而推动了西方的生命政治转向。

2020年新冠肺炎疫情的出现,恰是阿甘本"例外状态"的现实对象化,权力监控已经从理论现实化。他从生命政治介入疫情,走向时代前沿,关于疫情的看法主要体现在2020年三、四月他发表的一系列文章《由无端的紧急情况带来的例外状态》《论感染》《声明》《疫病时期的哲学》《反思瘟疫》《论社交距离》以及7月发表的专著《我们在何处? 作为政治的流行病》中。在全球化背景下,当新冠病毒侵入意大利,当局采取紧急应对措施,忧心于疫情这一例外状态的常态化，阿甘本以"疯狂""不合理""毫无依据"的态度强烈谴责当局行为，认为这场"发明"的卫生事件就是一个实验场所，给"例外状态"的无限延伸和拓展提供了绝佳借口，所以采取的紧急应对措施是无端非必要的，实质是政府社会控制权的实践。

阿甘本这一初期的"误判"仍然延续在其之后的思想中，反抗"封城闭国"，隔离社交导致的人际关系恶化，控诉为了安全而牺牲自由的社会给人带来的恐惧和不安，坚持我们的社会除了赤裸生命外其他一切皆不可相信。他这一系列"惊世骇俗"的言论立即引发了欧洲、中国思想家的回应，质疑和尖锐的批评接踵而至，"理论已经堕落为偏执狂""反对阿甘本""阿甘本之问"，当然也不乏辩护之声，由此拉开了关于疫情的学术论战。要理解阿甘本对疫情的回应，就必然要深入到其生命政治思想中。

总体来看，阿甘本自 20 世纪 90 年代转向政治学研究，截至 2021 年 4 月 8 日在 CNKI 上以"阿甘本"和"生命政治"为关键词，共搜索到相关中文文献 130 篇；在南京大学图书馆数据库以"阿甘本"和"生命政治"为关键词得到的相关论著发文趋势图显示，国内对其思想的研究开始于 2005 年，2005—2011 年基本上没有任何增加，自 2011 年开始成果开始平缓上升至 2016 年，自 2016 年增长趋势显著加快，直到 2017 年 4 月达到顶峰，然后略微下降但仍居高不下，直到 2020 年起又开始显著攀登直到现在，自 2016 至今的发文量高达 100 篇，自 2020 年新冠肺炎疫情伊始至今发文量为 26 篇。

由此可见，国内对阿甘本生命政治思想的挖掘起步较晚，前期缺乏较为系统和全面的论述，主要还是停留在对阿甘本著作的译介上，汪民安等主编的《生产》系列做了奠基性工作，第二、三、七、九辑均收入了阿甘本的著作。2016 年之前，阿甘本被翻译为中文的著作有《例外状态》（2010）、《亵渎》（2011）、《剩余的时间：解读〈罗马书〉》（2011）、《幼年与历史：经验的毁灭》（2011）、《好民主、坏民主》（2014）、《潜能：哲学论文集》（2014）、《无目的的手段：政治学笔记》（2015）、《没有内容的人》（2015）、《神圣人：至高权力与赤裸生命》（2016）、《宁芙》（2016）、《语言的圣礼：誓言考古学》（2016）。

国内学者蓝江教授、吴冠军教授、高奇琦教授对阿甘本生命政治思想的研究做了非常重要的奠基性工作。2016 年，蓝江教授的著作《阿甘本五讲》，从生命政治、语言和影像三个角度,全方位地对阿甘本进行了本土化解读。2013 年,翻译的国外二手文献艾利克斯·穆雷的《论阿甘本》,对阿甘本的形象进行了整体一瞥。这一时期,还同样发表了诸多阿甘本生命政治的代表性文章。①

近五年,阿甘本著作大量被翻译为中文,2016 年至今出版了《我,眼睛,声音》(2017)、《论友爱》(2017)、《裸体》(2017)、《巴特比,或偶然性》(2017)、《阿比·瓦堡与无名之学》(2017)、《万物的签名:论方法》(2017)、《王国与荣耀》(2017)、《内战》(2018)、《彼拉多与耶稣》(2018)、《敞开:人与动物》(2019)、《什么是哲学?》(2019)、《品味》(2019)、《语言与死亡:否定之地》(2019)、《来临中的共同体》(2020)、《散文的理念》(2020)、《什么是真实? 物理天才约拉纳的失踪》(2020);等等。

有文本基础作支撑,阿甘本的生命政治思想受到了更多学者的关注。张一兵教授 2019 年的专著《遭遇阿甘本(赤裸生命的例外悬临)》除了论述其哲学方法论和哲学前提外,更对当代资本主义生命政治部署提供了重要论见,并塑造了"例外状态"下"赤裸生命"的悲惨境遇之立体形象。在《文本的深度耕犁》中,张一兵教授将阿甘本的生命政治批判思想放在西方激进哲学视域中进行了深度耕犁。此外,《阿甘本生命政治思想研究》《神圣人与神圣家政:阿甘本政治哲学研究》等高质量著作也都无疑为全面深入理解其生命政治思想做了很重要的贡献。

除了坚实的文本支撑,急迫的时代问题也在发问,2020 年席卷全球的新

---

① 参见柯朝钦:《例外状态的统治与救赎——论阿冈本的两种例外状态模式》,私立东海大学社会学研究所博士学位论文,2006 年;薛熙平:《例外状态——阿冈本思想中的法与生命》,台湾国立政治大学法律研究所硕士学位论文,2006 年;蓝江、董金平:《生命政治:从福柯到埃斯波西托》,《哲学研究》,2015 年第 4 期;蓝江:《赤裸生命与被生产的肉身:生命政治学的理论发凡》,《南京社会科学》,2016 年第 2 期;蓝江:《从赤裸生命到荣耀政治——浅论阿甘本 homo sacer 思想的发展谱系》,《黑龙江社会科学》,2014 年第 4 期;吴冠军:《"生命政治"论的隐秘线索:一个思想史的考察》,《教学与研究》,2015 年第 1 期;吴冠军:《关于使用的哲学反思——阿甘本哲学中一个被忽视的重要面向》,《马克思主义与现实》,2013 年第 6 期;吴冠军:《什么政治:在福柯与阿甘本之间》,《马克思主义与现实》,2015 年第 1 期;高奇琦:《填充与虚无:生命政治的内涵及其扩展》,《政治学研究》,2016 年第 1 期;高奇琦:《世俗化的弥赛亚精神:阿甘本的宗教哲学思想》,《世界宗教研究》,2015 年第 3 期;姚云帆:《阿甘本"牲人"概念研究》,北京外国语大学博士学位论文,2013 年;姚云帆:《阿甘本谈"被诅咒的人"》,《中国社会科学报》,2016 年 2 月 2 日;张一兵:《奥斯维辛背后不可见的存在论剩余——阿甘本〈奥斯维辛的剩余〉解读》,《哲学研究》,2013 年第 11 期;等等。

冠肺炎疫情这一客观时势,更是将阿甘本及其生命政治思想推向了高潮,这时期涌现了很多代表性文章。① 时代问题不断推进理论的与时俱进,使得对其生命政治思想的研究也逐渐从原来零散的状态逐渐朝着时代化、系统化、全面化方向发展,目前的研究主要有以下三方面。

1. 阿甘本在生命政治发展中的地位

学界在对阿甘本整体思想加以把握的基础上,将其放在生命政治发展线索中进行定位,在与其他思想家比较过程中,突出其对生命政治思想的继承、发展和转变。这主要涉及以下四个论题。

一是对其整体思想的图绘。② 郑秀才 2005 年以"生命政治与主体性"为题,译介了阿甘本的两篇访谈,陈永国 2005 年译介了阿甘本的《在人权之外》,最早将阿甘本的形象呈现到国内,主要讨论了生命政治对社会现象的介入。2006 年,胡耀华对阿甘本的思想进行了整体评介,这是国内较早关于生命政治的文献。徐太军 2020 年在《阿甘本生命政治思想研究》中系统地解读了阿甘本的生命政治思想,并以此回应"历史终结论",一定程度上显示了马克思主义的当代活力。亚历克斯·默里在详尽概述阿甘本的思想之后,着重阐释了阿甘本的生命政治思想,是理解阿甘本生命政治思想的入门书籍。

二是对阿甘本生命政治探究的切入视角。③ 蓝江从语言哲学维度审视了生命政治。语言和政治的关系问题有助于理解阿甘本进入生命政治的逻辑。吴冠军更多是从政治哲学和宗教学视角来切入阿甘本的生命政治,姚

---

① 参见陈培永:《如何栖思于新冠病毒带来的例外状态——回应阿甘本》,《马克思主义与现实》,2020 年第 4 期;吴静:《例外状态与自由的边界——后疫情时代对阿甘本生命政治理论的反思》,《马克思主义与现实》,2020 年第 4 期;虞昊、吴冠军:《生命政治的"至暗时刻"? ——一个思想史重梳》,《国外理论动态》,2020 年第 4 期;李爱龙:《生命政治化与生产社会化——论生命政治的实践逻辑转向》,《哲学动态》,2020 年第 9 期;李爱龙:《生命权力能否切中现实生命:生命政治的文明面及其当代建构》,《宁夏社会科学》,2021 年第 2 期;等等。

② 参见徐太军:《阿甘本生命政治思想研究》,中国社会科学出版社,2020 年;[英]亚历克斯·默里:《为什么是阿甘本》,王立秋译,南京大学出版社,2020 年;等等。

③ 参见蓝江《语言哲学下的生命政治——当代马克思主义哲学与语言转向》,《哲学动态》,2013 年第 12 期;黄成华:《生命与政治的缠斗:基于医学视角的生命政治解读》,《昆明理工大学学报》(社会科学版),2020 年第 6 期;郭伟峰:《阿甘本的生命政治哲学对契约论的解构》,《内蒙古大学学报》(哲学社会科学版),2017 年第 1 期;等等。

云帆同样从政治哲学视角进行诠释。柯朝钦主要是立足法学角度,依托"例外状态"这一主导概念透视生命政治。黄成华基于医学视角对生命政治进行解读,认为生命政治借助医学仍然让生命受制于权力,并没有改变政治运作的逻辑,而这归根于资本主义制度。郭伟峰则将阿甘本的生命政治置于西方的契约论传统,认为阿甘本是对其彻底的解构。

三是对思想史线索的梳理与定位。这部分内容可参看本报告第一节第(一)部分"对生命政治学的整体勾勒"。

四是对阿甘本生命政治思想的对比研究。① 福柯和阿甘本的对比见本节上一部分中关于"福柯生命政治思想的比较研究"部分。韩振江针对反恐政治问题,展开齐泽克和阿甘本的生命政治思想的对话。林海璇通过对比阿甘本的生命政治和沃格林的灵知社会主义,反思灵知精神在当今的意义。张齐对比了阿甘本的生命政治思想和我国的以人为本思想。王刚、李景平认为阿甘本的生命政治思想和我国教育治理模式在创新角度存在理论耦合的可能性,通过对其思想的探究,渴求教育模式、治理思路的创新,从而为教育资源管理提供新路径。

2.阿甘本思想中的突出问题及发展线索

学界还依托阿甘本生命政治思想的核心概念,考察其思想中的突出问题及发展线索。

---

① 参见韩振江:《非人与邻人——阿甘本与齐泽克的主体之思》,《哲学研究》,2016 年第 4 期;林海璇:《灵知精神是时代的精华还是糟粕? ——以沃格林与阿甘本的理论为切入点》,《知与行》,2019 年第 6 期;张齐:《浅谈阿甘本"生命政治"思想同我国以人为本思想的差异》,《改革与开放》,2013 年第 10 期;王刚、李景平:《阿甘本生命政治对教育治理模式创新的启示》,《社会科学家》,2014 年第 9 期;等等。

一是解读其生命政治的关键概念,把握核心问题。① 张一兵探索了阿甘本生命政治学的不同研究对象,认为现在资本的统治逻辑已经不再是法权主体,也不是阶级主体,而是现代"神圣人"和当代"赤裸生命",即生命(身体)本身,并通过"集中营"展示了当下主体生命在权力装置下的现实生存境遇。蓝江依托"赤裸生命",图绘生命政治治理范式的社会发展历程,高奇琦在民族问题中分析"赤裸生命"。王宗峰认为从学理上说,阿甘本的"赤裸生命"忽视了权力对身体的"铭写"、身体的政治/文本角度,认为围绕"身体/生命"的活动其实也是文本现象和话语活动,由此试图从另一种向度来解释阿甘本的"赤裸生命"。张旭、曾誉铭、方媛媛着重对其"例外状态"进行解读,周燕妮指出在阿甘本那里"例外状态"和"景观社会"是生命政治的两套捕捉机制,这是通向艺术解放进而达到人的解放的前置任务。

姚云帆对"神圣人""经济"进行了思想史溯源及其当代意义的阐释,并分析了阿甘本对西方政治哲学的共同体概念的批判。张凯同样立足"神圣人",展示了主权权利对赤裸生命的暴力。庞红蕊、李金恒基于"人类学机器",指出其和生命政治的合谋制造的"知识 - 权力"网络区分人和动物,并指出通过"无为"解决人的内部分裂。蓝江、吴冠军依托"使用"概念,结合马克思主义的政治经济学批判,直指商品结构,同时,立足另一个核心概念"亵渎",重塑反抗力量,由此分析人类共同体结构。

林海璇同样立足"生命政治共同体的共产主义"来解读阿甘本,宋睿思则通过共同体反思当代大国治理的人类命运共同体,即将来临的共同体就指向了"弥赛亚时间",这是阿甘本为生命寻找的未来出路。吴冠军立足"弥

① 参见张一兵:《遭遇阿甘本(赤裸生命的例外悬临)》,南京大学出版社,2019 年;张一兵:《文本的深度耕犁》(第三卷),中国人民大学出版社,2019 年;王宗峰:《作为文本的身体——对于吉奥乔·阿甘本"赤裸生命"之说的异见》,《社会科学研究》,2012 年第 6 期;张旭:《福柯在中国(1989—2019)》,《跨文化研究》,2020 年第 1 期;曾誉铭、方媛媛:《本体论的例外:论阿甘本的"例外状态"》,《商丘职业技术学院学报》,2020 年第 1 期;周燕妮:《填充与排除:阿甘本生命政治的艺术捕捉机制》《贵州大学学报》(艺术版),2019 年第 5 期;张旭:《阿甘本论例外状态》《马克思主义与现实》,2018 年第 1 期;姚云帆:《神圣人与神圣家政:阿甘本政治哲学研究》,上海人民出版社,2020 年;庞红蕊、李金恒:《语言的暴力与解放:从动物伦理到生命政治(上)》,《伦理学术》,2019 年第 2 期;李金恒:《语言的暴力与解放:从动物伦理到生命政治(下)》,《伦理学术》,2020 年第 2 期;宋睿思:《大国治理:人类命运共同体——基于阿甘本生命政治理论的思考》,《法制博览》,2020 年第 16 期;司镜儒:《论阿甘本的"门槛"观及其美学意义》,湘潭大学硕士学位论文,2020 年;等等。

赛亚时间",重塑了反抗世俗权力装置的政治主体形象。刘黎、蓝江则立足"生命—形式"这一核心概念,指出这种走出生命政治困境的主体必须是"生命—形式"的主体,即政治生命和自然生命统一的主体。司镜儒立足阿甘本思想出发点的"门槛"概念,结合"潜能",同样指向了"生命—形式",并且从美学角度阐述了"门槛"的意义。

二是依托关键术语的内在逻辑,梳理阿甘本思想的发展线索和方向。①吴冠军从对"使用""亵渎""共同体""弥赛亚"线索的研究整体勾勒阿甘本关于未来出路的思想。高奇琦集中于"赤裸生命""例外状态"和"弥赛亚精神"的内在逻辑,把握阿甘本思想的整体面貌。姚云帆立足阿甘本的整体文本,对"Homo Sacer"的内涵和演变过程进行细致梳理和分析。朱麟钦通过对"Homo Sacer""赤裸生命""例外状态"和"主权"内在关系的分析,尝试展示阿甘本整体思想逻辑的演变。薛熙平则尝试在"主权""法律"和"生命"的内在关系中梳理阿甘本的思想逻辑,以此为理论武器批判并介入社会现实。

3. 在疫情和后疫情的时代背景中,对阿甘本关于疫情的回应进行生命政治的反思②

孙飞立足欧陆激进左派对疫情的理论反思,批判阿甘本对疫情这一例外状态的反思脱离了政治现实,而诉诸形而上学的理想政治,由此探讨政治和哲学的可结合方式。陈培永、谢晖指认阿甘本仅仅把生命政治理解为了治理术,在强烈批判阿甘本对疫情的无知判断前提下,认为政府针对疫情的"例外状态",立足法制采取的紧急措施起到了保护人的生物性生命的作用,这是疫情态势下哲学思考必须立足的前提。吴静从阿甘本对疫情看似缺乏基本医学常识的回应中,进入其生命政治的悖论式结构中寻求解答,重新审视"例外状态"和自由的边界问题,指出在疫情的特殊状态下,阿甘本生命政治思想的真正意义在于,对整个历史进程中结构性存在的社会问题进行反

---

① 参见高奇琦:《填充与虚无:生命政治的内涵及其扩展》,《政治学研究》,2016 年第 1 期;姚云帆:《论阿甘本 Homo Sacer 概念的含义》,《马克思主义与现实》,2015 年第 1 期;等等。

② 参见孙飞:《大流行与形而上学——析论欧陆诸哲的疫情反思》,《江海学刊》,2020 年第 5 期;谢晖:《论"例外生存"的治理决断——基于 COVID – 19 期间"阿甘本命题"的思考之一》,《法治社会》,2021 年第 2 期;吴静:《例外状态与自由的边界——后疫情时代对阿甘本生命政治理论的反思》,《马克思主义与现实》,2020 年第 4 期;虞昊、吴冠军:《生命政治的"至暗时刻"?——一个思想史重梳》,《国外理论动态》,2020 年第 4 期;等等。

思。吴冠军、虞昊从阿甘本对疫情的回应切入,提出了生命政治的现实有效性问题,并尝试建构一种积极建构性的生命政治话语。

(三)奈格里和哈特

奈格里和哈特把福柯的生命政治扩展到了资本主义的全球化发展背景中,基于资本权力批判,聚焦生命权力的生产与再生产,从福柯消极性的生命政治学建构了一条积极性的解放式生命政治学路径。

针对奈格里、哈特的生命政治思想,目前翻译到国内的书籍主要包括:奈格里和哈特的三部曲《帝国》《诸众》《大同世界》,以及《控诉帝国 21 世纪世界秩序中的全球化及其抵抗》《艺术与诸众:论艺术的九封信》《超越帝国》《〈大纲〉:超越马克思的马克思》以及文章:《凯恩斯和资本主义的国家理论》《〈帝国〉出版 20 周年回顾》《再次从马克思出发》《资本主义统治的多样性与斗争的联合》《马克思的〈大纲〉与当代资本主义——纪念马克思〈1857—1858 年经济学手稿〉160 周年》《重读黑格尔这个法哲学家》《也论解释世界还是改造世界——对哈维批判的回应》《共产主义:概念与实践之思》《当代意大利激进思想·序言》《帝国与后社会主义政治》《帝国、全球化与后社会主义政治》。

对此研究的专著,主要包括《照亮世界的马克思——张一兵与齐泽克、哈维、奈格里等学者的对话》《内格里的"非物质劳动"理论及其当代意义研究》《政治主体性、绝对内在性和革命政治学:奈格里政治本体论研究》等。截至 2021 年 4 月 11 日在南京大学图书馆资源库以"奈格里"和"生命政治"为关键词,共搜索到 125 篇文献,从发文量趋势图中可以看出,2012 年之前基本处于沉寂状态,2012 年开始被重视,2016 年之后显著增加,直到 2019 年达到峰值,2016 年至今的发文量为 87 篇,2020 年至今为 21 篇。

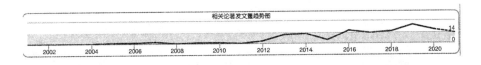

整体来看,除了《当代西方左翼中的生命政治思想》外,鲜有系统性的专著全面地阐述奈格里、哈特的生命政治思想,主要是基于不同视角的问题式

研究:依托《帝国》对其生命政治思想整体进行研究;集中于"非物质劳动""诸众""共产主义"等关键概念及其关系的探究;依托马克思主义对其革命策略、反抗路径等的诠释和批判。

1. 思想全貌及理论逻辑的转变①

张一兵、汪行福、陈学明、章国锋、汪明安、许纪霖、周穗明、王刚等立足《帝国》对奈格里、哈特的生命政治思想进行评述。无中心、无边界的帝国取代了传统的民族－国家形式,经济权力基础取代了传统的政治权力基础,资本对非物质劳动的统治代替了对物质劳动的支配,以生命权力为核心的权力运作不同于政治经济学批判意义上的资本统治。面对帝国新的统治形式,奈格里、哈特指出要通过生命政治生成反抗生命权力治理的革命主体,所以生命政治学在奈格里、哈特这里是不同于生命权力的积极性建构。蓝江、马云志、张同兵、陈培永、丁燃、张兵、吴骏、赵蒙等从整体上解读了奈格里和哈特生命政治的思想来源、逻辑布展,并对其渴望从生命政治的剥削中引发的诸众反抗,发展为有组织的斗争,进而过渡到共产主义社会的思路进行评价,认为这本质上是一种乌托邦色彩的伦理革命。闫培宇认为在一系列现实问题对帝国理论冲击的背景下,应该重访奈格里、哈特基于一般智力的解放的"生命政治"学转向和政治经济学批判之间的内在逻辑关系;黄立河、龙娜同样在当今资本主义新变化下,探讨马克思主义政治经济学对奈格里生命政治思想的启示,以此透视其价值和局限。

2. 革命主体、革命模式与革命策略

学界还对奈格里、哈特二人进行了中心立意的主题式解读,着眼于"非物质劳动""诸众""身份和阶级""共产主义"等。

---

① 参见张一兵:《资本帝国的生命政治存在论——奈格里、哈特的〈帝国〉解读》,《文学评论》,2018 年第 5 期;王刚:《帝国政治的逻辑建构——哈特、奈格里〈帝国〉论评》,《华中科技大学学报》(社会科学版),2012 年第 11 期;汪行福、王金林、赵伟:《劳动、政治与民主——访安东尼奥·奈格里教授》,《哲学动态》,2009 年第 7 期;陈学明:《评〈帝国〉一书对当代资本主义的最新批判》,《当代国外马克思主义评论》,2007 年第 11 期;张国锋:《全球化、"帝国"与世界新秩序——"新帝国论"透视》,《马克思主义与现实》,2006 年第 5 期;蓝江:《一般智力的生命政治生产——奈格里的生命政治思想谱系学蠡探》,《福建师范大学学报》(哲学社会科学学报),2020 年第 9 期;马云志、张同兵:《范式的革新与伦理性革命——哈特和奈格里生命政治逻辑的布展》,《南京社会科学》,2019 年第 6 期;陈培永:《自治主义马克思主义的生命政治学初探》,《哲学动态》,2012 年第 8 期;闫培宇:《哈特和奈格里的"生命政治学"理论规划转向》,《国外理论动态》,2019 年第 7 期;等等。

首先,集中于"非物质劳动"的探究。① 对此问题关注的学者主要包括:张一兵、唐正东、刘怀玉、陈庆松、李春建、丁瑞兆、周洪军、牛俐智等。张一兵肯定了二人重视非物质劳动问题的重要性意义,同时指出其"物化"和"拜物教"思想的缺失,以及内在的不足。李春建、马丽在对"非物质劳动"进行一般性介绍后,立足马克思历史唯物主义视角把握其学术贡献,并批判了奈格里由"非物质劳动"向"生命政治劳动"的倒转存在的不足。徐宇晓在此问题上认为,奈格里和哈特的生命政治生产在本质上仍然属于历史唯物主义的范畴。

吉林大学生命政治研究团队主要利用奈格里、哈特的非物质劳动思想来思考现代性问题,认为非物质劳动表征了超越工业文明的新生产力,为欲望冲破资本权力的秩序提供了新的力量,为思考与现代性彻底决裂的另一种现代性方案提供了可能。

唐正东认为"非物质劳动"是个模糊概念,凸显了当代资本主义条件下劳动范式的转变及其解放潜能,然而由于其解读过度依赖主体逻辑,所以呈现出了对现实历史的简单化理解;孙乐强同样认为"一般智力""非物质劳动"等过度夸大了历史唯物主义的主体维度,滑向一种伦理色彩的主体政治哲学之中;周治健也认为应该返回马克思历史辩证法向度,深入资本主义内在矛盾,寻求无产阶级革命的现实性。

与之相反,户晓坤则认为奈格里、哈特的"非物质劳动"坚持了马克思由政治经济学批判向政治层面的现实革命斗争转化的根本立场,立足时代,开拓了阶级斗争的主体向度,激发了革命潜能。

---

① 参见张一兵:《非物质劳动与创造性剩余价值——奈格里和哈特的〈帝国〉解读》,《国外理论动态》,2017 年第 7 期;李春建,马丽:《内格里的"非物质劳动"理论及其当代意义研究》,重庆出版社,2016 年;唐正东:《非物质劳动条件下剥削及危机的新形势——基于马克思的立场对哈特和奈格里观点的解读》,《哲学研究》,2013 年第 8 期;唐正东:《当代资本主义新变化的批判性解读》,经济科学出版社,2016 年;户晓坤:《"非物质劳动"与资本逻辑——意大利自治马克思主义对政治经济学批判传统的复归》,《教学与研究》,2014 年第 2 期;孙乐强:《马克思"一般智力"范畴的当代重构及其效应评估》,《探索与争鸣》,2021 年第 1 期;等等。

其次,集中于"诸众"思想的讨论。① 对此问题关注的学者主要有:张一兵、唐正东、刘怀玉、陈培永、鲁绍臣、张梧、宋晓杰、陆青、任小艳、李胤、符妹等。刘怀玉主要是在马克思的劳动概念、福柯的生命政治思想的知识谱系学关系基础上探讨了奈格里、哈特生命政治的大众主体思想,肯定了其在知识经济时代中对马克思的阶级斗争学说的借鉴价值。李爱龙同样指出了奈格里肯定性的生命政治范式转化对阶级逻辑的建构性意义。

宋晓杰在从社会根源、理论背景和核心线索对奈格里进行整体描绘后,着眼于奈格里的政治本体论,从政治性和主体性的理论双重性延伸至对现实资本主义的批判性分析,以重绘其诉诸诸众的游牧式战略开辟的革命图景,具体指出了诸众的内在性、个体性的聚合整体和本体性的创构力量,同时,分析其不足之处,即过度简化了政治过程的复杂性,无法充分说明政治逻辑,而只能具有乌托邦情怀。李绍英则从诸众的身体美学特点中指出哈特、奈格里革命主体的政治—美学逻辑。

最后,集中于革命策略和共同性的批判。② 对此问题关注的学者主要包括:唐正东、张早林、鲁绍臣、莫雷、李胤等。这些学者多集中于对哈特、奈格里组织形式、革命策略、反抗路径、现实有效性的质疑与批判上,指出其解读思路单一、方法论偏向主体主义等缺陷。其中,莫雷从政治人类学的角度审

---

① 参见鲁绍臣:《资本主体批判:奈格里主体理论的路径与反思》,《国外理论动态》,2016 年第 3 期;宋晓杰:《诸众政治的逻辑脉络——以安东尼奥·奈格里为中心线索》,《江海学刊》,2013 年第 3 期;陆青:《诸众:对马克思无产阶级理论的重构——哈特和奈格里"诸众"概念评析》,《浙江社会科学》,2013 年第 8 期;刘怀玉、陈培永:《从非物质劳动到生命政治——自治主义马克思主义大众政治主体的建构》,《马克思主义与现实》,2009 年第 4 期;李爱龙:《重塑阶级逻辑:当代生命政治的范式转化及其建构性意义》,《云南社会科学》,2019 年第 1 期;宋晓杰:《政治主体性、绝对内在性和革命政治学:奈格里政治本体论研究》,人民出版社,2014 年;符妹:《诸众出离:哈特和奈格里生命政治的解放策略》,《理论界》,2020 年第 12 期;李绍英:《诸众身体美学——奈格里和哈特构建主体的政治-美学逻辑》,《文艺理论研究》,2021 年第 2 期;等等。

② 参见唐正东:《出离:生命政治生产中的抵抗形式——对哈特和奈格里的阶级斗争观的一种解读》,《山东社会科学》,2014 年第 1 期;张早林:《生命政治视野下劳动主体、社会矛盾及解放路径的转型——哈特和奈格里的激进政治哲学研究》,南京大学博士学位论文,2019 年;莫雷:《爱的政治何以成为批判的政治?——哈特、奈格里的政治人类学的探讨与困境》,《天津社会科学》,2019 年第 4 期;彭小伟:《劳动超越资本可能吗——哈特和奈格里的一种解答》,《天府新论》,2019 年第 2 期;廖梓嘉:《奈格里"共同性"思想探析》,《湖南科技学院学报》,2020 年第 4 期;陆茸:《非物质劳动条件下马克思的劳动价值论过时了吗——评哈特和奈格里基于"共同性"的价值理论》,《中国经济问题》,2021 年第 1 期;等等。

视奈格里和哈特的"爱的政治"的困境。李胤尝试澄清生命政治语境的对抗性前提,即劳动是打破资本主义总体性逻辑的主体性力量所在,并指出了对抗的多元与开放性,以此对资本和劳动对立之关系进行合乎现实的理解。彭小伟同样审视了劳动和资本关系,质疑其劳动主体性对资本超越的可能性。廖梓嘉概略了"共同性"思想并指出其乌托邦色彩。陆茸则从"共同体"视角探讨了哈特和奈格里的价值理论。

(四)埃斯波西托

继续福柯、阿甘本、奈格里、哈特生命政治线索的思想家是埃斯波西托,他回到一种更为常规和实际的社会关系层面,即在社会共同体的公共空间中探讨治安机制的逻辑布展,以对当代资本主义社会"免疫"系统的分析为核心,重新建构了一条以"共同体"和"免疫体"为核心概念的肯定性的生命政治学。埃斯波西托同样从生命政治角度对新冠肺炎疫情进行了回应,指出当前生命政治出现了三个新变化。首先,政治的作用对象是具体的群体区块而不再是个体,实现了个体和特定人口区块的统一,也就是说疫情防控中,出于国家理由实施的生命政治策略:隔离、封锁等并非针对某个个人,而是为了维护整体空间和人口的安全,这实际上并不是本次疫情带来的新变化,福柯早已对此进行了讨论。隔离就必然产生区分,包括内外区分、区域划分等,而区分带来的就是排他性。其次,疫情带来了政治医学化和医学政治化的双向维度,埃斯波西托认为,这会使国家在疫情中加强其保护性作用,而淡化其意识形态作用。最后,民主的常态程序开始偏移至具有突发事件性质的机制,也就是说,在疫情这种突发的"例外状态"下,常规政治学运作程序被悬置,而必须启动特殊的应对机制。

总体来看,国内对埃斯波西托的研究基本处于起步阶段,很重要的一个原因便是其著作①和代表性的解读文献②没有被翻译为中文。目前,国内能看到的埃斯波西托的著作是《生产》③第 7 辑中译介的埃斯波西托的《免疫范式》《免疫与暴力》《免疫式民主》《罗伯特·埃斯波西托访谈录》,第九辑中的《生命政治》《共同体与虚无主义》;2010 年发表在《国外理论动态》的《极权主义还是生命政治?——关于 20 世纪的哲学阐释》,以及相关公众号上零星刊载的文章包括④:《欧洲哲学》《政治与人的自然本质》《解药》《党派与病毒:生命政治当权》《医生不可主导政治》《免疫的两面性》。截至 2021 年

---

① 埃斯波西托的主要代表著作包括:Roberto Esposito, *Immunitas: The Protection and Negation of Life*, Zakiya Hanafi(trans.), Polity Press,2011; Roberto Esposito, *The Origin of The Political: Hannah Arendt or Simone Weil?* Fordham University Press, 2017; Roberto Esposito, *Communitas: The Origin and Destiny of Community*,Timothy Campbell(trans.), Stanford University Press, 2010; Roberto Esposito, *Living Thought: The Origins and Actuality of Italian Philosophy*, Zakiya Hanafi(trans.), Stanford University Press, 2012; Roberto Esposito, *Third Person Politics of Life and Philosophy of the Impersonal*, Polity Press, 2012; Roberto Esposito, *Bios: Biopolitics and Philosophy*, Timothy Campbell(trans.), University of Minnesota Press, 2008; Roberto Esposito, Connal Parsley, Categories of the Impolitical Commonalities, Fordham University Press,2015; Roberto Esposito, *Persons and Things: From the body's Point of View*, Polity Press, 2015; Roberto Esposito,*Two: The Machine of Political Theology and the Place of Thought*, Fordham University Press, 2015; Roberto Esposito, *Politics and Negation: For an Affirmative Philosophy*, Polity Press, 2019; Roberto Esposito, *The Third Person*, Polity Press, 2018; Roberto Esposito, *A Philosophy for Europe: from the outside*, Polity Press, 2018.

② 代表性的解读文献包括:Greg Bird, *Containing Community: From Political Economy to Ontology in Agamben*, *Esposito*, *and Nancy*, State University of New York Press, 2016; Greg Bird, Jonathan Short, *Community*, *Immunity and the Proper: Roberto Esposito*, Routledge Press, 2015; Inna Viriasova, Antonio Calcagno, *Roberto Esposito: Biopolitics and Philosophy*, State University of New York Press, 2018; Peter Langford, *Roberto Esposito: Law, Community and the Political*, Routledge, 2015; Alexej Ulbricht, *Multicultural Immunisation: Liberalism and Esposito*, Edinburgh University Press, 2015.

③ 汪民安、郭晓彦主编:《生产》(第 7 辑),江苏人民出版社,2011 年;汪民安、郭晓彦主编:《生产》(第 9 辑),江苏人民出版社,2014 年;等等。

④ 《欧洲哲学》刊载于"激进阵线联萌"微信公众号,2018 年 8 月 16 日;《政治与人的自然本质》刊载于"激进阵线联萌"公众号,2018 年 9 月 2 日;《解药》刊载于"法国理论"微信公众号,2020 年 2 月 16 日;《党派与病毒:生命政治当权》刊载于"WUXU"微信公众号,2020 年 3 月 2 日;《医生不可主导政治》刊载于"WUXU"微信公众号,2020 年 3 月 27 日;《免疫的两面性》刊载于"激进阵线联萌"微信公众号,2021 年 1 月 3 日、2021 年 1 月 4 日、2021 年 1 月 5 日;等等。

4月11日在CNKI上共搜索到9篇相关文献。① 目前的研究主要是在生命政治谱系学中定位埃斯波西托,其生命政治的思想来源、继承与发展;以其核心概念"免疫"为中心对其整体思想的图绘,指出其贡献以及内在缺陷。

蓝江、刘黎主要立足埃斯波西托的"免疫共同体"范畴,指出其在继承福柯–阿甘本生命政治基础上,提出了肯定性的免疫机制,这种建立在共同负债和亏欠基础上的免疫机制成为一种共生的生命政治,彰显了生命本身的内在活力,并为解放的共同体提供了借鉴。姚云帆同样从其核心概念"免疫"切入,梳理了免疫的谱系学发展线索,诠释了埃斯波西托的三种免疫范式,并强调了其中聚合异质生命的政治共同体的生命政治范式,但其停留在自然状态而忽视社会政治权力塑造的维度,使得免疫政治陷入了结构性困境。樊熙奇也以"免疫"入手,在指出其对个体和共同体保护的积极意义后,也阐释了其对生命过度保护而导致的内在危险,最后展示了埃斯波西托转变为移植机制的补救措施。除此之外,在对《人与物:从身体的视点出发》的书评中,樊熙奇还探究了"人格"和"身体"的关系。在系统梳理了本书的核心概念"人格"的罗马法模型和基督教模型之后指出,在埃斯波西托看来,融合了罗马法和基督教两种模式的现代人格装置仍然保持着区分的政治功能,人格装置通过暴力作用于人的身体,将其还原为物,使得现代人游离在人和物的夹缝中。

陈培永在阐释了埃斯波西托免疫政治的基本内涵以及肯定性与否定性的双重维度后,对埃斯波西托消极性否定疫情期间的生命政治态度予以回应,认为疫情催生的生命政治的积极性远超于其否定性,尝试建构一种积极

---

① 参见蓝江:《作为肯定性生命政治的免疫共同体范式——罗伯托·埃斯波西托与生命政治的未来》,《国外理论动态》,2020年第4期;刘黎:《罗伯特·埃斯波西托的免疫范式——一种肯定性生命政治的建构》,《华中科技大学学报》(社会科学版),2017年第5期;姚云帆:《免疫政治的结构性困境——对埃斯波西多免疫概念的一种诠释》,《马克思主义与现实》,2019年第4期;樊熙奇:《共同体与个体生命的保护机制:论埃斯波西托的"免疫"概念》,《浙江学刊》,2019年第3期;樊熙奇:《"人格"与身体之谜——评埃斯波西托〈人与物:从身体的视点出发〉》,《中国图书评论》,2020年第1期;陈培永:《新冠病毒肆虐生命政治学应如何介入——回应埃斯波西托的"免疫政治"》,《云梦学刊》,2020年第4期;于水、徐亚清、姜凯宜:《启蒙话语的消解与回应:从福柯到埃斯波西托的国家观转换》,《国外理论动态》,2018年第4期;[澳]V.莱姆:《尼采与生命政治学:对作为生命政治思想家的尼采的四种解读》,《世界哲学》,2019年第1期;《尼采、生命政治与动物性生存问题》,刊载于"哲学人"微信公众号,2020年9月24日;等等。

意义的生命政治路径。于水、徐亚清、姜凯宜从国家观的视角出发,对比了福柯以安全为基础的生命政治国家观和埃斯波西托以"免疫"为核心的生命政治国家观,认为两人直面启蒙话语,但在对启蒙话语的问题上显著不同。

译介到国内的两篇关于埃斯波西托的文章主要立足其《生命:生命政治与哲学》这一著作,瓦内萨·列姆、V.莱姆两人分别解析了埃斯波西托对尼采生命政治的解读。其中V.莱姆指出了尼采生命政治学的四种解读方向,在埃斯波西托看来,尼采是免疫范式的真正发现者。从埃斯波西托的解读中可以看出其生命政治的思想来源,反观其思想的本质内涵。

(五)其他思想家①

张一兵从整体上对朗西埃的生命政治思想进行了思考。冯翾、黄海峤、苑洁、宋阳旨指出朗西埃对身体化的感性微观控制层面的关注,同时探究了朗西埃的主体规划思想。王开琼在介绍之余主要立足朗西埃的生命政治思想对中国当代生命政治哲学的影响。刘刚、苑洁、宋阳旨评介了齐泽克的生命政治思想,认为齐泽克立足时代问题,赋予了生命政治新的时代内涵和"生命解放"的关切。王瑞瑞、朱彦明、黄立河在后人类图景中,评介了尼古拉斯·罗斯(Ikolas Rose)对福柯生命政治的重塑,他从分子层面提出的"生命本身"打开了当代生命政治的新视域,也就是说,他主要着眼于科学知识和生物技术对生命的概念、意义以及政治范式的影响。王垚、郑召利探索了朱迪斯·巴特勒的生命政治学思想。张炯、冯波探讨了斯宾诺莎的生命政

---

① 参见张一兵:《文本的深度耕犁》(第三卷),中国人民大学出版社,2019年;冯翾、黄海峤:《朗西埃生命政治哲学的当代论域及其归宿》,《社会科学家》,2013年第6期;苑洁、宋阳旨:《当代西方左翼社会思潮与文化批判》,中央编译出版社,2019年;王瑞瑞:《后人类图景中的生命与死亡——对尼古拉斯·罗斯生命政治理论的解读》,《福建论坛》(人文社会科学版),2019年第12期;朱彦明、黄立河:《拉比诺和罗斯论生命的分子化与生命政治》,《自然辩证法研究》,2021年第3期;[美]保罗·拉比诺、[美]尼克拉斯·罗斯:《对当前生命权力概念的思考》,载汪民安、郭晓彦主编:《生产》(第7辑),江苏人民出版社,2011年;[英]尼古拉斯·罗斯:《生命本身的政治:21世纪的生物医学、权力和主体性》,尹晶译,北京大学出版社,2014年;王垚、郑召利:《从性别操演到可行性生活:对朱迪斯·巴特勒生命政治的一种探索》,《宁夏社会科学》,2020年第3期;张炯:《大众、理性与生命政治——激进左翼理论有关斯宾诺莎复兴中的几个论域》,《当代国外马克思主义评论》,2017年第1期;冯波:《奈格里论斯宾诺莎的生命政治》,《世界哲学》,2017年第1期;高琳、莫晨:《生命政治:亚里士多德人论的新问题》,《学理论》,2012年第6期;崔问津:《启蒙主义与生命政治——新文化运动时期的鲁迅》,《现代中文学刊》,2015年第5期;等等。

治。高琳、莫晨用生命政治思想重新解读亚里士多德的"人是城邦的动物"思想。崔问津探讨了新文化时期鲁迅如何在和启蒙主义相协调的状况下，建立一套生命政治的伦理表述。

三、生命政治在其他领域中的拓展

（一）运用生命政治思想解读文学①

李松睿、王亚平、都岚岚运用生命政治思想解读莫言《蛙》中的计划生育政策，剖析了现代国家是如何将"生命"纳入"政治"控制之下的。支运波、刘莉、王晓晨、顾梅珑用福柯的生命政治思想分析了奥威尔的反极权主义小说《一九八四》。蔡振兴利用生命政治思想讨论了巴特勒《创生三部曲》背后所隐含的宰制、剥削和殖民等问题。张英进探讨了《今天我休息》中的生命政治的自我塑造问题。孙红卫引入阿甘本的生命政治思想，分析马尔登诗歌对生命政治的批判以及对"例外状态"中赤裸生命的诗学救赎问题。韩振江则以齐泽克对《安提戈涅》的意识形态阐释为依托，探讨了齐泽克的生命政治学和文艺理论之间的关系。周琦从阿甘本的生命政治学视角，借助"神圣人""至高权力"和"例外状态"思想对《悟空传》进行现代性的思考。黄雨晨以福柯到阿甘本的生命政治为视角深入探究小说《使女的故事》中的身体政治。牛妮汲取福柯生命政治思想对乌托邦小说《她乡》中的"性"进行解读，此外还包括对《蝇王》《地狱》、林那北的《息肉》、莫里森的《家》、笛福的《瘟疫年纪事》、石黑一雄的《别让我走》等的解读。

---

① 参见李松睿：《"生命政治"与历史书写——论莫言的小说〈蛙〉》，《东吴学术》，2011年第1期；支运波：《生命政治与〈一九八四〉》，《四川师范大学学报》（社会科学版），2017年第4期；蔡振兴：《巴特勒〈创生三部曲〉中的科技、环境与生命政治》，《外国文学研究》，2014年第6期；孙红卫：《"那里有一个赤裸的人"：试论马尔登诗歌中的生命政治和诗学救赎》，《外国文学评论》，2012年第3期；等等。

(二)运用生命政治思想解读艺术①

首先,是从生命政治视角对艺术的整体审视。支运波从福柯的生命政治理论出发,结合本雅明的生命政治观,探讨生命政治机制对艺术可能带来的断裂和荣光,赵文同样从整体上对艺术进行了生命政治学的解读。唐宏峰通过对本雅明和格罗伊斯的艺术与复制思想的探讨,指出艺术记录现象,表明艺术已经成了干预生活的生命政治形态之一;等等。

其次,是对艺术的具体领域:美术、舞蹈、影视、戏剧等的解读。2011 年,"超有机"CAFAM 泛主题展体现了生命政治思想对美术作品的影响。支运波分析了阿甘本生命政治思想中的舞蹈问题,认为舞蹈作为纯粹姿态成为当代资本主义治理装置的生命美学机制。万向兴利用阿甘本的生命政治思想解读美国电影《源代码》,思考现代人在法律下的生命意义。李洋运用福柯的生命政治思想分析电影这种"记忆治理"现象。仝广辉对西方青少年反乌托邦电影进行分析。徐刚运用阿甘本的生命政治思想解读电视剧《我的团长我的团》的主体生成方式。此外,还有对《战狼》《死亡纵队长》等的分析。《历史·权力·主体:卡里尔·丘吉尔女性戏剧研究》主要从福柯的权力和主体理论,解读了当代英国女剧作家卡里尔·丘吉尔的女性戏剧作品;等等。

---

① 参见赵文:《诸众与非——艺术一种生命政治的阐释》,《新美术》,2014 年第 10 期;唐宏峰:《艺术及其复制——从本雅明到格罗伊斯》,《文艺研究》,2015 年第 12 期;万向兴:《运用阿甘本的裸命理念解读〈源代码〉》,《法制与经济》(中旬),2012 年第 12 期;李洋:《福柯与电影的记忆治理》,《文艺理论研究》,2015 年第 6 期;仝广辉:《西方青少年反乌托邦电影中的身体技术》,《艺海》,2018 年第 8 期;徐刚:《启蒙历史困境中的"生命政治学"——电视剧〈我的团长我的团〉解读》,《南都学坛》,2010 年第 4 期;钱激扬:《历史·权力·主体:卡里尔·丘吉尔女性戏剧研究》,南京大学出版社,2014 年;等等。

(三)运用生命政治思想解读生活事件①

高奇琪运用阿甘本生命政治中的"例外状态"和赤裸生命思想分析少数民族群体在民族国家形成过程中的困难和脆弱的地位。刘经纬、于江霞、张灿立足生命政治理论,解读当下的生物资本主义正是利用生物技术、生命工业和生命专利等载体来重新宰制生命。张笑扬利用生命政治思想来思考当今中国在市场经济下计划生育有序变动的相关问题。韦敏、柯文主要是用生命政治思想来分析"黄金大米事件"。陆杰华、缪巧霞、卢镱逢运用生命政治思对我国社会养老模式进行思考。宋辰婷、张大志探讨了日常生活中的节食、健身和医疗等健康问题中的生命政治思想。秦洪亮分析了"裸条"贷款危机中的生命政治。刘乐分析了生命政治下的反恐事件。刘炳林分析了生命政治下的环境问题。叶敬忠探讨了中国农村教育中的生命政治问题。尹铎、高权探究了野生动物园旅游中的生命政治思想,等等。

四、结语

总体来看,生命政治提供了一条批判与反抗资本主义的新逻辑和新策略,是马克思资本逻辑批判在新时代的深化和补充,同时能够直面时代问题,给予理论回应。但立足整体,仍然存在以下问题亟待解决。

首先,批判性有余,建构性不足。目前虽然开拓了肯定性的生命政治维度的建构,然而其现实性、合理性和有效性仍存在质疑。同时,生命政治的

---

① 参见刘经纬、于江霞:《生命政治视阈下的生物资本主义》,《自然辩证法研究》,2009 年第 8 期;张笑扬:《生命政治、制度变迁与人口现代化——唯物史观中的人口生态及其政治意蕴》,《理论研究》,2013 年第 1 期;韦敏、柯文:《"黄金大米事件"中生命政治意向之流布》,《自然辩证法研究》,2014 年第 7 期;陆杰华、缪巧霞、卢镱逢:《生命政治视角下我国社区型养老模式再思考》,《老龄科学研究》,2014 第 10 期;宋辰婷:《节食·健身·医疗——健康管理中的身体规训与生命政治》,《人文杂志》,2015 年第 11 期;张大志:《全民健身推进"健康中国"建设的生命政治解读》,《体育科研》,2017 年第 6 期;秦洪亮:《"裸条"借贷危机中的生命政治》,《社会科学论坛》,2016 年第 12 期;刘乐:《反恐时代的生命政治:反思与重构》,《欧洲研究》,2017 年第 2 期;刘炳林:《生命政治视野下的环境问题——以雾霾为例》,《化工管理》,2017 年第 12 期;叶敬忠:《作为治理术的中国农村教育》,《开放时代》,2017 年第 3 期;尹铎、高权、朱竑:《广州鳄鱼公园野生动物旅游中的生命权力运作》,《地理学报》,2017 年第 10 期;等等。

代表人物不同程度地存在对马克思主义政治经济学批判的否定,导致其批判力度不足,现实实践斗争渺茫,乌托邦色彩浓厚。

其次,我们已经不再是国外马克思主义的学徒,而是同时代人,应该发挥主动性。目前出现了和中国理论相结合的中国式生命政治的构建倾向,并且和西方学者对话的力量也在崛起并不断壮大,但整体上或多或少仍处于西方生命政治的范式中。而生命政治的出场逻辑就是处于新自由主义的背景中,由此决定了其本身和自由主义的内在同构性,进而导致不能深入历史深处,透视问题实质,以至于对新时代中国问题的回应和解答基本处于失语状态,所以开启面向中国问题的生命政治学将成为生命政治的发展方向。

最后,不能局限在单一领域,这只是资本主义生产的一个片段。应该回到总体性,随着资本主义生产方式的转型,要透视当代资本主义的本质变化,回到根基,立足马克思主义进行总体性探讨,对大数据时代的资本主义生理机制进行解剖,坚定马克思的解放政治学。

分报告六
对西方左翼政治经济学的研究

西方左翼政治经济学学者运用马克思主义基本理论分析资本主义国家的现实问题,注重向现实社会转向,强调解决资本主义发展的弊端及探讨未来社会发展前景。同时,研究的视野更加宽广、方法更加多样、理论框架更加多元,从女性经济学到环境经济学,从生产中的政治到文化转型,从民族国家的经济发展到全球经济的趋同都进入了激进政治经济学研究的视野。近年来,国内学者也愈来愈加强了对国外左翼政治经济学的研究,关注到其在基础理论、经典文本、批判理论等方面形成的系列学术成果,以及他们对资本主义的多重形态、对社会主义的可能性的理论思考。辩证地看待西方左翼学者的研究成果,有利于我们深刻认识国外左翼政治经济学的研究趋向,开辟国外马克思主义研究新境界。

一、马克思主义政治经济学基础理论和经典文本研究

(一)马克思的拜物教批判理论

关于马克思"拜物教理论"的重要性。许光伟认为,一般而言,政治经济学理论范畴的形成来自三方面:社会劳动过程、阶级斗争以及以"秩序"为中心的物象均衡。经由"拜物教意识"批判,"仿市场"范畴的根基被瓦解,阶级斗争被"事格化",并置身于劳动过程文明规划。这表明基于通史考察,《资本论》中的"拜物教理论"和"劳动过程批判"是同步的过程,目的是求取"人

本身的解放""所有制解放"。① 李弦认为,"拜物教批判"构成了马克思政治经济学研究中的一大显性逻辑。细致考察马克思对于"拜物教"这个概念的使用,可以发现它实际上包含了两个重要维度:一是观念学或意识形态的维度,马克思主要对其进行了社会认识论的批判;二是社会性质或行为方式的维度,马克思主要对其进行了社会存在论的批判。而马克思对于"拜物教"的这种双重批判也明显具有当代之维,马克思开辟了哲学批判之外的另一条道路,即对于"拜物教"的"爆破"必须从其背后的"生产关系"和"交换关系"着手,也正是通过这种当代视野的融入和对比,我们发现了马克思的拜物教批判理论不仅没有过时,而且具有了极强的当代性。②

关于商品拜物教批判的理论定位。吴猛认为,西方左翼思想家们对于历史唯物主义的"重释",往往从商品拜物教批判出发,但所获得的理论成果却普遍背离经典历史唯物主义的立场,从而未能实现历史唯物主义的当代化。要实现历史唯物主义的当代化,就要重新理解马克思在商品拜物教批判中把握现实运动的基本方式。作为马克思形式分析进程中的一个重要环节,商品拜物教批判呈现了以历史性的普遍交换为核心的资本主义表现机制在生产者拜物教和政治经济学拜物教的建构中所起的作用,为更进一步深入资本主义生产领域内部揭示资本主义现实运动的自否性的形式分析设置了路标。③

关于马克思技术二重性批判。卢江从马克思技术二重性批判理论出发,认为技术能够衡量生产力发展水平,是资本主义生产关系区别于以前社会生产关系的重要指标。正是得益于技术的创新与发展,《共产党宣言》给予了资产阶级统治极高的评价。技术本身是中性的,但当它被应用于资本主义生产过程,它就带有了显著的价值取向和特殊属性,《资本论》及相关手稿用了大量篇幅论述资本主义生产方式中的技术问题,特别是在唯物史观的指导下,马克思从物质内容和社会形式两个方面对技术范畴进行了二重

① 参见许光伟:《劳动过程与商品拜物教批判——兼析恩格斯对〈资本论〉方法贡献的性质》,《当代经济研究》,2020 年第 4 期。

② 参见李弦:《马克思拜物教批判的双重向度及其当代之维》,《理论月刊》,2020 年第 5 期。

③ 参见吴猛:《价值形式:马克思商品拜物教批判的理论定位》,《中国社会科学》,2020 年第 4 期。

性批判,不仅指出了技术对于商品生产积极性与消极性的统一,同时详细揭示了技术发展表面上有利于劳动力自由解放、实则不利于劳动力再生产的矛盾作用。任何一个社会都不能沉迷于技术拜物教,只有正视技术被谁所控、为谁所用,才能科学驾驭技术并推动社会进步。①

(二)马克思的正义理论

对马克思是否关注分配正义的探讨。鲁克俭认为,马克思在《哥达纲领批判》中提出的共产主义高级阶段的所谓分配原则应译为"各尽其能、各足其需",实际并非分配原则。马克思有正义理论,但不是分配正义,而是"美好生活"(即人的自我实现、自我完善)理论。以罗尔斯的分配正义理论来补充或挖掘马克思的正义思想,是多余的;科亨对马克思自我所有权的批评,是失焦的。对马克思《资本论》的哲学研究,并不是要把马克思变成批判哲学(包括资本逻辑批判)。② 魏传光提出,马克思从生产的历史性和社会性分析入手,指出生产不是抽象的、永恒不变的自然规律,而是由特定的社会历史条件所决定的社会关系。由此,马克思开始了正义的"生产性"重构,把理解正义的重心从分配领域转向生产领域,对资本主义社会的生产活动、生产关系和生产方式的合理性前提和合目的性根据进行价值检审。马克思对正义的"生产性"重构对于我们走出自由主义分配正义的窠臼,彻底地批判资本主义财富增长的剥削性质,以及资本主义生产的历史性、暂时性奠定了分配正义所无法企及的理论根基。③

关于马克思语境中分配正义的原则和结构。张晓萌认为,回溯政治哲学中分配正义的历史,其中的共识与分歧根植于分配正义的基本结构与原则。通过探讨"分配"在马克思主义政治经济学整体结构中的意义与作用,进而从生产、分配、交换、消费这一总体的辩证结构进入到分配正义依据的基础性环节——生产。在马克思的语境中,分配正义并非局限于商品或财

---

① 参见卢江:《马克思技术二重性批判理论研究——基于〈资本论〉及相关手稿的文本考证》,《马克思主义研究》,2020 年第 3 期。

② 参见鲁克俭:《马克思是否关注分配正义——从"按需分配"的中译文谈起》,《马克思主义理论学科研究》,2020 年第 2 期。

③ 参见魏传光:《马克思关于正义的"生产性"重构及其指向》,《社会科学辑刊》,2020 年第 3 期。

富的分配,而是在更为广阔和深刻的意义上谈论的。马克思的理论指向人的自我实现和全面发展,最终指向人类解放。①

关于马克思的需要理论与分配正义的张力。林帮钦认为,需要是近现代分配正义理论的一个分析视角,同时在马克思主义政治哲学的相关论述中也是重要的理论概念。近代分配正义理论沿袭了古典经济学的传统,以财产所有权为核心的权利体系构成了分配正义的理论基础。马克思在对资本主义社会的批判中,从人的需要的角度分析了在特定的生产方式中劳动造成的人的异化。在马克思的需要理论的三重含义中,需要理论从传统的古典经济学出发,超越了近代分配正义理论所描绘的人类社会。现代分配正义理论与马克思主义的需要理论有着共同的理论渊源,这为当代中国化的社会分配正义理论研究提供了可能性。②

关于分配正义的唯物史观重构。刘海军认为,马克思开启了分配正义的唯物史观叙事,使其思想体系以"生产方式还原"的形式得以历史呈现。在基本要件上,马克思实现了对分配正义的科学解剖,揭示了自由时间、自由自觉的劳动和制度正义之于分配正义的重要意义;在评判标准上,马克思开辟了根植于生产方式的历史判断路径,生产力、生产关系以及阶级关系之于分配正义的内在联系得以解蔽;在实现策略上,马克思实现了道德批判向社会批判的转向,并揭示了实现分配正义的直接动力与根本策略;在实践旨归上,马克思挖掘了分配正义所内蕴的人类解放旨趣、所涵养的教育公平意蕴与所彰显的自由个性理念;在历史形态上,马克思透视了"虚假的共同体"走向"自由人联合体"的跃迁轨迹及其内在规律。③

(三)关于"转形问题"的争论及启示

关于"转形问题"的百年研究。在马克思经济学研究中,"转形问题"争论持续逾百年。荣兆梓认为,百年来价值转形问题研究存在对马克思理论

---

① 参见张晓萌:《马克思主义分配正义的基本结构与原则》,《北京行政学院学报》,2020 年第 3 期。

② 参见林帮钦:《论马克思的需要理论与分配正义的张力》,《山东社会科学》,2020 年第 6 期。

③ 参见刘海军:《马克思对分配正义的唯物史观重构》,《海南大学学报》(人文社会科学版),2020 年第 3 期。

逻辑的三大偏误:一是误将全部社会产品划分为三个相互割裂的固定部分,二是误将生产价格与价格混为一谈,三是错把理论手段当作理论目的。[①] 李梦凡关注 TSSI 模型的拓展分析提出,在论战过程中,TSSI 模型是"冗余论"中新近出现且影响较大的一种模型,将 TSSI 两期模型拓展至多期,探索其系统性特征,基于矩阵特征分解和佩隆 - 弗洛宾尼斯定理发现,若投入矩阵具有生产性,那么按照 TSSI 多期程序的价值向量、生产价格向量逐渐收敛于常数向量;基期的生产价格设定不会影响收敛存在性,但具体选择会影响收敛值大小,且通过价值 - 生产价格偏差在时间上的累积效应来表现;确定基期偏差,该累积效应也收敛于常向量。数例研究表明,总生产价格与总价值相等、总利润与总剩余价值相等在所有时期成立;一般利润率动态变化,但随转化过程收敛至稳态,价值向量与生产价格向量也在收敛,偏差向量随之收敛。[②]

关于"转形问题"的新近争论。张忠胜认为,美国学者莫斯利和莱伯曼关于价值转形的新近争论,突出呈现了长期以来学界关于"转形问题"的基本认识分歧,并将两种对立的解释范式与激进经济学家的"前进之路"关联起来。虽然双方的相互批评指出了各自解释的一些缺陷,但仍存在不足,或批评得不彻底。莫斯利的"宏观货币解释"(MMI)既受限于长期均衡假设,又过度依赖抽象方法而缺少必要的中间环节,所以不仅未能真正反驳莱伯曼的批评,也很难被视为价值转形的成功解释。莱伯曼的"理论上的时间/一致结构解释"(TT/CSI)是对马克思价值理论典型的斯拉法主义"替代"解释,承继了"标准解释"的全部误读和错解,由此划定的"前进之路"是向李嘉图主义的复归。与转形解释相关的"前进之路"之争表明,"转形问题"的争论与方法直接相关。21 世纪马克思经济学的"前进之路",应以马克思价值转形的准确解释及其促成的政治经济学理论科学革命为基础。[③]

---

① 参见荣兆梓:《转形问题研究三大偏误的历史总结》,《经济纵横》,2020 年第 1 期。

② 参见李梦凡:《价值转形研究:基于 TSSI 模型的拓展分析》,《当代经济研究》,2020 年第 7 期。

③ 参见张忠胜:《莫斯利和莱伯曼"转形问题"新近争论评析及启示》,《当代经济研究》,2020 年第 6 期。

二、政治经济学与社会批判理论的结合

（一）法兰克福学派批判理论

关于法兰克福学派批判理论的转向。周嘉昕认为,20世纪30年代至40年代中期,法兰克福社会研究所经历了从跨学科唯物主义研究到批判理论建构和工具理性批判的发展。在此过程中,政治经济学研究之于批判理论范式建构的意义主要表现为:商品交换原则中抽象统治的批判以及大危机之后"国家资本主义"的分析。然而由于二者之间存在理论"短路",或者说霍克海默和波洛克未能提供从抽象的价值理论到具体的"国家资本主义"批判的辩证分析,法兰克福学派批判理论呈现出所谓的"悲观论转向"。①

关于法兰克福学派"现实的抽象"批判。黄玮杰认为,经济结构与主体结构间的关系是西方马克思主义理论发展过程中持续展开研究的问题式。在此语境下,实体、主体、客体在社会经济结构中的相互作用构成了西方马克思主义理论探讨政治经济学批判的重要维度。对此,阿多诺等法兰克福学派学者基于马克思政治经济学批判关于"现实的抽象"(realabstraction)机制的阐发,回应了资本主义下"抽象成为统治"的时代特质。当代资本逻辑与技术理性的精致化,加深了问题的复杂程度。马克思所指认的"现实的抽象"在当代格局下愈发成为社会构建的核心机制,并借助当代数字技术以及抽象化机构(如金融),将"抽象"本身以对象性的方式直接呈现出来。在此背景下,齐泽克延续了法兰克福学派的思路,通过发展批判理论所强调的价值"形式规定性",在象征秩序批判的范式下,重新探讨了被知识资本主义形式所深化的问题,从阿多诺"对象优先性"的理论空间中引申出"无产阶级化"的主体革命立场。②

---

① 参见周嘉昕:《政治经济学批判与批判理论》,《山东社会科学》,2020年第5期。
② 参见黄玮杰:《价值形式、现实的抽象与象征秩序——从阿多诺到齐泽克的政治经济学批判》,《学习与探索》,2020年第1期。

(二)马克思主义空间政治经济学批判

关于马克思空间思想的政治经济学发现。鲁宝认为,随着当代世界全球化的空间生产以及飞速发展的城市化社会运动,人类的生活方式和思维方式在空间的维度上被全面刷新。资本主义依赖于从空间中的商品生产转变为对空间本身的生产从而得以持续幸存,空间成为社会财富的新形式,亦成为理解当代政治经济学的核心要素。马克思主义的政治经济学批判遭遇了空前的普遍性危机。20 世纪 70 年代批判理论的空间转向,正是试图从理论上回应上述状况带来的新问题,而空间政治经济学批判便是此种回应产生的重要理论成果,它为解答商品生产之外的社会空间叙事以及无产阶级解放策略等难题打开了新的空间。某种程度而言,它也为我们开启了"后财富"批判的新视野。① 李欣燕认为,马克思的空间思想蕴含在其对工业城市、土地及地租等具体空间形式的论述之中。不同于政治学、社会学等学科,从马克思主义政治经济学视角看,空间既可作为产品被生产出来,也可作为生产资料和生产力进入生产过程,且当空间进入商品范畴时,便具有商品的诸多特征并衍生出"空间拜物教"。应客观认识当代空间及空间生产的具体形式,并运用马克思的空间思想解析相关空间问题,与时俱进地认识空间新的表达形式,重视新空间在生产中的作用。②

关于马克思主义空间理论的意义和限度。李晓乐、王志刚认为,生发于哲学社会科学"空间转向"中的西方马克思主义空间理论有着自身的思想逻辑与积极的学理贡献,但也存在独特的理论与实践困境,其内蕴的空间本体论诉求与替代阶级政治的差异政治策略造就的事实上的"不革命",构成其总体上的理论界限。基于此,理论工作者需要继承经典马克思主义空间理论及其方法论遗产,借鉴西方空间政治经济学经验和教训,从空间视角推动当代中国马克思主义经济学 - 哲学的理论创新,引导人们以空间为落脚点分析当代社会变迁过程,揭示其中"使用"与"交换"的权益斗争以及改善现

---

① 参见鲁宝:《空间政治经济学批判再探:基于后财富批判的视角》,《贵州师范大学学报》(社会科学版),2020 年第 4 期。

② 参见李欣燕:《马克思空间思想的政治经济学发现及其当代意义》,《经济纵横》,2020 年第 11 期。

状的可能空间。①

关于都市马克思主义的城市空间批判思想的生成与论域。孙炳炎提出,在都市马克思主义看来,不平衡地理发展是资本主义生产方式的内在必要和本质特征。作为资本主义空间生产制造出的最小空间规模,城市空间依然难逃其本质特征的束缚。在资本主义城市空间范围内,不平衡地理发展使得城市内部空间碎片化、区隔化,建构出一个差异明显、等级鲜明的空间序列。城市内部的空间秩序和空间差异是被资产阶级刻意生产出来的,具有重要的社会意义,是社会分化和阶级差异的重要标志。资本主义城市空间不平衡地理发展的直接结果便是在城市中为资产阶级生产出一个排他性、社会资源高度集中和充分体现阶级意志的"特权空间"。② 温权认为,该思潮大致涵盖三个基本论域:其一,通过分析为货币权力操纵的抽象空间之于城市生产或消费态势的隐秘干预,而在资本空间生产和再生产的内在机理中探究资本主义制度长期幸存的原因;其二,通过刻画以财富选择性集中、劳动地理性分工和资本逐利性区位更迭为特征的城市变迁轨迹,而在资本地理性不均衡发展的消极后果中揭示资本主义制度必然遭遇的危机;其三,通过展现由价值剥削机制及其连带的非正义政治秩序对以阶级冲突为主线的社会多元矛盾的激化作用,而在城市日常生活的拓扑式图景中重构瓦解资本主义制度的有效策略。③

关于马克思主义城市空间正义理论的脉络。袁超认为,空间正义作为一个全新的理论视角开始被学术界重视,空间正义理论源于马克思的经典著作,随着人文社会科学"空间转向"的兴起,空间正义研究的问题谱系出现重大转变。从马克思到列斐伏尔、哈维、福柯,学者开始以空间的思维重新审视城市的发展,对资本、权力和空间的互动展开了深入的探讨,为城市空间理论的发展开辟了新的道路。然而忽视空间价值性的研究,就极有可能

---

① 参见李晓乐、王志刚:《马克思主义空间理论的限度和意义》,《江西社会科学》,2020 年第12 期。

② 参见孙炳炎:《论都市马克思主义的资本主义城市空间批判思想——基于不平衡地理发展理论的视角》,《世界哲学》,2020 年第 5 期。

③ 参见温权:《政治经济学批判语境中都市马克思主义的三个经典论域》,《武汉大学学报》(哲学社会科学版),2020 年第 1 期。

走向空间决定论,因此要结合城市发展的现实,重视作为主体的"人"对城市空间正义理论展开重新思考。①

(三)媒介化社会的政治经济学批判

关于媒介"下沉"的现象分析。杨馨认为,在媒介化社会逐渐成为现实的今天,媒介化理论的重要性日益凸显。夏瓦将媒介化视为基于媒介制度的社会结构化转型,库尔德利则将媒介化视为媒介成为人类社会"元资本"的实践化进程,但他们的理论或是面临着坠入结构功能主义窠臼的风险,或是面临着"意识形态批判"的指责。在左翼的传播研究传统中可以窥见"媒介"不断下沉的过程:其物质性早已不局限于媒介的"实体",而是进入了生产关系的范畴;其生产性也不限于意识形态、文本、意义的再生产,而是经由"生活方式"这一鲜活的经验,对资本主义的整个生产循环发挥着作用。在此基础上,我们可以理解,媒介在今日也随着"数字"一起不断下沉,开始构成当代社会的经济基础。与此同时,"媒介化"也带来了一种弥散的"普遍剥削":尽管资产阶级的财富积累正渐渐趋向于弹性与灵活性,但劳动者的工作制度却是"伪弹性"的。②

关于全球传播与政治经济学的互构。盛阳认为,全球传播的政治经济学脉络,以及政治经济学的全球传播架构是传播思想史研究的重要命题。这不仅是认识论和方法论层面的两条思想路径,也是对传播研究的结构性外延、政治经济研究的文化和现象载体这两个传播学基本问题的理论回应。全球传播与政治经济学存在着"互构"和"重校"的理论交互关系。传播现象的全球语境和政治经济过程,首先是密切联系、相互建构的一体两面,一方面,传播本身就是全球层面的动态文化交互现象,需要从政治经济和全球史的理论互构层面理解传播现象;另一方面,传播也是一种基于劳动关系和劳动过程的、人与人之间的社会关系,传播现象也进一步反映了物质基础层面的全球政治经济整合与互构。全球传播和政治经济学对传播现象的交互诠

---

① 参见袁超:《马克思主义城市空间正义理论在西方的发展脉络及其理论贡献》,《伦理学研究》,2020 年第 3 期。

② 参见杨馨:《媒介的"下沉"与奠基——媒介化社会的政治经济学批判》,《新闻界》,2020 年第 2 期。

释,不仅从内部重校了传播思想史研究的理论架构,提升了传播理论的现实敏感度和实践回应程度,也在行动主义的意义上,为发展去依附性的传播研究、推动文化"走出去"的现实交融和价值融通提供了历史化、结构化的理论基点。①

关于传播政治经济学的反思。格雷厄姆·默多克(Graham Murdock)是传播政治经济学的主要开创者之一。他强调对资本主义基本结构以及当下资本主义现实危机进行批判性反思。首先,传播系统的生态成本已经严重影响社会经济发展与生态环境之间的平衡与可持续关系。其次,一些资本主义国家正在经历民粹主义的蔓延,新的媒体技术助推了民粹主义面对普通民众的话语体系的传播。再次,媒体的商业运作正在进入"平台经济",加速了阅听人群体的市场化进程,虽然作为数据来源时阅听人仍然被视为商品,但同时他们自身也具有了自我营销能力。媒体另一个引人注目的问题是消费主义充斥了所有媒介产品,媒介产品与营销手段相互融合的现状愈演愈烈。最后,数字时代"圈地运动"已经登峰造极,互联网的商业化、科技巨头的智力垄断和知识产权力控制等都令知识的公共传播受阻。②

关于媒介帝国主义批判。王玉鹏认为,随着媒介技术的创新发展,资本主义推行霸权统治和强权政治的方式不断转换,呈现从政治权力控制到媒介控制的演变规律与趋势,这种转变意在更好地实现资本主义意识形态控制与争夺国际话语权。发达资本主义国家利用对媒介技术的掌控及在媒介传播领域中的垄断地位,推行媒介帝国主义战略,力图在全球发展中构筑资本主义霸权的新形式。媒介帝国主义是资本主义霸权政治的当代产物,是资本主义国家通过媒介垄断实施文化侵略的新举措,也是当代资本主义建构意识形态话语霸权的现实依托。对当代中国而言,要推动互联网技术的创新发展,打破发达资本主义国家对媒介技术的垄断和控制,建构具有中国特色的网络媒介意识形态传播格局,提升中国特色社会主义意识形态话

① 参见盛阳:《全球传播与政治经济学的互构与重校:一种传播思想史的理论评述》,《全球传媒学刊》,2020 年第 4 期。

② 参见孔宇、张艾晨:《全球传播政治经济学的理论前沿与现实批判——传播政治经济学家格雷厄姆·默多克(Graham Murdock)教授访谈录》,《新闻大学》,2020 年第 6 期。

语权。①

三、资本主义的多重形态研究

(一)左翼加速主义理论的内涵与局限

关于数据与资本的动向分析。赵泽林、张建宇从马克思分析资本主义生产的原材料、劳动关系和资本积累三个基本切入点出发,认为20世纪中后期以来当代资本主义基于电子计算机等信息技术的迅猛发展,通过构建基于电子设备的数据采集和数据处理平台等基础设施,从对工人劳动的数据化监控管理,发展到对每个人日常生活行为数据的最大化采集,为资本主义生产获取更多的剩余价值提供了新的原材料和生产条件,孕育着新的社会秩序和意识形态。资本主义的这种新生产方式和新动向再次强化了资本家无限占有更多劳动者剩余价值的剥削本质。加快数据资源的确权步伐,建立健全数据作为新的生产要素的生产和分配机制是推进数字经济全球性健康发展的重要保障。②

关于大数据时代加速资本主义两极分化的研究。熊亮认为,社会两极分化是生产力发展到一定水平前提下私有制的直接产物,生产力的发展并不意味财富的共享。在资本主义生产资料私有制条件下,两极分化必然产生。从18世纪末至今的每一次科技革命,其结果都是资本扩张与财富积累速度和规模的提升,同时也伴随贫困积累的加剧。当今世界进入以大数据、人工智能以及物联网为标志的科学技术革命时代,大数据作为一种最新与最为活跃的生产力要素,在生产关系性质没有发生根本性变化的前提下将进一步加速资本主义社会的两极分化。大数据具有海量性、全体性、相关性、开放性和共享性的新特点,决定了与之相适应的是生产资料公有制,这必然要瓦解资本主义生产资料私有制,使资本主义最终走向社会主义和共

---

① 参见王玉鹏:《媒介帝国主义与资本主义意识形态话语权批判》,《马克思主义研究》,2020年第5期。

② 参见赵泽林、张建宇:《数据与资本:资本主义的新动向及其批判性分析》,《当代世界与社会主义》,2020年第5期。

产主义。①

关于左翼加速主义的理论意义。姜淑娟、关锋认为,当代左翼加速主义以马克思"机器论片段"为主要理论支撑,对数字时代的资本主义生产方式展开批判,并以数字技术的解放潜能作为超越资本主义的思辨支点。左翼加速主义认为数字技术强化了资本主义的合法性,催生了平台资本主义的最新形态,仍是旧有生产关系参数框架内的继续。实现社会的后资本主义转向必须加速技术进步并将其重新目的化。左翼加速主义将传统上属于右翼话语体系的加速思想引入左翼框架,丰富了当代左翼理论的最新光谱,具有基本的历史唯物主义面向。②

关于左翼加速主义的理论局限。吴鑫认为,传统加速理论始终强调技术与资本的联合,近年兴起的左翼加速主义则认为,资本体系无力掌控的技术能够产生破坏与变革的力量,因而技术加速能够成为左翼革命的新路径。然而自 2015 年以来,左翼加速主义日益陷入衰颓的困境,面临被右翼加速主义吸收、转化的危险。造成上述危机的原因,首先在于左翼加速理论误解了马克思的"机器论片段"中不成熟的观点,在技术、生产力与生产关系革命等关键问题上得出错误的结论;此外,左翼加速主义理论深度、创新能力方面的缺失,以及在行动纲领、实践目标方面的弊端,也是造成其困境的重要因素。左翼加速主义夸大了失控技术对资本的反噬作用,并断言技术加速必然带来资本体系危机化的加速与自行崩溃,却忽视了作为革命的基础与主体的劳动者本身,因而未能在根本上触及社会变革的实质。③

还有学者认为,当代左翼加速主义从不同于批判现代性的西方马克思主义理路出发,对资本主义的历史发展轨迹和最新数字经济样态展开考察,开启了批判资本主义生产关系的新视角。左翼加速主义主张竞争和赢利两大参数是资本主义市场机制的基本设定,推动资本主义发展至数字时代,数

---

① 参见熊亮:《大数据时代资本主义社会加速两极分化探析》,《毛泽东邓小平理论研究》,2020年第 6 期。

② 参见姜淑娟、关锋:《数字时代的资本主义批判与加速启蒙——当代左翼加速主义思想探析》,《国外社会科学》,2020 年第 4 期。

③ 参见吴鑫:《左翼加速主义批判——兼论马克思的"机器论片段"》,《国外理论动态》,2020年第 1 期。

据成为核心资本要素并催生平台资本主义。资本主义促进生产力发展的同时也钳制了技术进步。实现社会转向必须利用资本主义先进生产力,并推动资本主义本身发展速度基础上的再加速,超越技术的资本主义应用将其导向公共目的。左翼加速主义丰富了当代数字资本主义批判的视角,然而其变革路径却偏离了历史唯物主义的基本立场。①

(二)新帝国主义的本质与逻辑

关于从帝国主义向新帝国主义的话语转向。方旭认为,"新帝国主义"是国际垄断资产阶级的新扩张的新阶段,也是少数发达国家希望主导构建的国际新秩序。在当今全球经济秩序中,"新帝国主义"采取的一些军事的、经济的、法律的和文化的手段,是资本主义积累过程中的新表现。同时,我们也要看到,当今的"新帝国主义"内部面临的矛盾在以过去未曾有过的程度加剧。列宁所说的"帝国主义是垂死的资本主义"判断的论述依然有效。西方学者提倡的"新帝国主义"虽然具备一些新的特征,但并未改变其帝国主义的本质。需要辩证看待的是:既然是"垂死的",就必然不会突然灭亡,在一定的时间内,还可能会发展。据此判断,我们要进一步研究分析在全球化形势下反对全球霸权斗争的新特点,同时积极探索、努力构建新时代新型大国关系,构建更加公正合理的国际秩序和治理体系,这是"新帝国主义"批判性研究未来的方向。②

关于新帝国主义推行殖民政策的重要方式。刘皓琰认为,数字殖民延续了帝国主义传统殖民政策的根本性特征:一是为了获取经济价值而进行大规模的资源和劳动力掠夺,二是追求对殖民对象的高度控制。数字殖民的直接对象不再是他国领土,而是将数字空间作为新型的殖民地形态,推行网络霸权。其核心策略不是武力征服和暴力抢夺,而是基于数字资源和技术领域的不平等,以更加多样化和更具隐藏性的方式进行意识形态演变,制造出服务于资本需要的网络族群,从而在数字空间中形成带有倾向的群体

---

① 参见姜淑娟、关锋:《从数字悖论到加速转向——当代左翼加速主义批判进路及理论局限》,《广东社会科学》,2020 年第 3 期。

② 参见方旭:《"帝国主义"向"新帝国主义"话语转换之本质》,《重庆理工大学学报》(社会科学),2020 年第 11 期。

性力量。①

关于新帝国主义的本质。谢亚洲认为,"当代新帝国主义问题"是一个由金融垄断资本主义的最新发展而引发的世界"政治 - 经济"问题——新自由主义霸权危机使"帝国主义"又重新成为我们这个时代所面临的主要问题。在哈维看来,尽管当代金融资本的内涵发生了变化,但马克思的金融资本思想依然能为我们分析"当代新帝国主义问题"提供重要的理论依据。根据马克思的分析,金融资本是一种能在"世界市场"范围内通过其运动而不断为其创造必要"现实基础"的资本形式。根据马克思的分析,"新自由主义霸权危机"事实上表明了金融资本已经进入了一个无法为自己创造"现实基础"的历史发展阶段,这表明了新帝国国家权力实践的重点领域及其权力限度。根据这一历史性判断,超经济力量的国家力量将重新构成未来世界经济秩序建构的主导性力量。②

关于新帝国主义的危机与替代道路。宋朝龙认为,新帝国主义是金融资本在后殖民主义时代建立的新型帝国主义,为金融资本的生产性积累开辟了空间,放纵了金融资本的寄生性积累,放大了金融资本积累的结构性危机,新帝国主义的金融资本积累危机加剧了对外扩张,右翼民粹主义的崛起成为新帝国主义危机和趋向冒险的集中表现,并着力转嫁一些西方国家内部矛盾而掀起逆全球化的潮流。面对新帝国主义时代的社会矛盾,世界多地展开了多种形式的新社会主义探索。把社会发展从新帝国主义的桎梏中解放出来,成为新社会主义的历史使命,也是 21 世纪马克思主义的核心问题。为了应对这一核心问题,21 世纪马克思主义需要批判新帝国主义的新自由主义意识形态、制度安排和政策体系,推动马克思主义与左翼政党结合以把民众从右翼民粹主义思潮中解放出来,在马克思主义政治经济学的科学逻辑中说明金融资本自我否定的规律,加强对金融帝国主义制度替代道路的研究,加强与全球化顶层设计的结合以克服新帝国主义逆全球化的

---

① 参见刘皓琰:《数字殖民是新帝国主义推行殖民政策的重要方式》,《世界社会主义研究》,2020 年第 9 期。

② 参见谢亚洲:《"金融资本"与当代新帝国主义问题》,《山东社会科学》,2020 年第 7 期。

趋势。①

对西方"中国新帝国主义论"的驳斥。张继龙认为,"中国新帝国主义论"是西方舆论界对发展起来的中国的扭曲认识。它把新时代中国对外交往的进程看成经济侵略、政治模式输出、文化渗透、生态环境和科技安全威胁的过程,严重曲解中国与世界的关系。"中国新帝国主义论"诋毁中国推动全球经济共同发展的本意,否定中国维护全球公正秩序的贡献,歪曲中国促进全球文化共存共融的理念,违背中国推动全球生态和谐共存的意愿,忽视中国依靠自主创新促进人类科技进步的努力。从理论上对"中国新帝国主义论"进行分析批判,有助于澄清谬误,排除干扰,为中国深化对外开放和推动构建人类命运共同体提供坚实的理论支撑。②

(三)西方生态帝国主义的研究与反思

关于晚期资本主义的绿色焦虑。张云飞认为,"冷战"结束后尤其是2008 年次贷危机以来,西方社会陷入了普遍的绿色焦虑和担忧中。西方通过发展"绿色资本主义",实现了绿色转型;同时,随着资本主义矛盾的发展和加深,西方"生态帝国主义"和"生态法西斯主义"沉渣泛起。这种矛盾集中体现着西方"晚期资本主义"的绿色困境,集中表现为普遍的绿色焦虑和担忧。若不消灭资本逻辑,即使绿色资本主义再发达、气候资本主义再发展,生态帝国主义和生态法西斯主义都会变本加厉,西方社会的绿色焦虑和担忧都会进一步加剧。这是晚期资本主义生态希望破灭的辩证法。③

关于生态帝国主义理论研究的政治经济学转向。郑吉伟、张真真认为,西方生态帝国主义理论作为资本主义发展的产物,受到西方学者的普遍关注。其研究多集中于文化视角,并在 21 世纪逐渐转向政治经济学视角。一些学者围绕马克思劳动价值论的生态思想、使用价值与交换价值的关系,以及剩余价值的来源等焦点议题展开激烈的学术论争,明确了发达资本主义

---

① 参见宋朝龙:《新帝国主义的危机与新社会主义的使命——兼论 21 世纪马克思主义的核心问题与应对》,《探索》,2020 年第 4 期。

② 参见张继龙:《驳西方"中国新帝国主义论"》,《马克思主义研究》,2020 年第 5 期。

③ 参见张云飞:《晚期资本主义的绿色焦虑及其根源》,《人民论坛·学术前沿》,2020 年第10 期。

国家对发展中国家剩余价值的掠夺,从马克思劳动价值论出发理解二者之间的关系成为西方生态帝国主义研究趋势之一。还有一些学者基于生态不平等交换理论,分析发达资本主义国家对发展中国家的生态影响,这成为西方生态帝国主义研究的另一发展趋向。西方生态帝国主义研究的政治经济学转向是对资本主义发展最新态势的研判,不仅论证了马克思劳动价值论的当代价值,拓展了生态学马克思主义的研究视野,也为人们思考生态问题和开展资本主义批判提供了借鉴。①

关于大卫·哈维资本主义生态批判理论。田小聪、杨慧民认为,"生态"与"空间"是当前西方马克思主义关于资本主义批判研究中的两大主题。大卫·哈维立足马克思主义的基本立场,把空间嵌入生态批判的场域,开拓了资本主义生态批判的空间维度。他从全球生态、城市生态、生态美学三重维度揭示了资本主义不均衡发展导致的生态帝国主义问题、资本主义城市化进程中出现的生态环境问题和资本空间生产中的空间均质化问题,试图通过构建"生命之网"、运用"社会—环境变迁辩证法"探索一条以空间、差异和辩证为旨趣的破解路径,将生态运动与社会主义运动结合起来,力求实现生态规划与社会主义的互动耦合。哈维富有特色的资本主义生态批判思想,弥合了资本主义生态批判和生态建构的"空间失语",拓宽了生态政治学的研究边界,彰显了马克思主义生态思想的时代性。但他出身于地理学专业,而且尝试用地理空间的研究方法重新解读马克思主义,导致其对马克思主义有机自然观的认识存在误区,无法领会历史唯物主义生态维度的魅力,并且未能从资本的反生态本性出发分析资本主义生态危机的产生根源,对生态社会主义的规划也仅仅停留在一般性的考察上,缺乏具体的实践指向,是一个乌托邦式的社会理想。②

关于生态帝国主义的批判与反思。孙越、刘焕明认为,生态帝国主义体现了资本主义追逐利益最大化的本性,是资本逻辑全球化扩张的现实表现。通过对发展中国家经济与环境的双重压迫,生态帝国主义进一步加剧了世

---

① 参见郑吉伟、张真真:《论西方生态帝国主义研究的政治经济学转向及其新发展》,《经济纵横》,2020 年第 11 期。

② 参见田小聪、杨慧民:《大卫·哈维资本主义生态批判思想探析》,《南京林业大学学报》(人文社会科学版),2020 年第 6 期。

界范围内经济、政治、文化发展的不平衡。从经济上来看,生态帝国主义并没有从本质上改变资本主义的生产方式。尽管从表面上看,生态帝国主义对待生态问题有所反思并付之于行动,但结果却是资本主义国家的生态环境越是发生改善和变化,欠发达国家和地区的生态问题就越是严重。从政治上来看,生态帝国主义并没有从根本上抛弃或者改变资本主义的政治制度范式,因此也无法从制度上解决生态问题。从文化上来看,生态帝国主义并没有改变资本主义的文化范式,只是为这种范式寻找了一个"合理"的借口。因此,对生态帝国主义经济、政治、文化三重维度进行批判性研究,能够从本质上揭示当代资本主义发展的不可持续性,证明资本逻辑就是走向死亡的疯狂之舞。生态帝国主义无法从根本上解决资本主义现有的问题,重建社会主义制度才是唯一出路。[1]

(四)女性主义的理论构建与未来展望

关于社会主义生态女性主义的理论构建。王元认为,为促进绿色变革运动目标的实现,作为当今绿色左翼重要组成部分的(社会主义)生态女性主义,始终致力于论证多元化运动主体结成统一政治联盟的必要性和可行性。具体来看,生态女性主义学者分别从马克思主义政治经济学、政治哲学和去欧洲中心主义视角出发阐述"女性—自然—原住民—少数族裔"等边缘化群体之间的密切联系,将这些主体的从属性和受压迫地位归结为资本主义政治经济体系及其父权制文化根基,从而构建了这些主体之间联盟的理论基础。[2]

关于21世纪马克思主义女性主义的论域与展望。钟路认为,进入21世纪以来,马克思主义女性主义从沉寂走向复兴。面对资本主义与女性主义发展的新情况,马克思主义女性主义主要聚焦交叉性问题、社会再生产与斗争策略等论域,反思妇女问题的解释路径与解决方案,在碰撞与交锋中形成了不同观点。理论上的不统一与联合斗争的现实需求使复兴后的马克思主

---

① 参见孙越、刘焕明:《三重维度下生态帝国主义的批判与反思》,《江海学刊》,2020年第6期。
② 参见张沥元:《生态女性主义的多元主体联盟:理论构建与现实挑战》,《四川大学学报》(哲学社会科学版),2020年第3期。

义女性主义处境尴尬。为此,马克思主义女性主义需要充分研判社会形势、理论底线、主次矛盾、敌友关系,在建立反资本主义联盟的基础上确定统一、科学、合理的斗争纲领。①

四、资本主义的危机与矛盾

(一)资本主义的危机表现

关于高福利资本主义模式的瓶颈。曾宪奎认为,为了在一定程度上缓解资本主义的根本矛盾和激烈的阶级斗争,欧洲各国在二战之后,逐渐建立了高福利资本主义模式。但是这一模式很快便显示出在高福利政策和经济增长之间存在的相互牵制问题,使得各国政府面临着两难选择,而在不断增加的高债务因素影响下,这一两难选择更加显著。当前阶段,欧洲各国在经济发展和维持高福利的两难选择中面临更多的困境,主要体现在国际金融危机的爆发,使得欧洲各国经济陷入困境,进而使高福利和经济增长之间的互相牵制问题更加突出;全球经济竞争形势的加剧,使高福利对欧洲长期经济增长和国际竞争力提升的拖累效应更加显著;欧盟和欧元区面临的多种挑战以及外部环境的变化加剧了其两难选择困境。欧洲两难选择困境的加深,其本质是高福利资本主义模式陷入了难以持续的困境,同时高福利所产生的路径依赖,限制了欧洲向美国资本主义模式的转变。这最终证明以高福利为特征的改良资本主义模式难以为继。②

关于资本主义社会治理困境。武贤芳认为,2018 年岁末法国爆发了持续数月之久的街头运动,而 2019 年末法国又爆发了近年来最大规模的罢工。无论街头运动还是大罢工所引发的社会危机,都隐含着法国的制度痼疾和认知偏差。中央行政集权作为法兰西第五共和国的显著特征掩盖了其他问题的存在,导致 1982 年的地方分权改革过度分权。分权改革赋予地方层级

---

① 参见钟路:《21 世纪马克思主义女性主义的论域与展望》,《国外理论动态》,2020 年第 6 期。
② 参见曾宪奎:《现阶段欧洲高福利资本主义模式的困境分析》,《科学社会主义》,2020 年第 2 期。

自治权力,也转移给地方自治职责,但改革未能使地方层级权力合理化,也未能厘清地方政府的职权范围,地方因此未能将自治权力转化为自治能力。法国多元社会结构表现出群体笼罩个体的特征,但群体又无力将个体的诉求表达引导至理性途径,社会问题的解决不是通过政党议会等常规方式,而是走向街头运动和罢工等非常规方式。法国社会治理如果不能建立在对法国社会的全面把握和精准认知上,那么将既难以消除制度性痼疾,又难以平息不断爆发的社会危机。①

关于欧洲国家就业政策的后果。张彦琛认为,为促进经济恢复和发展,欧洲各国在 2008 年世界金融危机后重构“弹性保障”政策。新政策秉持就业优先,表现出重“弹性”轻“保障”的倾向,虽刺激了各国劳动力市场微弱复苏,但也引发了严重的就业市场分化。在宏观经济增长乏力的情况下,就业政策一味迎合资本要求、追求就业率而忽视就业质量,必然无法实现“弹性”与“保障”的良性结合。失衡的“弹性保障”不仅未能如愿迎来繁荣,反而引发欧洲各国社会阶级结构变更,推动社会运动再次活跃。②

(二)资本逻辑批判

关于资本主义世界体系的本质。胡志伟认为,当今世界出现了许多影响国际格局的因素,具体表现为逆全球化与民粹主义兴起、宗教崛起与恐怖主义出现新特征、贫富差距不断扩大、虚伪架构叙事被揭穿与“民主”危机、世界社会主义的复兴、西方周期性金融危机、资本主义国家国内危机逐步加深、美国依旧采取单边主义处理国际事务八个方面。其根本原因在于非正义性的资本主义世界体系生产力过剩而分配不均导致各种矛盾尖锐化,世界长时间被国际垄断资本家支配,核心国家对半边缘和边缘国家过度剥削,同时核心国家内部垄断资产阶级对其他阶级过度剥削。在世界体系中过度剥削而导致的被剥削者消极抵抗,表现形式为逆全球化行为,以及资本主义大国长期无担当道义精神并缺乏替代世界体系的能力。当今中国需在解决

---

① 参见武贤芳:《制度痼疾与认知偏差:法国治理困境研究》,《当代世界与社会主义》,2020 年第 1 期。

② 参见张彦琛:《失衡的“弹性保障”:当前欧洲国家就业政策的悖论及其后果》,《当代世界与社会主义》,2020 年第 3 期。

国内问题的基础上,弘扬"人类命运共同体"理念,继续推动人类命运共同体的具体制度建构,采取主动政策,在统治世界近五百年的资本主义世界体系衰亡的趋势下积极进取,构建公平、合理、高效、共享的新国际秩序。①

关于资本逻辑批判的建构方案。孙乐强认为,基于当今世界潮流和时代发展大势,全面理解当代资本主义的新自由主义转向和发展历程,系统反思当代国外马克思主义思潮的理论得失,建构全球化时代的资本逻辑批判理论,是新时代提出的重大课题。当代西方左翼要想走出困境,完成这一重任,必须在理论范式上重新回到政治经济学批判,深入推动对当代资本主义总体矛盾和资本逻辑的根本批判。在斗争主体上,必须重新回到马克思的阶级范式,重塑阶级斗争逻辑;在行动策略上,必须重新回到政党政治,全面践行马克思和列宁的政治遗产。②

关于资本逻辑批判的限度。张守奎、田启波认为,以资本逻辑批判深化历史唯物主义理解的做法,在推动重新理解马克思哲学当代性和更新研究范式的同时,也存在诸多问题和不足,亟须进行理论上的修补。从历史唯物主义思想主旨和当代中国现实来看,当前学界资本逻辑批判的限度体现在三个方面:过分强调资本逻辑批判,与马克思既批判资本及资本逻辑所导致的人类异化状况,又赞扬其"伟大的文明作用"的辩证立场不相一致,与当前我国建设中国特色社会主义市场经济要充分利用资本力量的事实抵牾,也与历史唯物主义的最终理论旨趣和价值关切不符。就马克思的理论和现实关切而言,资本及资本逻辑批判只是实现人类解放这一最高阶目标的中介和手段。因此,只有把资本逻辑批判推进到人类解放的革命逻辑高度,才能真正理解和领会历史唯物主义的根本意涵。③

(三)新自由主义批判

关于新自由主义的脉络与本质。陶富源认为,新自由主义是以亚当·

---

① 参见胡志伟:《对当今世界不确定性的分析和认识——基于沃勒斯坦的世界体系理论》,《世界社会主义研究》,2020 年第 1 期。

② 参见孙乐强:《全球化时代的资本逻辑批判:一种可能的建构方案》,《求是学刊》,2020 年第6 期。

③ 参见张守奎、田启波:《资本逻辑批判及其限度——对学界以资本逻辑批判深化历史唯物主义研究范式的反思》,《学术研究》,2020 年第 9 期。

斯密为代表的自私之人自由放任主义为理论底色的、通过极化形式表现的、主要为西方垄断资本主义转嫁危机和实现全球扩张服务的一种社会思潮和国际战略。不过,近四十年来的历史已经证明,信奉新自由主义的理论和策略,必然造成灾难。其原因在于,它是一种逆社会化潮流的发展陷阱理论。①

关于法国左翼对新自由主义的批判性研究。夏银平、倪晶晶认为,新自由主义发展至今,其理论本质及实践恶果使之遭受众多批判。法国左翼从政治经济学、生命政治学、意识形态等角度,分别对新自由主义的资本垄断、政治霸权、虚假民主等危害进行相关研究,并提出替代性方案。其研究维度及替代方案虽多停留在学理层面,但不乏颇有见地之处。在政治经济学的维度,法国左翼学者看到,古典自由主义向新自由主义的转型并没有使"财富的积累"必然伴随着"贫困的积累"这一现象得到有效缓解,甚至在全球范围内愈演愈烈。可见,新自由主义不仅造成了社会秩序危机,更造成了全球政治危机及经济秩序危机,因此有学者指出,对新自由主义的研究应超越单纯的社会文化研究和经济学研究,从批判资本的逻辑起点出发,向政治经济学"回归"。②

关于灾难资本主义的批判视角。王元认为,作为北美左翼旗手,克莱恩以详实史料透过各种灾难表象分析了新自由主义如何借助灾难积极扩张的伎俩,为人们了解新自由主义的兴起提供了独特视角,并进一步揭示出新自由主义自身的内部矛盾。一方面,自由市场并不是自生自发的,而是借助美国等西方国家的政府力量推进的,并将世界各国纳入新的帝国主义体系。另一方面,新自由主义并未能带来自由民主与繁荣,反而制造了阶级分化,摧毁了自由与民主。可以说,克莱恩的灾难资本主义概念对于分析和批判当代资本主义发展的新阶段、新特点具有重要意义。相对于对问题的敏锐捕捉和猛烈批判,克莱恩对解决方案的设想则显得绵软无力。他认为,人民在经历"休克"后会自然成长。这也折射出西方左翼的现实困境:具有强大的批判力度和独到的批判视角,但是缺乏现实可行的解决方案。不过,克莱

① 参见陶富源:《新时期要继续深化对新自由主义的批判——兼论新自由主义的来龙去脉和本质特点》,《安徽师范大学学报》(人文社会科学版),2020 年第 5 期。

② 参见夏银平、倪晶晶:《另一个世界是可能的——法国左翼对新自由主义的批判性研究》,《当代世界与社会主义》,2020 年第 1 期。

恩的思想观点仍处于不断发展中,仍可补充完善其理论体系。新自由主义正在走向没落已经成为世界共识,目前资本主义体系未能提出进步的替代方案,反而代之以右翼甚至极右翼、民粹主义、保守主义,不断走向倒退。但从新冠肺炎疫情期间西方各国的政策来看,灾难资本主义作为扩大资本积累的一种方式,仍在变换形式地发挥作用。克莱恩开创的这一理论仍然是观察资本主义的有效视角。①

对新自由主义体制弊端的批判。张慧君认为,新冠肺炎疫情的全球蔓延使西方国家面临着多重危机,并将对当代资本主义经济产生深远影响。新自由主义体制对公共医疗卫生体系的破坏使西方国家在疫情冲击之下陷入了严重的公共卫生危机之中。西方国家为应对危机而采取的大规模经济刺激计划进一步加深了资本主义金融化,有可能引发更严重的金融动荡和经济萧条。疫情的冲击使资本主义经济权力加速集中,劳资关系失衡状况进一步加剧。新冠肺炎疫情危机还成了社会不平等的放大器,资本主义经济中各种形式的社会不平等暴露无遗并被进一步强化。疫情的冲击迫使当代资本主义在发展理念、经济结构和经济政策方面作出必要调适,但这些调适并不能终结新自由主义,也难以根除当代资本主义的基本矛盾。②

焦佩认为,新冠肺炎疫情的全球暴发,引发包括左翼在内的国外人士对资本主义的批判和反思。他们认为,在经济方面,新自由主义和消费主义的盛行,导致政府应对疫情的责任感缺失和能力不足、医疗资源的短缺和分配不公、个人承担风险的乏力、经济发展的不可持续。在政治方面,自由民主的光环褪去,资本主义的自由民主价值与安全、能力、责任、团结、参与之间存在矛盾,投票选举不能保证优质领导力的出现,权力制衡也不能保证国家治理能力的提高。在社会方面,经济结构导致的社会两极分化下的不平等被疫情放大,彻底暴露资本主义人权的虚伪和社会的裂痕。在生态方面,如不改变资本主义的增长和分配方式,绿色发展就只能停留在幻想中,绿色资

---

① 参见王元:《灾难资本主义——一种批判新自由主义的视角》,《科学社会主义》,2020 年第 5 期。

② 参见张慧君、黄秋菊:《新冠肺炎疫情冲击下的当代资本主义经济:危机与调适——兼对新自由主义体制弊端的批判》,《国外理论动态》,2020 年第 5 期。

本主义走不通,生态社会主义才是解决之道。①

(四)信息时代政治经济学研究

关于新技术革命的政治经济学研究。赵敏、王金秋认为,信息技术革命是人类文明的巨大进步,对旧分工方式和经济社会管理方式将产生巨大影响,许多左翼学者从中看到了未来社会的光芒。然而在资本主义生产方式下,新技术革命本身不能引导人类社会走向未来社会。如阿根廷政治学家和社会学家阿蒂略·阿尔贝托·博龙认为:"21 世纪的社会主义究竟会以什么样的形式呈现,更多地取决于现实中人们的斗争,而非社会学者概念化的研究或是控制中心发布的指令。"②现实的斗争取决于人们对资本主义最新现实尤其是新技术革命所带来的前所未有的巨大变化的充分认识,后者的实现正是马克思主义政治经济学的当代使命。③

关于科技政治学的研究。高奇琦认为,对于科技与政治关系的探讨历来争论不断,西方近年来讨论这一问题的知识流派包括平台资本主义、交往资本主义和后政治范式等。比较政治和国际政治对二者关系的研究主要集中在科技进步与经济社会发展、国家产业政策、利益集团、对外扩张以及国际秩序等问题。而智能革命将科技政治推向新的高度,使科技政治的核心思维发生转变,一方面要正确看待科技发展对人类社会的整体性积极影响,另一方面要通过建立相关制度对科技产生的消极影响加以限制。围绕科技与政治的关系,科技政治学在学术研究中主要包括科技与政治制度、科技民主、科技革命中的国家与社会关系、国家与科技企业的关系、全球科技治理等研究议题。在中国的语境下,科技政治学研究的核心问题应是如何将科技的巨大潜能转化为社会的整体利益。④

关于信息时代无产阶级的界定。巩永丹认为,近年来,以奈格里、齐泽

---

① 参见焦佩:《国外批判视野下的新冠肺炎疫情与资本主义》,《马克思主义研究》,2020 年第 10 期。

② Atilio A. Boron, *Twenty-first Century Socialism: Is There Life after Neoliberalism?*, Translated by Susan Ashdown, Nova Scotia and Manitoba, Fernwood Publishing, 2014, p.77.

③ 参见赵敏、王金秋:《新技术革命的政治经济学研究》,《政治经济学评论》,2020 年第 3 期。

④ 参见高奇琦:《科技政治学:智能革命时代的新变化与新议题》,《探索》,2020 年第 5 期。

克、朗西埃、阿甘本为代表的西方左翼思想家在对全球资本主义的激进批判中力主"共产主义观念的复兴",重塑了新共产主义的政治主体,推出了"诸众""被排除者""无分者""神圣人"等主体概念,这些概念构成了信息时代的"新无产阶级"。但是由于这些新主体脱离了资本与劳动相对立的历史场域和当代资本主义发展的现实场景,偏离了马克思关于无产阶级历史缘起、身份标识和使命任务的经典语境,所以已经不再是处于资产阶级对立面并受资本逻辑统治的无生产资料的现实的雇佣劳动者,从而滑向了理论层面的抽象的消极主体,发生了"去革命化"的蜕变。相反,马克思的政治经济学批判论域是理解信息时代无产阶级的锁钥,而数字资本与数字劳动的矛盾是当今无产阶级的发生域,人工智能资本化应用会使无产阶级重陷失业和贫困的境地。因此,无产阶级依旧是信息时代的政治主体,"两个必然"依然是无产阶级解放的指引。①

(五)美国社会主义理论与实践研究

关于研究"美国有没有社会主义"的四种范式。杨柠聪、白平浩认为,学术界对"美国有没有社会主义"的论析的范式主要有:第一,以桑巴特"社会主义例外论"为基础,与西欧社会主义对比,对其立论和结论展开辩驳。第二,将"美国没有社会主义"这一问题放在美国历史中去考察,深化或反驳这一结论。第三,规避将"美国没有西欧式的社会主义"等同于"美国没有社会主义"的争议,从"有没有"到"为什么难"分析美国社会主义曲折发展的主客观原因。第四,从"有没有"到"是不是"分析美国政府改良及桑德斯民主社会主义的实质。这四种模式从不同角度探析了美国社会主义问题,相互联系,各有侧重,有助于全面理解美国社会主义。②

关于美国左翼的现状与问题。高建明、郭杰认为,与20世纪六七十年代相比,当前的美国左翼有了显著变化,体现在话语体系多元化、动员方式网络化、选举力量分散化三个方面。这些现状共同导致了美国左翼内部的分

---

① 参见巩永丹:《谁是信息时代的无产阶级?——关于激进左翼"新无产阶级"的驳析与重塑》,《福建论坛》(人文社会科学版),2020年第2期。

② 参见杨柠聪、白平浩:《学术界研究"美国有没有社会主义"的四种范式》,《科学社会主义》,2020年第1期。

裂。罗纳德·英格尔哈特认为,美国左翼代表着后物质主义价值观,目前的困难不会妨碍其光明的前景。尽管如此,美国左翼何时崛起依然是一个有待解决的问题。而美国左翼能否及时整合阶级和身份两种话语、能否及时弥补网络动员方式的不足、能否及时与民主党形成良性互动,关系到自身崛起的时间。①

关于美国民主社会主义的兴起与困境。简繁认为,近年来,以桑德斯、奥卡西奥–科尔特斯等人为代表的美国民主党人,掀起一波民主社会主义思潮。他们聚焦美国经济政治社会领域种种问题,主张参照北欧福利国家模式和美国历史上的罗斯福"新政",施行一系列旨在促进美国社会平等的政策纲领。美国民主社会主义揭露了资本主义的弊病和危机,其政治主张获得了不少普通民众特别是年轻人的支持,也赢得了他们对社会主义的好感,一定程度上有利于改善有关社会主义的舆论氛围。但是这种民主社会主义同科学社会主义存在根本区别,其本质仍是一种资产阶级改良主义思潮,需要我们理性辨析、妥善应对。② 陈迹认为,"民主社会主义"作为一种左翼政治现象与社会运动在美国获得迅猛发展,它既带有美国左翼运动常见的平民主义特征,又具有独特的政治思维与策略。过去几十年里,美国日益严重的经济不平等是"桑德斯现象"和"民主社会主义"兴起的主要原因。而这场社会运动为美国年轻人与民主党选民对资本主义和特朗普政府厌恶情绪的爆发提供了一次契机,可能加速民主党意识形态的左转。但它也必须面对美国政治文化和政治制度对劳工运动的消解作用,以及当今两党建制派和右翼行动主义者的反对与阻挠。③

关于美国民主社会主义的走向。高建明认为,美国是否会走向欧洲式的民主社会主义,是一个引起争辩的话题。回答这个问题的途径之一是对比美国民主社会主义的历史和现状。一方面,与20世纪二三十年代相比,民主社会主义在当今美国的影响力显著增强;另一方面,李普塞特强调的妨碍美国民主社会主义前景的四个客观因素均不同程度地被克服。鉴于此,美

---

① 参见高建明、郭杰:《美国左翼的现状、问题与前景》,《科学社会主义》,2020年第1期。
② 参见简繁、蒋岩桦:《美国民主社会主义兴起现象评析》,《思想教育研究》,2020年第7期。
③ 参见陈迹:《从"桑德斯现象"解析"民主社会主义"在美国的兴起与困境》,《当代世界与社会主义》,2020年第3期。

国有望实现欧洲式的民主社会主义。但随着美国社会的发展,新的阻碍因素也随之出现,例如美国右翼民粹主义者将福利问题与移民问题捆绑在一起,加剧了美国本土人口对现行福利制度的不满。考虑到新出现的以及将来还有可能出现的阻碍因素,美国通往欧洲式民主社会主义的道路将充满曲折。①

(六) 全球范围内社会主义的机遇

关于西方激进左翼学者对马克思社会主义与共产主义思想的误解。朱雪微认为,西方激进左翼学者一方面将苏联社会主义的解体视为整个世界社会主义的失败,另一方面他们主张重新回到共产主义。这实际上是对马克思社会主义思想的深层误解和共产主义思想的片面理解。我们不能以苏联社会主义的解体来宣告世界社会主义的终结。同时,马克思共产主义集思想、运动和社会形态三重意蕴于一体,其中作为运动的共产主义是核心。但这种运动必须要有思想、理论的指导才能在现实中得以展开,且这种运动的展开必须以社会形态的样貌在现实中加以呈现。一种社会主义模式的失败不能代表整个社会主义的失败。中国特色社会主义进入新时代,向世界证明了社会主义的可行性与共产主义的可欲性。②

关于西方左翼复兴的契机。邢文增认为,《21世纪资本论》的出版曾掀起全球对不平等问题的热议。2020年5月,美国黑人青年乔治·弗洛伊德之死更引发了对种族不平等的抗议。事实上,不平等一直是资本主义无法解决的痼疾,近年来更是如此。无论欧洲还是美国,两极分化和社会不平等都在日益加剧,美国的种族不平等更是严重。极度不平等引发了严重的经济、政治和社会问题,使资本主义制度面临巨大挑战与危机,也为西方左翼提供了复兴契机。要抓住这一契机,左翼必须调整自身理论与策略,加强对社会运动和工人运动的影响,使其向社会主义运动转化。③

关于国际共产主义运动的新机遇。潘金娥针对世界范围内共产主义运

---

① 参见高建明:《美国民主社会主义向何处去?》,《当代世界社会主义问题》,2020年第4期。

② 参见朱雪微:《澄清西方激进左翼学者对马克思社会主义与共产主义思想的误解》,《科学社会主义》,2020年第6期。

③ 参见邢文增:《社会不平等与西方左翼复兴的契机》,《科学社会主义》,2020年第4期。

动的情况分析指出,2019 年各国共产党以各种方式纪念共产国际成立 100周年,探讨新时期的国际联合。在社会主义国家,中国隆重庆祝五四运动爆发 100 周年和中华人民共和国成立 70 周年,越南、古巴、老挝、朝鲜等社会主义国家继续推进改革,通过修改宪法和建章立制,布局新的发展蓝图。非执政的共产党大多数尝试改变斗争策略获得发展,同时社会主义思潮在欧美也一度兴起;然而在"新冷战"思维抬头背景下,西方大多数共产党还走在下降道路上。2020 年,在新冠肺炎疫情全球大流行的背景下,社会主义制度的优越性得到进一步彰显,构建人类命运共同体的理念也更深入人心。[①]

五、结语

总的看来,西方左翼学者还远没有形成统一的方法论基础、理论体系和政策主张,他们批判占主流地位的资产阶级正统经济学,又没有完全摆脱其影响;他们大都推崇马克思主义,但又大多数强调重新思考和重新塑造马克思主义;他们大多赞成社会主义,但是有空想成分,并有一部分人主张改造和完善资本主义制度而不想触动生产资料私有制。因此,我们应当辩证地分析西方学者的研究成果,认识到它们的创新性和局限性。

从创新性上来说,西方左翼学者能够坚持批判西方主流经济学和当代资本主义制度,并探索未来社会的经济理论体系,取得了一系列有价值的学术成果,反映了中下阶层的利益要求,对协调社会矛盾、推动西方社会制度在一定程度上的改良起到了作用。尤其是西方左翼学者在其论著中揭示资本主义制度的一系列矛盾,如对资本主义的剥削问题、危机问题、环境污染问题、社会分配不公问题的批判,客观反映了社会中下层劳动者的利益。同时,他们对帝国主义在国际间的不平等行为,帝国主义与依附国的不平等关系进行的批判也是具有积极意义的。

从局限性上来说,由于西方左翼组织和左翼学者在资本主义的夹缝中生存,在理论认识上难免有一定的局限性,这也使得他们提出的一些理论问

---

① 参见潘金娥:《百年未有之大变局背景下国际共产主义运动的新机遇——2019～2020 年国际共产主义运动发展报告》,《世界社会主义研究》,2020 年第 6 期。

题显得不够彻底。比如,有的学者并不主张否定整个资本主义制度,只是主张在资本主义制度范围内实行一定的社会改良。再如,有的学者对马克思主义的科学社会主义是持否定态度的,并把东欧剧变看作科学社会主义的失败,认为建立超越资本主义和社会主义的新社会主义的设想是天真的。有的由于他们不是真正的、彻底的马克思主义者,其经济思想都很不稳定,具有较大的动摇性。

分报告七
汪行福教授的国外马克思主义研究工作述评

汪行福教授现任复旦大学当代国外马克思主义研究中心副主任、全国马克思主义哲学史学会理事、马克思恩格斯哲学研究会副会长、《当代国外马克思主义评论》(CSSCI 辑刊)执行主编以及 Theoria & Praxis 等国际刊物编委。主要研究领域为社会批判理论、德国古典哲学、现代性理论、西方马克思主义哲学、马克思哲学、经济正义与公共政策,研究重点聚焦于现代性理论与当代中国现实问题、哈贝马斯与批判理论当代发展研究、马克思主义基础性问题研究、意识形态理论的当代发展研究。

汪行福教授曾在《中国社会科学》《哲学研究》《学术月刊》《复旦学报》《南京大学学报》《中国人民大学学报》、Inquire 以及 Socialism and Democracy 等中外期刊发表论文近百篇,已出版代表性学术著作《走出时代的困境——哈贝马斯对现代性的反思》(上海社会科学院出版社,2000 年)、《通向话语民主之路——与哈贝马斯对话》(四川人民出版社,2002 年)、《分配正义与社会保障》(上海财经大学出版社,2003 年)、《意识形态星丛——西方马克思主义意识形态理论最新发展》(人民出版社,2017 年)等共 8 部。2015 年10 月起主持国家社科基金重大项目"复杂现代性与中国发展之道"。

一、主要研究方向及思想脉络

汪行福教授研究涉猎领域繁多、内容广阔,本文主要聚焦于汪行福教授近年理论研究的以下三大主题,以初步呈现汪行福教授国外马克思主义研究的主要方向、成果与思想理路。

第一,汪行福教授以思想史的视角,通过梳理从黑格尔、马克思到哈贝马斯与后现代众多代表性思想家提出的现代性理论,在批判性研究的基础上立足当代国际国内现实,提出了以"复杂现代性"概念为核心的新理论范式。

第二,汪行福教授多年来致力于对西方马克思主义意识形态理论的研究,从社会统治与意识形态的关系、政治哲学与意识形态的关系这两大角度为切入点,以"激进人本主义"与"激进结构主义"两种研究范式为线索,把握纷繁复杂的西方马克思主义意识形态理论,并在此基础上,对普遍主义、历史进步主义以及当今盛行的犬儒主义等意识形态作出了结合时代特征的批判性反思。

第三,在对"西方马克思主义"这一概念本身以及对"西方马克思主义"独特思想传统的历史性把握上,汪行福教授立足当代现实,在与国际国内学者的对话交流中博采众长、针砭时弊,主张在时代变迁中不断回溯经典马克思主义、以现代性的辩证法为理论坐标来理解西方马克思主义传统的产生与演变,并在此基础上区分了西方马克思主义的四种类型,提出用多元发展的眼光看待当代国外马克思主义思潮,指出西方马克思主义这一伟大思潮在当今并未"终结",而是作为"活的传统"在当代复杂社会现实的历史性实践中始终处在不断向前发展的潮流中。

综观汪行福教授在国外马克思主义领域多年的研究方向成果,我们可以沿着这样一条核心线索把握其研究特点与思想脉络,即始终站在复杂现代性的广阔视野下、以现代性的规范与事实之间的辩证法为导向,在此基础上理解和把握国外马克思主义这一始终需要不断介入现实的活的思想传统。理解这一核心线索的关键在于,如何能把"复杂现代性"视野与国外马克思主义研究相关联起来? 对此,本文认为可以从以下三点特征来更加深入、细致地加以把握。

首先,在规范层面上,"复杂现代性"视野的普遍性规范维度是汪行福教授站在思想史的高度上理解两个多世纪以来现代性理论的思想坐标。在理论规范上,汪行福教授承袭德国古典哲学与启蒙哲学的现代性传统,重视对从黑格尔的现代性批判、经典马克思主义的现代性解放理论到哈贝马斯现代性的规范性与事实性分析进行系统性研究,指出黑格尔的"复杂现代性"

理论之开端,并强调现代性复杂矛盾辩证法的核心是现代世界的个人自由与公共自由之间的和解关系问题。汪行福教授认为,国外马克思主义可理解为现代性视域下带着解放意图的社会批判理论,即便在当代发展中已趋向批判领域与批判主体的多元化,但其理论意义在于他们从多方面去揭示马克思所反对的现实状态,即依然坚持马克思的绝对命令"必须推翻使人成为被侮辱、被奴役、被遗弃和被蔑视的东西的一切关系",把人从各种奴役和异化状态中解放出来,实现个体的自由发展和个体间的自由联系这一现代性的规范理想。① 因此可以说,"复杂现代性"的普遍性规范视野贯穿于汪行福教授对国外马克思主义作为一种批判理论的规范基础的理解之中。

其次,在事实层面上,汪行福教授重视现代性两百多年间的复杂历史性实践,认为要在现实变迁中把握现代性规范与现实之间的辩证法,深刻挖掘内在于现代性理想与现实之间的张力,以及内含于现代性辩证法中的"复杂"这一度,并在此基础上构建理解当代资本主义社会现实与多元马克思主义思潮的现实坐标。汪行福教授指出,复杂现代性是基于历史经验和当代生活的复杂性而提出的关于现代性的新视角。现代性起源于西方,但不能视为固定的事物,它应该被理解为一个未完全的历史筹划过程,复杂现代性最核心的方面是两个世纪以来社会制度的冲突和斗争所带来的复杂结果和经验。② 汪行福教授在对西方马克思主义意识形态理论的批判性研究中,着重于反思由现代性的历史实践所引发的各种复杂现实危机,并在此基础上对历史进步主义、普遍主义,直至今日盛行的犬儒主义等意识形态进行了批判性反思与重构。

最后,汪行福教授的理论研究始终立足中国社会现实,认为强化中国问题研究范式意识是推进国外马克思主义研究的关键。中国改革开放以来的现代化进程是人类现代性解放事业的伟大构成部分。汪行福教授始终坚持在复杂现代性的视野与规范和现实的辩证法下,审视、反思当代中国社会改革开放以来的结构性变化与社会问题,强调我们应该把中国的现代化放在

---

① 参见汪行福:《面向中国问题的国外马克思主义研究》,《中国社会科学报》,2014 年 8 月 27 日。

② 参见汪行福:《复杂现代性与包容社会》,《教学与研究》,2014 年第 8 期。

现代性这个大问题中来考虑,指出中国发展道路的选择一方面要符合现代性普遍价值规范,另一方面也要符合中国文化传统和社会现实。在"复杂现代性"理论框架下,汪行福教授提出中国未来的发展应该以社会包容为核心任务,不能用简单化或单一性的现代性思维应对当前新一轮改革,不应该停留在简单的现代化层面,而要进入到探索现代秩序的建构与文化和谐发展的复杂现代性层面营造出新的思想解放。①

按循上述思想脉络,本文将主要介绍汪行福教授在现代性批判理论研究基础上对"复杂现代性"新范式的建构、复杂现代性视野下对西方马克思主义意识形态理论的批判性梳理,以及其对西方马克思主义这一独特思想传统的历史性解读,并在此基础上指出汪行福教授对当代中国社会的现实反思与理论上的积极建构。

二、现代性理论研究与"复杂现代性"新理论范式

对启蒙以来的现代性批判理论的研究是汪行福教授理论研究的重点。在这一领域中,汪行福教授首先站在现代性理论思想史的高度,梳理了从黑格尔到马克思、哈贝马斯的经典现代性批判理论,并对哈贝马斯的现代性理论作了重点研究;②其次,汪行福教授对后现代及当代各种现代性批判理论思潮作出了批判性考察,并在此基础上提出了自己的"复杂现代性"新理论范式。

(一)从黑格尔到哈贝马斯的现代性理论梳理

汪行福教授重视对自黑格尔以来的经典现代性批判理论的研究。汪行福教授认同哈贝马斯的看法,即黑格尔是最早意识到现代性复杂性并系统阐述现代性的矛盾和张力的辩证法的思想家。黑格尔法哲学思考的不只是现代世界中自由理念和实现条件问题,也是对现代性视域中由主观自由引

---

① 参见汪行福:《复杂现代性与思想再解放》,《学术界》,2015 年第 10 期。
② 参见汪行福:《走出时代的困境——哈贝马斯对现代性的反思》,上海社会科学院出版社,2000 年;《通向话语民主之路:与哈贝马斯对话》,四川人民出版社,2002 年。

发的生存论和社会学困境的诊断。汪行福教授重视把马克思放在对个人自由与全面发展的现代性规范理想的继承这一思想史的视野中去看待。在论文《从黑格尔到哈贝马斯——现代性哲学话语内在轨迹的叙事重构》中他就指出,从黑格尔到哈贝马斯,德国传统的现代性话语贯穿的核心主题是"和解"问题。"和解"问题是理解黑格尔-马克思关系,理解经典马克思主义与西方马克思主义的重要线索。

汪行福教授对哈贝马斯的现代性理论有相当全面和深入的研究。他认为哈贝马斯的现代性理论可以归结为两大问题:现代性的理性基础,即合理性问题;和现代性的实现形式,即合理化问题。[①] 哈贝马斯引入交往理性概念,使人类解放的现代性理想非乌托邦化,其以建构"后革命时代"的政治哲学为抱负,通过语言的相互理解建构个人自由和无强制集体生活的激进民主制理想。[②] 但是汪行福教授指出,哈贝马斯理论的问题在于,它不是把自己的理论视为在新的条件下对马克思的现代性批判的补充和发展,而是视为对它的替代。[③] 虽然哈贝马斯的生活世界殖民化批判部分地涵盖了马克思商品拜物教理论和卢卡奇物化批判理论的成果,但是从生活世界视角对资本主义社会的批判取代不了从生产关系的阶级视角对资本主义批判的所有内涵,用交往乌托邦完全取代劳动乌托邦还为时尚早。哈贝马斯和韦尔默的现代性理论虽然都有积极建构意义,都是考虑通过加强公共政治领域的力量克服资产阶级宪法民主国家的局限性,但都低估了马克思资本主义批判理论在现代性理论中的意义。

汪行福教授指出,通过问题史的方式把握现代性话语从黑格尔到哈贝马斯的演变,不仅能帮助我们形成对现代性的清醒的问题意识,而且能了解前人有关解决现代性困境的各种方案和设想。我们生活在一个后乌托邦时代,现代性矛盾和复杂性已经充分暴露,任何简单化和绝对化的意识形态都会堵塞现代性的自我更新和改善,重思从黑格尔到哈贝马斯对现代性问题

---

① 参见汪行福:《走出时代困境——哈贝马斯对现代性的反思》,上海社会科学院出版社,2000年,第20页。

② 参见汪行福:《通向话语民主之路:与哈贝马斯对话》,四川人民出版社,2002年,第2页。

③ 参见汪行福:《"新启蒙辩证法"——哈贝马斯的现代性理论》,《马克思主义与现实》,2005年第4期。

的复杂讨论对我们有重要的启发意义。

(二)对当代各类现代性理论思潮的反思

在对德国传统的现代性理论的研究基础上,汪行福教授对后现代、当代各种现代性理论也有广泛的研究。汪行福教授指出,现代性理论在今天是一个充满张力的战场,各种思想家对现代性的复杂思考不胜枚举,但现代性的关键不是其历史起源,而是其历史效果。

在《复杂现代性论纲》《复杂现代性与拉图尔理论批判》等关于现代性批判理论研究的论文中,汪行福教授梳理了后现代、当代各种现代性理论思潮,包括利奥塔、哈贝马斯、吉登斯、乌尔里希·贝克、艾森斯塔特、T. H. 马歇尔、卡尔·波兰尼、布鲁诺·拉图尔等思想家的现代性理论。针对已有的多元现代性、反思现代性、第二现代性等观念,汪行福教授指出,这些理论都有其理论的盲点,其本质上仍然是欧洲中心主义的现代性概念。"多元现代性"实际强调的是"多种现代性"(multiple modernities),而不仅仅是"现代性的多样性"(varieties of modernity),按此理论,现代性事业很容易等同于不同民族和国家的特殊故事,而不再具有普遍的规范内涵和意义的现代性的多元表现。同样,"第二现代性"和"反思现代性"抓住了现代性在西方历史中的变化,但没有关注不同现代性方案在全球范围的竞争和相互影响。[①]"反思现代性""高度现代性"或"第二现代性"等概念所关注的只是西方社会技术、文化和人的心理态度的变化。"多元现代性"理论和"第二现代性理论"都试图超越传统的单一的线性进化的现代性理论,为我们把握现代性的非连续性、多样性提供了思想资源,但这些理论都只把握了现代性复杂性的某些方面,未能对现代性的当代格局提供一个有说服力的理论框架。

站在现代性理论的这一角斗场之外,汪行福教授提出,现代性本身需要再启蒙、需要自我批判,这本质上是一个社会历史问题。现代性理论需要突破已有的各种理论的限制,吸收各种有益观点,重绘现代性地图。"复杂现代性"理论正是这样一种有益的尝试。

---

① 参见汪行福:《复杂现代性与思想再解放》,《学术界》,2015 年第 10 期。

(三)"复杂现代性"的理论新范式

站在理论与思想史的背景下,汪行福教授提出了自己的"复杂现代性"理论新范式。"复杂现代性"概念意在强调,现代性的规范价值,如个人自由、社会平等、政治民主、文化自觉等规范价值之间存在着复杂关系,现代性的社会历史条件,如全球化、技术变迁和不同社会制度竞争等因素之间是相互作用的。复杂现代性不是与其他现代性并列的一种特殊类型,而是基于历史经验和当代生活的复杂性提出的关于现代性的新视角。[①] 汪行福教授指出,复杂现代性渗透于现代性的方方面面,我们可以从以下三个维度来加以把握:

首先,现代性诸规范及其之间的关系存在着复杂性。现代思想史就是现代性观念冲突和斗争的历史。"复杂现代性"概念要求对现代性的反思需要一种规范复杂性的敏感性意识,一方面,我们不能把对现代性规范和价值简单地理解为意识形态面具或政治权力的工具;另一方面,我们也不能浪漫化地相信,现代性诸规范和价值自在地具有自洽性,避免在规范层面和理念上陷入绝对主义教条和乌托邦幻想。

其次,现代性在制度或事实层面具有复杂性。任何社会制度都只能在其正当范围内起作用,因而在空间和领域上总是受限制的。"复杂现代性"概念意指人类生活依赖的制度本身就是矛盾的集合体,自身包含着规范性与事实性的张力。对待任何制度,我们要兼顾它们在规范和经验意义上的效果,用复杂、批判的眼光审视现代性制度和客观条件。

最后,现代性中存在着规范与事实相互作用的辩证法。现代性作为人类与环境、主体与客体、规范与事实、个人与他者之间相互作用,本身就蕴含着矛盾,蕴含着自我否定的辩证法。"复杂现代性"理论要求有对现代性过程的复杂性的敏感性意识。意识到现代性的复杂性,破除固定的、封闭的、线性的思维,保持一种偶然性和可错性的意识,才能使现代社会健康发展。

总而言之,现代性不仅是复杂的,而且必然是非完满的,因此需要不断地反思、批判和加以修正。"复杂现代性"理论有以下三点特征:首先,它是

---

① 参见汪行福:《复杂现代性与社会包容》,《教学与研究》,2014 年第 8 期。

一种后形而上学理论;其次,复杂现代性范式拒绝把现代性规范和价值理解为绝对统一的整体;最后,复杂现代性理论包含对现代性自反性的自觉意识。现代性没有绝对的基础和终极目标。现代性是脆弱的、开放的、未完成的、可错的事业,我们既不能对它作历史决定论的辩护,也不能为它作历史目的论的辩护。现代性合法性的基础是现代性成就本身,同样,现代性的问题也缘于它自己的局限性。我们只能既置身于现代性湍流之中,通过自觉地反思和批判,尽量把握它的发展方向;不能幻想一个完美的现代性计划,必须承认人类自身的有限性和世界的非完美与非统一性;必须抛弃线性、简单化的进步观念,但也不要走向历史的灾难论。

"复杂现代性"理论新范式也为思考中国社会提供了理论坐标。汪行福教授指出,在复杂现代性视野下看待中国,中国的现代化和社会转型面临的是在复杂现代性条件下,合理社会秩序的建构和完善问题。复杂现代性范式意在强化这样的意识:中国发展道路的选择必须是对规范敏感的,即合于人类文明大道,符合现代性的规范与价值;也必须是对现实敏感的,符合中国文化传统和社会现实,符合当今世界的发展变化和中国与世界的互动关系。我们不能把复杂现代性理论直接地"转译"为中国发展道路理论,相反,我们应该把中国的现代化放在现代性这个大问题中来考虑,把中国的发展作为一个既受现代性约束又改变现代性构成的现实过程。中国不论在改革的目标设定上还是制度的改革上,都需要有复杂现代性意识。

三、西方马克思主义意识形态理论研究

汪行福教授多年来聚焦于对西方马克思主义意识形态理论的研究。汪行福教授指出,意识形态本质上是一种社会神话学、一种社会炼金术,其本质特征在于把历史地形成的制度或观念非历史化和自然化,因此意识形态既是描述的,也是批判的。西方马克思主义意识形态理论纷繁复杂,涉及思想家众多。汪行福教授立足对经典马克思主义意识形态理论的深刻理解,以社会统治与意识形态的关系、政治哲学与意识形态的关系为主要线索,通过激进人本主义和激进结构主义两种研究范式把握这一理论传统。在理论与时代特征相结合的现实基础上,汪行福教授也对当今盛行的犬儒主义、进步主义、普遍主义等意识形态作出了反思与重构。

(一)理解西方马克思主义意识形态理论

对西方马克思主义意识形态理论的理解离不开对经典马克思主义意识形态理论的理解。在论文《意识形态批判与历史唯物主义——俞吾金先生〈意识形态论〉的启示》中,汪行福教授继承俞吾金教授对历史唯物主义作为意识形态的元批判理论的深刻洞见,指出马克思主义的历史唯物主义与其意识形态批判始终是同一个过程的两个侧面。汪行福教授指出,马克思意识形态批判理论的特征主要有两点:首先,马克思历史唯物主义是对意识形态的最全面和持久的批判;其次,马克思的意识形态批判是积极的辩证的批判。意识形态之所以能够起作用,在于它以扭曲的形式体现了现实生活的正当要求,马克思的意识形态批判不是要简单取消自己批判的对象,而是要拯救被意识形态掩盖的人类解放欲求。

汪行福教授指出,如果我们考察从卢卡奇到齐泽克的西方马克思主义传统就可以发现,历史唯物主义的当代发展也是与意识形态理论联系在一起的。西方马克思主义意识形态理论纷繁复杂,但是制度拜物教批判和科学技术拜物教批判是其最显著的两个方面。经典马克思主义意识形态理论中也存在着问题,比如马克思恩格斯对意识形态与主体、意识形态与权力的关系没有给出始终一贯的解释。汪行福教授指出,对此,把意识异化为中心的激进人本主义批判与以顺从实践为中心的激进结构主义批判的结合可以揭示当代意识形态理论的逻辑展开和思想发展。[①]

汪行福教授认为,激进人本主义考察意识形态对主体意识的支配和影响,认为意识形态本质是虚假的物化意识。激进人本主义把商品拜物教批判作为一切意识形态批判的理论范型。卢卡奇的物化理论、马尔库塞的虚假需求理论、德波的景观社会理论、鲍德里亚的消费理论等,都是从商品拜物教理论直接发展而来的。意识形态在此被定义为由商品交换所产生的意

[①] 参见汪行福:《社会统治与意识形态的关系——西方马克思主义的两种解释路向》,《国外社会科学》,2013 年第 1 期。

识的对象化形式,被理解为资本主义交换和消费模式产生的主体性形式,这一理论取向可以以阿多尔诺的同一性理论、马尔库塞和哈贝马斯的科学技术意识形态理论、鲍德里亚的符号交换等理论为代表。

从思想史的角度看,激进结构主义直接针对激进人本主义,它把意识形态研究的重心放在统治结构的生产和再生产之上,认为意识形态是行为主体及其模式被社会制度和物质实践塑造的结构与机制。激进结构主义意识形态传统依赖的资源不是马克思的商品拜物教理论,而是葛兰西的市民社会和霸权理论以及由韦伯的形式合理性概念发展出来的社会支配理论。它拒绝把意识形态理解为观念和主体的意识,而是理解为与权力有关的符号意指模式和物质性的肉体的实践活动,强调现代社会并不存在一个统一的意识形态,而是多元的离散的社会规训的场域和机制。这一理论传统建立在葛兰西的霸权理论与福柯的日常行为规范概念综合基础上,以阿尔都塞晚期意识形态理论为起点,以布尔迪厄、瑟伯恩的意识形态理论为代表。

汪行福教授指出,这两种范式既是对当代社会权力与意义之关系的不同把握,也是对经典马克思主义遗产的不同解释,应该避免简单的对立。意识形态确实不仅仅限于观念、思想和理论体系;在现实方面,意识形态以各种微观形式起作用,但是我们必须承认,意识形态不能完全独立于行为者的思想起作用。汪行福教授在意识形态理论的具体研究上涉猎范围很广,在《意识形态星丛》一书中对西方马克思主义许多思想家的意识形态理论都作了具体的研究,近年来,他关注的一个焦点问题是犬儒主义问题。正如斯洛特戴克所言:今天流行什么主义? 犬儒主义。犬儒主义是"启蒙了的虚假意识"。犬儒主义是启蒙的病变,它把对现实的不满转化为一种不拒绝的理解、不反抗的清醒、不认同的接受。犬儒主义给意识形态批判提出了严峻挑战:我们一清二楚,但仍然这样做。我们知道资产阶级意识形态已经破产,但在实践上依然顺从它。汪行福教授指出,面对这样一种意识形态,不论是激进人本主义还是激进结构主义都暴露出自己的局限性。因此,完成当代意识形态理论的建构,我们既需要综合激进人本主义和激进结构主义传统,而且需要不断地返回到马克思的传统,与它进行对话。

(二)对"进步主义"的批判与重构

历史进步是现代性的核心概念。汪行福教授站在复杂现代性的视野下,延续了他对启蒙以来人类进步规范与历史性实践之间复杂辩证关系的思考,指出在现代性的发展过程中,由于受错误的思想方法和有害的权力意志影响,进步观念已经从追求自由和民主的现实的政治信念变成了历史必然性和目的论的形而上学信念。历史进步主义在一定意义上沦为了意识形态,对进步主义意识形态的批判应该成为时代重大课题,进步概念的重建应该成为马克思哲学的重要问题。

汪行福教授首先指出,在现当代马克思主义者中,对进步意识形态进行彻底和系统批判的思想家是本雅明和阿多诺。他们对进步主义意识形态的哲学前提和政治后果作了深刻的批判,给我们提供了有益的起点。但是包括法兰克福学派在内的西方马克思主义传统在进步主义意识形态批判问题上的一个致命缺陷是缺乏积极的立场,很容易从进步主义的批判走向对进步的否定和拒绝。在马克思那里,历史的进步是辩证的过程;在哈贝马斯那里,进步是一个有着积极潜能的可以重构的概念。汪行福教授认为,在后形而上学时代要谈论"进步"概念必须满足两个理论要件:把进步理解为一个有方向性的改善过程,但又不能把它绝对化为历史本身的客观目的;承认现代社会的不同领域的变化有相对独立性,但又不割裂它们之间的关系,否则我们就无法谈论社会的进步或人类的进步。在哈贝马斯对"进步"概念的重构中,我们可以看到沿着这两个方面所作的理论努力。在哈贝马斯的历史唯物主义重建中,传统意义上的抽象的、总体的社会进步概念就被转化为实践与技术、规范结构与生产力发展的双重过程,它们之间存在着经验和历史的联系。在哈贝马斯看来,真正的历史进步必须是全面的,既包括技术进步,也包括社会进步。

在对思想史进行理论梳理的基础上,汪行福教授力图结合历史唯物主义与哈贝马斯理论的启示,改写进步概念:不是把进步理解为历史本身的命运,也不是把它视为康德意义上的道德实践命令,而是把它理解为人类实现历史本身的合理性潜能和实现个人或集体更高程度上的自主性的"历史筹划"。① 在对进步概念的重建中,汪行福教授延续了按马克思的思路,把"进步"理解为人们"在直接碰到的、既定的在过去承继下来的条件下"努力实现人类解放目的的积极努力。真正的历史进步理论是一种实践逻辑,而不是自然逻辑。历史的进步不是自然的恩赐,而是社会成员自己斗争的结果。

汪行福教授指出,把"进步"视为历史的筹划,首先,意味着它不是对历史过程本身特征的描述,而是对人类积极努力及其结果的评价。其次,意味着"进步"不是抽象的理想,而是实践的意愿和事业。最后,还意味着进步是一种可取的值得为之努力的更好状态,在这里筹划并非一般意义上的计划,而是规范指导下的计划。真正的历史进步总是历史行动者把主观规范因素与客体物质因素结合起来以实现人类最大程度上的人性化状态的努力,不论进步是表现为善的目标的实现,还是表现为对恶的趋势的抑制。在这个意义上,历史进步是人类的实践—历史筹划,而不是超人类的历史客观规律。因此,在后形而上学时代,作为历史的实践的筹划的进步概念既是历史性的,也是实践性和规范性的。作为历史筹划的进步观念归根到底是一种实践观念,它要求我们超越现实秩序的限制,最大限度地实现社会合理化的潜能,改善人类生活的处境。由此汪行福教授指出,历史进步不再是宗教式的形而上学信仰,而是在脆弱和偶然条件下追求民主和自由的事业。

(三)普遍主义的反思与马克思的"例外普遍性"概念

普遍主义理念也是自启蒙现代性以来的基本信念之一。资产阶级革命以自由、平等为口号,鼓吹个体的普遍解放;马克思主义继承了启蒙运动的普遍主义理念,把共产主义理解为消灭私有制和阶级,实现每个人的自由全面发展。但是在后现代文化和东欧剧变的冲击下,普遍主义受到了挑战,拯救普遍性成了当代激进政治的主题。汪行福教授经由对马克思的普遍主义理论的重新挖掘,把马克思无产阶级概念作为具体普遍性的范型,以此来超越意识形态的普遍主义与可疑的特殊主义对立的出路,也以此作为马克思主义与后马克思主义对于普遍性的不同理解的核心。汪行福教授指出,在

---

① 参见汪行福:《今天们如何言说"进步"?》,《复旦学报》(社会科学版),2015 年第 5 期。

历史经验条件已经发生重大改变的今天，马克思的理论逻辑对我们思考进步和解放政治来说，仍然具有指导意义。

汪行福教授在梳理了近年来以拉克劳、齐泽克、巴迪欧、巴利巴尔为代表的激进左翼对普遍主义话语的复兴基础上，指出他们的理论只是把无产者理解为普遍性的化身。而在马克思那里，无产阶级不仅被视为旧制度的否定者，同时也被理解为历史在生成的新的普遍性的实现者。后马克思主义理论由于缺少了后一维度，因而与马克思主义之间存在着明显的差别。

汪行福教授指出，马克思是一个伟大的普遍主义思想家，无论是他的意识形态判理论、人类历史理论还是无产阶级革命理论都包含着对普遍主义的深刻思考。马克思主义的立场既不应该被理解为中立普遍性立场，也不能被理解为拉克劳式的霸权普遍性立场，而是应该被理解为以无产阶级解放为中介的例外普遍主义立场。青年马克思在《黑格尔法哲学批判（导言）》中提到的无产阶级概念，在其特殊性中内在地包含着普遍性的实现要求。这一普遍性既不像中立普遍性那样与特殊性保持外在的相互漠视关系，也不像霸权化的普遍性那样把自己视为霸权普遍性的竞争性多元主体之一。在无产阶级身上，普遍性与特殊性以反转的形式结合在一起，它的存在就是资本主义制度的否定。① 成熟时期的马克思对工人阶级成为积极例外普遍者的条件作了多方面的阐述，在马克思那里，无产阶级由于其生存方式和所处的社会结构，在一定意义上可称为"世界历史阶级"。

汪行福教授认为，在新自由主义和后现代主义氛围下，进步的普遍主义话语陷入了危机。在这个背景下，复兴马克思的普遍主义有着特殊的意义。真正的普遍主义话语的重建仍然需要像马克思一样思考三个核心问题。第一，它必须着眼于人类普遍解放的规范价值，批判各种形式的进步主义意识形态，揭示它们的规范潜能和局限性；第二，它必须着眼于历史条件的变化和发展，探索人类解放实现的客观条件，以便作出正确的理智选择；第三，它必须着眼于人类解放的主体性要求，寻找真正能够实现自己理想的政治力

---

① 参见汪行福：《例外普遍性：马克思主义与后马克思主义的区别》，《马克思主义与现实》，2020 年第 6 期。

量,在不同的政治主体中作出正确的政治选择。①

四、作为"活的传统"的西方马克思主义

在《在马克思主义批判和规范的延长线上——当代马克思主义思潮多元化和分析坐标》《面向中国问题的国外马克思主义研究》《西方马克思主义已经终结了吗?——与张一兵教授商榷》《图绘西方马克思主义——读张一兵先生的〈文本的深度耕犁〉》等多篇论文中,汪行福教授系统阐述了自己对西方马克思主义这一独特理论传统的理解,并认为理解这一理论传统的核心在于以经典马克思主义现代性辩证法为理论坐标。②

(一)西方马克思主义没有"终结"

针对张一兵教授的"西方马克思主义终结论",汪行福教授提出质疑,并认为西方马克思主义作为一个活的传统并没有终结,而是处于不断变化之中,并仍然是当代西方学术界一支重要的进步力量。张一兵教授认为,西方马克思主义传统在 1968 年阿多诺的《否定辩证法》出版后就已经终结,其主要原因是本真的马克思主义诉求和资本主义批判这两大原则已经被放弃。在此之后,西方的马克思主义派生出后马克思主义、后现代的马克思主义和新马克思主义三种思潮。对此,汪行福教授指出,这一观点虽有启发性,但实则是片面的。

汪行福教授认为,正如哈贝马斯所说,《否定辩证法》暴露出物化意识和工具理性批判的困境,蕴含着批判理论范式转变的必要性。但是这里的"终结"应该仅仅是指经典的批判理论范式的终结,或者说是从卢卡奇到阿多诺的韦伯化马克思主义传统的终结,而不是西方马克思主义的终结。在此,张一兵教授对他提出的"本真的马克思"与"资本主义批判"这两大前提缺乏清晰、明确的界定。汪行福教授指出,今天西方发达国家已经进入后工业化时

---

① 参见汪行福:《论马克思的普遍主义》,《复旦学报》(社会科学版),2019 年第 2 期。

② 参见汪行福:《图绘西方马克思主义——读张一兵先生的〈文本的深度耕犁〉》,《哲学分析》,2013 年第 3 期。

代,工业文明所塑造的社会结构和文化结构受到多方面挑战。其中每一个新的问题、新的社会需求都会成为理论创新的刺激因素。今天,西方马克思主义多元化往往产生于论题本身的多元化。这些问题不是外在强加于马克思主义的,而是马克思主义在西方当代社会和文化环境下必须面对的。西方马克思主义的多元化不能简单地视为它的解体,视角的多元化反映的是理论主体的意识自觉。当一个研究领域形成自己的研究传统并获得自我意识时,它就逐渐会成为新的马克思主义流派,如日常分析的马克思主义、生态学的马克思主义、文化马克思主义等。

在以上分析基础上,汪行福教授提出,西方马克思主义虽然不是一个统一的思潮,但我们仍可以从四个特征出发来对这一理论传统加以把握。首先,它是非教条的马克思主义,它的权威和影响只能来自对公共领域的影响和在学术市场中的吸引力;其次,西方马克思主义作为一股多元化的理论思潮,其之所以是西方马克思主义就在于,不论强烈与否,它们都与马克思及其传统有某种系谱学联系;再次,不论政治上激进程度如何,西方马克思主义对资本主义和现代性总是持批判和质疑的态度,不论这种批判是以政治经济学批判还是以文化和意识形态批判形式表现出来;最后,虽然不必认同于现行的社会主义制度和政党政策,但西方马克思主义仍坚持存在着现实的社会主义未来。在把握以上特征的基础上,汪行福教授指出,也可以把西方马克思主义定义为,在承认哲学基础的多元化的前提下的人类解放理想。总之,西方马克思主义作为一个活的传统不断地处于变化之中,它仍然是当代西方学术界一股重要的力量。只要西方国家还有思想流派对马克思主义传统、对马克思的事业和社会理想保持着某种理论和实践的忠诚,西方马克思主义这一知识潮流就没有终结。

(二)现代性辩证法视域下的西方马克思主义

汪行福教授继承了瑟伯恩在《从马克思主义到后马克思主义》中的理论,以马克思主义的现代性辩证法为理论框架,解释西方马克思主义向当代激进左派思想的转变。瑟伯恩把西方的马克思主义的发展区分为两个阶段:一是在现代性辩证法框架内的西方马克思主义发展阶段,二是在现代性辩证法解体之后的后马克思主义发展阶段。在马克思那里,现代性辩证法内部保持着批判性和超越性的平衡,资本主义现代性受到无情的批判,但工人阶级的解放和社会主义前景也得到充分肯定。马克思并不特意强调哲学在现代性话语中的核心地位,相反,他突出的是政治经济学批判的重要性,但这种批判不应被误解为从哲学走向实证的经验科学。就现代性辩证法而言,或就马克思"主义"的理论整体而言,西方马克思主义没有放弃古典马克思主义的立场,但改变了它的具体形态。只要在这一现代性的限度内思考资本主义的矛盾和冲突,思考人类解放的可能性和条件,它就仍然是经典意义上的西方马克思主义。①

在此基础上,汪行福教授指出,我们应该在西方马克思主义传统中区别四种类型,即"现代主义的马克思主义"与"后现代主义的马克思主义"、"现代性的马克思主义"与"后现代性的马克思主义"。区分的基础不是抽象意义上的本真马克思和资本主义批判这两个前提,也不是总体性或同一性的思维方式,而是经典马克思主义的现代性辩证法的理论坐标。现代主义的西方马克思主义坚持马克思的异化批判传统,力图把马克思主义与现代文化经验结合在一起,在批判资本主义社会人的异化和物化基础上,把人类的解放理解为主体性的解放和新的伦理共同体的建构;现代性的西方马克思主义并不一定认同现代主义马克思主义的人道主义立场和主体性辩证法理论,但是就承认马克思主义是对现代资本主义社会的结构研究和经验批判来说,就坚持资本主义社会结构的客观矛盾和历史变革的可能性来说,它仍然坚持着经典马克思主义的现代性辩证法理论传统。后现代性的马克思主义与后现代主义的马克思主义从两个不同方面解构和抛弃了现代性的辩证法。后现代主义的马克思主义(其典型形式是"后马克思主义")不仅抛弃了经典马克思主义的历史决定论和本质主义的阶级概念,而且抛弃了现代主义的总体性和同一性的思维原则。它用偶然性的逻辑取代必然性的逻辑,用错位逻辑取代同一性逻辑,用多元反抗取代工人阶级的解放,以激进民主取代社会主义;而后现代性的马克思主义虽然坚持对资本主义的总体性批

---

① 参见汪行福:《图绘西方马克思主义——读张一兵先生的〈文本的深度耕犁〉》,《哲学分析》,2013 年第 3 期。

判和激进革命的立场,但把自己的历史基础从工业化资本主义和工人阶级斗争置换到后工业资本主义社会贱民或多众的反抗这一新的历史经验基础上,因而既与现代性的马克思主义,也与后现代主义的马克思主义立场相区分。①

在这一现代性辩证法视野下,汪行福教授为我们提供了一种看待后马克思主义流派的角度。他认为,全球马克思主义的发展可以从"跨领域的唯物主义"理论同盟和"跨阶级解放"政治同盟两个方向去思考。汪行福教授认为,今天的资本主义批判出现很多新理论,女性主义批判、生态主义批判、后殖民批判、宗教批判、文化批判等。这些理论似乎是特殊性的、离经叛道的。因为它们放弃了马克思主义批判的传统阵地,也放弃了反资本主义立场的普遍主义和总体性诉诸。但是就马克思的"必须推翻使人成为被侮辱、被奴役、被遗弃和被蔑视的东西的一切关系"这一绝对命令而言,这些社会批判理论依然是立足资本主义社会对人的制度性压迫的客观情境进行批判而言,它们可以理解为马克思主义的唯物主义批判的延伸,就它们试图把人从各种非人的境地中解救出来,它们是马克思主义的无产阶级解放的延伸。因此,对待西方马克思主义这一需要不断介入现实的活的思想传统,我们既要不断回溯经典马克思主义传统,又要着眼唯物主义批判和人类解放规范理想的新视域、新观点。在此意义上,我们可以把国外马克思主义当代发展理解为处在批判和规范的延长线上,与这一活的理论传统进行对话不仅有助于发展马克思主义,而且对建构中国现代性话语有重要意义。

---

① 参见汪行福:《图绘西方马克思主义——读张一兵先生的〈文本的深度耕犁〉》,《哲学分析》,2013 年第 3 期。

分报告八
张秀琴教授的国外马克思主义研究工作述评

张秀琴教授现任中国人民大学马克思主义学院国外马克思主义研究教研室主任、学科带头人,中国人民大学杰出学者特聘教授,中国人民大学学科标志性重大规划平台"当代马克思主义国际研究平台"首席专家,中国人民大学21世纪中国马克思主义研究协同创新中心副主任,并兼任马克思主义哲学史学会常务理事、当代国外马克思主义研究会副会长(2019年起)、《教学与研究》杂志副主编(2021年3月1日起)、西藏民族大学马克思主义学院院长(挂职)。

张秀琴教授主要从事马克思主义基本理论和当代国外马克思主义思潮研究,特别是意识形态论和《资本论》专题研究,先后出版《马克思意识形态概念理解史》(2018年,获2019年北京市哲学社会科学优秀成果一等奖)、《西方马克思主义发展史》(2017年)和《马克思社会发展理论新解》(译著,2015年)等多部,在《中国社会科学》《哲学研究》《马克思主义研究》和MARXISM21等中外学术期刊发表论文百余篇,目前正主持国家社科基金重大招标项目"国外学界《资本论》研究的最新进展"(18ZDA016)。

一、主要研究方向及思想脉络

自20世纪90年代末期以来,张秀琴教授一直致力于从马克思主义基础理论、经典文献和思想史的角度,探讨作为马克思主义全球传播与接受史的国外马克思主义基本问题和前沿思潮诸领域,并以其独具特色的国外马克思主义意识形态论研究和对国外学界《资本论》研究最新前沿成果的批判分析等成为国内学界中青年学者里的重要理论贡献者,并为同时代的国外学界所熟知。二十多年的学术生涯中,张秀琴教授利用自身的英语和德语优势,潜心学问、勤奋阅读、笔耕不辍,为国外马克思主义研究的教学、科研、人才培养和队伍建设以及国际学术对话与交流做出了令人瞩目的不懈努力,受到国内学界的认可和好评。

综观张秀琴教授至今已出版或发表的论著,可以发现,她的治学之路,始终遵循的是经典文献、思想史和基本问题相结合的路径。这既表现在她的基于硕博士论文基础上的代表作《马克思意识形态概念理解史》①中显见的问题意识,即意识形态专题这一历史唯物主义的基本问题上,也体现在她的另一部代表作《西方马克思主义发展史》②中清晰的马克思主义发展史视域中,以及问题意识和思想史背后的经典文献基础(含最新出版的新 MEGA 资料的使用)的支撑。因此,原理、文献和思想史在这里是统一的整体,缺一不可。这有助于打破国内学界国外马克思主义研究一直以来大多偏重单纯人物和派别研究的局限性,将马克思主义基本理论视为一个统一的整体。

我们可以在 2018 年前的张秀琴教授的所有论文、专著和译著中发现这一明显的整体化努力倾向。这也是她一直坚守中国人民大学马克思主义理论特别是哲学研究中的传统治学方式(师从陈先达先生和杨耕教授),同时积极吸取她本人因在复旦大学"当代国外马克思主义研究中心"(师从俞吾金教授)、美国加州大学洛杉矶分校经济系[师从罗伯特·布伦纳(Robert Brenner)教授]和芝加哥大学历史系[师从普殊同(Moishe Postone)教授]等访学期间的学术历练成果。中国人民大学传统而深厚的基础理论和思想史研究路径的专业训练,加上之后在国内外著名相关科研机构的合作研究工作中所斩获的前沿问题和思潮追踪研究的开阔的国际化视野,都在她二十多年的学术努力中得到了很好的体现和落实。

如果说这一整体化的国外马克思主义研究路径在过去的二十多年还大多局限于哲学领域的话,那么近些年来,随着张秀琴教授所主持的国家社科基金重大招标项目"国外学界《资本论》研究的最新进展"的推进,特别是因 2015 年以来日益承担更多的《马克思主义基本原理概论》等高校思政课程,

---

① 张秀琴:《马克思意识形态概念理解史》,人民出版社,2018 年。
② 张秀琴:《西方马克思主义发展史》,人民出版社,2017 年。

在思政课程和课程思政建设的双重任务下,迫切需要将马克思主义基本理论的哲学原理、政治经济学原理和科学社会主义原理三大组成部分视为一个整体落实到相关的教学与科研中。为此,张秀琴教授本着教学与科研相长的原则,努力走出哲学研究的"舒适区",开始更多地关注政治经济学和科学社会主义的国外前沿问题和思潮。

职是之故,我们可以看到张秀琴教授二十多年国外马克思主义研究的一条清晰且环环相扣的前进轨迹:起始于对马克思主义发展史和经典文献视野下的西方马克思主义意识形态论的当代阐释,扩展于以意识形态论为专题对包括西方马克思主义发展史在内的整个马克思主义发展史和思想史的系统梳理,并在新近将这一主要基于哲学批判的研究更多转向与政治经济学批判路径的结合,即结合对国外学界《资本论》及其手稿研究的最新成果的探究,力图在文本、思想史和基本问题的综合视野下,对马克思主义基础理论进行基于唯物史观的哲学和政治经济学研究,以期探究作为整体的马克思主义理论的当代中国式话语建构与生产努力。在研究对象上,力图做到经典文献、思想史和问题意识的融会贯通;在研究范式上,努力再现马克思主义哲学批判和政治经济学批判的当代资本主义批判研究的总体图景。为此,张秀琴教授多年来一直致力于对马克思主义意识形态论进行哲学解读,并基于此对国外马克思主义发展史进行问题式梳理,进而基于新出版的 MEGA 对当代国外学界《资本论》研究最新成果,特别是其中以资本主义批判为核心的现代性及其文化逻辑进行政治经济学批判和反思。

二、意识形态论研究:以文献和思想史为基础的问题意识

意识形态问题是历史唯物主义论域中一个十分重要的议题,对它的认识极大制约着对历史唯物主义的理解和把握。如何理解马克思的意识形态论及其在马克思身后的传播与发展,一直是国内外学术界开展马克思思想研究的一个历久弥新的话题。张秀琴教授在文献研究的基础上,系统梳理了马克思意识形态概念的缘起、形成和流变。在此基础上,将意识形态专题

的总体研究范式归结为:一个术语("意识形态"概念)、两种类别(意识形态一般与意识形态具体)、三重论域(意识形态概念、理论与实践)、四维向度(上层建筑说、虚假意识说、阶级意识说和文化载体说)、五大阶段(马恩创立时期、第二国际时期、苏东、欧美、中国的传播时期)。张秀琴教授的主要观点是将马克思意识形态概念的理解史和所蕴含的问题域总结为以下四种理解模式。

(一)第二国际理论家的"正统"理解模式

所谓第二国际"正统"理解模式,主要指的是借助于第二国际相关理论家在 19 世纪末、20 世纪初的相关著述和阐释而体现出来的对马克思意识形态概念与理论的解读或理解。张秀琴教授认为,尽管这一解读传统内部也呈现出差异和多样性,如梅林(Franz Mehring)和普列汉诺夫(Plekhanov)的文学和艺术意识形态研究专题以及他们对马克思主义之哲学维度的强调,以及考茨基(Karl Kautsky)的经济学解读、拉布里奥拉(Antonio Labriola)的译介式大学教科书解读,还有拉法格(Paul Lafargue)的通俗化努力等,但其所共有的特点却并没有因这些差异而被淹没。

这种理解模式的共同点包括:①坚持意识形态概念解读的唯物史观基础(虽然上述各位理论家对马克思主义理论体系的命名表述不尽相同,除了梅林、拉布里奥拉和考茨基所坚持的"历史唯物主义"或"唯物主义历史观"的体系表述法,还有拉法格的"经济决定论"、普列汉诺夫的"一元论"或"辩证唯物主义"表述法等);②坚持将马克思《1859 年序言》中的"上层建筑论"与恩格斯晚年关于历史唯物主义的通信所提出的"相互作用论"结合起来,特别是用后者来补充和发展前者,同时也对前者进行了新的阐释(如普列汉诺夫的"社会心理中介"因素论和社会关系史论、考茨基的社会有机体理论、拉布里奥拉的复杂综合体论和拉法格的生存环境论等);③更多强调意识形态(特别是其政治、法律、道德、艺术、宗教和哲学等表现形式)的历史能动性和社会构成因素属性(含文化载体功能和阶级意识属性)。

(二)苏联官方教科书体系的"经典"理解模式

马克思主义意识形态概念在 20 世纪苏联的传播,若以革命领袖为学术地标,则可大致划分为两个阶段,即列宁主义阶段和斯大林主义阶段。前者在某些方面承袭了第二国际理论家,特别是普列汉诺夫的相关论点;后者则以教科书体系而著称,而马克思主义意识形态概念在苏联20世纪二三十年代的传播,主要是通过该形式来书写和呈现的。这种教科书体系的形成也经历了两个时期,即第一个时期"争论时期",它指的是20世纪二三十年代的"体系之争";第二个时期则指的是1938年"斯大林体系"(也称"教科书体系"或"辩证唯物主义-历史唯物主义体系")的确立及在20世纪下半叶的以教科书为主要阐释载体的进一步发展历程。张秀琴教授认为,马克思的意识形态概念,就是以这些教材为主要载体得到相关阐释与解读的。该模式的显著特点就是:强调"辩证唯物主义"的指导意义,进而将其中的"物质决定意识"(或"存在决定思维")的物质决定论原则"推广"和"运用"到历史唯物主义领域,演变成"经济基础决定上层建筑"(经济基础决定论)和"社会存在决定社会意识"(社会存在决定论)。在前者的解释框架中,意识形态即上层建筑,特别是其中的观念的上层建筑;在后者的阐释框架下,意识形态即社会意识,特别是其中的阶级意识的一种形式。

苏联教科书体系对意识形态的这种经典阐释模式对前东欧社会主义国家产生了巨大的影响,后者正是在对上述斯大林体系的"继承"与反思的批判中形成和发展的。就意识形态专题研究来看,东欧新马克思主义者借人本主义立场来反对"物质决定论"的"辩证唯物主义"逻辑,进而强调作为社会意识(阶级意识)和(观念的)上层建筑的意识形态的能动性,包括其属人性,特别是属于人(特别是个体而非作为阶级存在的集体)的主体实践性。因此,意识形态可随人的实践活动(实际是作为人占有世界的一种方式)而进入社会结构(或整体)中的其他层面或领域,甚至直至经济(基础)领域。

(三)西方马克思主义的"传统"理解模式

20世纪以来,马克思意识形态概念的主流理解模式,主要经历了两大阶段:第一阶段指的是20世纪二三十年代至70年代末期的传统西方马克思主义阶段。其内部可大体区分为人本主义一派和科学主义一派——前者主要包括卢卡奇(Georg Lukács)等早期人道主义派别、以存在主义马克思主义和弗洛伊德主义马克思主义为代表的人本主义的继续,以及以法兰克福学派而著称并闻名的人本主义的繁荣发展,后者则主要包括以阿尔都塞(Louis Althusser)为代表的结构主义马克思主义和以科莱蒂(Lucio Colletti)为代表的新实证主义马克思主义流派;第二阶段指的是 20 世纪七八十年代以来的当代国外马克思主义阶段。其内部主要呈现出国别化发展倾向,如以文化-历史研究著称的英国马克思主义、具有明显后现代主义倾向的法国马克思主义,以及以政治经济学研究见长并呈现出跨学科、综合性研究趋势的美国马克思主义等。

可以说,当代各国马克思主义发展的不同,在思想史上,主要就是由传统西方马克思主义的人本主义和科学主义在当代各国学术话语中的程度不同的影响与渗透,及其与各国乃至全球当代社会文化所产生的理论化合效应所致。从总体上来看,西方马克思主义对马克思意识形态概念的理解模式,虽然与第二国际理论家和苏联教科书体系的理解存在着很大的差别与不同,但无疑也有明显的交叉与理论继承关系(虽然这种继承关系更多地是以批判的形式而出现——东欧新马克思主义群体就是这一交叉关系的学术地缘意义上的表现)。更重要的是,它们之间亦存在着十分重要的共同点,那就是所有关于马克思意识形态概念的阐释与理解,皆与阐释者对马克思主义理论(特别是哲学)体系(含本质、内容和方法)的解读密切相关。

(四)"中国模式"的理解与阐释

马克思意识形态概念在中国的传播与接受,经历了三个主要阶段,即 1919—1949 年的早期阶段、1949—1979 年的第二阶段,以及 1979 年以来的第三阶段。其间,主要传播与接受方式包括:"教材体"(或称"教科书体",即以教科书为主要载体)、"编译体"(即以译著为主要传播载体)和"领袖体"(即以政治领袖的著述为载体)三大主要方式。张秀琴教授认为,这三大传播与接受方式在上述三个传播阶段所起的作用不尽相同,如领袖体在 1949 年以后发挥的作用就要大于前 1949 年时期。此外,尽管有些传播载体在三个阶段都发挥作用,但其主要内容或承担主体却在发生变化,如教材体在三个阶段的演变就是明显例子,编译体在这三个阶段的变化也可为证。

总体来看,马克思意识形态概念在中国传播与接受的主要特点包括:①编译体,特别是借助于编译体而呈现的唯物史观的最初传入,是马克思意识形态概念最初进入中国的契机,并在日后以中文版经典著作集发行出版的形式成为不可忽视的重要传播平台;②教科书体则是它在中国传播与接受的最重要的载体;③领袖体对这一传播与接受过程影响深远;④学界的贡献尽管一直伴随着三个阶段,但却在各个阶段发挥着不同的作用。这种作用的独特性,随着时间的推移日益明显起来,尤其是在第三阶段,由于苏联教科书影响日益式微,特别是伴随着西方马克思主义诸思潮的涌入所引发的哲学视角和政治经济学视角的融合趋势,为这一时期马克思意识形态概念在中国的传播与接受历程增添了新的理论生长点,而新时期中国改革开放的实践需求则为相关理论论争提供了源泉和动力。

　　作为上述研究之集中成果体现的专著《马克思意识形态概念理解史》一经出版,就得到了多位学界专家的热情推荐,例如陈先达教授评论说:"我们需要一本专题史来系统梳理意识形态概念从一国、多国到全球以及历史到现实的不断演变及其所折射和所裹挟的问题域";大卫·麦克莱伦(David Mclellan)也说:"毫无疑问,意识形态概念及其理论变迁,是社会科学中最难以把握的重要的领域之一,而张教授却令人钦佩地对此作了全景式探讨。"诚如推荐人所言,意识形态概念是一个具有丰富理论内涵和实践向度的范畴,而意识形态问题,实际上也构成了当今学界众多学派和学者探讨的共同对象。因此,在张秀琴教授和学界同仁的共同努力下,意识形态论研究因其敏感性和复杂性,已经从学术话语边缘走向中心,成为国外马克思主义研究二级学科中最具活力的研究领域之一,也吸引了越来越多的青年学人进入该领域,从科技异化、文化符号、空间消费、景观设置、生命政治和数字资本等诸多话题切入更新的内容和维度。但无论如何,意识形态论的异化和基于异化的拜物教逻辑都是核心议题。因此,不仅意识形态论专题研究本身已是历史唯物主义的重要问题,而且其所包含的诸多话题也莫不是具有时代特色和前沿性的问题域。对意识形态一般和意识形态具体的结合研究必将为历史唯物主义的时代化和创新发展提供源源不断的理论资源。

三、西方马克思主义思想史研究：马克思主义发展史的整体视域

除了上述意识形态论专题研究，在马克思主义发展史的整体视域下，持续推进西方马克思主义思想史研究，并致力于探讨人本主义和科学主义在现时代相融合的路径选择和方法论意义，也是张秀琴教授的努力主线。相较于传统阶段，当代阶段的西方马克思主义在研究方法上的主要特征是由人本主义和科学主义的分立逐渐演变为相互融合。张秀琴教授是国内马克思主义哲学界较早明确提出并关注这一融合趋势的研究者之一，并从学理资源（特别是意识形态论）和现实旨趣（特别是当代资本主义批判）两个角度审视作为这一融合理论呈现的当代诸思潮，如英美马克思主义（特别是新辩证法学派和文化马克思主义）、当代法国马克思主义（特别是调节学派和后结构主义及其生命政治议题）、德国新马克思阅读派及其法兰克福学派传统以及在上述诸思潮影响下的日本市民社会学派等，发表了系列基础性研究成果，并在这些成果基础上出版了《西方马克思主义发展史》一书（2017 年由人民出版社首次出版，出版后受到广大师生的欢迎，被多所高校作为教材使用），实现了方法论意义上的破冰式革新。

张秀琴教授的这方面学术努力，以扎实、详尽的国外马克思主义文献研究为基础，可以说为学界的后续研究呈现了一条相对清晰的思想史线索和研究路径。这种研究路径将传统西方马克思主义的人本主义和科学主义范式延伸到当代英美马克思主义和当代法国马克思主义，实质上是以现代社会为实践基础的返本和开新式理论创新："返本"即对整个西方马克思主义从传统到当代的历史发展进行了全景式统摄和重构；"开新"则指的是致力于挖掘西方马克思主义作为一种社会思潮，特别是资本主义批判思潮对当代人认知和研判自身所处现实及其生存意义的意义。同时，这种解读模式也打破了以往西方马克思主义研究多以人物或流派为抓手的叙事方式，力争做到以人本主义和科学主义的历史性分与合为切入点，很大程度上也澄清了以往研究中许多避而不谈的学术疑难点，并为理解当代国外左翼思潮

提供了新视角。张秀琴教授的主要解读观点可以简述如下。

（一）西方马克思主义的经典文本依据和自身理论主题

张秀琴教授以文本（"巴黎手稿"的解读与异化逻辑的确立及其反驳）和主题（现代性的"辩证理性"救赎）两个角度,贯穿性、系统性地梳理了西方马克思主义的创立与发展,特别是对其人本主义和科学主义两种范式的分野局面的形成与演变进行了研究。

张秀琴教授认为,首先正是基于对"巴黎手稿"的解读,西方马克思主义找到了另一个在文献学基础上不同于第二、三国际所描绘的马克思形象,并引发了至今仍然在中文语境中无法停息的诸多新议题,特别是如下两个主要问题:第一,异化（特别是异化劳动）概念在马克思主义思想中的理论地位问题;第二,以"巴黎手稿"为代表的青年马克思,是否能代表真正的马克思主义思想正统? 这两个核心问题实际构成了20世纪（特别是20世纪30—70年代）西方马克思主义的基本发展与演化线索。也正是在这一阶段,人本主义马克思主义和科学主义马克思主义这两大西方马克思主义派别分野局势日益明显,并最终围绕着上述两大核心问题展开了对理性和意识形态问题的不同探讨。

其次,在西方马克思主义演化期（二战后至20世纪70年代）,构成其主要内容的是对"巴黎手稿"中的异化批判逻辑的理论实践运用,即人本主义马克思主义和科学主义马克思主义各自在不同程度上"借鉴"了黑格尔等"前"马克思思想之源,致力于重建一种符合辩证理性原则的"新"历史唯物主义。相较而言,人本主义更加坚持强调马克思思想的黑格尔之源,并在此基础上强调理性的属人性和这种人性的社会—历史维度（以辩证法作为中介）,进而基于此反思现代性和主体性原则的异化逻辑。与人本主义马克思主义在不同程度上对于黑格尔的借鉴态度不同,在重建辩证理性也即"新"历史唯物主义时,科学主义一派更愿意从费尔巴哈、卢梭、康德、费希特或斯宾诺莎等人那里获取"资源"。为此,即使不否认黑格尔的贡献,但对于黑格尔及其思想继承人的判定也是十分不同于人本主义者的,虽然至少在形式上二者都是反对经验主义的庸俗唯物主义的。

(二)当代英美马克思主义对人本主义和科学主义的融合

张秀琴教授认为,当代英美马克思主义对人本主义和科学主义作出了一种"温和融合"。这一融合方式在英国马克思主义学界主要表现为文化、历史与经济三个方面:第一,以雷蒙德·威廉斯(Raymond Williams)、霍尔(Stuart Hall)和伊格尔顿(Terry Eagleton)等为代表的文化马克思主义的意识形态论研究。研究者们通过借助葛兰西(Gramsci)的文化霸权概念和阿尔都塞的结构主义马克思主义的意识形态论(意识形态国家机器论和主体建构论)来赋予文化更多的自主性、复杂性和开放性。第二,以爱德华·汤普森(E. P. Thompson)、霍布斯鲍姆(Eric Hobsbawm)和佩里·安德森(Perry Anderson)等为代表的历史马克思主义的社会过渡理论研究。研究者们主要聚焦的是马克思在《资本论》和《大纲》中的相关章节来探讨欧洲地区的现代化之路及其历史过程中人的主体动力因素和结构之间的有机关系。第三,以柯亨(G. A. Cohen)等为代表的分析学派的马克思主义经济学研究则尤其强调了历史唯物主义基础,即它既是一种关于生产力和社会形式相互作用的批判的政治经济学式结构主义学说,也是关于人的本质的异化及其扬弃的哲学人类学或哲学–文化批判学说。

人本主义和科学主义的"温和融合"在美国则主要表现为:第一,以普殊同、诺曼·莱文(Norman Levine)、伯特尔·奥尔曼(Bertell Ollman)和弗里德里克·詹姆逊(Fredric Jameson)等为代表的新辩证法学派的理论贡献;第二,分析马克思主义的政治经济学批判,主要包括以罗默(John Roemer)和埃尔斯特(Jon Elster)等为代表的分析学派、以奥康纳(James O'Connor)和福斯特(John Foster)为代表的生态学派和以布伦纳为代表的经济学派。新辩证学派其实最具有代表性的是阿瑟(Christopher Arthur)在20世纪90年代以来的相关理论贡献。在英美世界,这更倾向于是一种从文化马克思主义视角出发,结合自身政治经济学批判的传统,而对马克思辩证法思想的一种当代重构。这种重构在某种意义上并未超越自卢卡奇以来的关于自然辩证法和历史辩证法之争的范式,但却无意在重新阐释辩证法概念、基于文化研究和政治实践以重建辩证法的当代功能、试图转向新的总体辩证法以重构辩证法的研究路径等方面有更丰富和立体的贡献。相较而言，分析马克思主义的政治经济学批判则大多坚持社会经济结构分析中超经济因素（例如对自然的关照、对个体主义的凸显以及对属人的政治共同体的强调）之于当代资本主义社会分析的首要性，并在这个意义上走在一条超越分析的与辩证的相结合的道路上。

（三）当代法国马克思主义对人本主义和科学主义的融合

张秀琴教授还以福柯及其支持者和反对者为人物抓手，探讨了后结构主义和后现代主义思潮影响下法国马克思主义对人本主义和科学主义的"激进融合"。张秀琴教授认为，这一时期的法国思想界主要都是在萨特（Jean - Paul Sartre）和梅洛-庞蒂（Maurice Merleau - Ponty）等为代表的存在主义马克思主义和阿尔都塞的结构主义马克思主义之间，力图寻求一条突破二者之局限性的学术努力。因此，这依然属于一种介于传统西方马克思主义人本主义和科学主义之间的"论争"。这批研究者以后结构主义乃至后现代主义、语用学和后现代精神分析学为方法论武器，以多元链接和差异化生成等机制为认识论框架，力图重构权力理论和主体理论，开启了一种"话语-权力"和"身体-主体"理论，以及围绕这个核心议题所展开的更为丰富的生命政治学议题。

其主要观点有：第一，相对于福柯（Michel Foucault）的"话语-权力"和"身体-主体"论，德里达（Jacques Derrida）将其转换为"书写-权力"论，鲍德里亚（Jean Baudrillard）则主张打碎福柯"话语-权力"之镜的"拟像"原则，德勒兹（Gilles Deleuze）延伸出了"事件-权力"论和"无器官身体"；第二，权力辩证法是"话语-权力"和"身体-主体"论的逻辑关联点。在这个辩证法的螺旋体中，话语是权力的呈现载体，身体是权力的作用对象，主体则是权力生产的效果。当然，在这个过程中，权力本身也是辩证法螺旋体的化合效应，所以它才会如同恩格斯所说的"力的平行四边形"那样，不会是任何一个唯一者的所有物，也因此呈现为一种非本质主义或反形而上学的、流动的、不稳定的辩证法系统；第三，在这种理论框架下，"主体"（身体）既是对象又是结果。作为（必然的和唯一的）对象，它就丧失了在人本主义马克思主义那里的"自足性"(凭借其反思性而自持,并获得了某种事实上的"第一性"或首要性地位)。作为结果(或效果),它又在"对象化"的过程中收获(或复兴)了(至少是部分的)"自为性"(也即主动性),并以(但不限于)"抵抗"的形式表现出来。

四、《资本论》研究:对经典文献的深入挖掘

(一)转向《资本论》研究的内在逻辑

以《马克思意识形态概念理解史》及其相关的系列论文的出版与发表,代表的是张秀琴教授以问题意识为线索而展开的对整个国外马克思主义研究中的专题史的研究,而以《西方马克思主义发展史》及其系列论文为代表的成果,则反映的是她以"巴黎手稿"等文献为依托,说明异化逻辑在马克思意识形态论乃至整个西方马克思主义形成与发展史中的作用和意义的工作。也正是在这些前提探索中,张秀琴教授逐步认识到,意识形态论的异化逻辑(政治文化学或哲学批判)和拜物教逻辑(政治经济学批判)不应该是各自孤立的分立式的存在,这一点尤其体现在当代西方马克思主义诸思潮,特别是21世纪以来的国外学界《资本论》及其手稿的研究成果中,而且这一研究成果也不仅局限在英美文化马克思主义和法国生命政治学,同样反映在德国新马克思阅读派、法国调节学派和日本市民社会派等诸思潮之中。

张秀琴教授之所以转入《资本论》研究的新阶段,可以明显看出是以问题意识为切入,以思想史为背景,遵循着以深度和系统的经典文献为依据的一贯治学路径,也体现着坚持教学与科研相长的主导研究旨趣。这不仅是一个国外马克思主义研究工作者,也是一个马克思主义理论学者所应该坚持和具备的基本学术努力方向。因而,新近张秀琴教授围绕着其主持的国家社科基金重大招标项目"国外学界《资本论》研究的最新进展",致力于围绕《资本论》研究的核心议题,深入探讨当代国外马克思主义思潮的创新发展。

我们知道,自《资本论》第一卷1867年首次出版后一个半世纪以来,国

外学界曾先后掀起三次关于《资本论》的研究热潮,这也是国际《资本论》研究的三个历史阶段。它们分别是:第一,19世纪末至20世纪初期的第一次研究热潮。第二国际理论家以恩格斯编辑整理的《资本论》第三卷的公开出版为契机,结合当时资本主义在欧洲的新发展,特别是向帝国主义阶段的过渡,提出了各自不同的主张和见解。第二,20世纪中后期(特别是二战后)至20世纪90年代初期的第二次研究热潮。第三国际理论家、西方马克思主义学者以及欧美左翼学者都参与到这一次的研讨中来。第三,21世纪以来(特别是2008年金融危机以来)的第三次《资本论》研究热潮,以德国新马克思阅读派、新文献派和新批判学派以及法国生命政治学和调节学派、英美新辩证法学派等为主要代表。

基于这种学术景观,张秀琴教授提出,《资本论》的最新研究应设定为以下四个值得进一步深入推进的主题:第一,基于新MEGA的《资本论》形成史研究最新成果,主要关注和探讨近十年来,特别是近五年来国外基于新MEGA的相关研究成果及其引发的相关学术话题;第二,危机理论与逆全球化问题,对以利润率下降趋势研究和全球不平衡发展为议题的《资本论》中的危机理论的最新研究动向的把握;第三,人工智能与价值理论研究,主要关注以机器和现代科技发展、特别是人工智能发展为最新推动的新价值形式理论、劳动与时间(特别是家务劳动、工作日、工作场所流动性问题等)和剩余价值理论为核心的《资本论》价值理论研究成果;第四,权力理论与平权运动,以认知资本主义、数字资本主义、巴多胺资本主义等为例研判西方新社会运动与左翼学界对《资本论》的政治性文化解读。

(二)《资本论》研究中的创新方向

上述四个主题,也是张秀琴教授目前的主要研究方向。

其一,在基本文献方面。在整理和分析国外学界针对《资本论》及其手稿的最新文本发现和文献学解读的基础上,力图从广度上拓展《资本论》研究的问题域,将研究的关注点从单一的成熟文本转向思想萌芽期的天才发现,做到从思想产生的原初语境解读马克思思想的逻辑演变和现实旨趣。研究内容主要涉及:第一,马克思《资本论》及其手稿的创作史,沿循时间线索将其归纳为《资本论》创作的起点（青年马克思的理论奠基）、《资本论》创作的直接准备（伦敦笔记）和《资本论》三大手稿（1857—1858 手稿、1861—1863 手稿和 1863—1865 手稿）三个阶段组成部分；第二，马克思《资本论》及其手稿的传播史，系统梳理《资本论》及其手稿在全世界的传播与接受以及国外学界对各版本的比较研究；第三，马克思《资本论》及其手稿的当代性，全面总结国外学界围绕《资本论》新文本发现所展开的哲学思想讨论和经济理论新探究，进而指出这种内容创新对分析和破解当代资本主义社会诸问题的意义所在。

其二，在危机理论方面。经济危机理论是马克思主义政治经济学的重要组成部分，马克思在许多地方以摘录、笔记和潜在线索的形式对资本主义危机作出了深刻而精辟的分析。这部分的研究旨在揭示国外学界在文本解读中回归马克思，同时又在当代思考中重新激活马克思的理论努力。研究内容主要涉及：第一，国外学界以《大纲》为文献基础展开的对马克思经济危机理论的相关探讨，这既包括对与危机理论密切相关的基本概念的重新诠释，也包括马克思对社会诸形态过渡和资本主义结构性演变问题的探讨性分析，还包括当今国外学界从革命主体性和行动能力角度对危机理论的创新解读；第二，国外学界围绕《资本论》对危机理论"一般形式"和现实演变逻辑的相关解析，主要涉及危机产生的可能性、现实性、根源和实质等方面的内容；第三，国外学界对《大纲》和《资本论》的对比性研究，进而从总体性视野出发对马克思经济危机理论形成各环节的内在关联性进行相关梳理。

其三，在价值理论方面。在厘清目前国外学界价值理论研究的学术成果和实践经验的基础上，系统梳理国外学界价值理论研究的多学科视角和方法论创新，以哲学话语重构马克思经济学语境下的价值理论。主要内容涉及：第一，国外学界近些年来对马克思《资本论》中商品价值论的相关讨论和新研究路径，例如互联网时代数字资本主义的产生对商品形式和商品流通模式的改变，以及这种改变对商品价值论的某种续写、国外学界以商品价值论为基础展开的拜物教理论研究，尤其是从现象学和心理学等角度切入的研究成果等；第二，国外学界关于劳动价值论的相关论争和新发展，尤其是围绕"非物质性劳动"概念，国外学界对马克思劳动范式的重新界定以及这种新型劳动对社会关系乃至社会生活本身的生产;第三,国外学界对剩余价值论的新研究和相关争议,例如围绕机器和技术能否产生剩余价值的学理探讨、资本逻辑的时间-空间规划问题、对剩余价值理论政治性和主体性维度的揭示等。

其四,在权力理论方面。这部分的研究内容以权力理论为总体图式(并非局限于传统权力观的压迫性维度,而是更多地借鉴了《资本论》中对资本主义生产方式各环节,即对生产、分配、交换和消费的分析,因为权力关系会伴随这一循环过程嵌入到社会实践,同时也会作为表象呈现对社会关系的多重颠倒),着重厘清不同国别、不同派别、不同议题之间的历史与逻辑关系,力图在追溯每一研究方向学术传统(尤其是与西方马克思主义的渊源关系)的基础上,展现不同理论家在资本逻辑的全新场域中审视个人生活和社会生活的当代呈现,以及各自对哲学史问题的时代回应。主要内容涉及:第一,数字资本主义批判与欧陆后现代"生命政治学"转向;第二,意识形态研究与当代英国马克思主义;第三,政治经济学批判研究与当代英美新辩证法学派。总体而言,这部分的研究一方面是对传统哲学中"主体与客体"关系问题的重新思考,另一方面也是在当下境遇中重新探讨资本主义新变化及其权力生产与运作模式的新尝试。

上述这些研究,一方面是对国外学界围绕《资本论》所形成的有巨大韧力的学术谱系的全景梳理,另一更为重要的方面是对这种作为学术景观的现实的深度挖掘。总体而言,上述理论推进有助于研究者重新认知《资本论》核心主题在新时代语境下遭遇的危机和挑战,以重新激活马克思《资本论》面对当代资本主义的阐释力,而在实践运用层面,则有助于我们以《资本论》为文本切入点凸显"西方话语"与"中国问题"的连接点,力图构建西方思潮的"中国话"叙事方式。2018年张秀琴教授作为首席专家申报的国家社科基金重大项目《国外学界〈资本论〉研究的最新进展》的推进,会将上述成果分阶段逐步予以呈现。

分报告九
张亮教授的国外马克思主义研究工作述评

张亮教授长期致力于国外马克思主义哲学、当代西方左派思想史、历史唯物主义等领域的研究。在过去 25 年的学术探索中,张亮教授的理论视域从马克思主义哲学史延展到国外马克思主义哲学前沿领域,对以卢卡奇、法兰克福学派为代表的西方马克思主义、英国马克思主义、西方"马克思学"和 21 世纪国外马克思主义哲学等若干重要领域和重大前沿问题进行了系统、深入的研究,逐渐形成了自身鲜明的研究风格,在国外马克思主义哲学研究领域取得了一批有显示度的学术成果,受到国内学界的关注与肯定。具体来说,张亮教授先后主持国家社科基金重大项目等科研项目十余项,出版学术专著、理论读物十五部,编译文集六部,译著六部,并在《中国社会科学》《哲学研究》《光明日报》等报刊发表研究论文、评论和译文二百七十余篇,其中 CSSCI 来源期刊论文一百六十余篇。此外,在国外马克思主义哲学研究的具体实践中,张亮教授还注重高水平研究团队的队伍建设,着力开辟全方位多层次的研究领域,强调不同学科之间理论与方法的融会贯通,积极组织国外马克思主义哲学研究的国内国际交流活动,与学界同行一起致力于引领新时代的国外马克思主义哲学研究立足中国、走向世界。

一、从经典到前沿:由马克思主义哲学史研究走向国外马克思主义哲学研究

张亮教授的学术研究生涯起步于对马克思主义哲学形成史的学习与研究。张亮教授继承南京大学马克思主义哲学专业倡导精读经典的传统,在对《1844 年经济学哲学手稿》和《德意志意识形态》等马克思早期经典著作

的文本学解读过程中,逐渐积累起马克思主义哲学史研究的理论和方法基础,并将文本学方法运用到对黑格尔《精神现象学》的研读中,获得了较好的研究效果。① 通过重回马克思早期经典和重访马克思历史唯物主义的形成过程,张亮教授深化了对南京大学马克思主义哲学文本学方法研究传统的体认,使马克思革命的批判的方法在当代语境中重新焕发了活力,并形成了从马克思主义经典著作走向当代的研究思路。

21 世纪以来,国内的马克思主义哲学史研究迎来复兴,国内学界意识到需要超越传统的苏联研究范式的束缚,才能更好地推进马克思主义哲学史研究。张亮教授在这一问题上提出了自己的见解。他从知识社会学的视角出发对苏联模式的形成、特点及其历史效应进行了系统梳理,在《中国马克思主义哲学史研究的范式生成与转换》一文中,提出了对我国马克思主义哲学史的学科史反思,并梳理了马克思主义哲学史学科的建构历程,从研究范式的角度出发进行了批判与反思。张亮教授指出传统范式具有鲜明的自主创造性,并在此基础上勾画了传统范式的基本特征:以科学的马克思主义哲学观为指导,形成了一套具有内在张力的方法体系,依托苏联模式建构出了自己的分期体系和基本观点体系。通过对学界各类"新范式"的梳理与反思,做出了当前研究范式多元并存格局的基本判断。②

在新时代构建中国特色哲学社会科学的新要求下,张亮教授对马克思主义哲学史研究有了新的思考。站在新时代的历史节点上,张亮教授指出,回顾和总结四十多年来中国马克思主义哲学史研究的逻辑演变、历史成就与成功经验,奋力进取、砥砺前行,全面开创 21 世纪马克思主义和当代中国马克思主义哲学史研究的新境界,是当今时代赋予中国马克思主义哲学工作者的一项光荣而神圣的历史使命。张亮教授认为,首先,新时代的马克思主义哲学史研究要坚持以人民为中心的研究导向,建构面向现代化、面向世界、面向未来的当代中国马克思主义哲学史研究范式和学术话语体系;其

---

① 相关研究参见张亮:《对象化"反对"异化——评〈1844 年经济学—哲学手稿〉中的一个潜在矛盾悖结》,《南京社会科学》,1997 年第 4 期;张亮:《交往范畴的科学定位——〈德意志意识形态〉中的交往范畴》,《理论探讨》,1997 年第 3 期;等等。

② 参见张亮:《中国马克思主义哲学史研究的范式生成与转换》,《中国社会科学》,2008 年第 4 期。

次,基于MEGA2精心打造一套完整的、全面的、系统的学术版马克思主义哲学通史;最后,基于新时代,重新认识和反思世界马克思主义的发展格局。张亮教授呼吁当代中国马克思主义哲学研究者要从世界历史、世界社会主义运动和马克思主义发展史的高度,充分认识"中国特色社会主义进入新时代"的伟大意义,在时代转变的大格局大视野中,重新认识和反思世界马克思主义的发展历程、逻辑演变及其历史地位。[①]

　　对马克思主义哲学史的研究使得张亮教授较早形成了明确的马克思主义哲学史的学科史意识。因为只有通过对马克思主义哲学史学科自身历史的批判继承,才能找到完成时代赋予的理论使命,推进自身科学发展的创新之路。也正是伴随着马克思主义哲学史学科的复兴,国外马克思主义哲学研究才真正走向当前的大繁荣阶段。以对阿多诺的研究为切入点,张亮教授从马克思主义哲学史研究走向当代国外马克思主义哲学研究。张亮教授以阿多诺早中期哲学思想为研究对象的博士论文《"崩溃的逻辑"的历史建构:阿多诺早中期哲学思想的文本学解读》自2003年出版以来,深受学界好评,于2014年再版发行。在此著作中,张亮教授对阿多诺20世纪30年代至60年代早期的主要哲学文献进行了深入细致的文本学解读,阐明了阿多诺思想的来源和变迁,以"崩溃的逻辑"的历史建构为中心线索,澄清了阿多诺思想与勋伯格的音乐、青年卢卡奇、本雅明、克尔凯郭尔、胡塞尔、尼采、黑格尔,以及其他法兰克福学派早期代表人物之间的张力,从而为人们进入阿多诺最后的也是最受当时国内学界关注的《否定辩证法》思想迷宫提供了一条通畅的道路,为马克思主义哲学的当代发展提供了新的理论思考,文本研究与历史语境紧密结合的方法论创新也为国外马克思主义哲学领域的思想家研究提供了一个可资借鉴的研究样本。

---

　　① 参见张亮:《马克思主义哲学史研究40年:回顾与展望》,《中国社会科学报》,2018年12月27日。

二、聚焦三大领域:向纵深推进20世纪国外马克思主义哲学研究

在博士学位论文完成后,张亮教授对以卢卡奇和法兰克福学派为代表的西方马克思主义始终保持着理论兴趣,持续推进对相关问题的研究。2003年以后,张亮教授又从德国传统"跳跃"到英国传统,转向英国马克思主义的研究。与此同时,由于在研究马克思主义哲学史过程中涉猎到了西方"马克思学"的相关内容,张亮教授也同其开展了批判性的对话,在此领域当中作出了积极的贡献。

(一)把握西方马克思主义研究两个重点:卢卡奇研究和法兰克福学派研究

1. 卢卡奇研究

对卢卡奇的关注贯穿张亮教授迄今的全部学术研究工作。在最初阶段的研究中,张亮教授运用思想史研究与社会史研究相结合的方法对国内卢卡奇研究的历史与现状、研究成果、研究方法进行了全方位梳理和反思。他将国内学界对卢卡奇的研究分为三个时期:20世纪30年代中期到改革开放之前是革命氛围内的政治误读阶段;1978年到1989年是转型时期的视域转换和话语分离阶段;1989年之后是后革命时代的研究热潮。经过对各个阶段的分析,他认为学界对卢卡奇的研究主要有"马克思主义模式"和"西方马克思主义模式"两种,在与西方研究现状的对比中,提出国内学界应该超越两种模式的内在局限,在20世纪思想史的总体图景中,充分认识卢卡奇不同思想发展阶段的异质性,以更加合理、客观的评价标准,准确评价卢卡奇的思想成就。①

基于历史性的反思,张亮教授认为,彼时最重要最迫切的理论任务是开展卢卡奇前马克思主义时期思想发展的研究。因此他在2004年主持编译了

---

① 参见张亮:《国内卢卡奇研究七十年:一个批判的回顾》,《现代哲学》,2003年第4期;张亮:《让卢卡奇从晚年自传的阴影中走出来:一种方法论反思》,《学术研究》,2005年第3期。

《卢卡奇早期文选》,这也是 21 世纪以来第一本卢卡奇早期文献译著,为国内卢卡奇研究提供了有力的文献支持。随着研究走向深入,张亮教授系统论证了被晚年卢卡奇"淡忘"的早期思想发展阶段具有持久、深入、丰富的思想史意义。[①] 基于前述研究的积累思考,张亮教授意识到,对于现时代的中国研究者来说,卢卡奇绝不仅仅是一个已经逝去的思想史对象,还是我们的同时代人!我们今天正在走入卢卡奇曾直接面对和批判过的世界,所以我们比过去任何时候都更需要研究卢卡奇,更需要借助他的思考来实现对我们自身状况的正确理解。2023 年是《历史与阶级意识》出版和"西方马克思主义"创立 100 周年。为了更好地纪念卢卡奇,推进中国的卢卡奇研究高质量展开,自 2019 年以来,张亮教授精心组织和筹划《卢卡奇研究读本》和《卢卡奇文集》的编辑出版工作,开启对卢卡奇研究的复兴计划。受德国法兰克福社会研究所和国际卢卡奇协会的邀请,张亮教授于 2019 年赴法兰克福,在"马克思主义经典思想家在中国研究情况"研讨会上作"关于多卷本《卢卡奇文集》编译的若干思想"的主题发言,向国际卢卡奇研究的学者们报告了《文集》项目的规划和进展。国际卢卡奇协会会长鲁迪格·达纳曼(Rüdiger Dannemann)在欧洲著名左翼报刊《青年世界》(JungeWelt)发表专栏文章,对此次会议以及张亮教授在中国国外马克思主义哲学研究相关领域的成果进行了介绍。

2.法兰克福学派研究

20 世纪上半叶德语世界的马克思主义一直是张亮教授最关注的国外马克思主义哲学研究领域。早期的阿多诺研究成为张亮教授深入探索法兰克福学派的思想实验室。在经历了方法论的应用和确证后,张亮教授提出重新审视卢卡奇与法兰克福学派早期发展中的若干重大问题,大力推动法兰克福学派研究的"再兴"。法兰克福学派相对于马克思主义经典问题研究,是国外马克思主义哲学研究的前沿领域,思想大家群星璀璨,理论成果琳琅满目,如若不具备较高的理论鉴赏力、辨别力,很容易在这片理论森林中迷失。张亮教授以其独到的思想史视角,对法兰克福学派的理论全貌、发展历

---

① 参见张亮:《卢卡奇早期思想发展及其思想史效应:100 年后的重访》,《学习与探索》,2018 年第 11 期。

史以及当代价值进行了全面考察,为后来的研究者提供了有价值的参考路径。

在对法兰克福学派理论全貌的整体认识方面,张亮教授认为,首先,应该真实再现法兰克福学派与当时德国思想文化主流的批判—继承关系。张亮教授专题探讨了阿多诺与胡塞尔现象学、海德格尔艺术哲学之间的批判性对话。① 其次,应该认识到早期的政治经济学批判在法兰克福学派发展史中的重要地位。张亮教授重新发现了被国内学界忽视的格罗斯曼和波洛克在法兰克福学派理论建构初期的政治经济学批判和批判理论的逻辑转型过程的重要引领作用。② 最后,应该重视霍克海默继承并发展的马克思及其后来的早期西方马克思主义者所开辟的"哲学和社会科学的联盟"理论创新道路。通过对法兰克福学派的细致考察,张亮教授认为,西方马克思主义蕴含的理论创新之道就是"哲学和社会科学的联盟",卢卡奇、法兰克福学派等"西方马克思主义"者自觉选择这条道路,取得了举世公认的成就。③ 在此基础上,张亮教授提出,国内哲学界需要提高认识,加强马克思主义哲学与社会科学的"联盟",为建构具有"中国特色、中国气派、中国风格"的马克思主义哲学体系作出应有的贡献。为更好地推动法兰克福学派研究的深入开展,近年来,张亮教授还主持翻译出版了《瓦尔特·本雅明:救赎美学》《剑桥阿多诺研究指南》等研究资料,再版《"崩溃的逻辑"的历史建构:阿多诺早中期哲学思想的文本学研究》,出版哲学通识读本《哲学和社会科学的联盟》等系列成果。

(二) 开拓"英国马克思主义"研究:图绘"英国马克思主义"社会历史理论全貌

张亮教授是国内对"英国马克思主义"进行系统考察的开拓者之一。在

---

① 参见张亮:《什么是现代艺术的本质? ——阿多诺的艺术真理论及其与海德格尔的潜在对话》,《文艺研究》,2006 年第 1 期;张亮:《阿多诺对胡塞尔现象学的马克思主义解读》,《哲学研究》,2005 年第 2 期。

② 参见张亮:《格罗斯曼的资本主义危机理论:批判的再考察》,《国外理论动态》,2008 年第 11 期。

③ 参见张亮:《霍克海默与法兰克福学派的理论创新道路》,《学术月刊》,2016 年第 5 期。

对英语世界的相关研究进行初步分析后,他认为爱德华·汤普森和雷蒙·威廉斯在"英国马克思主义"的形成、发展和世界性传播过程中发挥着无可置疑的双核心作用。因此张亮教授首先对"英国马克思主义"最具代表性的思想家爱德华·汤普森(1924—1993)进行个案研究,对汤普森的"文化唯物主义"、工人阶级文化研究、阶级斗争分析方法以及与英国马克思主义的理论关系开展了深入研究,①出版《阶级、文化与民族传统:爱德华·汤普森的历史唯物主义思想研究》等系列成果,提供了一种可以很好适用于"英国马克思主义"思想家的研究模式。与此同时,张亮教授看到了学界对于"文化唯物主义"概念的理解存在混乱和较大分歧,因此对威廉斯的"文化唯物主义"理论开展了细致研究。张亮教授认为,"文化唯物主义"是在特定理论语境中坚持和发展历史唯物主义的一种相当成功的本土化尝试,是第一代英国新左派探索马克思主义基本原理与英国实际相结合的理论思索的思想结晶。② 随后,张亮教授将视野拓展到斯图亚特·霍尔这位最具开放性、跨界性的"英国马克思主义"思想家的心灵世界。张亮教授认为正确理解霍尔需要抓住三个关键词:抵抗、开放性和接合,同时回到他所身处其中的社会历史及其流变中去。③ 在此基础上,张亮教授进一步明确了霍尔的理论创新道路和法兰克福学派的"哲学与社会科学的联盟道路"具有殊途同归之妙。④张亮教授在对霍尔深入细致研究的基础上,陆续出版《理解斯图亚特·霍尔》、How to Understand Stuart Hall's Identity Properly? 和《霍尔文化批判思想研究》等系列成果,使中国学界对霍尔的规范性研究成为可能。张亮教授也由点及面,广泛关注"英国马克思主义"其他重要理论家的重要理论概念、理论范式、学术价值及现实意义,包括:艾瑞克·霍布斯鲍姆、鲍勃·雅索普、

---

① 相关研究参见张亮:《E.P.汤普森的平民文化与工人阶级文化研究》,《东岳论丛》,2009 年第 1 期;张亮:《爱德华·P.汤普森的工人阶级形成学说:批判的再考察》,《山东社会科学》,2008 年第 10 期;张亮:《汤普森与英国马克思主义的文化转向》,《南京大学学报》(哲学·人文科学·社会科学版),2008 年第 5 期;等等。

② 参见张亮:《"英国马克思主义"的"文化唯物主义"及其当代评价》,《河海大学学报》(哲学社会科学版),2012 年第 4 期。

③ 参见张亮:《如何正确理解斯图亚特·霍尔的"身份"?》,《学习与探索》,2015 年第 7 期。

④ 参见张亮:《斯图亚特·霍尔的理论创新道路析论》,《社会科学辑刊》,2017 年第 6 期。

拉尔夫·密利本德等。①

在个案研究的基础上，张亮教授转向对"英国马克思主义"的总体研究，对"英国马克思主义"的历史分期、理论道路、理论成就、当代价值等进行了系统清理。张亮教授认为"英国马克思主义"是在英国新左派运动的形成、发展和终结过程中逐渐发生和发展起来的。在第一代新左派和第二代新左派的代际张力作用下，它经历了从一元统一、二元对峙到多元并存的历史嬗变，与西方马克思主义以及其他当代国外马克思主义思潮相比，最突出的特点是：它主要不是通过抽象的理论化，而是通过分布于具体学科中的学术研究，完成自己的理论创新的。在对"英国马克思主义"的历史、理论道路的总体审视后，张亮教授认为"英国马克思主义"的理论成就主要体现在两个方面：第一，通过批判苏联理论界对马克思主义的教条主义阐释，使英语世界对历史唯物主义的理解摆脱了经济决定论的束缚，恢复了历史唯物主义的实践本质，并获得了一种具有英国本土特色的重构形态，从而有力地促进了历史唯物主义在英语世界的传播；第二，依据坚实的学术研究，在社会形态理论、阶级理论、国家理论和文化理论这四个主要领域，实现了对历史唯物主义的深化与发展。② 张亮教授在新的文献资料和思想史图景上对"英国马克思主义"的社会历史理论进行了全景式的探究，确立了该研究方向的基本研究范式和学术观点体系，推动"英国马克思主义"从边缘走向中心，使之成为当代国外马克思主义哲学领域最具有活力的研究方向之一。

（三）深化马克思恩格斯研究：与西方"马克思学"的批判对话

对马克思主义哲学史学科史的再思考，引发了张亮教授对西方"马克思学"的研究兴趣。张亮教授看到国内学界在意识形态的影响下对待西方"马克思学"的态度呈现两极分化的格局。在对这一学术景观实事求是、正本清

---

① 相关研究参见张亮：《艾瑞克·霍布斯鲍姆与工人阶级：范式、理论及其当代评价》，《理论探讨》，2017 年第 3 期；张亮：《鲍勃·雅索普的资本主义国家批判理论——方法、内容及其最新形态》，《哲学动态》，2017 年第 4 期；张亮：《拉尔夫·密里本德国家理论的当代重访》，《求是学刊》，2014 年第 5 期。
② 参见张亮：《"英国马克思主义"的历史、理论道路与理论成就》，《马克思主义研究》，2012 年第 7 期。

源式地学术清理后，张亮教授认识到，在保持必要的意识形态警惕性的同时，我们应当历史地、具体地、客观地对待这一纷繁复杂的学术潮流。张亮教授撰文详述其对西方"马克思学"的实质、学科史分期等基本问题的看法①，客观上推动了西方"马克思学"研究的再兴，引领国内学界逐步走向西方"马克思学"的"历史的深处"，以更加科学的方式对待西方"马克思学"这一复杂的学术潮流。在研究过程中，相比抽象的名词之争，张亮教授更关注西方"马克思学"的历史逻辑，在充分理解、学习西方"马克思学"家们已经取得的学术成果基础上，将其作为马克思主义发展史中的"经典案例"来研究，批判的吸收、借鉴、扬弃。

张亮教授与西方"马克思学"的批判对话成果可归纳为两点。首先，张亮教授对西方"马克思学"进行了系统的学术批判，有说服力地击破了西方"马克思学"的系列学术"神话"，捍卫了马克思主义的立场、观点、方法在马克思恩格斯研究中的领导地位。张亮教授通过对文献考订法、思想阐释法、差异分析法等备受推崇的西方"马克思学"基本研究方法进行深入评析，破除了笼罩其上的学术"神话"，提出具有中国特色的马克思恩格斯思想史研究方法体系的基本原则，即以马克思主义信仰为基、能够引导我们回到思想得以生成的完整历史、能够指引我们把握文本中的思想、能够照亮思想的当下。② 其次，张亮教授在对西方"马克思学"代表性观点进行批判对话的基础上，对马克思恩格斯的生平以及《德意志意识形态》《共产党宣言》等核心著作进行了正本清源式的再阐释。大力推进具有"中国气派、中国特色、中国风格"的马克思恩格斯思想史研究，及时将科学的研究成果转为有效的理论普及，为马克思主义哲学的时代化大众化做出自己的贡献。

综观张亮教授对以卢卡奇和法兰克福学派为代表的西方马克思主义、"英国马克思主义"，以及西方"马克思学"的研究，最根本的关注点是他们的理论创新道路。法兰克福学派的理论创新就在于霍克海默领导下的法兰克福学派继承并发展了马克思的理论创新道路，沿着马克思开辟的创新道路

---

① 参见张亮:《西方"马克思学"的兴起、演化与终结》,《福建论坛》(人文社会科学版),2006年第4期。

② 参见张亮:《马克思恩格斯研究的思想史方法及其限度——与西方"马克思学"的批判对话》,《探索与争鸣》,2020年第6期。

对现代资本主义社会进行了成果丰硕的创造性探索。"英国马克思主义"理论家走的依旧是马克思开辟的"哲学和社会科学的联盟"道路,要害在于他们成功地将这一道路运用于英国问题的解决,使之充分英国本土化了。通过相关研究,张亮教授看到,马克思在 19 世纪开辟的理论创新道路在当代依然具有普遍效力,只要它能够与具体民族国家的思想文化传统有效结合,就能获得生机勃勃的当代转化,产生出丰硕而影响深远的创新成果。在新时代,只要我们能够与时俱进,坚持与中国国情、思想文化传统相结合,在西方取得实效的马克思理论创新道路就一定能够在新时代中国扎下根,结出不辜负时代的创新硕果。张亮教授提出,在探寻符合中国国情的理论创新道路的过程中,要坚持为人民做学问;坚持用发展的马克思主义哲学指导理论创新;坚持面向新时代发现并解答重大理论问题和现实问题;坚持以"哲学和社会科学的联盟"为指引推进跨学科研究;坚持让创新成果说好"中国话"。①

三、新时代新思考:国外马克思主义哲学研究的历史回顾与未来展望

2015 年以来,张亮教授一方面回顾了 70 年来国内学界的国外马克思主义哲学研究历史,客观评价其成就和影响;另一方面基于自觉的中国立场系统研究了 21 世纪国外马克思主义哲学发展的前沿成果,展望未来的国外马克思主义哲学研究,为学界研究提供方向参考。对于当前研究的新形势,张亮教授指出,新时代的国外马克思主义哲学研究需要重点关注可持续发展问题,不仅要密切追踪 21 世纪以来国外马克思主义的当代发展,更要站在新的历史方位再访 20 世纪国外马克思主义。

(一)"是什么":国外马克思主义哲学研究 70 年的历史回顾

张亮教授将国内学界的国外马克思主义哲学研究 70 年大体划分为"史前史"(1949—1978 年)、兴起(1978 年—20 世纪 90 年代初)、深入发展(20

---

① 参见张亮:《马克思的理论创新道路及其当代效应》,《哲学研究》,2019 年第 1 期。

世纪 90 年代初—21 世纪初)、大繁荣(21 世纪初至今)四个阶段,并对每个阶段的理论特点和思想史意义进行了深入分析。张亮教授认为,对于中国的国外马克思主义哲学研究而言,新中国的成立是一个真正的起点,因为它意味着国外马克思主义最终获得了一种比较明确的定义方式:所谓国外,既是中国之外,也是中国认同的马克思主义正统之外。因此,张亮教授特别关注到了 1949 年至 1978 年的"史前史"阶段,认为这一时期的人员和理论两个层面的准备工作为下一个高光阶段的降临奠定了坚实的基础。1978 年至 20 世纪 90 年代初的兴起阶段吸引了一批活跃的年轻马克思主义哲学工作者,并开始在马克思主义哲学原理和哲学史领域表现出了强有力的理论影响,这一阶段的学术史意义在于:培育了一支学术视野开阔、理论功底扎实、研究水平较高、非教条主义的年轻学者队伍;凝聚了一个共识,确认西方马克思主义研究具有重要的中国意义,值得深入推进;形成了一种强有力的学术自觉,努力通过研究西方马克思主义去思考、解决中国问题;意识到一个严重问题,即西方马克思主义研究不能没有原著基础,文献翻译工作必须尽快提上议事日程。在 20 世纪 90 年代初至 21 世纪初这个深入发展阶段,西方马克思主义研究的学术水平不断提升,超越马克思主义哲学原理和哲学史这两个传统强势研究领域,成为马克思主义哲学学科中最活跃、学术影响力最大、发展势头最好的一个研究领域,形成了重视文献基础的良好学风,实现了与国际学术主流的有效对接,出现了若干有影响的研究中心和代表性学者。21 世纪以来,国外马克思主义哲学研究的繁荣已经势不可挡。此阶段的国外马克思主义哲学研究呈现出四个鲜明特点:学术人口规模大;成果数量多;研究主题高度多样化;与西方思想生产的时间差几乎消失,但同时存在初心失落和历史方位感缺失的问题。[①] 由此,张亮教授对国外马克思主义哲学研究 70 年的总体判断是:这是中国学术界立足中国特色社会主义现实,与时代同呼吸、与人民共命运、与实践共交融,不断缩小与国外马克思主义哲学思想距离的 70 年。

---

① 参见张亮:《国外马克思主义哲学研究 70 年:回顾与展望》,《武汉大学学报》(哲学社会科学版),2019 年第 4 期。

(二)"怎么看":与 21 世纪国外马克思主义哲学研究的平等对话

针对 21 世纪以来国外马克思主义呈现出的新的发展态势,张亮教授认为,这种发展不过是当代国外马克思主义自 20 世纪 70 年代以来惯性下降过程中的一种理论反弹,存在着政治立场日益多元,理论逻辑日益分散,创新能力日益贫乏与实践效果日益式微等问题。此外,由于欧美中心主义和新自由主义的隐性强制,当代国外马克思主义尚未形成对当代资本主义演变趋势、当代中国发展大势和世界潮流的科学判断,未能在新的时代大势和时代精神的引领下,突破国外马克思主义固有的思维模式、研究范式或理论偏见。① 因此张亮教授认为,对于当代中国的研究者来说,最重要的一点就是在起点上要搞清楚我们与 21 世纪国外马克思主义的历史方位关系:我们不是它的追随者,而是它的同时代人。这意味着,我们不能再依靠西方学术界的现成成果来构建我们的认知图景,必须发挥主体能动性,以马克思主义基本理论为科学指南,深入分析当代国外马克思主义赖以形成、演变的社会历史条件,在全面总结的基础上对其发展状况与格局做出实事求是的判断,进而站在中国特色社会主义立场上,对其理论成果进行分析鉴别,有所取,亦有所不取,充分吸收其中有利于提高中国马克思主义学术研究水平、理论创新能力的思想精粹,为创新发展 21 世纪马克思主义和当代中国马克思主义做出有益贡献。②

2020 年,张亮教授与孙乐强教授主编的《21 世纪国外马克思主义哲学若干重大问题研究》付梓。这是张亮教授基于多年的国外马克思主义哲学研究形成的最新理论成果,在全面总结的基础上进行了深入分析,提供了一幅有深度、有广度、有力度的 21 世纪国外马克思主义发展全景图。在这一著作中,张亮教授以马克思主义基本理论为科学指南,摆脱了对西方学术界的惯性依赖,深入分析了 21 世纪国外马克思主义哲学赖以形成、演变的社会历史条件,在全面总结的基础上对其发展状况与格局做出了实事求是的判断。

---

① 参见张亮、孙乐强:《新时代的历史方位与当代国外马克思主义哲学研究的初心使命》,《山东社会科学》,2020 年第 5 期。

② 参见张亮、孙乐强:《21 世纪国外马克思主义思潮的发展趋势及其效应评估》,《马克思主义与现实》,2019 年第 6 期。

具体来说,这一著作基于新时代的历史方位,以问题为中心,系统梳理 21 世纪国外马克思主义的资本主义生产方式批判、经济危机、阶级、国家批判、民主批判、意识形态、生态问题、空间批判、女权主义、身份政治学、生命政治学以及对中国道路的研究 12 个重大问题,构建了一幅完整的 21 世纪国外马克思主义哲学发展总体图景。从中国立场出发,全面评述了 21 世纪国外马克思主义在这些重大问题研究上的最新进展、理论贡献及其局限性,在交流和对话中,不断深化 21 世纪国外马克思主义哲学研究的创新发展。

(三)"怎么办":国外马克思主义哲学研究的未来展望

面对国外马克思主义哲学研究的繁荣盛况,张亮教授在由衷欣喜的同时,也忧虑"初心失落、历史方位感缺失、鉴赏力退化"等问题。他认为,必须开始重视国外马克思主义哲学研究可持续发展问题。站在新时代的历史方位,面对世界百年未有之大变局,当代中国马克思主义理论工作者必须清楚认识到,今天我们已和当代国外马克思主义思潮处在同一起跑线上,是"同时代的人",决不能再以"跟跑者"和"学徒"的心态来看待当代国外马克思主义思潮。

基于新时代的历史方位,开启与我们所处的历史方位相适应的研究新局面,张亮教授认为,可以从以下四个方面推进:第一,推进实践基础上的理论创新,即把握时代发展大势,切实研究新时代面临的新问题,为新时代发展提供理论先导。第二,自信应变,建构与当代国外马克思主义哲学思潮的平等对话关系。第三,坚持以中国问题为导向,着力推动当代国外马克思主义哲学思潮的创新发展。第四,从文本研究出发超越文本研究,回归马克思主义哲学原理体系的当代建构。[1] 张亮教授同时指出,除了密切追踪 21 世纪以来国外马克思主义哲学的当代发展,站在新的时代方位上,再访 20 世纪国外马克思主义哲学也已经变得越来越具有现实性。因此回归经典,深耕"西方马克思主义";重访东欧新马克思主义;开辟新的研究视角,从人头、学派的研究转向以问题为中心的理论反思,是未来国外马克思主义哲学研究

---

① 参见张亮:《开启当代国外马克思主义哲学思潮研究新局面》,《光明日报》,2019 年 9 月 2 日。

可能大有作为的三个方向。① 张亮教授对国外马克思主义未来发展方向的展望为推动国内学界的国外马克思主义哲学研究发挥了积极作用。

---

① 参见张亮:《展望20世纪国外马克思主义研究的未来发展走向》,《社会科学家》,2019 年第12 期。

分报告十
夏莹教授的国外马克思主义研究工作述评

夏莹教授潜心研究马克思主义哲学、当代法国哲学二十余载,研究视野广阔、问题意识突出,出版相关学术专著五部,发表相关论文百余篇。在夏莹教授看来,马克思出色地实践了黑格尔的箴言"哲学……是被把握在思想中的它的时代"①,而这本身也是被 18 世纪以来哲学与时代关系日益密切的现实所决定的。夏莹教授本人亦推崇这种思想化的哲学研究路径,这种路径的特点在于它要求研究者紧跟时代的变迁,并提供一种充满想象力的可能性。由此,夏莹教授的理论实践无不凸显出其对时代及现实的关切,对其思想成果的叙述与评价自然也是同时代问题及其背景难以分离的——从具体时代的视野出发能更好彰显夏莹教授本人的思想路径、体系与发展。总体而言,夏莹教授的研究按照阶段或内容可以分为三个方面:①在社会文化现象研究层面,夏莹教授兼顾宏观与微观的视角:在宏观意义上关注当代文化动向,为全球化背景下中国文化的可持续发展提供自己的阐释与建议;在微观意义上以鲍德里亚的思想为研究焦点,并以此为契机深入阐释马克思的拜物教理论及其当代哲学效应。②在经典思想研究与再阐释方面,夏莹教授保持对经典的反思与视野的开拓:在对经典的反思方面,致力于溯源马克思哲学思想,并由此生发出对马克思现实观、唯物主义、历史唯物主义与辩证法的深入考察;在对视野的开拓方面,形成并专注于法国马克思主义这一独特的理论视域,并对法国马克思主义整体发展理路与具体思想家理论构成双重把握。③在对当代现实给予哲学理解的层面,夏莹教授从哲学与生活两端出发展开考察:在哲学方面,夏莹以新资本形态研究为切入点,深入考察了现代性问题、资本概念与新资本形态运行逻辑;在生活方面,夏莹

---

① [德]黑格尔:《法哲学原理》,范扬、张企泰译,商务印书馆,2017 年,第 14 页。

主张并实践马克思主义的大众化,具体包括开设公众号、出版《青年马克思是怎样炼成的?》以及参与《趣读马克思》100 讲的音频课程、制作哲理广播剧等。

一、广度与深度:从文化、鲍德里亚到拜物教

首先进入夏莹教授研究视域的是当代文化,从一开始其研究风格就已凸显理论 – 实践的张力:在理论层面,夏莹教授非常关注法兰克福学派的文化批判理论,同时参与写作《当代西方文化研究新词典》①;在实践层面,夏莹教授充分结合 20 世纪末 21 世纪初中国所面临的中外文化碰撞之现实,对其予以反思,著有《论文化的可持续发展》②《文化交流的主体间性及其原则》③《视界融合下的道德、宗教与文化——"中美哲学论坛(2002)"综述》④《文化主体、环境与态度——从中西文化交流看文化交流的主体间性及其原则》⑤,参与写作《当代中国大众文化论》⑥。进一步地,如果说对文化的关注与研究是贯穿于夏莹教授本科、硕士阶段的一个较为宏大的学术旨趣,那么对消费社会批判理论的研究则构成其在博士期间所形成的微观学术焦点。紧接着以对鲍德里亚消费社会理论的研究为契机,夏莹教授展开了一条重要的研究线索:拜物教理论。

(一)对"文化"的反思与追问

诚如上文所言,夏莹教授对于文化问题的关注是同其思想之时代背景难以分割的。一方面,21 世纪初中国改革开放进入全新的阶段,1992 年社会主义市场经济体制改革目标确立,2001 年中国加入世界贸易组织,一时间商

---

① 李鹏程主编:《当代西方文化研究新词典》,吉林人民出版社,2003 年。

② 夏莹:《论文化的可持续发展》,《长春市委党校学报》,2001 年第 5 期。

③ 夏莹、靳凤林:《文化交流的主体间性及其原则》,《浙江学刊》,2002 年第 6 期。

④ 夏莹:《视界融合下的道德、宗教与文化——"中美哲学论坛(2002)"综述》,《哲学动态》,2003 年第 1 期。

⑤ 邹广文、夏莹:《文化主体、环境与态度——从中西文化交流看文化交流的主体间性及其原则》,《求是学刊》,2003 年第 4 期。

⑥ 邹广文主编:《当代中国大众文化论》,辽宁大学出版社,2000 年。

品经济获得了高速的发展,国外新奇的物什大量而迅速地涌入人们的日常生活①,西方"物"的文化一时间难以被国内知识分子理解与消化,由此法兰克福学派的理论成为他们理解与批判这种现实的理论武器,即便该学派的理论在 20 世纪 80 年代传入中国时并没有激起多少水花②;另一方面,单纯对这种"物"的文化展开基于教科书式的学理分析是无法在实践上回应现实存在的中西文化之碰撞、交融的问题的,于是需要对中国本土文化与外来文化进行双重反思,并对一种合理的文化交往模式展开想象。

夏莹教授在该阶段的研究着力于兼顾上述这两个方面。她首先尝试回答的问题是:在全球化、现代化的背景下,如何理解"文化的可持续发展"。在夏莹教授看来,文化可持续发展即对文化由内在本质向现实展开的无断裂的时间之流的固守,其意义是由多样性与持续性共同构筑的,它的内在要求即发展与保存各个文化将自身本质外化的过程与结果的多样性。这不同于所谓文化相对主义、文化中心主义以及民族主义。③ 对文化之可持续发展予以阐释之后,夏莹教授关注的是不同文化(尤其是中西文化)之间交流过程中的主体间性以及原则。文化的主体间性是一种对文化的解读方式:异质文化的意义由文本与主体内在思维共同构造,由此异质文化总是无"本意"的。基于这种主体间性,文化之间的交流也总是变化的,但这种变化又受制于一个规律:一国之文化在交流过程中的包容性与其经济发展水平、国际社会地位成正比。由此,争取中西文化交流之平等的关键即:①经济上获得发展,②政治上于国际获得平等地位,③文化研究者进行有建设性的"误读"。④

---

① 比如 20 世纪 90 年代末,北京、上海、广州各自陆续落成了超大型购物中心(东方广场、友谊南方商城与天河城),鲍德里亚 1970 年笔下的"消费社会"(consumer society)就这样在中国"姗姗来迟"。

② 参见[德]阿梅龙、[德]狄安涅、刘森林主编:《法兰克福学派在中国》,中国科学文献出版社,2011 年,第 29 页。

③ 参见夏莹:《论文化的可持续发展》,《长春市委党校学报》,2001 年第 5 期。

④ 既然异质文化总是无"本意"的,对其理解总是受制于认识主体及其所处的特定历史环境,那么这样一种充分结合自身处境的文化阐释将有助于形成两种或多种文化交流亦或融合的契机。参见夏莹、靳凤林:《文化交流的主体间性及其原则》,《浙江学刊》,2002 年第 6 期;邹广文、夏莹:《文化主体、环境与态度——从中西文化交流看文化交流的主体间性及其原则》,《求是学刊》,2003 年第 4 期。

当然，夏莹教授对当代文化的追踪与探索从未止步，在今天她已然同文化形成了密切的结合与对话，其实践性大大增强。例如夏莹教授就同蓝江教授（南京大学哲学系）、吴冠军教授（华东师范大学政治学系）、姜宇辉教授（华东师范大学哲学系）等组成学术团队，以"激进阵线联盟"（后更名为"欧陆思想联萌"）微信公众号为主要平台，就各类现实问题、文化现象开展对谈。① 同时夏莹教授也注重同年轻人的对话，例如 2021 年 2 月 10 日她在"欧陆思想联萌"公众号开设"心灵学院"（You Seminar）②栏目，在该栏目中同清华大学人文学院哲学系本科生谢廷玉就今天社会的问题与关切展开一系列对话，截至目前（2021 年 3 月 15 日）已经完成三次主题式对话。通过这种方式，夏莹教授关切着流动的文化，也关切着流动的对文化的不同理解，她以理论把握这些变化，更以这些变化更新自身的理论构筑。

（二）对鲍德里亚的研究

2001 年，让·鲍德里亚（Jean Baudrillard）的《消费社会》（Consumer Society）的中文版在中国出版，译者为刘成富与全志钢。同年，以消费社会为主题的中文研究文献开始持续增长，该主题涉及的学科也非常丰富——从社会学到哲学，从新闻传播到美术书法——与这些研究绑定程度较高的关键词为"消费文化""消费主义""消费""符号"与"鲍德里亚"。③

---

① 例如，"欧陆思想联萌"公众号在 2018 年 5 月 18 日发表文章《〈头号玩家〉中的加速主义、资本批判以及真假现实 ǀ 夏莹蓝江对谈》，在 2020 年 1 月 25 日发表文章《夏莹ǀ徐峥的倾"城"之举》等。

② 栏目名取自 2020 年 12 月 25 日上映的迪士尼电影《心灵奇旅》（Soul）中的一个虚拟场所的名字，在这里灵魂体需要找到属于自己的火花（Spark），唯有如此才能进入"生之此岸"，即人类的现实生活世界。

③ 根据中国知网（CNKI）以"消费社会"为关键词的统计分析得出：https://kns. cnki. net/kns/brief/Default_Result. aspx？code = CIDX&kw = % e6% b6% 88% e8% b4% b9% e7% a4% be% e4% bc% 9a&korder = &sel = 1。

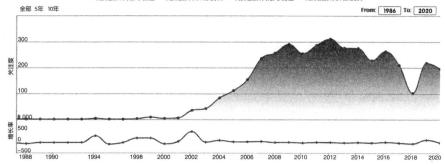

图 10 - 1　消费社会中文相关文献自 1986 年至 2020 年的数量与环比增长率

　　国外消费社会研究译著的引入立刻为当时正处经济飞速发展的中国的学人带来关于"近未来"的思考。《消费社会》于 1970 年出版,其描述的社会大概率是 2001 年的中国即将面临的未来,也与 20 年后的我们正在经历的现实具有一定程度上的同构性:铺天盖地的广告配合丰盛的物质,消费对象的符号属性较物的属性而言更被凸显。[①] 夏莹教授准确地把握住了这一未来的可能性,在物质还称不上"丰盛"的时代以对西方资本主义的前沿发展展开分析的方式,对于消费社会理论的一般样态为何以及中国如何迎接这种"近未来"给出了自己的答案。

　　带着这种理论关切,夏莹教授将《作为一种批判理论的消费社会理论及其方法论导论》作为自己博士论文的选题,其中她以对批判理论的重新解读——充分挖掘其两个基本特征:批判性介入的理论态度和异化的思维模式——为出发点,以对鲍德里亚理论的系统考察并将其指认为一种批判理论为切入点,试图在对消费和消费社会理论的核心概念及其嬗变[②]进行系统梳理研究——在当代消费社会之中,消费实现了一个重要转向:从对物的消耗转向了符号的交流体系——的基础上,初步建构一种一般性的消费社会

---

　　① 这在某种意义上有点像马克思在《〈黑格尔法哲学批判〉导言》里谈到的"时代错乱"(《马克思恩格斯文集》(第一卷),人民出版社,2009 年,第 4 页)。

　　② 参见夏莹:《"消费"概念的嬗变与"消费社会"的构建机制》,《国外社会科学》,2009 年第 2 期。文章考察了消费的概念以及在社会历史发展中价值的演变过程,指出了消费所具有的两个基本内涵:"消耗"与"交流体系",阐明了作为消耗的消费对社会发展而言如何由否定性价值转变为肯定性价值的过程,而具有社会区分作用的交流体系的消费概念正是消费社会得以产生和发展的内在机制。

理论及其方法论体系。该博士论文的写作获得了清华大学博士创新基金的支持,此后于 2007 年,夏莹教授又对其进行了进一步修订完善,发表了第一本专著《消费社会理论及其方法论导论:基于早期鲍德里亚的一种批判理论建构》①。

然而,夏莹教授并不满足于只研究鲍德里亚的消费社会理论,在随后的研究过程中,逐渐展开了对鲍德里亚的整体思想的深入考察。2008—2009年,夏莹教授着重关注鲍德里亚的两个文本——出版于 1972 年的《符号政治经济学批判》(*Pour une critique de I'economie politique du signe*)与出版于 1979 年的《诱惑》(*De la séduction*),并于 2009 年出版译著《符号政治经济学批判》②。这段时期内她主要讨论了以下三个议题:①鲍德里亚的"诱惑"概念具有何种独特性③,②如何理解鲍德里亚的符号政治经济学④,③总结鲍德里亚思想特点并同马克思对话⑤。在此之后,随着研究视域的拓展以及考察问题的深入,鲍德里亚在夏莹教授的理论道路上亦不断扮演着不同的角色:①在重思形而上学的问题意识下,夏莹教授于 2014 年发表论文 *The Principle of Production and a Critique of Metaphysics: From the Perspective of Theory of Baudrillard*,该文以鲍德里亚的《生产之镜》为基础,讨论他对于形而上学的批判;②在讨论现代性与超级现代性的问题意识下,于 2017 年发表论文《鲍德里亚的"hyper–"概念群及其对现代性理论的极限演绎》,该文进一步强化了超级现代性意义上的鲍德里亚,分析其如何用概念来描述一种加速主

---

① 夏莹:《消费社会理论及其方法论导论:基于早期鲍德里亚的一种批判理论建构》,中国社会科学出版社,2007 年。

② 该译著在中国出版工作者协会评选的"第九届(2009 年度)引进版优秀图书奖"中获得社科类图书优秀奖。

③ 参见夏莹:《诱惑:女性气质的颠覆性策略——鲍德里亚对女性主义理论的批判》,《学习与探索》,2008 年第 2 期;《"诱惑":对抗生产的表象游戏——对鲍德里亚〈诱惑〉的一种解读》,《山东社会科学》,2008 年第 12 期。

④ 参见夏莹《符号政治经济学:一种超越经济的政治话语——解读鲍德里亚的"符号政治经济学"》,《天津社会科学》,2008 年第 2 期;《符号政治经济学是政治经济学吗?》,《哲学动态》,2008 年第 1 期。

⑤ 参见夏莹:《象征性交换:鲍德里亚思想的阿基米德点》,《吉林大学社会科学学报》,2008 年第 2 期;《形而上学的"生产"观念与生产辩证法——论鲍德里亚对马克思"生产"理论的批判及其误读》,《现代哲学》,2009 年第 2 期;《政治经济学批判与社会现实——关于鲍德里亚对马克思批判的一种回应》,《哲学研究》,2009 年第 7 期。

义的虚拟化的资本发展逻辑,并将对这种新资本形态的超越仅仅诉诸这一资本形态的更为充分而极限化的发展。

(三)对拜物教理论的研究

关注消费社会理论的夏莹教授不得不"回望"该理论的渊源之一——由马克思开启的拜物教理论。① 结合对瓦尔特·本雅明(Walter Bendix Schoenflies Benjamin)与 2001 年进入中国学术界的另一位外国学者斯拉沃热·齐泽克(Slavoj Žižek)思想的考察②,在 2006—2015 年间夏莹教授对于拜物教理论在当代的演化路径及其应用策略展开了细致的分析:

1. 对齐泽克与本雅明的拜物教理论的聚焦式研究

夏莹教授在 2007 年发表论文《无"物"的拜物,无"主体"的迷恋——齐泽克对马克思商品拜物教理论的拉康化解读》③,其中具体分析了齐泽克对于拜物教理论的改造,但这种改造在本质上都服务于犬儒主义意识形态前提的确立——社会存在与社会意识的同一。齐泽克使意识形态批判陷入"明知故犯"的困境,最终使批判成为对现实最有效的辩护。2010 年国家社会科学基金项目《拜物教:一种当代西方马克思主义社会批判方法——以鲍德里亚与齐泽克为例》(项目编号 06CZX004)立项;2012 年发表论文《从寓言式批判到意象辩证法:本雅明的拜物教思想研究》④,本文基于本雅明对传统形而上学的批判,凸显了其对表象与特殊性的关注,由此阐发了带有启示色彩的寓言式批判方法,从而构筑了以意象辩证法为核心的本雅明的拜物教思想,即驻足于表象,揭示表象自身包含的自我颠覆性的力量。

2. 对拜物教理论演化路径的梳理

夏莹教授于 2014 年发表论文《马克思拜物教理论的双重内涵及其在西

---

① 《消费社会》第一章的标题即为《物的形式礼拜仪式》,在该章第一节《丰盛》末尾,鲍德里亚亦引用了马克思在《政治经济学批判》中的一段话以呈现物之丰盛。

② 2001 年,中国出版了齐泽克的代表作 *The Sublime Object of Ideology* 的中译本(《意识形态的崇高客体》,季广茂译,中央编译出版社,2001 年),这是齐泽克作品的首个中文译本。

③ 夏莹:《无"物"的拜物,无"主体"的迷恋——齐泽克对马克思商品拜物教理论的拉康化解读》,《学术月刊》,2007 年第 11 期。

④ 夏莹:《从寓言式批判到意象辩证法:本雅明的拜物教思想研究》,《马克思主义与现实》,2012 年第 3 期。

方马克思主义中的演化路径》①,2014 年 1 月出版专著《拜物教的幽灵——当代西方马克思主义社会批判的隐性逻辑》②。该书不仅全面系统梳理了拜物教理论在当代西方马克思主义思想中的嬗变,同时更为重要的是,将其视为马克思分析资本主义社会所特有的一种方法论,正是在这一方法论的指导下,现实的经济关系被还原为人与人之间的关系。由此资本不再是一个经济概念,而是一个哲学概念。资本的增殖逻辑不再仅仅意味着经济的利润,同时还意味着一种可能的权力关系。作为一种社会批判方法的拜物教,从根本上说就是用以揭示这一被物与物关系所遮蔽的人与人之间的关系。

3. 对马克思本人拜物教思想的再阐释

夏莹教授于 2015 年发表论文《试论马克思对物的追问方式及其激进维度》③,该文立足马克思对物的问题的关照方式,试图以《资本论》中"商品拜物教"一节为分析文本,以回应这样一个问题:马克思《资本论》中关于资本发展内在逻辑的讨论是否缺乏早期马克思思想中的激进性维度。围绕对物的追问,从三个方面推进:首先,马克思以商品为起点的讨论消解了抽象的物的存在,物成为非实体的关系;其次,马克思通过对拜物教的批判让物作为与人的对抗性的存在得以被重现;最后,在凸显了人与物对抗性关系中解释了人的物化现实,同时以历史性视角将物的价值从自然属性转变为社会属性,从而使人的物化成为可以被改变与超越的现实。这正是物的激进性维度在《资本论》语境中的呈现方式。

二、反思与拓展:在经典原理和法国马克思主义之间

在兼顾对鲍德里亚思想全景与拜物教理论的关注之余,夏莹教授亦对经典原理展开自己的反思之旅。虽然夏莹教授常说"要把哲学做得有趣",但她也强调这种有趣不是对现实生活的现象予以片面描述,也不是拾人牙

---

① 夏莹:《马克思拜物教理论的双重内涵及其在西方马克思主义中的演化路径》,《马克思主义与现实》,2014 年第 2 期。

② 夏莹:《拜物教的幽灵——当代西方马克思主义社会批判的隐性逻辑》,江苏人民出版社,2014 年。

③ 夏莹:《试论马克思对物的追问方式及其激进维度》,《现代哲学》,2015 年第 3 期。

慧地摘抄几句"思想明星"的箴言,而是要让思想本身融入时代,思想在时代中要有两个层面:思想要有思想的高度,但现实也同样有它沉重的肉身。因此不断地回顾经典原理是探求思想原则性高度的重要方式,这种踏实严谨的治学路径,是夏莹教授坚持至今的。

(一)对马克思主义经典原理的研究

夏莹教授对马克思主义哲学经典原理的研究,主要集中在下述三个方面:

1. 马克思哲学的理论来源

2011 年 9 月夏莹教授调入清华大学哲学系任教。夏莹教授协助清华大学马克思恩格斯文献研究中心①分别于 2012 年 10 月 19、20 日与 2014 年 12 月 1、2 日在清华大学举办了两场以马克思与德国古典哲学关系为主题的学术研讨会,由其整理的研讨会纪要《交融与交锋:关于马克思与德国古典哲学的对话》一文,作为首篇发表于《哲学动态》2013 年第 1 期。该文首次系统地展现了"以康解马"与"以黑解马"之间的分歧、对立与论辩,随之涌现了多篇相关讨论文章,成为年度热点问题。

夏莹教授也就马克思与康德、黑格尔以及费希特的关系提出了富有建设性的观点,丰富了马克思与德国古典哲学的讨论语境。与该论题相关的代表性文章有:《马克思对德国观念论传统的批判与继承》②,该文系统地梳理了马克思与德国观念论传统之间的继承及其超越关系;《黑格尔"精神"概念的构造方式及其社会内核——基于青年马克思哲学视域的考察》③,该文通过阐发黑格尔"精神"概念所内在的社会属性揭示了青年马克思对黑格尔思想的吸收与发展——从现实的个人的视角如何转向了有关社会问题的研究和分析,并将历史唯物主义的相关讨论从主观主义转向了社会与个人之

---

① 2011 年 11 月 10 日,清华大学批准成立"马克思恩格斯文献研究中心"这一校级研究中心,2012 年 6 月 21 日正式挂牌。这一校级研究中心的成立有效提升了清华大学马克思恩格斯文献收藏的水平,有助于开展以《马克思恩格斯全集》历史考证版即 MEGA2 为核心的马克思格斯文献研究。

② 夏莹:《马克思对德国观念论传统的批判与继承》,《黑龙江社会科学》,2012 年第 2 期。

③ 夏莹:《黑格尔"精神"概念的构造方式及其社会内核——基于青年马克思哲学视域的考察》,《清华大学学报》(哲学社会科学版),2013 年第 4 期。

间的主客辩证法的讨论;《西方观念论的嬗变与马克思的哲学变革》①,该文具体论证了马克思意义上的哲学变革并非对德国观念论的颠倒,而是对这一哲学形而上学之同一性原则的拆解。

夏莹教授翻译出版了国内外唯一一部系统梳理马克思与费希特关系的专著——汤姆·洛克莫尔(Tom Rockmore)的《费希特、马克思与德国哲学传统》(Fichte, Marx, and German Philosophical Tradition)②——在该书译后记中,夏莹教授系统讨论了马克思与费希特思想的关联性以及马克思与德国古典哲学关系的相关研究,为其对于马克思所特有的哲学批判方式的研究提供扎实的理论准备。在这一研究的基础上,早期马克思思想与德国古典哲学传统之间的根本差异被揭示出来:这一差异表现在马克思通过对德国古典哲学的吸收和批判,扬弃了作为一种形而上学的哲学形态,将黑格尔所开拓的彰显时代精神的哲学取向落实到对社会现实的政治经济学批判之上。而马克思与德国古典哲学关系的研究在这一意义上也成了理解马克思政治经济学的哲学前提。

2. 马克思哲学的现实观

夏莹教授在深化马克思与德国古典哲学关系研究的道路上继续推进,重点研究了马克思哲学的现实观问题,以及由这一现实观所开启的马克思政治经济学批判的哲学反思。该主题代表性论文包括:《改变世界的哲学现实观》③,该文指出黑格尔现实观的本质是一种理性的、思辨的现实,而马克思的现实则以异化逻辑为表现,彰显了一种脱离思辨体系的现实,这一现实的展开并不能用概念与逻辑来彰显,相反,现实总是显现出与理念之间的断裂。正是这一断裂,给予人的行动以现实的可能性空间;《试析统一性哲学

---

① 夏莹:《西方观念论的嬗变与马克思的哲学变革》,《厦门大学学报》(哲学社会科学版),2021年第1期。

② [美]汤姆·洛克莫尔:《费希特、马克思与德国哲学传统》,夏莹译,北京师范大学出版社,2018年。

③ 夏莹:《改变世界的哲学现实观》,《中国社会科学》,2014年第8期。该文被《新华文摘》2015年第1期以及人大复印资料《哲学原理》2014年第11期转载,并被评为《中国社会科学》杂志社2014年度论文,于2017年获得北京市第十四届哲学社会科学优秀成果奖二等奖。这一研究在学界引起强烈关注,一系列相关研究成果相继推出,成为当年哲学研究的热点问题。

的断裂与革命理论的合法性论证》①,该文进一步深化了马克思现实观所彰显的思维与存在之间的断裂性关系,明确了马克思哲学转向的思想前提——对追求最终根据的统一性哲学的反叛,并在此基础上开启了马克思对于革命行动前提性条件的批判。在某种意义上说,正是建基于对于传统形而上学统一性逻辑扬弃的基础之上,马克思转向了对社会现实的分析和批判,对资本概念及其形态的分析所形成的政治经济学批判实质上乃是对社会现实分析和批判的着力点。

3. 唯物主义、历史唯物主义与辩证法的关系

基于现实观的拓展性研究,夏莹教授进一步展开了有关唯物主义、历史唯物主义与辩证法的相关研究,从多个角度阐发了三者之间的关联性,探索作为方法论的辩证法在马克思对资本主义的分析和批判中所具有的重要意义。夏莹教授于 2014 年发表论文《辩证法的断裂与历史必然性的重构》②,其借助西方马克思主义者对于辩证法思想的相关研究资源,深化了作为方法论的辩证法在当代新资本主义社会情境下其理论取向所发生的根本性变化——辩证法在其中不仅作为一种资本主义社会的批判方法,同时还作为对其固有存在方式的描述。在《光明日报》2016 年 3 月 30 日理论版发表文章《辩证法的革命与革命的辩证法》,凸显辩证法本身内涵的对立矛盾的不可消解性。

夏莹教授于 2017 年发表论文《旁观者与行动者的反辩证法:如何理解唯物主义及其当代复兴》③,该文不仅借助当代新唯物主义的复兴重新界定了唯物主义的基本定义,而且将马克思哲学中的实践属性与唯物主义本质相关联,进一步深化了一种新形态的辩证分析方式,将对资本主义进行理论研究归结为旁观者哲学,将致力于颠覆资本主义的活动者视为行动者,而马克思通过对资本主义演进所作出的政治经济学批判,本质上呈现的乃是旁观者与行动者的辩证统一。于 2019 年发表论文《论辩证法的唯物主义基

---

① 夏莹:《试析统一性哲学的断裂与革命理论的合法性论证》,《天津社会科学》,2014 年第 2 期。

② 夏莹:《辩证法的断裂与历史必然性的重构》,《教学与研究》,2014 年第 8 期。

③ 夏莹:《旁观者与行动者的反辩证法:如何理解唯物主义及其当代复兴》,《江苏社会科学》,2017 年第 2 期。

础》①,侧重于集中解读马克思在《资本论》第一卷第二版跋中有关辩证法的经典表述,凸显了马克思用以区别黑格尔的思辨辩证法而构筑的辩证法的唯物主义特质,系统阐发了作为方法论的辩证法对于《资本论》研究所具有的理论意义。

(二)对法国马克思主义的研究

2009年9月至2010年9月,夏莹教授作为访问学者前往法国巴黎第一大学交流学习,自此便在真正意义上打开了她法国马克思主义这一重要的研究视域。夏莹教授在该视域下的研究依旧凸显宏观-微观双重把握的特点:从宏观上而言,夏莹教授关注法国马克思主义整体发展的源流;从微观上而言,夏莹教授较早地引介了当代法国马克思主义的几位重要代表人物(除了上述已经详述过的鲍德里亚)——亚历山大·科耶夫(Alexandre Kojève)、齐泽克、阿兰·巴迪欧(Alain Badiou)、吉尔·路易·勒内·德勒兹(Gilles Louis Rene Deleuze)等。

1. 法国思想史的演进过程

夏莹教授系统梳理了法国思想史的演进过程,特别是以康德、黑格尔为代表的德国古典哲学与当代法国哲学的相遇,将不同人物的相关研究放入到整个20世纪法国哲学发展序列当中,呈现出法国马克思主义与当代资本主义时代之间的密切关联。② 夏莹教授提出了法国黑格尔主义作为法国现象学传统以及法国马克思主义的思想资源所具有的重要意义,填补了国内对于法国黑格尔主义研究的理论空白。

夏莹教授相关的代表性论文包括《试论当代法国马克思主义哲学基础的转变》③、《在康德与黑格尔之间——当代法国哲学的转向及其思想路标》④、《马克思与法国唯物主义的相遇:方式及其后果——以拉法格与饶勒

---

① 夏莹:《论辩证法的唯物主义基础》,《哲学动态》,2019年第2期。
② 相关项目包括:2011年清华大学人文社科振兴基金研究项目"当代法国马克思主义当中的黑格尔要素研究"(2011WKYB012);2014年国家社科基金项目一般项目"黑格尔与当代法国马克思主义的理论嬗变研究"(14BZX001)。
③ 夏莹:《试论当代法国马克思主义哲学基础的转变》,《哲学动态》,2016年第2期。
④ 夏莹:《在康德与黑格尔之间——当代法国哲学的转向及其思想路标》,《哲学动态》,2018年第9期。

斯的争论为切入点的一种考察》①、《当代法国马克思主义哲学的黑格尔入径——以伊波利特为例的思想史考察》②等。同时,她还著有专著《当代法国马克思主义的黑格尔要素研究》(待出版),该专著也是其 2014 年国家社科基金一般项目的结项成果,该成果在最终的审核评级当中被评定为优。

在夏莹教授看来,法国马克思主义从未脱离既有时代背景而自发运行,而是折射出 20 世纪以来当代法国的社会现实及其发展态势。作为发达资本主义的代表者,20 世纪的法国最先经历了现代性向后现代性的转变,对其理论的关注最终实现的是对其特有的社会现实的关注,这一社会现实目前表现为一种全球的资本主义化。如何应对这一特定的社会情境,实际上构筑了当代法国马克思主义者共同的问题意识。

2. 当代法国马克思主义的重要代表人物

夏莹教授通过对当代法国马克思主义重要代表人物思想的分析和研究,揭示了当代西方激进左翼思潮的发展脉络。与之相关的重要译著除了上述鲍德里亚的《符号政治经济学批判》与齐泽克的《延迟的否定》,还有德勒兹的《康德的批判哲学》(Kants kritische Philosophie)③,目前正在翻译晚年吉尔·德勒兹最重要的理论著作《反-俄狄浦斯》(Anti – Œdipus)。

与此同时,夏莹教授撰写了与之相关的多篇论文。《当代意识形态批判视野下的德国古典哲学——理解齐泽克思想的必要路径》④关注齐泽克关于德国古典哲学的拉康化解读,不仅系统阐发了齐泽克有关资本主义社会的意识形态批判的理论旨归,更指出在资本逻辑蔓延的情景下如何构筑一个可能的阶级以突破新的意识形态编织方式,实现对当代被诸多虚拟货币所统治的新资本形态的批判和颠覆。

同时,夏莹教授系统研究了诸如阿尔都塞、巴迪欧、德勒兹、齐泽克等人共同构筑的激进左翼思潮中有关革命主体问题的讨论方式,发表了包括《当

① 夏莹:《马克思与法国唯物主义的相遇:方式及其后果——以拉法格与饶勒斯的争论为切入点的一种考察》,《新时代马克思主义论丛》,2020 年第 1 期。

② 夏莹:《当代法国马克思主义哲学的黑格尔入径——以伊波利特为例的思想史考察》,《求索》,2020 年第 5 期。

③ [法]吉尔·德勒兹:《康德的批判哲学》,夏莹、牛子牛译,吴子枫校,西北大学出版社,2018 年。

④ 夏莹:《当代意识形态批判视野下的德国古典哲学——理解齐泽克思想的必要路径》,《哲学研究》,2013 年第 7 期。

代激进左派的哲学与政治——以德勒兹思想为例》①《事件与主体：如何理解巴迪欧之圣保罗的当代性？》②等文章。在《生产逻辑的当代阐释：德勒兹与马克思思想相遇的理论境遇及其意义》③中，夏莹教授对比了德勒兹的欲望生产与马克思的物质生产之间的渊源与两者之间存在的根本差异，着力呈现出当代资本主义以"流"为特质的金融资本主义所带来的新资本运行逻辑及其颠覆所可能采取的道路。德勒兹有关"欲望生产"的讨论在某种意义上正是一种面对新的资本形态所必须的应对性的分析方式。

3. 马克思主义经典原理在当代法国的激活

夏莹教授在对经典原理不断反思的过程中对法国马克思主义相关问题予以拓展，并且将两者予以深刻的融合，从中透视马克思主义哲学的两个重要向度：从澄清经典原理出发探寻其当代实践价值、从极具现代意义的当代法国马克思主义出发探寻其思想地基。由此，夏莹教授眼中的思想总是在某个特定时代的产物——无论是谁的或怎样的思想总有具体的时代背景以及时代问题，于是若仅仅是对思想本身予以转述是无法凸显其现实性的，所以对思想发展的线索及脉络予以考察总是夏莹教授关注的要点，她对经典原理的反思以及对法国马克思主义的探索才能形成有机、密切的整合。

三、追踪与实践：新资本形态研究和马克思主义大众化

夏莹教授主张今天的时代应该有一种"痛感哲学"，这意味着我们需要运用思想的利剑去拨开遮蔽在时代之上的诸多面纱，戳穿那些过度虚假的快乐，呈现一些真正触动人、打动人的东西。这一痛感哲学的本质在于，它注定将意味着思想与时代的切近，思想与每个具体生命的交融。结合当今现实经验，夏莹教授认为中国学人的研究不能再亦步亦趋地对西方思想进行简单的译介与挪用，而是要切近当今最鲜活的中国现实，而对现实的关照本就是哲学的应有之义。

---

① 夏莹：《当代激进左派的哲学与政治——以德勒兹思想为例》，《世界哲学》，2014 年第 5 期。
② 夏莹：《事件与主体：如何理解巴迪欧之圣保罗的当代性？》，《世界哲学》，2016 年第 5 期。
③ 夏莹：《生产逻辑的当代阐释：德勒兹与马克思思想相遇的理论境遇及其意义》，《哲学研究》，2016 年第 1 期。

哲学,在这一意义上不再是一种生涩概念的相互对话,而是对于一个时代和个体生命鲜活的体验,所以"哲学很懂得生活"。在夏莹教授看来,今天我们所处生活中,不仅我们的生活方式是抽象的,我们的日常用语也是十分抽象的:人的力量已经把周围的世界扩展成了一切都按照理性原则去构造的理性世界。由此,生活和哲学并不是两个层面的问题,二者本身就是合一的。正是基于这种哲学-生活同一化的理解,夏莹教授在今天的哲学研究或实践亦是采用了一种从这两端开展并形成一定张力的研究路径:追踪当代新资本形态并构建与之相符的理论模型;尝试将马克思主义哲学理论进行大众化推广。如果说前者是从生活表象出发剖析其背后深刻的机制,那么后者则是发端于理论而将其渗入生活——这是从两个方向对哲学-生活同一性本质的揭示。

(一)对新资本形态的创新研究

夏莹教授以新资本形态作为理解当代现实生活的坐标。她用"新资本形态"这一概念指代那些从 20 世纪 70 年代开始兴起,尤其是在 2008 年全球金融危机之后得到加强并延续至今的资本主义生产的组织形式,这种组织形式在生产过程的物质基础、吸取剩余价值的机制、资本对劳动的关系、资本对资本的关系、配套的社会再生产体制等方面都不同于马克思所描述的 19 世纪经典资本主义,也不同于在战后"黄金年代"中达到巅峰的福特制资本主义,是今天独特的历史性存在,更是解剖当下的关键。

夏莹教授对新资本形态的研究包含以下三个层面:

1. 现代性问题的再讨论

在论文《鲍德里亚的"hyper-"概念群及其对现代性理论的极限演绎》[①]中,夏莹教授着重梳理了西方左翼思潮中探讨现代性极限化演绎的重要理论资源,即超级现代性相关理论的发展脉络。鲍德里亚所揭示的现代化的极限演绎所遵循的正是马克思对资本主义社会的批判路径,即在资本主义社会内部探寻颠覆资本主义的途径,因此对极限化现代性的分析本身所敞

---

① 夏莹:《鲍德里亚的"hyper-"概念群及其对现代性理论的极限演绎》,《世界哲学》,2017 年第 6 期。

开的正是对当代资本主义社会情境的一种呈现方式。在《现代性的极限化演进及其拯救》①中,夏莹教授运用了福柯对于康德之启蒙思想的继承性解读,从现代性发展源头中探寻一种对现代性发展的限定,以界限意识所构筑的启蒙理性补充工具理性对启蒙的片面化规定,并将现代性为自我设定界限视为现代性的成熟状态。

2. 资本概念的分析

对资本概念的分析和理解在某种意义上构成了连接马克思主义基础理论与西方马克思主义的一个切入点,其缘起于一种社会批判理论,对资本主义社会及其内在资本逻辑的分析和批判实质上始终是当代西方马克思主义的一个核心问题域,在某种意义上甚至成为判定当代西方马克思主义者的主要标准。因此,夏莹教授在多年研究过程中,始终以各种方式切入对资本逻辑进行分析和批判的工作中,并始终密切关注当代资本主义社会新资本形态的发展脉络。代表性论文为《资本概念的跨越式批判》②,该文指出,马克思的资本概念可作三重理解:作为对他人劳动产品的私有权的资本;作为一定量的积蓄的和储存的劳动的资本;作为资本家的资本。三重资本概念并非依次递进、相关扬弃的关系,而是在三者之间构筑了两重移动的跨越性批判,因而资本概念自身包含着激进性。

3. 新资本形态运行逻辑的研究

新资本形态运行逻辑的研究是今天夏莹教授密切关注的主题。③ 代表性论文包括:《哲学对政治的僭越:当代生命政治的隐形支点》④,该文立足当代资本主义社会中以生命政治为基本形态的一种新的资本存在方式,系统梳理了福柯及其后继者所重新掀起的生命政治的讨论,并且从根本上否定了其由于生命政治所给出的各种对抗性的可能性,指认了这种生命政治的

---

① 夏莹:《现代性的极限化演进及其拯救》,《社会科学战线》,2019 年第 3 期。

② 夏莹:《资本概念的跨越式批判》,《社会科学辑刊》,2016 年第 1 期。

③ 2019 年,由夏莹教授负责的国家社科基金重点项目"当代全球资本主义视域下的《资本论》研究"(19AZD002)、清华大学自主科研项目"当代视域下新资本形态及其运演逻辑的哲学研究"(2019THZWLJ23)立项;2020 年,由夏莹教授负责的北京市社会科学基金重大项目"当代西方马克思主义对资本主义新形态的批判研究"(20ZDA24)立项。

④ 夏莹:《哲学对政治的僭越:当代生命政治的隐形支点》,《南京社会科学》,2017 年第 7 期。

理论批判家自身思想的软弱性;《论共享经济的"资本主义"属性及其内在矛盾》①,该文遵循马克思对资本运行模式的分析路径与方法,着眼于当下由互联网技术的支持而产生的诸多共享经济的发展模式,以期揭示出共享理念在当代经济发展中隐蔽的资本逻辑;于《光明日报》理论版发表文章《实体性资本与虚拟资本的双重操控》(2018 年 5 月 18 日)、《人工智能的话语体系的建构》(2019 年 4 月 1 日),分别从数字资本主义在当代西方资本主义社会的发展样态和趋势,以及新资本形态所必然要求的人工智能等技术手段的发展可能引发的哲学反思入手,展开对当代新资本形态的具体分析;于 2020 年发表的一系列论文更是从数字资本、金融化、非物质劳动等不同视角切入到对新资本形态运演逻辑的透视当中。②

夏莹教授认为,当代社会历史情境中的新资本形式并未从根本上改变资本固有的本质属性,因此马克思对于资本属性的分析也从未过时。但就其新的资本形式而言,却可能因为智能化技术的加速发展而呈现出不同的表现形式。对于新资本形态的研究主要目的在于能够剥离这些呈现为不同形态的新资本外表,展现出资本的本质规定——一种人与人之间的权力关系——在对这一权力关系的批判中呈现这些资本形态可能趋向的未来。这种新资本强大的生存弹性是否已经让资本逻辑变成人类社会不可颠覆的历史宿命,抑或是在新资本中互联网技术的加速发展所带来的将是资本的自我颠覆? 这些问题成为夏莹教授对该论题展开进一步研究需要回应的关键要点。

---

① 夏莹:《论共享经济的"资本主义"属性及其内在矛盾》,《山东省社会科学》,2017 年第 8 期。该文被人大复印资料《哲学原理》2018 年 1 期全文转载,并在各大网站、微信上获得了广泛传播。共享经济成为 2017 年《光明日报》《学术月刊》编辑部以及中国人民大学书报资料中心联合发布的学术十大热点之一,本文作者也因此文的发表而受凤凰出版集团邀约,开始着手为凤凰文库系列撰写一部有关共享社会的研究专著。

② 参见夏莹:《数字资本时代货币的幽灵化与资本逻辑颠覆的可能性方式》,《江海学刊》,2020年第 1 期;《当代新资本形态的逻辑运演及其哲学反思》,《中国社会科学评价》,2020 年第 1 期;《资本逻辑中无例外的"例外"与非劳动的劳动——对当代西方左翼思潮的一种批判性反思》,《国外理论动态》,2020 年第 4 期。

（二）推动马克思主义大众化的生动实践

1. 微信公众号

关于马克思主义大众化的尝试其实在第一部分就已经有所涉及,即夏莹教授同几位青年学者共同开设了微信公众号"激进阵线联萌",利用新媒体将哲学(尤其是当代欧陆哲学)推向社会。目前该公众号已有两万多名订阅用户,凝聚起了国内马哲和外哲领域一批中青年学者,形成了一个非常有思想活力和学术生产力的学术共同体,在其中他们已经就人工智能、大数据生命政治、数字资本主义、后人类艺术的最新思考等多个面向进行了系统的思考,也已经以实践的方式较早且直接地介入到了关于新资本形态的讨论当中,并在某种意义上引领了该领域的话题方向。目前夏莹教授主持的几个课题组的成员也大多在此平台上讨论过相关话题,由此产生了共同的理论兴趣。

2. 多媒体短课程

除了在公众号以大小专栏的形式对时下热点问题进行探讨,夏莹教授还努力尝试将马克思本人的思想以一种系统完整却又通俗易懂的形式予以表达。夏莹教授曾于公众号推出两个免费面向大众的课程:"10 分钟马哲课"(2018 年 4 月)与"马克思与当代欧陆思想短期课程"(2019 年 9 月)。由于新媒体的优势,课程包含的每节课体量小而表现形式丰富——音频、视频与文字,并且夏莹教授能用生动而有趣的语言将马克思本人思想的境遇以及脉络深入浅出地向听众/观众/读者娓娓道来,这一下子使得马克思的形象在当代年轻人的脑海里鲜活了起来,更好地把马克思主义的精神传达给了他们。

3. 音视频与实体书的结合

更进一步地,在 2018 年 11 月,以公众号"10 分钟马哲课"系列文章与"喜马拉雅"应用程序系列音频"趣读马克思/10 分钟马哲课"为基础的专著《青年马克思是怎样炼成的?》作为"趣读马克思"系列的第一部①出版,这本书的诞生亦被夏莹教授视作自己为马克思诞辰 200 周年留下的一个纪念。

---

① 初步计划完成"趣读马克思"系列三部曲。

该书一经出版就受到广大读者的欢迎,同时以此为主题的分享会与研讨会于各地纷纷开展①,足见当代的人们非常乐于接触和学习以这种形式呈现出来的哲学思想。

另外,这也为今天的学术出版业提供了一个新的思路,《中国新闻出版广电报》于2018年12月10日发表文章《趣读马克思的一次出版尝试》,其中就谈到当今在马克思相关的读物上出现的一个"断层"问题:市场上流行的通俗读物往往并非由专业的马克思主义研究者创作,其在形式上可能符合活泼生动的标准,但在内容上却与马克思的思想精髓有较大的距离;而专门研究马克思主义的学者却更擅长写作严肃性、理论性较强的著作,其使用的概念以及叙述方式距离日常生活较远,难以被一般读者所接受。但问题在于,年轻人在事实上是有进一步——超越教科书体系——了解马克思的愿望的。

夏莹教授起先一些在新媒体上具备了相当体量的读者基础的未成体系的小文章引起了人民出版社编辑曹歌的注意,由此他更进一步地同夏莹教授联系、商讨并最后完成了该书的出版计划。当然,夏莹教授本人一开始在写作的时候并没有将出版该书列入自己预设的"任务清单",只是自己在一个难得的休息日(2018年4月5日)突然想到一个月后即马克思的200周年诞辰(5月5日),并且自己也学习与研究马克思哲学20余年了,于是在这种双重纪念的意义上,夏莹教授重读马克思的经典著作,并将自己的解读以小散文的形式呈现出来。这是一个偶然的尝试,而正是因为偶然,未来的展开才是迷人的。目前,夏莹教授正在创作关于马克思经典著作趣味解读的100

---

① 2018年11月29日,清华大学人文学院、人民出版社读书会联合举办新书首发式暨出版座谈会;2018年12月1—3日,共青团吉林大学委员会、吉林大学哲学社会学院、吉林大学哲学基础理论研究中心与人民出版社就该书联合举办了三场活动;2018年12月4日,乐读书社·吉大店举行了"当书店撞上哲学:《青年马克思是怎样炼成的?》"新书签售会;2018年12月15日,海南师范大学马克思主义学院,举行了"三全育人项目之赠书仪式",共向该院青年学生赠予一千本《青年马克思是怎样炼成的?》;2018年12月19—21日,华东师范大学、复旦大学联合人民出版社举办了该书的两场研讨会;2018年12月22日,建投书局上海浦江店举行了该书新书分享会;2019年1月9—10日,共青团三亚学院委员会、三亚学院雨林书院、三亚学院马克思主义学院联合人民出版社举办了"当青春遇上哲学"暨《青年马克思是怎样炼成的?》新书分享会;2019年1月11日,海南凤凰新华出版发行有限责任公司、三亚学院马克思主义学院、人民出版社读书会联合主办了新书分享会;2019年1月14日,海南中学三亚学校举行"鳌山书屋"揭牌仪式暨《青年马克思是怎样炼成的?》读书分享活动。

讲内容,并在人民出版社信息部的协助下制作成 100 集趣读马克思的音频课,这一音频课未来将在多个平台上播放,以鲜活生动而直接的方式,将马克思著作的精髓分享给感兴趣的听众朋友们。

4.其他创新形式探索

除了主要以文字的形式叙述马克思的哲学思想,夏莹教授更是不断尝试新的呈现方式。例如,近来她就计划同人民出版社信息部继续合作制作一个有关当代法国思想与马克思邂逅的哲理广播剧,计划设计 30 集。以对话体叙事的方式讲述 20 世纪 30 年代以来马克思思想传入法国所引发的一系列场景,在具象化对话场景中展开法国马克思主义形成的思想史历程。这或许是一次全新的学术实践的探险,但也同时是一次难得的让马克思思想以更为切近当下人们日常生活的方式进入大众的一种可能性路径。

分报告十一
第十五届全国国外马克思主义论坛综述

2020 年 10 月 31 日上午,由全国当代国外马克思主义研究会主办,东北师范大学马克思主义学部和西方马克思主义现代性理论研究中心承办的主题为"国外马克思主义当代资本主义批判:历史 现实 未来"的第十五届全国国外马克思主义论坛在长春召开。为期两天的会议由四场主题发言、七场分论坛组成。本次论坛实现了八大创新:暖场视频"新"、会议手册"新"、邀请函"新"、线上平台"新"、分论题设置"新"、第一届全国国外马克思主义博士生论坛"新"。来自北京大学、中国人民大学、复旦大学、浙江大学、南京大学、武汉大学、华东师范大学、同济大学、南开大学、吉林大学、黑龙江大学、东北师范大学、中山大学、厦门大学等数十所高校的专家学者,以及马克思主义理论学科相关出版机构与学术期刊的编辑记者共 200 余人参加了此次会议,就当前国外马克思主义的热点话题展开热烈探讨,为国外马克思主义研究的未来发展献言献策。

一、历史:国外马克思主义经典理论与当代意义

人类社会的发展是置于时间洪流中的漫漫征途,新旧更替中过去与现实交相呼应,赋予现代性更为深刻的人文色彩与历史厚度,也赋予人不断生成、更新的超越自我的能力。科学理论的叙述与解放道路的建构从未离开历史性叙事的庞大语境,而面对不断更新的"新问题"也需要通过向历史的不断质询承继历久弥新的真理、清算尚未解决的疑惑,使得西方马克思主义理论在对人之价值的永恒追求与具体现实的不断变化中始终彰显出面向未来的勃勃生机。从某种意义上来说,理论发展的图景就是不断建构历史与

现实的勾连。在本次年会中,学者们在历史视域下关注国外马克思主义发展动向的同时,着重阐发国外马克思主义的经典理论,挖掘其在现实语境中生发的时代意义,在"何以可谓""可以可能"的持续追问中呈现出对经典理论与经典问题不断反思、批判和超越的欣欣之景。

国外马克思主义有着异于马克思主义以及马克思主义中国化的时代背景、历史语境,对国外马克思主义的研究不仅要紧扣当下的现实境遇,更要投射其发展的漫长历程。正如"国外""西方"的概念,不能视为纯粹的空间维度的划分,更是时空结合的人类性概念。不论是对当下文明困境的觉解,抑或是克服物化的澄明,都需要立足历史的叙事框架与问题界域,更为重要的是突破线性历史的点位研究,实现时间空间化,在"多维度"的历史语境中既充分又客观地诠释出国外马克思主义的理论逻辑、发展规律、逻辑实质、发展规律。对国外马克思主义的研究,既要牢固把握马克思主义发展的时代境遇,又要切实推进国外马克思主义思想史内在逻辑的梳理与挖掘。致力于构建西方哲学的历史群、马克思主义中国化的中国群、国外马克思主义的世界群的三群坐标系,以围点打援的方式充分展现国外马克思主义研究视域范围内的网格化,历史范围的"源""流"共进的图景。以发展视野为国外马克思主义研究提供宏观叙事与整体性系统,也为流派、思潮的范式与话语转换提供连续性与否定性兼存现实与理论场域。

(一)早期西方马克思主义理论的时代新解

以卢卡奇、科尔施、葛兰西为代表的早期西方马克思主义,是在20世纪初西方国家无产阶级革命屡屡失败、正统马克思主义日渐僵化的情势下对马克思主义作出的新解。他们在承认马克思客观性叙述(历史必然性)的同时,通过向哲学的"复归"来对马克思主义作出改造,以此凸显主体性,在主体性与客体性相统一的呼吁下形成极具特色的总体性辩证法。之后的法兰克福学派直至当下左翼,依然保留了其致力于融合马克思主义政治学说与西方哲学理论特质的研究取向。

早期西方马克思主义理论依然作为潜移默化的理论前设影响着当今国外马克思主义理论的研究范式与研究内涵,其所提出的"如何铺设一条适应西方现实的马克思主义解放路径"的问题至今尚未解决。在当下,既可以辩证视野对早期西方马克思理论为镜对当下"民主""正义""物化"等问题进行思考,在其对马克思主义的偏轨中实现围绕人生存与发展的否定—超越—发展的辩证之路;又可在经典理论的抓取中明晰西方马克思主义理论的发展路径与时代转向,以西方马克思主义发展的真实面貌不断解蔽全球化视域下人类所面对的现代性问题。

中国人民大学段忠桥与张秀琴分别以"正义""物化"为切入对伍德与卢卡奇的理论进行再阐述,一方面复原理论诞生的历史语境,以研究对象为核心搭建理论研究的横纵坐标,澄明不同概念群间的横纵关系,从而以全息模式恢复研究体系的真实面貌、准确把抓研究对象在马克思主义理论发展与传播史中的实际地位;另一方面审慎对待西方马克思主义理论对马克思主义不同程度的背离,重申历史唯物主义在解读马克思主义中的本质性与基础性地位。如果说前面两位学者聚焦于经典西方马克思主义代表及其理论与马恩之间的张力关系,复旦大学王凤才则以历史的经纬为立场,凝视历史的价值与规范展陈中西方马克思主义理论自身的转轨。从个案分析角度,通过解读阿多诺否定辩证法对现代性的解构,认为西方马克思主义现代性批判正在实现从形而上学批判到现实性批判的跃迁。

段忠桥基于马克思和恩格斯对正义概念的两种用法,再度评析伍德对马克思正义概念的误解,认为马克思和恩格斯在其相关论述中对正义概念有两种用法:一是基于历史唯物主义的用法,在这一用法中,正义指的是人们对从属于生产关系的分配关系的道德评价;二是基于不同阶级或社会集团的分配诉求的用法,在这一用法中,正义指的是不同的阶级或社会集团提出的"给每个人以其应得"的分配诉求。伍德的论断——"马克思并不认为资本主义是不正义的"之所以不能成立,一个重要原因是他对马克思恩格斯著作中的正义概念存在两个误解:一是在基于历史唯物主义的用法中将正义阐释为司法概念而不是道德概念,二是在基于不同阶级和社会集团的分配诉求的用法中认为马克思从未谴责资本主义的不正义。张秀琴以《现代戏剧发展史》为文本,阐述卢卡奇的"物象化"(Versachlichung)概念。主要探讨"戏剧青年"卢卡奇的物象化概念,并认为要探究物象化概念,我们或许更应该转向卢卡奇的前马克思主义或康德化时期所受的思想影响。

与其将早期西方马克思主义理论看作西方马克思主义线性发展的阶段性样态,毋宁将其视为横纵相连的历史坐标,在"前进—回溯"①的态势中推进人类认识世界、解放世界的螺旋式上升进程。早期西方马克思主义理论作为当代国外马克思主义研究必不可少的理论依据、思想资源,不仅完整展露断裂性与连续性、否定与否定之否定相统一的以反思、批判与超越为内涵的思辨进程以及现代化进程;更以"物化""总体性""阶级意识"等经典概念为新时代下关涉人自身存在的经济、政治、文化、社会领域提供可供参鉴的理论形式与阐释原则。

(二)批判理论的当代进展及其批判反思

卢卡奇物化理论的诞生奠基了西方马克思主义兼具自我否定的超越性与立足当下的现实性的资本主义批判路径,而这一路径在法兰克福学派中以社会批判的主题正式确立"揭开了以启蒙逻辑为依据的批判时代"②。西方马克思主义者以资本主义批判为筹码试图将西方哲学的思辨与马克思的激进政治相融合,保留作为主体的人的理论与现实双重维度指向未来的能动性与开放性。我们依然处于马克思所指明的时代,现代性的悖反依然以资本主义制度以及市场机制运行的具体系统诠释着形式自由与实际不自由之间的张力。资本主义依然致力于将自身诠释为普世性尺度,在当下全球化与逆全球化博弈中展现出跨阶级、跨民族的霸权形式,技术、意识形态相结合的霸权手段。新的历史背景下资本主义批判理论方兴未艾,既在物质生产转向智识生产的基础上显现出批判对象、批判视野的多元化态势,又在普遍主义不可逆转与民族主义回潮的斗争下纳入伦理、政治、技术等因素重构宏观情境下的批判理路。从宏观与微观的层面上呼应着时间与空间维度永无止境的现代性的过程。

中央党校(国家行政学院)孙海洋、中国传媒大学王锦刚从宏观层面对

---

① 韩秋红、史巍、胡绪明:《现代性的迷思与真相——西方马克思主义的现代性批判理论》,人民大学出版社,2013年,第78页。

② 同上,第75页。

批判理论进行整体把握,明晰马克思主义批判理论、西方马克思主义批判理论与当下西方批判理论在内在逻辑、理论范式、价值取向上的承继关系。探索围绕现代性事业的反思修正而从未停止的现代与后现代思潮的碰撞,以及碰撞导致的现代批判理论取径的整合与分化。耶吉和罗萨的批判理论揭示资本主义批判取径的分化与整合。孙海洋指出,面对后现代主义导致的批判取径的分化,以耶吉和罗萨为代表的新一代批判家试图通过复兴跨学科研究计划回到马克思式的"宏大理论"思考传统。这种总体性的资本主义批判理论,尽管在一定程度上尚未深入到资本逻辑批判的层面,但他们对社会异化之痛苦的敏感,对人类解放之图景的追求,对内在批判之方法的自觉,都引领了第四代批判理论发展的新方向,也为21世纪世界马克思主义的发展打开了更为广阔的空间。

中国传媒大学王锦刚则阐述了西方马克思主义意识批判的理论进路。他指出,马克思正是通过揭示资本主义社会精神生活的拜物教性质而展开了对资产阶级意识形态的批判。而卢卡奇受到这一逻辑的启发,把马克思的"拜物教"合理性批判转化为"物化"批判,从劳动的目的性假设出发,论证了无产阶级的阶级意识的合理性。法兰克福学派则把卢卡奇的批判逻辑转化为对工具理性的批判。从马克思到卢卡奇再到法兰克福学派,可以清楚地看到他们之间的内在逻辑进路。但他同时指出,把马克思的意识形态合理性批判发展成对工具理性的合理化批判是批判理论的误读和歧路。随着生产的智识转向以及后现代主义的影响,以主体体验为介质的碎片化的日常生活,逐渐代替纯粹的物质生产理论成为资本主义批判的"异化"指向:劳动剥削统摄为隐含霸权的工具理性;统治阶级意识形态泛滥为消费喧嚣下的大众文化;"日常生活殖民化"遮蔽了具有革命性与根本性的阶级分野以及分野下暴露在生存困境中的被统治人群。唯有基于现实的认识,方能解除作为虚假进步性、普遍性的繁杂技术的遮蔽。

东北师范大学刘伟斌以图像对生活的重塑的微观视角,提出对日常生活图像化的现代性批判。他指出,面对不断被图像重塑乃至异化的日常生活,我们应从现代性的维度对日常生活的微观层面予以批判,揭示其内在逻辑。从读图时代与日常生活的图像转向、被商品符号规训的身体、现代城市和旅游的景观化生产、日常消费的视觉化四重维度,对日常生活领域内的图像化转向予以批判,理清其背后的深层逻辑,以期恢复图像中本有的否定性向度,达到对我们生存于其中的日常生活世界的澄明。当下现代性所无法自洽是生活世界的丰富性与资本逻辑的单向性,克服这一悖反所进行的资本主义批判或称现代性批判,在马克思那里刻画为人作为物质承担者的社会实践,尤其彰显为劳动生产与社会革命对资本主义规定性的反叛与废除;在西方,尤其在哈贝马斯之后则显现为主体间性的重建,即以伦理、商谈为核心的交往行为以及交往行为基础上跨越民主与共和的第三条道路。

从学者们的观点中我们不难看出,日常生活作为当下理论生成与运行的实际语境是当下进行资本主义批判不可脱离的现实土壤,但更重要的是看到西方批判理论一味将自身视为手握"多元性"武器的破坏者、拒斥"宏大叙事"的不可能性。现代性批判的基本立场不应是对启蒙的简单肯定或否定,而是以辩证的视野审视尚在运行中的现代性,将资本主义批判理论置于历史发展、社会沿革的整体脉络之中,释放其与当下、未来交相辉映的形而上的应有之义,进行对批判的批判。

(三)激进左翼思潮的历史进程与当代启思

在资本主义批判的指向下,左翼思潮以对理论宽领域、多维度的吸纳,以及对政治现实的积极介入,以其流派之多、内容之杂,在理论和实践领域都呈现出更为热闹的繁盛之景。当前左翼思潮的分析路线可分为两种:一是对马克思主义基于现实生产所构建的社会秩序以及卢卡奇历史主客体相统一的总体性批判视域的继承;二是在后现代主义的冲击下以系统生成和碎片化现实为内容的话语批判代替革命动能与客观性叙事。但不论是哪一种左翼理论,其所指向的现实依然身处马克思所划定的以利润最大化、剥削为特征的资本主义界限;其所构建的路向却都因主观的臆断、选取,不同程度背离辩证唯物主义和历史唯物主义的理性叙事,背离社会主义取代资本主义的革命叙事。左翼理论历史渊源之深、所涉范围之广,使其成为中国化马克思主义以及中国现代化建设的有效参鉴。既要在历史语境下对各个流派进行点位式的理解、脉络式的把握,又要在问题导向和现代性实践与人类解放理想的实际张力下对左翼深陷的"经院主义"与"激进主义"交织的"乌托邦"困境进行自主反思。

山西大学乔瑞金与南京师范大学吴静都将马克思主义以及西方哲学视作当下国外马克思主义思潮的"源头活水",在历史视阈中挖掘当代国外马克思主义的传统情怀,分别以宏观构图与微观文本作为切入,对国外马克思主义的流派面貌和思潮趋势进行刻画与评析。乔瑞金展示了21世纪英国马克思主义的三维构图,提出在寻求社会主义变革的道路上,英国新马克思主义学者们受到了来自资本主义和苏联教条主义的社会主义两方面的巨大冲击,但他们始终坚持历史唯物主义的思考范式和批判逻辑,坚持以马克思主义人道主义为理论基础进行深入的探索和思考。总体来说,21世纪英国马克思主义人道主义思想集中聚焦在三个问题上,即社会的不平等问题、帝国主义问题和女权主义问题,并构成了一幅新的人道主义的整体图景,最直接地展现了人民群众在当今资本主义制度下面临的现实困境,鲜明地暴露了资本主义制度存在的种种弊端。吴静则以德勒兹的资本主义批判为棱镜解读"后马克思"的当代思潮及当代意义。德勒兹和加塔利合著的《资本主义与精神分裂症》从"欲望机器"入手,对不同形态的生产关系逐一进行了解析,并在此基础上重新诠释了资本主义的内在矛盾,以及它对"欲望"的压抑。这样一种新的理论模式一方面继承了马克思政治经济学的核心精神,另一方面又突破了传统马克思主义所描述的生产关系变革原因范式,从资本主义内在极限与外在极限两个方面的不平衡入手,准确地揭示了当代资本主义的现状。并且,它还对资本主义的自我调整与更新提供了新的解释,使我们能够从一个更具有当代性的视角来面对今天的全球化问题以及地区发展不平衡的问题。

与前两位学者以文本或历史溯源的视角不同,复旦大学陈学明构建出问题导向下的当前语境,针对西方左翼学者对疫情的看法进行评析。他指出,在疫情背景之下,西方左翼学者对当前欧美所主导的西方资本主义意识形态将带领人类社会走向深渊还是救赎展开了深刻思考。西方左翼学者普遍认为疫情正在迫使人类做出选择。主要观点包括:①批判资本主义的消费主义,并认为资本主义的消费主义陷入空前的危机;②疫情使富人受到了正义的审判,主要表现在疫情风险的平均化;③疫情危机的管理正在成为另一种阶级斗争的场域;④新冠病毒的肆虐是资本主义制度所引发的生态危机的一种形式;⑤重视以中国为代表的社会主义的社会治理方案;⑥全球左翼力量需要在疫情危机中走向联合。向左还是向右?这既是一个生存的选择,同时也是一个"共产主义"与"野蛮主义"之间的选择,而西方左翼对此做出了明确的回答。

左翼研究是国外马克思主义研究捕捉时代脉搏的最前卫、最多元的形式,面对不同时代的困惑,左翼研究始终保持着与西方马克思主义、西方哲学、马克思主义之间千丝万缕的关系,在时间与空间的横纵交融中铺设出异彩纷呈的理论源流与现实语境。在历史的辩证发展中明晰当下现实的真实面貌、关注人生存的现实困境、实现解放道路的有效构筑;在历史的比较研究中彰显各自理论的思想特质与价值关怀,在对话交流中实现理论的交融再生;在历史与现实的张力中突破传统理论的藩篱,也在与历史的对话中促进面向现实与未来的崭新理论的诞生。

二、现实:国外马克思主义现代性批判论题与回应

习近平总书记提出:"要按立足中国、借鉴国外,挖掘历史、把握当代,关怀人类、面向未来的思路,着力构建中国特色哲学社会科学,在指导思想、学科体系、学术体系、话语体系等方面充分体现中国特色、中国风格、中国气派。"①每个时代都有自己亟待呼应的主题、亟待解决的问题。在系统吸收东西方理论研究历久弥新的思想成果的同时,带有根本性、全局性的重大理论与现实问题是当下研究始终不能离开的土壤,尤其要对与现代性发展相伴生的新问题、新进展进行多维度、系统性、深刻性的研究。启蒙以来,现代性以悖反的姿态成为国外马克思主义的锋芒所向,也正是对破解现代性"密码"的不断尝试,使得国外马克思主义在时代发展的洪流中从知识论、认识论内部的理论辨析蜕变为染上实践与实证色彩的资本主义批判和人道主义探索。在现代性批判的论题下,学者们围绕现实情境中的工业文明新问题,

---

① 习近平:《在哲学社会科学工作座谈会上的讲话》,《人民日报》,2016 年 5 月 19 日。

展开政治、经济、文化、社会等多重维度的回应，从"新生产模式""新控制形式""新大众文化""新社会问题"等角度展开多元论证与探讨，试图在对资本主义霸权主义规定性的拆解中还原现代性的中立本质，拯救具有永恒自我更新的现代性精神。

国外马克思主义的研究不能离开现实，否则再完整、理性的理论预设也只能在失真中从实然问题降格为因然问题。需把脉2008年金融危机后，弥散全球的经济危机、债务问题、生态环境恶化与节能减排责任、民粹主义盛行、逆全球化浪潮风起云涌、多元的民主与平权运动迭起、标新求异的社会风气与文化观念拥至、新冠肺炎疫情引发的全球应对公共卫生事件甚至灾难的百态等等社会现象，及其背后所蕴含的时代之新、社会历史之新、资本主义规制与秩序之新，以及从理论内容上新晋的国外马克思主义的话题、概念、思路之新。需明晰以顺应现代性发展而诞生的资本主义全球体系，虽铺设为与传统相异的政治、经济、文化、社会情境，但其实质依然是在排斥与区隔的并行中以资本积累与利润最大化规制人的观念与行为，形成各式各样的控制系统。基于已有的理论成果，还需从当下散点化的具体论说中以整体性、全局性角度把抓国外马克思主义理论现代性视域下的逻辑脉络，构建多元体系下的"元"叙事。同时厘清后现代主义与现代主义碰撞中多元图景的效度与限度，尤其要在马克思主义基本立场、方法的指导下探索资本主义新形态及形态背后资本主义抑或说现代性的运行机制与运行逻辑，以此揭示人类社会发展规律的真正指向。

（一）新生产模式揭批与克服"新异化"

作为时间意义上彰显断裂继承与空间意义上囊括自我意识、时代问题的统一体，现代性进程在向历史敞开之中也在某种程度确证了黑格尔对思想史的定义——"乃是一系列的发展，并非像一条直线抽象地向着无穷发展，必须认作像一个圆圈那样，乃是回复到自身的发展，这个圆圈又是许多圆圈所构成，而那整体乃是许多自己回复到自己的发展过程所构成的"[①]。现代性不仅包含着对历史的容纳与审慎，也包含对当下问题的聚焦与反思。

---

① ［德］黑格尔：《哲学讲演录》（第一卷），贺麟、王太庆译，商务印书馆，1959年，第17页。

而作为社会发展基础性存在的物质生产领域，则是现代性变化最敏感，同时也是最基础的实在对象。实践层面，随着科学技术的快速发展，当下正经历着物质生产向智识生产的转变，"数字资本主义""金融资本主义"等对资本主义的崭新限定亦展露出新的社会问题、思维方式与理论路向。理论层面，金融危机之后西方左翼理论出现由《1844年经济学哲学手稿》向《资本论》倾斜的趋向，在现代性批判中纳入政治经济学批判维度，凸显新的非人道主义批判立场。基于"新"时代生产生活的"新"现实要素而打开的"新"异化之窗，无疑为我们提供了根本上认识资本主义新现象、新运行、新危机的前沿理论与批判理路。

黑龙江大学纪逗、辽宁大学王国富都基于消费社会的现状对当代左翼经济领域的资本主义批判进行讨论与反思。纪逗解读了哈特、奈格里的非物质劳动生产的资本主义批判思想。介绍了哈特、奈格里的帝国三部曲对当代资本主义非物质劳动生产新本质特征的认识，即当代资本主义通过"向外扩张"和"向内开掘"——对工人的生活、情感、想象和欲望的控制和穿透，正在完成从"形式吸纳"到"实质吸纳"的资本扩张过程。指出哈特、奈格里把非物质生产中产生出来的共同性，看作是诸众生成的现实经济条件，并且只有共享并参与到共同性之中，诸众的民主才有其可能。提出厘清哈特和奈格里对马克思历史唯物主义继承和发展的逻辑思路和思想实质，是弄清他们思想的现实意义和理论价值的基础和前提。

王国富围绕鲍德里亚符号消费理论的资本批判维度进行探讨。基于当代消费社会现状，解读鲍德里亚符号消费理论揭示出人对符号消费的执着追求，批判符号编码系统对社会生活的总体操控，指出其开启从生产领域向消费领域的视域转向，审视资本的触角深入社会生活各领域的异化消费现象。符号消费通过社会价值编码系统操控人对符号价值的消费追求，确立符号秩序的主体地位，塑造符号消费至上的消费神话，揭示出人沦为服务于资本增殖的消费工具，陷入片面追求符号价值的异化的符号存在境地。

与前面二者借助当下语境展开分析的阐述方式不同，华中师范大学雷禹在对比研究的思路中以马克思主义政治经济学为参照揭示加速主义的贡献与局限。他以马克思《政治经济学批判大纲》"机器论片段"为文本解读基础与依据,站在马克思主义劳动价值论原则立场上指出加速主义对马克思主义的发展及其理论缺陷。认为从历史唯物主义和历史辩证法的角度审理加速主义,能够认清加速主义作为左派的政治策略,不仅对于左派提出的理论承诺及其兑现承诺的能力提出了巨大挑战,而且在多方面溢出了马克思主义,对其批判性分析有助于捍卫马克思主义的科学性。

以人工智能、大众媒体为主要形式的"新异化""新生产"成为现代性批判运思的关键起点,生产与消费在资本主义意识形态的导向下以竞争、合作交替的形式操纵着对人类的主导权,不断塑造新的社会关系、社会文化,掩盖霸权运行的真相。资本逻辑在现代社会发展中的基础性作用并未消失,多元、繁杂的生产、消费情境不过是资本增值途径的再一次拓宽,问题依然是如何在新形势下准确把脉资本主义运行的基本规律与基本矛盾,如何积极保持和发展与资本主义相对立的对抗性力量以及如何尽早创造出替换资本主义市场激励机制的新制度安排。

(二)新控制形式批判与构建新治理体系

智识化生产带来数字与符号对社会生活的全面侵入,也带来社会权力关系的再造。以权威形式存在的传统权力形象,如宗教仪式、国家权威等,日渐被凸显内在向度的新控制形式所替代。这种新的权力关系诉诸科学技术,以及科学技术基础之上以消费为特征的大众文化,其运行方式诉诸对主体内在需求的导向,控制的对象不再是主体的实在身体,而是抽象的激情。与日常生活相对立的,以强制性为特征的权威形象不复存在。随着科学技术的不断涌现和不断发展,新型权力网络以意识形态、消费需求等内在形式对主体进行中介性操控,在鼓励大众参与的氛围中对主体的操控愈来愈成为多样化、隐形化的合法形式。在科学技术的冲击下,科学知识的民主化和现代社会权力的去中心化成为不可避免的趋势,科技精英取代官僚精英对整个社会施行统治,但也为权力结构注入更多不稳定因素。与此同时,后现代主义与现代主义的碰撞带来更为复杂多元的现实环境,如社群流动性增大、阶级身份碎片化,理论与实践的微观转向在政治上则带来全球化与逆全球化、民族主义与世界主义、精英主义与民主主义相互交织的杂乱空间。

本次年会上的许多学者都关注了有效性共同体的建立,如南开大学莫雷从共同体的生产和创造对哈特、奈格里和朗西埃的政治共同体理论进行了比较。她提出,虽然三者对共同体的理解在侧重点和角度上有所不同(哈特和奈格里:批判财产共和国而形成的大同世界;朗西埃:基于平等而展开争议的共同体),但他们都认为共同体是对共在的结构的重新安排或配置,体现了当代西方激进左翼思想家对虚幻的共同体的批判和对真实共同体的追求。同时指出三者理论的局限性,认为他们的批判仅停留于对共同性的份额的争夺和平等的感性分配,无法为真实的共同体的建构提供现实的道路。

还有部分学者致力于展陈西方左翼权力批判的路径转向以及转向下全新的政治诉求。安徽大学祁程关注西方左翼思想家的反偶像批判传统及其重建问题。他提出美国左翼思想家雅各比通过对犹太传统乌托邦思想中弥赛亚情结的创造性改造,形成了一种具有革命维度的当代弥赛亚版本。通过挖掘犹太文化中的反偶像崇拜传统,用西方左翼文化批判的声音清除意识形态偶像,使得犹太偶像批判传统与当代乌托邦思想之间,形成双向融合与互动的过程,进而对当代乌托邦转向与重建的具体内容加以阐释,提供了处置当代资本主义社会危机新的思考方式。

而浙江师范大学李西祥关注拉克劳的建构人民、民粹主义及相关问题。他从拉克劳民粹主义的内涵、人民再生产以及与中国相关的问题阐述了拉克劳的思想,他指出,拉克劳认为由于社会的异质性的存在,传统的马克思主义所认为的历史必然性就被偶然性的霸权逻辑所取代了。马克思主义发展的历史就是一个同质性被异质性所打破的历史,马克思主义发展史中历史主体也不是传统的阶级,而是人民,这对当代中国也具有重要的现实意义,应该批判借鉴其民粹主义的理论遗产和拉克劳建构人民的理论。

不管研究的路径有何差异,学界都在对国外马克思主义全面检讨的氛围中尝试提出更好的变革模式。自为的经济发展不会带来变革,反之经济不断变幻的形态带来的是霸权在政治、文化领域的全面弥散。新治理体系的探索中我们既要以科学的马克思主义理论为思想支援,又要立足鲜活的现实经验,更要使甚至与历史中的主体把握自身所处的政治关系与权力关系,在压迫处境的透视中发展出对抗性关系,但这种关系的形成显然不是得益于左翼中意援引的话语条件。语用学的外在构成或抽象激情的浪漫主义概念都不能取代马克思生产关系的内部规定。随着资本的积累与扩张,作为经济因素诸多变量的其他权力关系都取得各自的新形式,尤其形成了无中心的权力网络,但正是这种多元对抗的社会空间使得各个社群在自我和自我代理人的找寻中释放自己的革命潜能。关键在于如何在马克思生产规定性发挥基础作用的前提下分析资本主义社会权力关系及无法自洽的内部危机,如何推动对抗性关系产生的外部条件(生产条件、制度条件)与内部条件(阶级意识)的发展成熟。

(三)新大众文化反思与重塑社会观念

早在 20 世纪 20 年代,卢卡奇就通过克服"物化"的路径探寻提出文化批判和意识形态革命,这一路向至今影响着西方马克思主义的基本形态。社会关系的商品化与自由、民主意识在技术力量的统摄下得到进一步的发展,为适应这一语境,资本主义统治也着重采取技术与智识并行的态势。如,伴随科学技术的高速革新,生产能力不再成为制约生产、助力竞争的绝对武器。生产的对象、数量很大程度被消费结构和消费需求决定。换句话说,市场运行中消费的地位大大提升,甚至可以说在当下情境中消费能力在某种程度变为一种消费权力,消费者从被动的接收者变为主动者。但这一稍显怪异的图景并未使真正的社会权力转移到作为大多数的消费者手中,反而让作为掌握财富的极少数生产者将统治市场运行的关键瞄准为消费者心理的干涉以及消费文化的培养。这样一来,人们在生产者潜移默化的引导下树立起迎合新型生产的消费意志,一方面沉溺于消费权力的虚假发挥,投身于自我想象的替代性满足;另一方面在日常生活与消费狂欢中失去对世界和自我真实处境的认知,物质产品的喧嚣使革命的热情消磨殆尽。资本主义经济将一切事物抛入市场的洪流,而由知识与技术形成全球范围内的多元权力结构,如何在被消费遮蔽、被日常生活肢解的情景中恢复指向资本主义权力的整体性力量——文化和社会观念的重塑成为西方马克思主义研究的关键一环。

华中科技大学董慧与黑龙江大学杜红艳聚焦国外马克思主义中对社会主义的文化解读与伦理解读。董慧将文化革命视作列斐伏尔都市革命理论的精神内核。她通过文化革命的提出、文化革命的内涵、节日复归的实践路径以及乌托邦精神的实质内核展示了总体性的都市革命理论，和以文化革命的方式实现人之生存、生活、实践的彻底解放的理论旨归。她提到，虽然这一文化革命的方案具有超现实主义的倾向，但其以探索性的乌托邦精神寻求文化革命的解放路径，仍为我们勾勒出走向"都市社会"的理想蓝图。杜红艳关注布达佩斯学派伦理式、微观式社会主义理论。她指出，对社会主义的理论研究是东欧新马克思主义社会批判的一个重要维度，这种来源于社会主义意识形态内部的理论思索，既是由特殊的历史时期造成的又与东欧社会主义的现实语境相关，同时这种思索也标志了其与20世纪其他马克思主义思潮的重大差别。虽然其理论的文化批判特色鲜明，但这也构成布达佩斯学派社会主义理论的独特性。事实上，布达佩斯学派对社会主义的思索是立足东欧现实存在的社会主义伦理维度缺失基础上的，他们从伦理维度批判了维护东欧社会权力结构的意识形态，并试图探索一条微观的社会主义人道化之路。

河南大学吕世荣将东西方意识形态发挥的实际效能进行对比，从西方马克思主义视域对意识形态功能发挥的机制和路径进行分析。她关注西方马克思主义发展逻辑所凸显出的意识形态功能，以及其发挥的工具理性机制、询唤机制和链接机制，和这些机制分别对应的具体传播路径：科学技术和文化工业路径、意识形态国家机器路径、意识形态霸权路径。认为意识形态的功能的发挥揭示了主体性在意识形态境遇的变迁，这就是主体性的异化、无主体基础上主体性的生成以及无主体基础上主体身份对主体的替换。她认为意识形态发挥的功能和路径是指不同国家、社会的大众所接受的程度。以中国的核心价值观为例，它是一种内化于心，外化于行的状态。我们的主流意识形态与大众的关系，不如西方主流意识形态对民众那么潜移默化，原因是西方路径以消费主义、传媒主义为主渠道，来达到民众认可主流意识形态的目的。西方路径让人潜移默化接受的根据和实质是什么？西方马克思主义对西方社会的贡献是什么？中国能从中借鉴什么？都是值得我们思考的问题。

在金融资本主义的全球化背景下,国外马克思主义所呈现的政治哲学转向、伦理批判转向亦在情理之中。彰显人性的诗性文化被政治权利扩张的霸权文化一再挤压,政治、经济裹挟着文化对公私领域的分界一再模糊。在统一的暴力革命难以发生的当下,处于特定经济和生产结构中的人们恳切地寻求自身经济、政治、社会权利的保护,而基于对普遍人性的同情与容纳的文化表达权正是在多元背景下既保留身份差异性又实现最大程度同一的有效的政治工具。资本主义霸权越来越体现为以各种话语形式出现,为特定生活方式进行辩护的文化模式,对抗这一文化霸权,或称意识形态霸权的有效形式之一就是构建、发展作为资本主义对立面的社会主义文化形态与社会观念,尤其需要突破地域、民族、种族、阶层带来的有限性,同时以辩证唯物主义与历史唯物主义的科学认知代替现代与后现代的非理性因素。借助主体的政治参与、社会参与,扩大社会主义文化及其观念的有效空间,使其在对资本主义文化封锁的不断突破中逐渐形成新的对抗格局,甚至作为新的政治社会冲突的萌芽。

(四)新社会问题聚焦与重建历史唯物主义

政治权力对日常生活的入侵导致社会关系在经济之外的政治、文化等维度形成更为显著的单向度形态。文化权力与意识形态统治的流行使得话语叙事取代经济支配,而寻求革命或改良的主体也从被经济关系规制的阶级整体变为身处不同霸权系统,并致力于寻求自我认同与社会认同的形形色色的"社群"。毫无疑问,这种多元化的身份政治深受后现代主义解构元叙事、溶解本质主义倾向的影响,但与此同时,在阶级斗争、暴力革命难以发生的当下,公众基于特定身份寻求制度与法律的保护也是更为紧迫的政治追求。资本主义权力的分散化、多元化使得克服资本主义霸权的斗争形态也失去整体性的外壳,演变为微观领域或称日常生活领域、社会领域的对话与协商,尤其表现为以性别、生态为主题的新社会运动。这些以种族、性别、性向等因素为依据的社会运动生产出带有显著后现代主义色彩的差异政治,试图在反抗表征为话语规训的各类霸权体系以及表达理想生活方式的诉求中恢复被现代性压制的主体性,实际上呼应了后现代主义"事件"转向中所阐述的主体参与现有秩序之外的偶然性事件,在既有经验的不断断裂中实现主体性的持续生成。如果说,现代性在理论与实践中都显露为同质性与异质性之间的博弈,生成为世界范围内去中心化权力动态的不平衡图景,那么新社会运动就是新一轮权力角逐最生动的现实镜像。

这种以群体实践和社会行动为基点对当下资本主义现实的捕捉,在国外马克思主义研究视阈下则总结为对生态、女性和空间问题的关注。其中既有现实语境下对学派、人物的关注,如东南大学刘魁提出后疫情时代全球生态政治的"现实主义转向",认为当前为应对疫情所产生的全球主义生态政治与资本主义民主政治之间的分歧,其根源在于目前的生态政治忽略了启蒙精神与现实国际政治的巨大影响,是一种浪漫主义的政治冲动,后疫情时代的全球生态政治将转向一种基于生命共同体意识与国家主权意识的现实主义生态政治。问题在于,全球目前仍然处于现代性占主导地位的工业文明时代,具有生态启蒙性质的后工业文明或称生态文明难以撼动工业文明的根本。他同时指出,齐泽克等左翼学者所发现与期盼的社会主义或共产主义的生态政治,至多只是西方社会面对新冠肺炎疫情的应急策略,并非真正意义上的新型社会主义或共产主义生态政治的萌芽。

又如,广西大学胡玲关注克里斯汀·德尔菲的唯物主义女权主义。她对德尔菲本人及其学术地位、德尔菲思想的研究现状和其基本观点进行了简要介绍,进一步指出德尔菲唯物主义女权主义对马克思主义的运用与发展。她强调"女权主义"不能换成"女性主义"。21世纪,后现代主义唯物主义女权主义进一步发展了德尔菲的思想,主张"总体性批判"与"全球性分析",强调女权主义应该从当代全球资本主义剥削的逻辑中找出女性受压迫的物质性结构原因,同时不能忽视妇女对社会再生产的贡献。此外,也有以经典文本的立场对解决社会问题可能路径的挖掘。如厦门大学林密关注城市问题与马克思政治经济学批判空间化之间的关联性。他提出,城市问题并非马克思政治经济学批判的理论空场,需要深入到马克思资本主义研究的深层逻辑重新审视都市议题的理论生成与当代延展的可能路径。列斐伏尔等人将马克思的政治经济学批判改造为空间政治经济学批判,筑起都市政治经济学研究的基础构架；卡斯特则将社会关系再生产的空间视域具体化到都市问题研究之中，开启更为具体的都市视角，为马克思政治经济学批判的进一步空间化与都市化打开了理论空间。

对新社会问题的关注无疑是着眼现代化进程、认识资本主义新动态不可回避的环节。性别问题、城市治理的空间问题、生态问题更是从多维度展陈出国外马克思主义在关于资本主义批判主题上的理论特质。但我们也应认识到，国外马克思主义理论在关注资本主义现实的同时，在理论建构中通常依据自我需求将马克思主义进行阉割、改造。从葛兰西到哈贝马斯，再到空间主义的马克思主义，都尝试对马克思主义的唯物主义进行扩充和改良，开辟资本主义批判新场域的同时也不同程度地背离历史唯物主义的基本立场，尤其轻易舍弃物质生产的规定性地位。

三、未来：国外马克思主义研究前沿与范式转型

随着世界图景展开为全球化与逆全球化之间的激荡，带有全局性与基础性特质的理论与现实问题出现新变化，国外马克思主义也在对资本主义新形态、新阶段进行重新勘定的基础上，调整自身的话语范式与理论场域。历史、当下与未来，不能简单地定义为时间点位，并以线性逻辑进行连接，更重要的是以现在时与过去时相匹配、传统与当代相契合、当下与未来相呼应为特征的现代性问题的理论逻辑为基础，挖掘其所代表不同时代以及不同理论间的共性与差异，断裂与继承。既需要以马克思主义为基本立场，以历史视野对国外马克思主义发展路径进行总体审视，以时代为基准解析社会发展的最新样态以及样态之下理论的新面貌与新进展；也需要透过历史-实践不断生成的图景，积极建构世界马克思主义与中国马克思主义的科学体系，更重要的是在历史与当下语境的交融中，在历史发展规律的把脉中，指证社会主义推进现代化建设的道路中不断开启的新文明可能。如何基于已有成果整体把握散点化的理论资源，厘定当代国外马克思主义理论内在逻辑与外在体系？如何基于理论创新与发展进一步揭示社会发展的客观规律、资本主义新特点，并将理论成果转化为新一轮社会主义建设和人类解放

视野的实践动能？学者们从方法原则、中外互释、新文明类型等不同的视角给出了自己的答案。借助马克思主义的研究方法，以宏大视角为切入，以历史情境、基本立场、理论结构、研究范式为依托，阐述国外马克思主义所关注的问题，指明国外马克思主义研究的发展方向，反映出中国国外马克思主义理论研究基础性与前沿性交织的基本面貌。

历史的总结梳理、当下的剖析澄明，都是为思想提供更合理的理论范式，为未来解放提供更有效的现实路径。新时代的来临不仅意味着中国民族复兴事业的蓬勃发展，也意味着在世界性问题的共同应对下提出中国方案，开辟中国道路。对外国马克思主义研究来说，也迎来了从单向"译介"到平等"对话"的转向，在这一转向中既要保持对国外马克思主义理论的开放性以期对当下资本主义发展、资本主义批判理论发展进行序列性、动态性把握，又要始终立足中国特色社会主义伟大实践，在现代性与社会主义的张力中以独特的现代化模式释放中国道路的超越性。也就是说，既要肯认作为积极力量的现代性，技术、市场、资本在社会发展中所起到的推动作用以及其中立性本质，肯认国外马克思主义理论作为历史与现实的有效参鉴在马克思主义中国化及社会主义建设中的镜鉴作用；又要坚持中国立场，以中国式的经验事实与文化境遇作为解读国外马克思主义理论的基本视野，作为社会主义规制下开拓资本主义文明与社会主义文明结合场域的可能性前置。唯有在对话中品鉴、思考、扬弃，才能准确显露隐匿于科技进步、日常生活碎片以及消费主义喧嚣下的资本主义霸权；才能有序梳理当下冗杂的国外马克思主义理论的体系构造和逻辑构造；才能在"共同话题，不同话语"的过程中坚持自我叙事方式的建构。实现对国外马克思主义理论层递性、针对性的吸纳，又以中国现实和马克思主义基本立场方法克服其延续百年的思辨性与现实性之间的鸿沟，并在理论与现实的有效交互中生发出面向世界的、兼具普遍性与特殊性的中国化马克思主义，生发出面向未来的、超越资本主义现代性、以全人类解放为指向的中国道路。

（一）资本主义批判：坚持马克思主义原则方法及谱系研究范式

资本主义批判是自卢卡奇开始就被奠基下的西方马克思主义理论主

题。国外马克思主义理论虽经法兰克福学派、西方左翼因时代变迁、思想支援的不同而进行发展改造，彰显出各式各样的理论形态，但以资本主义批判为出发点，以人类解放为落脚点的根本理论公式却从未动摇。资本逻辑依然对世界范围内的人类发展起着主导性的作用，资本主义制度依然作为普遍化的规范制约人类生活，我们依然处于马克思所指明的时代。由此，资本主义不仅代表着阶段性的社会发展形态，也作为物质承担者以具象的社会图像表征着现代性的辩证演进。正如哈贝马斯所说，现代性是一项未竟的事业。资本主义批判在当下等同于现代性批判，是通过现代性悖反的不断揭示与自我批判、自我反思相伴生的超越行为。以马克思主义为立场对资本主义进行的批判更以科学的理论形态弥合了西方马克思主义与西方左翼无法走出的理论与现实的悖谬。

一些学者通过历史梳理、现实把脉，对资本主义批判理论进行宏观把握。东北师范大学韩秋红教授关注国外马克思主义资本主义批判理论新动态。通过对马克思主义发展史的历史群、中国化马克思主义的中国群、国外马克思主义的世界群的总结概括，指明当代研究西方马克思主义资本主义批判理论的重要致思路向在于"围点打援"式的系统化、谱系化研究，为面向当代中国社会现实、建构中国话语体系、推广人类文明新形态探思现代性批判的经验启示。中国人民大学罗骞关注作为批判理论的马克思主义及其历史影响。他从研究对象、实践性、历史性和批判性几个方面阐释了马克思主义作为批判理论的基本特征。以资本现代性批判为基本视角，在社会历史存在论的意义上阐释马克思主义批判理论的基本内涵。马克思主义批判理论对当代社会历史的影响主要包括四个方面：构成社会历史现实、倒逼资本主义的自我改革、影响当代国外左翼思潮和塑造当代世界观。通过阐释马克思主义批判理论的理论特征、理论内涵和历史影响，充分地揭示了马克思主义在塑造当代人类社会和时代精神过程中的重要意义和强大生命力。

一些学者则通过国外马克思主义研究本身的发展动向，从问题意识、基本范式总结当下研究的基本特征，从方法论角度提供当下研究所需的科学方法。吉林大学孙利天在主题发言后总结了国外马克思主义研究的学术特征与基本方法。他指出，专家们的发言充分彰显了当代中国马克思主义学者的学术风格、学术特征,一是展现宏大叙事的主题重大性、根本性;二是将马克思主义同生命意义的寻求相结合,彰显强烈的家国情怀;三是所展开的论述具有鲜明的基础性、明证性特征。此外他还指出,国外马克思主义研究需要三个坐标系:两千多年哲学史的坐标系、经典马克思主义哲学的坐标系、宏观的现代西方哲学的坐标系。

我国的国外马克思主义研究在理论上始终不能离开马克思主义的基本立场,在实践上始终不能离开中国现实的基本语境。前者给与我们科学的批判理路、批判手段,在马克思主义理论的指导下,历史、当下与未来在断裂与继承的辩证关系中相互连接,资本主义批判成为现代性重建的一部分,亦成为趋近解放的目的本身。同时,资本主义批判也不再是囿于理性或囿于纷繁现实的"空中楼阁",在历史唯物主义的统摄下,历史性思想与思想性历史成为可能,理论问题的思考与解释成为向着全人类解放、向着现实敞开的伟大实践。后者给与我们马克思主义发展的当下背景,亦是检验当下马克思主义真理性的重要参照。不论是对现实问题的把握,抑或是对国外马克思主义理论的剖析,都需要将其置于历史发展的洪流中理解。如是,从学科发展、理论研究的角度来说,亟待铺设国外马克思主义研究的历史坐标系,即始终以马克思主义发展史的历史群、中国化马克思主义的中国群、国外马克思主义的世界群为理论群像,以哲学史、经典马克思主义哲学、宏观的现代西方哲学为思想支援,在历史性思想与思想性历史的交织生成中,从历史嬗变里把抓理论特征,在历史发展里明晰理论态势,使史论结合的研究方法成为国外马克思主义理论创新与社会主义实践创新的重要生长点。

(二)回应现代性问题:中国马克思主义立场及互释批判范式

要按照习近平总书记所说的"立足中国、借鉴国外,挖掘历史、把握当代,关怀人类、面向未来"的思路来构建中国特色哲学社会科学,国外马克思主义研究首先要在时间维度上找到"同"与"异",即一方面在历史流变中找到历程性思想、理论、概念的共性,彰显时间维度的发展性,另一方面又要在历史流变中找到历程性思想、理论概念的个性,凸显时代沿革对理论本身的形塑,在更为丰富的历史展陈与更为深刻的思想展陈中体现历史与思想间的交互创造。同时,还要在空间维度上找到"同"与"异",即一方面同处现代性场域之中,在回应同时代的现实问题与承继马克思主义的理论指向下对现代文明、文化形态的共享,另一方面又在地域、国家,尤其以东西方为划分的区隔中展现出不同制度、观念规制下相异甚至相悖的叙事方式、价值追求。

全球化的纵深发展带来实践与理论双重意涵的变化:实践层面,民族国家纷纷踏上现代性进程,现代性的语境与问题成为高悬在时代上空的穹顶;理论层面,中国马克思主义与西方马克思主义成为两大主要的世界马克思主义形态,二者均在社会现代化发展的进程中建立与完善自身,都伴随着普遍存在和具体特殊的现代性问题而不断展开着对马克思主义理论的时代性解读、丰拓性阐释、地域性重构的理论与实践工作。新的历史方位决定了中国社会主义建设与世界发展成为马克思主义中国化不可逃离的最新现实;中国化的马克思主义与世界马克思主义在平等中对话,在对话中互释,成为马克思主义当下发展的重要途径。

吉林大学贺来聚焦"西马批判理论"转化为中国哲学思想资源的具体过程。以西方马克思主义批判理论如何转化为当代中国哲学思想资源的角度分析西方马克思主义研究的时代意义,指出西方马克思主义批判理论的多元性、异质性为推动马克思主义发展提供内在思想资源,共同彰显马克思主义的批判性的理论特征。当下应在区分批判对象的前提下,以中国语境为基点对国外马克思主义予以批判性反思。

浙江大学包大为聚焦当代法国激进左翼哲学中的毛泽东思想。他首先指明该论题的提出是出于对国外马克思主义立足国内还是国外的困境思考,并由此选择立足中国思想在国外的阐述和实践。他指出,新中国成立后,毛泽东的哲学文本在法国得到翻译和出版,法国马克思主义者开始将毛泽东思想视为无产阶级政治实践的重要思想资源。到了20世纪60年代,随着法国激进左翼实践的发展,以及以阿尔都塞为代表的结构主义哲学家对毛泽东辩证哲学的转述,毛泽东思想成为法国进步知识分子和工人阶级争取自由和民主的理论武器。提供针对戴高乐政府"造反有理"的合理性以及启迪人民群众,以模糊性给与群众反对国家机器的方法,倒逼群众学习如何面对政治。其次，他揭示此种问题切割、挑选和包装式的思想借鉴的局限。在历史维度，不将毛泽东思想与马克思相关联，而仅作为斯大林、列宁系列的延续；在功能维度，只将其作为法国补充性的思想资源。最后他提出这一选择性塑造的启发：其一，对 unqualified life 的重新命名，反思良序社会；其二，展现国外马克思主义的汉语经验及世界影响。

中央民族大学王海锋做了题为"国外马克思主义哲学研究与构建当代中国马克思主义哲学学术体系"的发言。其从学术史的角度出发，梳理与反思中国国外马克思主义哲学研究与学术发展的理论逻辑、中国道路探索的实践逻辑及二者的相互交织。指梳理国外马克思主义哲学在中国发展的学术史，从译介走向文本解读，从人物研究走向思想阐释与问题研究，充分体现研究者主体意识自觉与问题意识自觉，谱写了当代中国马克思主义哲学研究的新篇章。认为在新时代，不仅要大力推进马克思主义哲学的中国化，更要推进国外马克思主义哲学的中国化，以"中国化"范式为主导展开国外马克思主义哲学的研究。

诚然，中国特色社会主义以其理论与现实的独特性，应始终作为中国发展马克思主义理论和现代化建设的基准色彩，但在势如破竹的全球化浪潮下，特殊性不再作为保证政治独立与思想纯洁的藩篱，而是与普遍性交织的开放样态。一方面，要在西方中心主义的话语范式以及资本主义框架中明晰国外马克思主义理论的效度与限度，坚持马克思主义的整全性内核与科学性走向，坚持马克思主义中国化的基本路径与现实土壤。另一方面，在现代性问题的追问下实现与国外马克思主义的平等对话，对马克思主义的世界图景作中国式的把握与理解，在纷繁的批判话语、多元的理论态势中建构自身面向资本主义霸权的逻辑体系与叙事体系。这样一来，既能在资本主义批判的国际性话题下开拓以资本主义现实、马克思主义理论为对象的崭新认知路径，吸纳形形色色的思想资源；又能在全球问题的思考、全球视野的容纳中增益中国方案的世界效能，使中外马克思主义理论的积极互动为中国话语创新、实践创新加码助益，为中国创建崭新文明类型、超越资本逻辑的现代化道路提供可能。

(三)超越现代-资本主义文明:世界马克思主义视野及文明型态范式

中国共产党成立一百周年,意味着中国马克思主义走过百年之途,同时,自《历史与阶级意识》发表起算,西方马克思主义也可谓是历经百年之征。那么,二者在关于资本主义批判的主题与问题上交织的"珠联璧合"与"分道扬镳",形成了何种世纪对话? 碰撞出何种思想火花"又将意味着什么样的人类文明出路? 前面两个问题已经在前文叙述中以平等积极的对话氛围、中西互释的理论范式作出了一定程度的解答。而最后一个问题,则依然需要在世界与中国的辩证视野下探索答案。放眼近现代发展的进程,社会主义与资本主义之间的斗争与冲突成为历史洪流的主要内容。在以"多元"为主题的全球化浪潮下,是否有文明交融的可能性进路成为新文明形态的理论前设。毫无疑问,中国以独树一帜的现代性模式为这种可能性作出了肯定而有力的回答。这种独树一帜的现代性模式亦可以理解为中国道路对资本逻辑所表征的现代性模式的超越。

中国道路的超越性,一是来自马克思主义所提供的社会主义基础与规范。马克思基于历史唯物主义对未来国家、社会做出科学预测,同时将无产阶级作为革命道路的物质承担者,将无产阶级政党作为革命的先锋队。在尊重社会发展规律,尤其是生产力基础性作用的前提下进行以人的普遍解放为指向的社会形态、社会关系建构。物质生产为统一标准,社会主义、共产主义为统一导向,为无产阶级国家规避资本、控制资本提供理论维度的合理性与可能性。二是来自中国特色社会主义道路所提供的生动实践。以社会主义初级阶段为基本国情,提出改革开放的伟大创举。既尊重生产力发展的需要、顺应现代化进程的基本逻辑,利用资本与市场使技术与财富充分涌流,为新的历史背景下社会主义建设提供丰富的物质基础。又以"引导"代替"取缔",突破苏联僵化模式,以中国特色社会主义市场经济的崭新模式规避资本的支配原则,以及资本支配下人与人关系的全面物化,将资本、市场还以工具性的中间效能。以社会主义高效、高能的组织性,将资本圈定于经济领域,将物权还原以人权,将个体整合以集体。

本次年会上,学者们从中西对话、世界性关联、世界社会主义运动等角度,对中西文明的根本性、马克思主义中国化的优越性作出阐释。复旦大学吴晓明以"马克思主义中国化与新文明类型的可能性"为题探讨了中国特色社会主义道路的世界意义。他指出,中国道路的百年探索是现代化与马克思主义中国化的双重进程。中国的现代化进程之所以与马克思主义建立起本质的关联,是因为这一现代化事业必须经由一场社会革命来为之奠基,而这场革命历史地采取了新民主主义-社会主义的定向。与中国的现代化实践建立起本质联系的,是在这一历史性实践中不断生成和发展的中国化马克思主义。这种马克思主义的当今形态——中国特色社会主义之所以展现出一种世界历史意义,是因为中华民族的伟大复兴不仅在于中国将成为一个现代化强国,而且还在于它在完成其现代化任务的同时,正积极地开启出一种新文明类型(超越现代-资本主义文明)的可能性。

复旦大学张双利聚焦马克思的市民社会理论与当代世界的关联性。内容主要聚焦两个主题:一是马克思市民社会理论与当代世界的关联性,二是对马克思市民社会理论的更新与发展。她指出,其中的线索就是如何从市民社会理论出发理解资本主义社会的转向,理解西方的问题意识。当今面临的最大问题是激进左翼向温和左翼的转向。她进一步追问,为什么西方左右放弃对激进路向,投向对民主与资本主义的坚守?针对这一问题,张双利教授通过马克思对黑格尔市民社会理论的转化以及西方马克思主义三个阶段的发展做出回答。他提出,马克思以现实追问、历史考察为底色,将黑格尔描述的对理性限定的外部国家还原为资产者统摄的资产阶级社会,指明资本主义必然陷入自我瓦解的逻辑。如今,资本与技术的合谋不再局限于经济领域,少数人的民主转变为以形式民主为外壳的大众民主。总的来说,西方左翼对民主政治抱有高度期待,希望以此限定资本逻辑与跨国家野蛮机制。但实际上这只是左翼社会运动的直接表达,新自由主义与左翼运动的合流为之后自由主义的发展提供了方向。

陕西师范大学程晓辰分析了金融危机后世界社会主义运动未进入高潮的根源。他指出,当代世界社会主义运动正在走出低潮,并转向长周期的上升通道,但从整体上看仍没有出现热切期待中的高潮,仅是在局部出现亮点。这是因为各国共产党面对"内忧外患"的形势没有作出充分准备,难以有效利用"机遇期"带来期望的变革与发展。因此,各国共产党的任务是在革命形势到来之前作好长期准备,并通过制定灵活的战略策略,促进社会主义革命主客观条件的不断成熟,推动世界社会主义运动由低潮走向高潮,并在资本主义总危机临近时推动社会主义革命的胜利。

当今中国发展已从理论与实践的双重维度彰显出其世界意义,这无疑确证着中国理论、中国模式、中国方案的超越性意涵。如果说,资本-现代性始终展开为资本逻辑为主导的自我悖论,那么中国所开启的社会主义定向下对资本的驾驭与规制无疑突破了现代性未来之路的悲观论调。我们要做的,就是在社会主义的规定性下,在展开为空间的时间维度继续推进中国与西方,历史、当下与未来的"扬"与"弃"。中国与世界的交互中,彰显世界性意义的中国模式势必将以具体实存、现实实践的形式展开为一种历史的必然性,并随着现代化道路的推进得到世界肯认下自我生存与发展的更大空间。

四、结语

历史、现实、未来,投射出当前国外马克思主义研究的宏观图景。在历史性与现实性的"同"与"异"、"扬"与"弃"、"断裂"与"继承"中描绘世界马克思主义空间性与时间性交错的发展轨迹。思想性历史与历史性思想的研究方法既使湮没于历史车轮的发展规律、发展逻辑得以展陈;又使多样化、多元性的"事件"以整全的思想体系、理论资源形式得以保存。在与历史的对话中把握经典马克思主义真理性内核与基本精神,在与现实对话中捕捉现代性发展的实践场域与社会特征,在与未来对话中丰拓面向全人类的应有之义。立体化的发展视野既彰显着线性的实践维度,也彰显着面性的空间维度,尊重文本的思想历史性与尊重现实、未来的思想延展性有机交融,经典与现代、中国与西方积极的对话、交流,在客观规律的准确认知、重大问题的准确把抓下以生动的笔墨谱写出世界历史与世界马克思主义发展的时代之歌。国外马克思主义理论需要紧紧依托马克思主义理论与中国社会主义现实发展的史论研究,回望历史、立足现实、展望未来,才能在"派别林立"

的时代画卷中实现经典与现实相承继、中国立场与世界立场相容纳;才能在"一源多流"的样态下实现武器的批判与批判的武器的统一。

在本次论坛之后,还开创性地举办了题为"国外马克思主义资本主义批判理论:前沿与反思"的首届全国国外马克思主义博士论坛。经过数次论文的评审与筛选,来自北京大学、中国人民大学、复旦大学、浙江大学、南京大学、武汉大学、华东师范大学、同济大学、南开大学、吉林大学、黑龙江大学、东北师范大学、中山大学、厦门大学等各个高校五十余名博士生受邀参会。会议期间,博士生们在资本主义批判的视阈下以生命政治、主体身份、符号消费等热点问题对西方资本主义批判理论进行逻辑把握和理论解读;在现代性导向下对经典批判理论进行评述,阐释其在现代语境中实践效能的发挥以及对中国现代化建设的启示。东北师范大学韩秋红教授、复旦大学王凤才教授、西南大学黄其洪教授、同济大学周爱民副教授先后对论坛内容进行点评,并表达了对国外马克思主义理论研究后备队伍的祝福与希冀。

本次论坛,以"历史""现实""未来"三重视域回应了"放眼世界·共话马魂"的核心主题,回答了马克思主义如何向上发展,如何不断创新的时代问题。一方面,需要熔铸历史与现实交互的论域,为马克思主义发展提供宏大的历史坐标;另一方面,需要建构特殊性与普遍性的辩证体系,为现代化事业提供广博的全球视野。国外马克思主义研究只有面向工业文明的根本现实,坚守马克思主义的基本立场,才能在理论层面为21世纪马克思主义的发展提供有效的话语方式与研究范式,在实践层面提供精神维度的路向引领与前进动能。

分报告十二
第一届全国美国马克思主义研究学术研讨会综述

2020 年 11 月 20—22 日,由全国当代国外马克思主义研究会、中国社会科学院哲学所和西南大学主办,西南大学马克思主义学院和西南大学西方马克思主义研究所承办的第一届全国美国马克思主义研究学术研讨会在重庆北碚召开。来自三十多所高校、研究机构、杂志社和出版社的八十余位专家出席了此次会议。开幕式由《教学与研究》编辑部孔伟老师主持,西南大学党委副书记潘洵教授代表西南大学对各位专家学者的莅临表示欢迎和感谢,热情地介绍了西南大学和西南大学马克思主义学院的相关情况,并祝愿此次会议能够结出丰硕的果实。全国当代国外马克思主义研究会副会长王凤才教授、中国社会科学院哲学所副所长冯颜利教授分别致辞,介绍了第一届全国美国马克思主义研究学术研讨会召开的背景和意义,并希望通过此次会议,中国的美国马克思主义的系统化研究能够真正开始,使美国马克思主义研究在将来能够成为国内外马学界的一个重要理论生长点。此次研讨会按照所收到的论文设立了"美国马克思主义的正义理论研究""美国马克思主义的发展历程研究""美国马克思主义的派别研究"三个论坛,围绕这些主题,与会专家学者展开了热烈且深入的探讨。

一、为什么要推进对美国马克思主义的系统化研究

推进对美国马克思主义的系统化研究,可以更加全面准确地把握地西方马克思主义、国外马克思主义、世界马克思主义发展的现状。中国人民大学段忠桥结合自己的学术背景,指出自 20 世纪 70 年代以来,出现于二三十

年代兴盛于五六十年代的根植于西欧大陆的西方马克思主义的影响力正在下降,而英美马克思主义在受到多年压制之后,开始涌现出新的具有影响力的马克思主义理论,它们正在逐渐取代西欧大陆成为当代西方国家研究马克思主义的主力。段忠桥以自己发表在《中国社会科学》上的题为《20世纪70年代以来的英美马克思主义研究》一文为例,概括介绍了70年代以来先后出现的英美的分析的马克思主义、后现代的马克思主义、辩证法的马克思主义、市场社会主义、生态马克思主义和女权主义的马克思主义等流派,希望通过本文引发国内对英美马克思主义的关注,他强调,推进美国马克思主义的系统化研究是今后很长一段时间内中国学术界的一项重要任务。

西南大学黄其洪强调,美国马克思主义在世界马克思主义版图中的地位越来越重要,研究美国马克思主义不仅能够为我们更加深入地理解独特的美国精神提供一种视角。为我们在21世纪在与美国人打交道的过程中做到知己知彼奠定基础,而且还可以通过对美国马克思主义的研究,更好地理解和批判美国资本主义的内在矛盾,为我们树立真正的理论自信提供一种视角。更为重要的是,通过对美国马克思主义的系统化研究,也为我们更加全面地把握当代世界的基本走向,为中国特色社会主义的实践选择提供理论支持。直到目前为止,中国学术界对美国马克思主义的研究,是与美国马克思主义在世界马克思主义版图中的地位不相称的,真正系统化的美国马克思主义研究还没有开始,而此次学术研讨会可以看作是系统化研究美国马克思主义的起点。

二、推进美国马克思主义研究的方法

与会学者充分意识到美国马克思主义在国外马克思主义中的独特性和敏感性,纷纷强调要想准确、全面、深入地研究美国马克思主义,必须对自己的研究有一种方法论自觉,无论是在会议论文中,还是在大会发言中,都有学者聚焦到研究美国马克思主义的方法问题。

中国人民大学张秀琴根据思想史的研究背景,提出了要研究美国马克思主义的相关学派需要从德文语境着手,因为德国的思想对美国的马克思主义产生了较大影响。美国马克思主义的整体状况表现为西方马克思主义在英语世界的传播与接收过程,他们强调辩证法的主体维度和文化特质,同时继承了传统西方马克思主义的人本主义和科学主义的传统。从70年代末期到目前德国的新马克思主义流派,法国的生物政治和生命政治的马克思主义研究,以及一些其他左翼的研究,都力图弥补人本主义和科学主义之间的鸿沟,这是传统西方马克思主义在当代的发展。但是美国马克思主义的独特之处在于将关注点放在《资本论》上来推进当代社会批判分析,将唯物辩证法与总体辩证法进行新的关联。总之,当代美国马克思主义不仅包含了英国式的政治经济学研究传统,而且体现为通过政治性书写的方式将文学、文化、历史与地理经济学研究连接起来的西方世界新左派的传统,这也为美国马克思主义本土化研究和系统化研究提供了路径指引和范式反思。

中国社会科学院哲学所冯颜利强调要深化美国马克思主义的研究还需要基于方法论层面的思考,提出"一体两翼"这一概念。具体而言,"一体"是指阅读最前沿的著作和文献,有选择性的介绍引入而非一味照搬,真正做到批判吸收。"两翼"则指具备扎实的马克思主义基本功,养成阅读马克思恩格斯经典著作的习惯,根据本人所把握的知识体系来学习、研究和思考美国马克思主义的相关问题,在此基础上才能对美国马克思主义的研究派别和人物以及他们的代表著作做出客观公正的判断和评价,从而进一步推动正在走向系统化的美国马克思主义的相关研究。

中国人民大学段忠桥提出,国外马克思主义研究除了将研究的中心转向英美的马克思主义之外,还要将研究领域扩展到经济学、社会学、政治学、历史学和生态学,并且将正统的马克思主义学者作为研究对象。为推进英美马克思主义的系统化研究,他此前已经主编出版了一套"当代英美马克思研究译丛"①,向学界展现英美马克思主义的动向和发展情况,并且他还曾围绕"伍德命题"与艾伦·伍德之间展开的对话式商讨,以此希冀通过英美马克思主义的研究能够汲取世界各国马克思主义研究的有益成果,并且希冀

---

① 该套丛书收录的著作包括:沃尔夫的《当今为什么还要研究马克思》,柯亨的《卡尔·马克思的历史理论:一种辩护》,奥尔曼的《辩证法的舞蹈》,奈特的《阶级》,福斯特的《马克思的生态学》,贾格尔的《女权主义政治与人的本质》,沃格尔的《马克思主义与女性受压迫》,卢克斯的《马克思主义与道德》,米勒的《分析马克思:道德、权利和历史》以及佩弗的《马克思主义、道德与社会主义》。

在批判反思的过程中使得中国的马克思主义研究能够在世界范围内占据一席之地。黄其洪也指出,研究美国马克思主义不能只是采用哲学这一种视角,要采用跨学科的视角,将哲学、经济学、历史学、社会学家和文学等学科融为一体,从而做到一种史论结合、有体验性和切中性的研究。

三、对美国马克思主义若干代表人物的研究

复旦大学王凤才强调美国马克思主义在世界上占有非常重要的地位。19世纪80年代马克思主义在美国传播和发展,1919年成立的美国共产党到1943年达到了十万之众,马克思主义在美国的早期传播过程中,涌现了美国的第一个马克思主义者魏德迈(德裔移民),还有第一国际在美国的通讯书记佐尔格,以及当时美国最不妥协的马克思主义者德·利昂。20世纪30年代以后,马克思在美国不被主流意识形态和主流学者所接受,而由于冷战时期的麦卡锡主义和东欧剧变等原因,美国共产党的人数也锐减至现在的三千至五千人。但即使如此,马克思主义在美国还是得到了长足发展。王凤才总结了美国马克思主义的四大基本布局板块:一是美国的正统马克思主义,包括如 W. Z. 福斯特、奥尔曼、沃尔夫等在内的共产党的理论家,并且还可将反正统的修正主义纳入其中;二是囊括古尔德纳、海尔布隆纳以及莱文等在内的美国的马克思学家;三是美国的西方马克思主义,包含文化马克思主义的代表人物如詹姆逊、大卫·哈维等,分析的马克思主义比如罗默、埃尔斯特、赖特等,女性主义的马克思主义如哈特曼、沃格尔、贾格尔等,生态学马克思主义如奥康纳、阿格尔等,世界体系论者如沃勒斯坦、阿瑞吉等,垄断资本学派如巴兰、斯威齐、马格多夫等;四是批判理论在美国的传播与发展,包括批判理论美国时期的成就。这四大板块十分清晰地揭示了美国马克思主义发展的整体脉络,不仅展现了马克思主义在美国的发展状况,更为重要的是为研究美国马克思主义的范式转化提供了思想史的线索追踪。

王凤才还针对国内学界对于《工具理性批判》和《理性之蚀》这两个文本之间关系的理解不够准确这一现象,通过比对德文版的《工具理性批判》和英文版的《理性之蚀》,得出以下三点结论:一是德文版《工具理性批判》等于

英文版《理性之蚀》之德译本;二是英文版《工具理性批判》是一部伪《工具理性批判》,即它不过是霍克海默战后演讲录音,也就是"1949 年到 1969 年笔记"之选集;三是德文版《工具理性批判》等于英文版《理性之蚀》之主题。这种严谨且系统的对照不仅澄清了国内对于霍克海默著作的翻译和解读领域的模糊地带,而且也为国外马克思主义不同语言文本之间的对比研究提供了资料引用和途径参照。

南京大学蓝江主要介绍了美国政治理论家约迪·迪恩的新共产主义思想,并指出在《非人力量——人工智能和资本主义的未来》一书中,迪恩的核心观点是传播性的生产方式正在取代传统的产业生产方式,以往的薪金模式变成了奖金模式,这构成了一种全新的生产关系。平台通过这一奖金模式对劳动者形成了一种隐形的操控和剥削,使得劳动者成了平台获取巨额利润的牺牲者。而且迪恩指出现在美国的无产阶级化非常严重,原来的中产阶级变成了"流众",即无产阶级动态化。与哈特和奈格里等人乐观地认为通过互联网技术可以将诸众联合起来不同,迪恩敏锐察觉到表面上平台扩展了人与人之间的交往,但其实更加趋于个体化。所以迪恩的终极主张是要成立政党,一定要有政党才能联合起来,进而思考一种新的集体性,共同抵抗资本主义社会的奴役。这是在数字资本时代针对新的生产方式所提出来的未来走向的新方案,同时展现了美国马克思主义研究的多种可能性。迪恩代表了美国马克思主义实践运动的一个新方向。

长春大学焦明甲将美国学者斯皮瓦克的思想总结为新马克思主义思想。在对德里达的解构论深入研究之后,斯皮瓦克开始审视马克思的理论,审视德勒兹、福柯等人的理论。斯皮瓦克在肯定马克思的解放目的论的同时,否定了马克思的一些形而上学的口号或号召。斯皮瓦克主张要从原初文字和踪迹来入手,也就是认为一切在场的形而上学都是不可靠的,有一个先于在场的踪迹和原初文字在决定着在场的事物。最后他通过提出"差异"原则和以"人的解放为目的"的人士来开启对资本主义以及全球化现象的创新性批判考察。

广西师范大学廖和平谈到了胡克早期对于马克思主义的实践观点的理解有它的独特之处,这集中体现在胡克的《对卡尔·马克思的理解》一书中。

胡克在实用主义和马克思主义之间的契合点是实践,并且将马克思主义实践观点的出发点看作是人的需要、进化和活动。基于以上的观点,胡克分别从对马克思的后继者们的批判以及马克思主义文本解读中带着实用主义阐发对马克思主义实践观点的理解。胡克给我们的启示,一是根据马克思与"后继者"们的比较中理解马克思主义实践观点,坚决抵制非马克思主义者对马克思主义的曲解;二是从马克思主义文本的解读中对马克思主义的实践观点进行阐释,在把事物当作人的感性活动,当作实践去理解的同时,从历史语境中深耕马克思之后的马克思主义者对于实践观的阐述和扩展;三是在中国特色社会主义语境之中去发展马克思主义实践观和马克思主义的社会主义观,中国特色社会主义是中国人民建设社会主义实践的结果,这一结果不仅使得中国的客观现实发生重大变化,而且促使中国建设这一实践本身得以转变;四是审视实践的自我发展性和制造性下的资本主义多元性与生命力,这种多元性背后的复杂元素和个性元素成为作为整体的资本主义的子系统和互补系统;五是接纳现实国家为满足自身存在需要而创造出的不同文明,在实践过程中这些文明又会生发出新的文明。

西南大学谭杰介绍了美国史学家理查德·霍夫斯塔特,认为可通过霍夫斯塔特作为一个切入点去开展美国马克思主义研究。从更深层次的角度来看,马克思的思想在霍夫斯塔特的思想构建过程中发挥了巨大作用。霍夫斯塔特的思想中具有左派的倾向,而美国的社会主义研究也可从他的理论中找到根据,所以强调美国的马克思主义研究不能忽视对霍夫斯塔特的思想探寻。西华师范大学陈发扬根据目前意识形态发展现状,梳理了美国无神论研究的发展现状之后,从研究主体、研究内容、研究方法、研究结论和研究成果等方面提出了美国无神论研究的不足之处,最后对于推进美国无神论研究提出了如下意见:一方面是要强化对于美国无神论的形成、演变的历史过程的研究,另一方面要强化对美国马克思主义者和美国无神论者之间的具体的互动关系的研究。不仅如此,陈发扬强调无论是西方马克思主义研究,还是美国马克思主义和美国无神论的研究,都需要立足马克思主义经典著作,坚定中国的马克思主义立场。

山东师范大学陈晓介绍了美国马克思主义者埃里克·赖特的当代资本

主义批判理论。这一理论具备结构主义的特征,尽管它建立在马克思主义阶级理论的基础之上,但赖特还增加了道德批判、平等价值、民主价值等这些宏观价值批判的维度,力图构建一种新型的从社会主义平等价值角度出发的当代资本主义批判理论。赖特的当代资本主义批判理论不仅接承了马克思资本主义批判,而且更多地强调现实的直接性和可行性,并且融合其他学科优势,从而为资本主义批判提供新的方法论思路指引。

西南大学杜丹介绍了美国马克思主义者索亚的区域城市化理论。索亚在对区域城市化理论进行具体阐述的过程中,主要借助的是社会空间辩证法,在城市革命的过程中来重新思考城市与人类社会发展之间互动的方式和途径。在索亚的区域城市化理论的背后,是海德格尔的空间性思想,以及对人的存在本身的一个追问。理想的城市空间对于人的生存来说,不仅仅是实现一种自由解放,而且是满足个体的家园感,同时也要避免出现消费异化和劳动异化的现象。

华南师范大学宋泽宇专门论述了马克思主义在美国的早期传播历史,主要介绍了魏德曼和佐尔格等人在美国对于马克思主义的报道和宣传,不仅如此,马克思和恩格斯也写作了大量文章来指导并帮助社会主义理论在美国的传播。上述都促使了马克思主义在美国的传播和发展,也使得这一时期成为研究马克思思想在美国传播和美国劳工运动和社会主义发展状况的关键时期。与宋泽宇的选题方向类似,西南大学兰璐更加细致地介绍了魏特林的共产主义思想,并且清理了魏特林与早期共产主义者以及马克思的思想交锋,最后对于魏特林的空想共产主义理论进行反思批判,这为理解美国马克思主义的早期发展提供了更具代表性的探索视角。同时,结合全球范围内的新冠肺炎疫情,中国与西方资本主义对待疫情的不同处理方式引发了对于社会主义制度和资本主义制度的重新思考。较之于西方自由主义制度,中国特色社会主义制度的优越性得以彰显,不仅合理地处理好理智与情感之间的关系,而且反映了社会主义制度在宏观调控和决策部署方面的明智性。

四、对美国马克思主义的部分派别的研究

与会学者还就美国马克思主义的具体流派展开了深入的讨论,由于本次会议受到疫情的影响,参加人数和提交的论文都比较有限,因而主要聚焦美国的"政治马克思主义""文化批评的唯物主义"和"生态马克思主义"三个学派。

(一)对政治马克思主义的研究

华东师范大学吴冠军强调,今天国外马克思主义的研究是需要跨学科的视野,不仅涵盖哲学,而且还要走向政治学和社会学等。由于政治学在整个经验研究中存在着范式危机,所以哲学研究尤其是政治哲学在面临全球动荡的时代中的作用得以突显。吴冠军教授以哈维的整体分析框架来探讨全球化的显著变化,提出哈维的分析关键点在于对资本主义系统的剖析。这一剖析的主要内容不在于资本主义消灭了空间,而在于空间在今天表面上看似乎消失了,实则成了"无空间性的空间",所有的空间趋向于同质化。真正解决问题的是空间修复,即资本的向外扩张,避免出现内卷化现象。由此局部问题随时都可以变成全球问题,这就需要抬起头来纵观全球的发展格局,进而不断维持国外马克思主义研究鲜活的生命力。

湖北工业大学冯旺舟主要讨论了在英美马克思学界最具影响力的学派即政治马克思主义学派,主要代表人物是美国的罗伯特·布伦纳和加拿大的艾伦·伍德等人。该学派围绕一个核心概念即关于社会发展关系以及对于政治共同体的阐释,特别是对于当代资本主义的超经济手段的论述具有重要的现实意义。政治马克思主义澄清了关于资产阶级概念、资本主义起源和共同体问题,揭示了在新的历史条件下资本主义的本质矛盾并没有发生变化,而针对市场强制所带来自由市场缺失等问题则有待后续的反思与探索。他提交的论文重点讨论了布伦纳对资本主义起源问题的重新探讨,提出农民政治共同体、地主政治共同体相互纠缠与冲突,促使封建社会的人口危机、地主收入危机的爆发,推进封建主义向资本主义的转型。

（二）对"文化批评的唯物主义"的研究

重庆大学吕进指出,在西方马克思主义的研究中,马克思主义呈现出一种经验与超验的二维走向,而美国学者詹姆逊则把握了经验和超验的对立统一,提出了文化辩证批判理论。文化辩证批判理论把索绪尔的结构主义语言学作为中轴,通过辩证法和语言学的融合,走出了一条后现代与晚期资本主义文化批判的独特道路。主要体现为三个方面:一是对语言模式进行一种辩证分析,詹姆逊通过索绪尔提出的历时与共时、能指与所指、语言和言语等二元结构来对语言结构进行分析。上述二元结构体现了整体与部分、同一与差异、个性与共性的对立统一。二是对辩证法本身的语言分析,詹姆逊考察到辩证法是对思维的再思维,并将它放入到语言学的词语概念的探讨之中,主要包括加定冠词的辩证法、重的辩证法和辩证的这三种语词,试图在辩证法的多维性之中揭示资本主义的阶段性差异和统一以及现实和历史的对立统一之间的客观规律。三是论证辩证法与语言模式结合的合理性,詹姆逊把语言视为一个统一的整体,并将语言哲学思想应用到对俄国形式主义与法国结构主义的批判当中。最后,詹姆逊对于共时与历时的辩证关系的论述,强调辩证法是各个社会阶段的总体性的展现等观点揭示了资本主义的本质,并且有助于发现晚期资本主义文化发展的规律,从而帮助解决现实问题,指引未来社会的发展方向。

山西大学马援在论文中指出,美国马克思主义者詹姆逊基于历史唯物主义视角,提出了一种"文化批评的唯物主义"。这种唯物主义强调文化、语言与社会之间的张力结构与辩证关系,形成了对现代语言学之父索绪尔以及索绪尔之后的语言观的反思和批判,并由此产生了马克思主义维度对于语言观的新的理解。在詹姆逊看来,人类的思想史本应该是一种有机体模式,是历时和共时的有机结合,历时偏重以渐进方式对实体的考察,共时侧重共存的结构和关系,但是人们往往更容易接受和产生以历时维度对实体的经验考察,忽视"场域"或关系的连接方式。对语言应该采用历时和共时相结合的方式来研究,从而展现语言的系统性的辩证性。语言的系统性和辩证性恰恰是现实具体的人的社会性和历史性的生活方式的象征。最后,马援强调文化马克思主义语言哲学一方面是对马克思语言哲学思想的补充,将语言哲学中的语义逻辑与马克思主义的历史性和社会性关联起来;另一方面作为当代语言哲学的最新成果,文化马克思主义语言哲学包含的话语生成等思想为构建新时代中国特色社会主义文化具有非常重要的启示价值。

(三)对生态马克思主义的研究

上海师范大学吴宁在论文中指出,由奥康纳、克沃尔、福斯特、柏格特等人共同开创的美国生态学马克思主义是作为马克思理论的一种效应而形成自己的学术谱系的。美国生态学马克思主义是在马克思主义的指导下确立主题,被马克思的问题引导并以马克思的经济结构分析为基础开发出新的论域。美国生态学马克思主义认为,资本主义制度是造成生态危机的根源之一,除此之外还有资本全球化、技术的资本主义使用、生产主义与消费主义并行,因此必须谨慎地处理这四者之间的辩证关系。美国生态学马克思主义对马克思有没有生态思想、影响生态的因素、生态危机理论以及重构历史唯物主义等进行了深入探讨,从马克思的经典文本中获取了合理解决生态危机的灵感,把马克思主义理论与绿色理论结合起来,深入到对马克思的历史唯物主义、"新陈代谢断裂"理论及其可操作性的研究。

冯颜利探讨了奥康纳的生产性正义概念,它是在生产领域探讨正义问题,即生产个体具备平等的权利来开展相关生产活动。并且奥康纳认为生态社会主义是实现生产性正义的唯一形式,这种形式也是正义思想的唯一形式。但是这种生产性正义缺乏现实的土壤,脱离了资本主义社会人与人之间的交往关系和经济关系,一味强调生态维度就会导向生态主义的乌托邦。归根结底,奥康纳的生产性正义没有触及消灭资本和私有制等举措,只是一种空中楼阁般的美好希冀,这是批判反思奥康纳思想过程中要抓住的本质要点。所以对于正义的研究应该是生产正义和分配正义的统一,从古希腊一直到罗尔斯对正义的研究,包括哈贝马斯乃至其他国内的研究,都集中在分配正义之上,这与马克思高度契合。

五、对美国马克思主义中的正义问题的研究

多位与会学者在发言中都讨论到了美国马克思主义中的正义问题,其中论题尤为集中的是厦门大学宋建丽、重庆大学陈飞、厦门大学韦庭学、中国人民大学张晓萌和华东师范大学谢静等。

宋建丽就美国马克思主义在过去半个世纪中出现的围绕正义问题的争论,概括出分析马克思主义的正义之争、"分配正义"与"持有正义"之争、"再分配"还是"承认"的正义之争和差异正义与普遍正义之争为核心的四个层面的争论,旨在凸显重新思考和认识马克思主义理论资源的问题。具体来说,第一个层次是通过揭示应然层面的自由、平等、正义和事实层面的不自由、不平等、不正义之间的张力,强调马克思主义没有否定政治价值和权力在历史发展过程中的积极效应,而且一直在探索实现从形式上的自由、平等和正义转向实质意义上的自由、平等和正义的根本路径。第二个层次是指出马克思的正义批判强调无产阶级在生产过程中所发挥的实质性作用,体现为民主管理和民主决策等制度性前提,同时伴随着无产阶级的斗争实践。第三个层次由于围绕再分配和承认之间的争论没有探讨所有权问题,所以导致自我实现与社会自由之间关系趋于虚假性的对峙。第四个层次则反映出把视角关注到弱势群体等差异群体会带来一定的价值,但在全球化的背景下,不能只局限于对差异的承认或者局部差异,如若一味强调差异则会丧失社会变革的需求和能力。总而言之,面对全球性危机的出现,呼唤一种马克思主义理论所提供的价值层面的指引,彰显历史唯物主义在解决全球治理问题的正义价值,可以使得马克思主义在不断解决这些新议题的过程中展现它的自身魅力和当代意义。

陈飞梳理了美国马克思主义围绕正义问题讨论的四个焦点:一是马克思如何理解正义?二是马克思认为资本主义剥削是正义的吗?三是马克思根据什么批判资本主义?四是马克思认为共产主义是一个正义的社会吗?具体来说,围绕以上问题形成了反对派和赞同派两部分。针对第一个问题通过比较反思马克思虽然没有提出系统的正义理论,但是马克思反对抽象

地谈论正义,他主要促使正义理论从思辨形式转变为社会正义的实现。针对第二个问题,反对派认为资本剥削是正义的:其一,工人与资本家之间的交换是正义的和平等自由的;其二,资本主义生产方式本身带有剥削性质;其三,马克思提出一些剥削性词汇并不等同于马克思认可剥削是不正义的。与此相对,赞同派反驳说:其一,工人与资本家之间的交换本质上由于他们经济地位悬殊以及在生产资料结构中获取的利润差异,使得这种交换无法实现正义和平等自由;其二,资本原始积累证明资本是有原罪的,从而建立在这一基础之上的剥削是不正义的;其三,马克思使用批判性词汇并非偶然,而是内生于制度生产的结构性话语。第三个问题,反对派的回答是社会综合理论,而赞同派则提出根据外在的标准即按时法分配和按劳分配来进行审视。第四个问题,反对派和赞同派都基于自身的立场考量共产主义社会的是否具备正义属性。最后陈飞强调,在对上述四个问题争论的过程中,美国马克思主义者出现了"马克思反对马克思"的结论,这会导致一定的误解,在后续的研究中我们需要立足整体性原则,从科学层面和价值层面形成对马克思的正义理论的合理化解读。

韦庭学主要探讨了马克思主义伦理学的三个基本问题。一是关于伦理原则的问题。通过追溯马克思主义和正义的争论,平等概念成了构建马克思主义伦理学的核心,其中团结和谐和生活富足等价值准则对构建马克思主义伦理学产生一定的作用。二是关于马克思伦理学的理论渊源的问题。借用麦卡锡的观点,即马克思的思想的主要意图就是要解决自然权利或者是要克服自然权利所留下的这些疑难,进而寻找一种能够代替自由主义的社会正义理论。三是关涉方法论基础的问题,即辩证法所体现出的否定或者批判性在马克思主义伦理学中产生的价值。自 21 世纪以来,对马克思主义伦理学的重新阐释,除了具备强烈的现实关怀之外,更多力图从马克思主义当中来寻求思想基础,强调马克思主义伦理学的马克思主义特性,特别是强调历史唯物主义、辩证法在构建马克思主义伦理学当中的作用。

张晓萌根据伍德和胡萨米之间的争论,探讨了从规范性的角度探索马克思的正义理论。西方学者之间存在"马克思的道德论"和"马克思的非道德论"之间的理论区分,两者都看到了马克思的意识形态概念的不同内涵,前者倾向于对意识形态的范围进行界定和区分,后者则存在歪曲意识形态的倾向。尽管道德论和非道德论在一定意义上挖掘出道德的正面效应,但是道德论者过分夸大道德的作用,而非道德论者过于强调道德的依附作用,在一定程度上消解了道德的积极意义。马克思的理论并不是纯粹的"道德主义",也不是完全的"非道德主义",而是要借助历史唯物主义中探索历史发展规律和追求人类解放的统一,来正确地理解马克思的正义理论。

谢静介绍了法兰克福学派第三代主要代表人物克劳斯·奥菲的分配正义思想,她借鉴了马克思主义政治经济学批判中对劳动市场的自由意志理论的质疑,并且通过波兰尼的"嵌入"概念,强调社会上大部分的不平等现象并非由劳动市场所引起的,而主要是受到包括《劳动法》、教育、培训、工资、社会保障以及公司的管理职位和持有人等综合因素在内的劳动市场被嵌入的制度性框架所影响。在此基础上,奥菲提出后期资本主义由于社会政治和经济之间存在着更深层次的紧张关系,导致了资本主义后期社会的主要矛盾和危机爆发。谢静首先肯定了奥菲基于批判视域的理论建构是出色的,但是我们也要看到奥菲的理论出发点是以经验分析为主,缺乏一定的规范基础,从而陷入了一种抽象的文化批判之中。

六、结语

在此次论坛的闭幕式上,王凤才作总结发言,重点指出了今后在推进美国马克思主义的研究中需要注意的问题:一是美国马克思主义的边界问题;二是美国马克思主义的早期传播问题;三是马克思主义在美国的历史演变问题;四是美国马克思主义的基本格局问题;五是美国马克思主义各个派别之间的共同性问题;六是美国马克思主义各个派别之间的差异性问题;七是美国马克思主义在世界马克思主义基本格局中的定位问题;八是美国马克思主义与西方马克思主义的关系问题;九是美国马克思主义与中国化马克思主义的关系问题;十是美国马克思研究的方法论问题。这一总结发言为今后推进系统化的美国马克思主义研究提供了非常有益的方向提示,彰显了这一事业的真正意义和价值所在。黄其洪代表主办方再次对与会专家学者表示感谢,对参与会务的工作人员表示感谢,并强调第二届全国美国马克思主义研究学术研讨会将于 2022 年在西南大学召开,会议的主题是"马克思主义在美国的早期传播",致力于推进美国马克思主义研究向纵深发展。

分报告十三
第一届中外马克思主义比较研究论坛综述

2020 年 12 月 6 日，由复旦大学马克思主义学院、复旦大学当代国外马克思主义研究中心共同主办的"西方马克思主义在中国传播四十年的影响：第一届中外马克思主义比较研究"论坛在复旦大学召开。复旦大学党委副书记许征、复旦大学马克思主义学院特聘教授陈学明出席会议并致辞，复旦大学马克思主义学院院长、马克思主义研究院院长李冉主持开幕式，来自北京大学、中国人民大学、复旦大学、武汉大学等 22 所高校的 31 位专家学者汇聚线上直播，关注前沿、碰撞思想、交流经验，围绕会议主题进行发言并展开了广泛而深入的研讨。

一、西方马克思主义在中国四十年的传播与影响

论坛的大会发言首先回顾和总结了 20 世纪 80 年代以来，国外马克思主义，特别是西方马克思主义在中国取得的重要突破。王雨辰回顾和反思了我国学术界对西方马克思主义的解释史和接受史，认为我国学术界对西方马克思主义的认识经历了一个从批判误解到深入研究的发展过程，对推动中国马克思主义的创新性发展起到了重要作用。20 世纪 90 年代后，根据时代发展的需要，我国学术界在对西方马克思主义进行深入研究的同时对研究领域、研究主题和研究范式等方面做出了重大调整，逐渐从兼有地域性和意识形态性的西方马克思主义研究转向纯地域性的国外马克思主义研究。他认为这一转向暗含着三个无法回避的理论问题，即作为学科的西方马克思主义研究对象问题、西方马克思主义与 20 世纪马克思主义哲学发展史关系问题以及西方马克思主义研究的价值归宿和目的问题。只有解决好这三

个理论问题,在西方马克思主义研究的前提和基础上达成共识,才能在中西马克思主义的理论互动中,始终坚持以正确的哲学范式和哲学立场理解和评价西方马克思主义的理论得失,准确把握西方马克思主义的理论特质和理论地位,继续将我国的西方马克思主义研究不断推向深入,使西方马克思主义研究最终服从和服务于中国马克思主义理论建设和社会主义现代化实践的需要。

张秀琴主要围绕西方马克思主义在中国马克思主义哲学教材中的介绍与呈现,以"历史唯物主义的西方式重建"为线索,对西方马克思主义的由来、定义、发展及其理论特征等内容进行了系统梳理,指出从新中国成立到1979年,这一时期的历史唯物主义概念主要沿用了苏联教科书中的解释,而在1979年之后,受到传入中国的西方马克思主义的影响,更多中国人编写的教科书登上历史舞台并对历史唯物主义概念作出了新的阐释,展现了马克思主义哲学史视阈下中国学术界研究西方马克思主义的新境况。张双利则以中国的马克思主义学者在接受和传播西方马克思主义进程中为何将理论焦点放在现代性批判为问题意识,分别从马克思、韦伯与西方马克思主义学者对于资本主义批判与现代性批判的发展和中国马克思主义学者的理论出发点予以了解释,指出中国马克思主义学者对西方马克思主义的现代性批判理论的接受是在中国现代性与社会主义道路的现实性的双重语境中展开的。

郭丽双通过对苏联解体前后俄罗斯马克思主义和西方马克思主义在中国的传播和影响所发生的变化的分析,指出我国的马克思主义研究经历了去苏联化、西马化到中国化的探索过程。苏联解体前,我国学术界曾在苏联哲学尤其是苏联马克思主义哲学的研究上取得过非常可观的成就,对中国的政治实践和思想教育等起到了重要的推动作用。在这一阶段,西方马克思主义的理论价值在我国学术界则经历了从否定到争论的过程,并在改革开放初期为中国人民实现思想解放提供了强大的思想武器。苏联解体后,我国学术界对俄罗斯马克思主义研究的兴趣骤减,出现了研究人员大量萎缩、研究问题极度零散、研究成果严重不足的情况,而此时西方马克思主义在中国的传播、接受和认可取得了巨大的发展,我国学术界对西方马克思主义的研究取得了一系列重大成果。21世纪以来,我国的国外马克思主义研究又出现了新的动向,我国学术界不仅将西方马克思主义研究进一步推向深入,而且开始关注俄罗斯及东欧马克思主义、拉美马克思主义、越南马克思主义等。我国的国外马克思主义研究逐渐从自发走向自觉,现已构成当今中国马克思主义研究的重要组成部分,并为构建21世纪世界马克思主义和马克思主义中国化起到了重大的积极作用。

夏巍从是什么、为什么和有什么三个角度出发,阐述了西方马克思主义的传播对我国马克思主义研究的积极影响。改革开放之初,处在社会转型期的中国正面临着社会主义现代化建设的新问题与新挑战,苏联模式下的传统马克思主义逐渐失去了对中国现实的解释力。而西方马克思主义通过对马克思思想的近代知识论阐释路向所展开的激烈批判,深刻阐发了马克思主义的当代价值以及马克思主义在当代社会生活各领域的持续而深入的影响力,再一次唤醒和革新了人们的思维方式。这种以崭新的马克思主义阐释路向为特征的西方马克思主义便自然成为改革开放之初的中国学习借鉴的重要内容,为中国摆脱苏联模式影响下的教条化和僵化的思维方式的束缚提供了至关重要的理论资源,并极大地丰富和拓展了我国马克思主义研究的研究论域、研究主题、研究方法和研究范式,推动我国马克思主义研究呈现出焕然一新、别开生面的氛围与态势。尽管20世纪90年代后,随着东欧剧变、苏联解体,马克思主义陷入低潮,但西方马克思主义理论家并没有放弃马克思主义,而是再次有力地捍卫了马克思主义的当代价值,极大地激发了我国马克思主义理论研究的信心,为我国马克思主义的理论创新注入了源源不断的活力。

陈祥勤分析了20世纪80年代前后西方马克思主义研究在国内所引发的若干争论,指出当时我国学术界的争论主要集中于西方马克思主义之存在问题、性质问题、马克思主义研究的一元还是多元问题、实践唯物论和马克思主义哲学形态问题,并最终掀起了中国学术界关于辩证唯物主义和实践唯物主义的漫长讨论,这也标志着苏联形态的马克思主义开始淡出中国的理论和历史的视野,西方马克思主义开始对中国的马克思主义研究产生广泛而深远的影响。但直到今天,辩证唯物主义和实践唯物主义的旷日争论所引发的问题仍然没有得到有效解决,因此有必要在中西马克思主义的比较研究中对马克思主义哲学的基本原则进行重新理解和反思,在重新理解和认识辩证法、唯物主义和实践观的基础上,重新定位和重构马克思主义的哲学形态。

二、国外马克思主义与当代中国马克思主义比较研究

将国外马克思主义与当代中国马克思主义进行比较研究是推进马克思主义发展的一个重要课题,也是在中国的时空变换维度上将国外马克思主义的理论转化为推进马克思主义中国化的资源的一个有效途径。仰海峰认为,当前我国学术界的国外马克思主义研究已经逐渐走向成熟,因此从国外马克思主义研究的参照系、国外马克思主义的思想逻辑、流派与重要人物研究、国外马克思主义研究与本土学术话语建构四个方面重新勾勒国外马克思主义研究的理论图景就成了当下推进国外马克思主义深入研究的一个重要任务。只有在思想探讨与特定社会历史情境的互动中,建构起国外马克思主义研究的一些基本坐标并形成一个较为完整的参照系,才能从对国外马克思主义研究的静态考察和外部描述真正进入到国外马克思主义的理论逻辑进程中去,进而更好地从细节上准确定位和深度理解具体人物与流派的思想,帮助中国更加深入地了解当代资本主义社会的新进展,并为当代中国马克思主义的学术发展提供一种批判和审视国外马克思主义理论逻辑中合理成分和错误之处的参照性视野,使国外马克思主义研究真正成为中国学术话语当代建构的理论资源。

李佃来回溯了 20 世纪 80 年代以来西方马克思主义在中国的发展历程,指出过去我国学术界对西方马克思主义的研究往往在"内在"视域中谈论马克思主义中国化问题,将马克思主义中国化看作是发生在中国特殊语境中的孤立文化现象和单一输入过程,从而忽视了在"外在"视域中考察中国马克思主义与世界马克思主义的共时性结构关系,造成了马克思主义中国化研究之世界视野与比较方法的重要缺环。他强调,我们既应当在马克思主义发展史的历时性结构中探讨马克思主义中国化的时代发生,又应当在中

国马克思主义与苏俄马克思主义、西方马克思主义等马克思主义形态的共时性结构中考察马克思主义中国化的民族生成,才能正确厘定国外马克思主义与当代中国马克思主义之间的关系,打破不"宽容"的学术氛围,拓宽马克思主义中国化的研究视野,使西方马克思主义与中国马克思主义能够在横向对照的框架下展开平行的比较、对话和部分融合,并最终革命性地催生出马克思主义中国化研究的新问题域和新研究范式。

罗骞在实践和理论的双重维度上分析了西方马克思主义的引进对中国马克思主义的发展所产生的不可替代的积极影响:第一,西方马克思主义理论契合我国思想解放的现实需要,成了改革开放实践的理论支援;第二,西方马克思主义不仅影响了马克思主义哲学,更影响了整个当代中国哲学的发展,促进了国内哲学学科论域的根本转向、后形而上学的哲学世界观的形成、批判性哲学思维方式的塑造,并为当代中国提供了新兴的哲学论题。在充分肯定西方马克思主义的积极作用的同时,他也指出要重视西方马克思主义理论自身所存在的不足和局限,以及我国学术界在研究西方马克思主义的过程中出现的各种错误理解和机械照搬等问题,要尽量避免这些问题对我国马克思主义中国化的发展产生消极影响,要将西方马克思主义研究放到实现中华民族伟大复兴的历程中、马克思主义哲学发展史中以及人类文明的演进史中进行,使之成为中国特色社会主义建设实践的理论基础和建构 21 世纪新形态的中国马克思主义的理论资源。

竭长光从当前中西马克思主义辩证法研究的基本格局出发,分别对中国马克思主义辩证法研究中的"物质-矛盾"范式辩证法和西方马克思主义辩证法研究中的"主客体相互作用"范式辩证法进行了阐述与比较。概括地说,"物质-矛盾"范式的特点有:第一,强调"唯物主义"性质;第二,坚持"物质"本体论;第三,认为事物本身所固有的矛盾是一切事物发展的动力和泉源;第四,主张把事物放在它所依赖的条件中、放在同他事物的相互联系中来考察,第五,承认辩证法的规律的"普遍性",肯定恩格斯的"自然辩证法"。"主客体相互作用"范式的特点有:第一,否认"唯物主义"性质;第二,坚持"实践"本体论;第三,强调主体能动性;第四,强调辩证法的革命性和批判性。尽管"物质-矛盾"范式与"主客体相互作用"范式的区别非常明显,但他认为在这两种范式中并不存在着一种"非此即彼"的选择。由于这两种范式都不能独立、完整地表达出马克思主义辩证法的本真精神,因此必须从世界现实语境出发,在坚持马克思主义辩证法的"唯物主义"性质的前提下,坚持内因论和能动论,反对外因论和被动论,并在发展的时代和变化的现实中不断更新对马克思主义辩证法的认识。

董新春认为,虽然马克思主义自诞生以来形成了多个同源异流的解释路径,但是中国马克思主义和西方马克思主义是其中延续至今、影响最大的两个分支,它们在各自的文化语境和现实背景下继承和发展了马克思主义。随着中国社会主义革命、建设和改革的现实展开,作为我国指导思想的中国马克思主义也在实践中不断发展,逐渐完成了对西方马克思主义的学徒式"跟跑",进入平行式"并跑",甚至在某些领域出现了"领跑"的迹象。她指出,构成这一跨越式发展的根本原因在于西方马克思主义与中国马克思主义在个人与社会关系这一基本理论问题上所秉持的不同理解,具体表现为中国马克思主义和西方马克思主义在以"人民"还是以"个人"为历史主体与逻辑起点、以马克思主义政党领导下的群众观点还是以精英意识形态批判为思维路线、以群众实践创造历史还是以抽象预设裁剪历史为看待历史的方式三方面所存在的根本分歧。而正是因为中国马克思主义准确把握了马克思主义将个人与社会融合为一体的"人民"概念,并且始终坚持人民导向、人民立场,真正把群众路线落到实处,从而超越了西方马克思主义以抽象而孤立的个人为核心的个人本体论。

彭召昌讨论了国外马克思主义学者对中国特色社会主义评价的总体倾向和现存问题,认为中国学者应以马克思主义的国际主义精神为原则,积极构建沟通与对话。崔赞梅从生态文明思想渊源、思想旨趣、解决生态文明的途径和对生态文明的态度四个方面对习近平生态文明思想的"中国逻辑"展开比较视域的探讨,她认为习近平生态文明思想蕴含丰厚的哲学意蕴,在秉承"天人合一"的文化传统的同时,继承并发展了马克思主义的生态观。习近平新时代中国特色社会主义生态思想是对现代化建设过程中日益严峻的环境问题和人民群众日益增长的优美环境需求的回应和解答,不仅是马克思主义生态观中国化的当代展现,更是马克思主义社会科学分析方法的综合运用。在此基础上,习近平生态文明思想有着高瞻远瞩的世界视野和胸怀天下的广阔情怀,积极倡导同世界各国深入开展生态文明领域的交流合作,构筑生态文明建设的全球战略伙伴关系,坚持推动构建人类命运共同体,携手共建生态良好的地球美好家园。

三、资本主义社会问题的再阐释

对资本主义社会问题的再阐释始终是国内外马克思主义研究中的一个核心内容。李春建简要回顾了"非物质劳动"概念的由来、研究现状和相关争论,指出随着时代的发展,尤其是高科技和服务业的发展,劳动形式发生了巨大的变化,传统的物质劳动不再是财富的主要源泉和衡量财富的标准,因而必须定义一种新的价值、一种新的劳动概念和一种新的剥削形式,才能诊断当今资本主义的状况、构建新的政治主体、创建新的社会。"非物质劳动"概念作为用来指称创造知识、信息、交往、关系和情感反应等非物质性产品的劳动概念,在一定意义上延续了马克思的政治经济学批判,从劳动领域中挖掘出了解放的潜能和构建革命的主体,继承了资本主义发展本身是无产阶级解放条件的理论传统。这一概念背后所揭示出的劳动新主体、资本新剥削和国家新角色等问题,不仅对于在当代激活马克思主义,而且对于理解当代的资本主义的实质、劳动的新形式和无产阶级的时代状况具有特殊的时代意义。

徐可立足"均衡观"这一新视角对马克思的政治经济学与西方经济学进行了比较,指出马克思将资本扩张看作是由一系列社会累积作用构成的打破静态均衡的推动力量。基于此,马克思始终坚持以一种动态的"非均衡观"反对西方经济学静态均衡思想,并在《资本论》中以"辩证法"与"总体性"为主要抓手具体分析了资本的推动力与社会经济系统中各种力量之间的相互作用所形成的均衡与非均衡相互创生的机制,打破了西方经济学的"均衡"发展路径,完成了"非均衡"的经济理论建构。吴猛指出《资本论》研究是中西马克思主义研究的重要交叉领域,中国相关领域的研究者应该用世界眼光,加强中西的学术对话,重新阐释《资本论》在中国经济发展中的意义。王平对西方马克思主义四十年的研究历程进行了反思,提出以现代性为根基的西方文明终将导向虚无主义,当下应坚持在中国文明的具象性思维中摆脱虚无主义,走出中国文明的精神之路。

金瑶梅认为当代西方市场社会主义在反思苏联模式的社会主义、重构社会主义未来的过程中,围绕"市场、计划与社会主义""平等与效率""市场经济与混合所有制""市场经济与社会民主制度"这四大方面的关系展开了深入的理论探索。当代西方市场社会主义虽然处在当代资本主义制度之下,却以社会主义的立场方法批判和反思当代资本主义,面对世界社会主义运动陷入低谷,既没有简单地否定马克思主义创始人的思想,也没有就此放弃社会主义理想,而是更进一步剖析了市场、计划与社会主义三者之间的关系,明确指出市场只是资源的一种配置方式,而不是划分社会主义和资本主义的标志,因此社会主义可以通过恰当地利用市场来弥补自己的缺陷,更好地实现效率与平等的"双赢"。这些观点为我们进一步推动中国社会主义市场经济的理论创新与实践发展提供了重要的启示,但由于当代市场社会主义偏重理论的构建而缺少实践的运用,在学习借鉴的同时也必须时刻警惕其所带有的改良主义倾向和新自由主义倾向。

车玉玲认为,经典的西方马克思主义者通常就后现代主义展开对大众文化与意识形态的批判,却很少从政治经济学的角度分析后现代文化产生的根源。当代马克思主义者弥补了这一缺憾,在他们看来,不仅后现代文化的产生与盛行起源于当代生产方式的变革与时空压缩,而且虚无主义的到来也是现代人对于时空压缩的必然反映。随着资本主义生产方式的变革,即由"福特主义"向"灵活积累"的转变,大规模标准化生产和对生产过程的最大合理化、效率化的管理得以实现,资本主义摆脱了经济衰退而重新获得了生机。在这一过程中,为实现资本的全球扩张,资本主义借助运输、通信、资金流转的方式的变革,不断压缩产品与资本跨越不同空间障碍所需要的时间,从而造成了"存在"在时空中的崩溃。这不仅摧毁了现代主义对于未来的憧憬与过去的记忆,抛弃了历史的连续性,形成了对于"一系列纯粹的和无关联的现在"的体验,还造成了一切领域的"快节奏",各种观念和意识形态、价值观呈现出短暂性与易变性的特征,致使"无能为力"的空虚感使厌倦与绝望成为一种挥之不去的时代情绪。为了从根本上克服虚无主义,就必须回到马克思主义政治经济学的立场,借助资本自身的运行逻辑,最终改变资本主义制度本身。

孙民认为,对当前文化虚无主义、新自由主义和保守主义的批判,不能仅仅针对这种观念本身,而是要对这种观念形成的社会现实基础,也就是要进行实践批判,才能彻底认清这种错误观念的实质并在实践批判中将之克服。马克思的实践批判既是马克思实践哲学的生存论,又是它的方法论,不仅具有现实性维度,还有具有超越性维度。因此,只要当前人类的实践还处于异化状态,只要人类的实践还不是以人类幸福、自由为宗旨的实践,马克思实践批判的现实意义就永远不会过时,马克思实践批判的价值旨趣就会不断彰显。坚持马克思的实践批判精神将为我们重新理解马克思哲学提供重要的问题视域,为我们研究马克思主义提供重要的风向标,为我们理解中国特色社会主义的实践自信提供思想武器,并最终帮助我们正确地理解和把握当代人类实践,不断地在批判旧世界中建构新世界。

薛晋锡认为,马克思在对历史辩证法的探索过程中,通过对黑格尔辩证法和古典政治经济学展开批判性地实证,发现了诉诸抽象概念的辩证否定的黑格尔辩证法和诉诸思维范畴的逻辑演绎的古典政治经济学都具有的思辨的、想象的意识形态性质,因而无法为资本主义逻辑统治下的社会解放提供历史可能性。而马克思从历史唯物主义的前提出发,通过对"实证唯心主义"的批判揭示了社会存在的历史性特征,发现了人类历史上的任何社会形态都具有暂时的性质,资本主义社会也不例外。对马克思历史辩证法理论旨趣的阐发不仅有助于澄清历史唯物主义的"科学"性特征,而且对于历史研究中的方法论自觉具有积极的借鉴意义。例如在20世纪的历史研究方法中,以福柯为代表的谱系学方法侧重批判性地实证,由胡塞尔开创的意识现象学方法注重对实证主义的批判,它们分别对应了马克思历史辩证法意识形态批判的部分理论旨趣,但由于缺乏对社会存在历史性特征的全面把握,这两种方法都不能正确揭示历史的未来方向。因此,当务之急是将两者深入到社会存在历史性的维度,使其具备历史唯物主义所强调的科学性特征。

四、当代资本主义批判的新进路

当前资本主义发展过程中出现的新情况、新问题激起了我国学术界对资本主义批判新进路的探寻。蓝江通过对大数据时代多种社会现象的分析,指出随着大数据、云计算、物联网的发展,更多新型媒介和新型"信息机器"进入人们的生活,主体势必面临新的生成"场域",正确理解"信息机器"与主体的复杂关系以及对主体的重构已成为当今批判理论的新课题。他认为,被嵌入数字网络中的每个主体看似能够作出自主的选择,可是实际上主体的选择已经被数据和算法预测,最终成了被数据所穿透的工具人。尽管如此,由于人类所遭受的数字异化是一个无法逆转的过程,因而不能简单地将人类的生存与数字化和算法、智能等技术对立起来,甚至对数字化和算法技术产生抵触和反抗情绪,主张倒退到一个没有被数字技术玷污的浪漫主义的乌托邦。我们必须同时认识到,数字技术革命带来的翻天覆地的变化正在形成一种生存方式的变革,人们必须以一种新的方式去理解和把握世界,尤其对于今天中国特色社会主义发展来说,只要掌握数字技术发展的主动权,就能打破自近代工业化社会以来的世界格局,从而实现在技术上和经济上,甚至在全球化技术变革重心的转变,即通过这种数字化实力增长,实现国际势力的新均衡状态,并有望在这个新均衡状态之下去寻找通向未来共产主义社会的路径。

胡绪明回顾了当前流行于西方左翼思想界的"共产主义回归"热潮,指出这股热潮的出现源于苏联东欧社会主义的崩溃和全球资本主义及其新自由主义濒临破产的双重现实,其目的在于恢复被污名化了的共产主义观念,并基于激进的革命主体性话语和替代性政治建构一种"新共产主义"。在对以齐泽克、巴迪欧、哈特、奈格里、劳勒、奥尔曼等人为主要代表的当代西方左翼学者的共产主义观念进行了具体的评析后,胡绪明指出,西方左翼学者的"新共产主义"理论主题包括告别传统的社会主义模式、重构马克思的政治经济学批判和主张共同性参与的多元政治,"新共产主义"理论范式虽然与马克思共产主义学说具有根本的异质性,但相较于后马克思主义而言,

"新共产主义"表现出来的对全球资本主义的批判和对共产主义未来的期待这一理论气质,在总体上并没有完全脱离马克思主义的话语体系。因此,在运用马克思主义立场方法与这种"新共产主义"展开积极的批判性对话时,既要厘清"新共产主义"的思想基础,同时也要甄别澄清其与马克思共产主义学说的理论边界,以彰显马克思共产主义的现实性与理想性。

颜岩立足东欧新马克思主义理论家马尔库什对马克思意识形态概念的解读,指出苏俄马克思主义基于"基础-上层建筑"模式对马克思意识形态概念存在误读以及西方马克思主义意识形态理论也存在着内在缺陷。马尔库什界划出三种类型的意识形态概念,即论战的-揭露的意识形态、系统的-解释的意识形态、批判的-哲学的意识形态。这三种概念并非完全孤立,而是在实践意图上具有模糊的同一性,既保留了意识形态概念传统理解的合法性和有效性,同时又避免了苏俄马克思主义明显存在的经济决定论和阶级还原论的理论缺陷,从而为马克思的意识形态概念保持了批判的张力。

卢文忠认为,随着现代社会的发展和当代全球化问题的涌现,人们正试图从新的理论视角和理论方法出发来研究资本主义矛盾的现实问题并探寻资本主义替代方案的未来出路。其中,"僵尸"作为在西方大众文化中出场而又反思西方现代社会的流行概念也被用于对资本主义的批判和研究。从"僵尸"这一概念的批判意义上看,它与马克思以及西方马克思主义、后马克思主义在对西方现代社会的批判上有许多相似之处,常用来比喻和批判资产阶级社会的丑恶现实。但面对着资本主义的全球化及其危机,"僵尸"的话语和意境也被泛用到对批判资本主义的马克思主义的比喻和批判当中,构成了对马克思主义的当代挑战。因此,他认为如何拿起马克思主义的理论武器来清除"僵尸"是当前亟待我们深入思考的问题,必须用共产主义取代资本主义,才能清除地球上的"僵尸"并实现人类的解放。马援从索绪尔的"语言"与"言语"、"共时"与"历时"的"二元对立"模式出发,探讨了英美文化马克思主义者对索绪尔"二分关系"语言辩证法分析的差异性。

冯旺舟以"政治马克思主义"的批判性分析为视角,指出"政治马克思主义"对资本主义意识形态进步、民主、新帝国主义无限战争以及自由主义的四重批判。许晓丽考察了21世纪以来西方左翼围绕马克思主义科学性进行的论证与反思,认为其是对马克思主义当代意义的重新思考,尽管没有从根本上改变西方左右翼话语权失衡的状况,但它是西方社会对新自由主义主导下的美式资本主义发展方式进行反思的体现,同时也向我们昭示了社会主义的光明前景。李健从吉登斯的文本出发,重点阐释了如何在资本主义生产与消费的环节之间重启社会主义话语、为何在重启马克思主义的过程中要弱化阶级概念的革命性以及如何在重启马克思主义的过程中正确理解转型的三层意义,从而进一步阐明了为何将矛盾与转型作为介入资本主义与社会主义之间的关键词。李银娥通过对葛兰西市民社会理论诞生的历史处境的追问,对市民社会理论和马克思唯物史观的内在契合进行剖析。

论坛闭幕式上,复旦大学王凤才上从理论内涵、研究路径、焦点问题和前景展望上对中外马克思主义比较研究行了归纳与展望。他指出要先辨明中国马克思主义和国外马克思主义的内涵及范围。在此基础上推进中外马克思主义比较研究,力求做到事实比较与价值比较相结合、直接比较与间接比较相交织、中国立场与世界眼光相融贯,以学术比较为主、以意识形态比较为辅,逐步完成从外在比较向内在比较的过渡、从直接比较向间接比较的过渡。从而促进国外马克思主义研究学术成果转化为构建中国化马克思主义理论体系的方法、理论和实践的丰富资源,最终把中国化马克思主义向世界马克思主义理论体系的话语中心推进。